上海体育学院体育赛事研究中心资助

体育赛事管理

黄海燕　著

人民体育出版社

图书在版编目（CIP）数据

体育赛事管理 / 黄海燕著. -- 北京：人民体育出版社，2012（2024.5重印）
ISBN 978-7-5009-4219-1

Ⅰ.①体… Ⅱ.①黄… Ⅲ.①运动竞赛—组织管理 Ⅳ.①G808.22

中国版本图书馆CIP数据核字(2021)第167154号

*

人民体育出版社出版发行
三河兴达印务有限公司印刷
新 华 书 店 经 销

*

787×1092　16开本　21.5印张　373千字
2012年9月第1版　2024年5月第8次印刷
印数：15,501—17,500册

*

ISBN 978-7-5009-4219-1
定价：57.00元

社址：北京市东城区体育馆路8号（天坛公园东门）
电话：67151482（发行部）　　邮编：100061
传真：67151483　　　　　　　邮购：67118491
网址：www.psphpress.com

（购买本社图书，如遇有缺损页可与邮购部联系）

序

近年来，我国先后举办了奥运会、亚运会、F1中国大奖赛、网球大师赛等世界顶级体育赛事。体育赛事作为体育产业的重要组成部分，已经成为政府、社会和企业关注的热点。然而，目前国内体育赛事管理的理论及实证研究尚处于起步阶段，缺乏系统性和深度，在很大程度上滞后于体育赛事管理的实践。什么是体育赛事，体育赛事有哪些功能特征，怎样从宏观、中观和微观层面上对体育赛事进行有效的管理等问题都是当前体育赛事管理理论和实践研究急需解决的重要问题。

本书以体育赛事的基本理论问题及体育赛事项目管理问题为研究核心，对体育赛事的定义、分类、正外部性内在化、利益相关者、政府资助模式、事前评估、志愿者管理、事后评估等诸多赛事管理的重要理论和现实问题进行了深入探讨，得出了诸多颇有价值的观点。本书是国内第一本系统研究体育赛事管理理论和实践问题的学术专著。

虽然针对体育赛事管理的研究已经在国际上引起了广泛关注，但在我国还处于研究的起步阶段，人们对体育赛事管理的认识差异较大，很多问题很难在同一个理解平台上展开讨论。随着2008年北京奥运会的成功举办，我国的体育赛事管理实践有了新的发展，对体育赛事管理理论的需求也更加强烈，体育赛事管理学迎来了一个新的发展机遇。本书对许多关于体育赛事及体育赛事管理的基本理论问题（如体育赛事的内涵、利益相关者关系、正外部性特征、政府资助模式、赛事评估等）做出了前瞻性的理论探讨，填补了国内这一领域的空白。

本书以"体育赛事管理"这一学术前沿领域为研究内容，从理论和实践两个层面对我国体育赛事管理问题进行了多角度、全方位的系统分析和论证。作者从体育赛事的基本理论问题入手，重点研究了体育赛事的本质及其管理体制和运行机制，并将赛事管理与城市发展紧密结合，拓宽了体育赛事管理研究的领域和空间。本书还创造性地提出并剖析了体育赛事正外部性的内在化、体育赛事的政府资助模式等理论问题，具有较高的学术创新价值。本书的出版对推进我国体育赛事管理创新，进而促进体育产业发展，具有一定的理论价值和现实意义。

作为黄海燕的博士生导师，看到他在体育赛事管理领域多年的研究成果得以出版，我由衷地感到欣慰。黄海燕博士是上海体育学院第一个硕博连读的学生，现为上海体育学院体育赛事研究中心的核心成员，长期致力于体育赛事管理领域的研究，对体育赛事管理的理论和实践较为熟悉。在读书期间，他就表现出特有的学术灵气和勤奋精神。他对学术问题很有敏感性，往往能提前抓住一些好的选题，产生好的研究思路，本书即是一例。更难得的是，他能以学术研究为乐，把大部分时间花在阅读、写作、研讨和调研上。在读博士期间及毕业后的两年时间里，他主持、参与了20余项国家级及省部级课题的研究工作，在重要学术期刊上发表论文近50篇，其中一篇体育赛事管理领域的文章还被英国SSCI期刊"Tourism Economics"录用。更值得一提的是，黄海燕的博士论文《体育赛事综合影响事前评估研究》还被评为2011年全国优秀博士学位论文，实现了上海体育学院该方面"零"的突破。可以说，本书是黄海燕多年从事体育赛事管理研究的结晶，具有一定的学术和应用价值。该书得以完成，体现了他的知识创新和贡献，与他所持有的学术追求毅力、研究态度以及个人素质是分不开的。

我常对学生讲，做任何一项科学研究都要有其鲜明的学术特点，特别是要重视研究的理论功底和实践价值，前者要求研究具有学术前瞻性、严谨的逻辑论证和科学的观点与结论，后者要求研究具有实践应用性，能够解决现实中存在的某些问题。可以说黄海燕是严格按照这一要求去努力的。在本书中，我们随处都可以发现他对现实问题的理性思考，努力解决现实问题的学术热情和执着。

当然，本书仍存在诸多不足之处，留有许多问题待做进一步探讨。但鉴于体育赛事管理的理论研究在我国才刚刚起步，相关实践还处于发展初级阶段，我们不能过于苛求本书。体育赛事管理领域的理论与实践问题不是一本书所能解决的，也不是一个人所能解决的。希望本书能在理论界和实践界引起一定的反响，起到抛砖引玉的效果。

为此，我十分乐意向大家推荐黄海燕的专著《体育赛事管理》，并希望他今后能完成更多高水平的研究成果。

张 林

上海体育学院经济管理学院院长、教授、博士生导师

中国体育科学学会体育产业分会秘书长

上海体育学院体育赛事研究中心主任

2011年8月

前　言

　　事件管理不仅是一门实用性很强的管理科学，而且已经成为一个迅速增长的社会效益与经济效益俱佳的朝阳产业。它产生于20世纪80年代的美国，是为适应政府和非政府机构开展的各类政治经济活动的爆炸式增长的需要而产生的。它是一项具有鲜明的管理学特征，且既不同于普通政府行政管理也不同于商业企业管理的跨组织的高度综合性的管理活动。现代事件管理的发展也呼应了市场的内在诉求。据统计，2003年美国的事件管理产业总产值高达2000亿美元。1996年亚特兰大奥运会仅城建项目就有20亿美元的收入。在拥有近1.2万个国际机构、非营利组织、非政府协会的华盛顿，事件管理业已和旅游业、律师业并驾齐驱。2000年悉尼奥运会为澳大利亚赚了4亿多美元，净增10万个就业职位。1992年巴塞罗那奥运会带来260亿美元的经济效益，创造了8万多个经常就业机会，使巴塞罗那这座城市从欧洲的一个中等城市一跃成为欧洲第七大城市。1988年汉城奥运会盈利5亿美元，使韩国的全年旅游人数净增了10%以上。这些案例都无一例外地说明了事件管理产业魅力十足。而知名度高的全球性的事件给城市形象定位带来的潜在价值更是难以估算。

　　体育赛事管理是事件管理重要的组成部分。随着不同国家和城市之间竞争的逐渐加剧，体育赛事具有的促进城市结构转型、发展城市旅游业、提升城市品牌和知名度、提高居民和游客对城市的满意度等功能，引起了各个国家和城市的普遍重视。奥运会、世界杯足球赛、F1等一批有国际影响力的赛事也成了各个国家和城市争相申办的"香饽饽"。

　　近年来，随着我国社会、经济、文化的发展，我国体育赛事产业也迅速发展起来，赛事的数量、规模均有大幅上升。仅上海而言，近年来已成功举办了国际汽联F1中国大奖赛、网球大师杯赛（现在为ATP1000上海大师赛）、国际田径黄金大奖赛、世界斯诺克上海大师赛、澳大利亚V8房车赛、摩托艇国际锦标赛上海大奖赛、上海国际马拉松赛、国际高尔夫冠军赛等多项大型体育赛事，其中有不少赛事已经成为上海的城市"名片"之一。但与之相对应的是，我国体育赛事管理水平较为落后，体育赛事管理的理论及实证研究尚处于起步阶段，学术界关于该领域的相关研究还缺乏系统性和深度，在很大程度上滞后于我国体育赛事管理的实践。

本书以体育赛事的基本理论问题以及体育赛事项目管理问题为研究核心，运用文献资料法、调查法和个案研究等方法，对体育赛事管理中的诸多理论和实践问题进行了探讨。本书共计15章，分为两大部分，第一部分（第1~5章）为体育赛事管理的理论部分，重点阐述体育赛事的基本理论以及体育赛事管理体制和运行机制。第二部分（第6~15章）为体育赛事管理的实践部分，运用项目管理理论，紧扣体育赛事项目管理的过程和赛事项目管理的核心要素，对体育赛事的选择、事前评估，体育赛事的申办，体育赛事的计划，体育赛事的财务管理、营销管理、风险管理，以及体育赛事的事后评估等实践问题进行了较为深入的阐述。

本书的学术创新与学术价值主要体现在两个方面：第一，本书的研究，形成了一套较为全面、完善的体育赛事管理体系，且对体育赛事管理中的诸多重要问题（例如，体育赛事正外部性的内在化、体育赛事的政府资助模式等）进行了深入剖析，填补了国内空白。第二，当前无论是学术领域还是实践领域，人们对体育赛事管理的理解还处在竞赛管理或赛事项目管理的阶段，并没有认识到体育赛事管理与城市发展以及赛事产业可持续发展之间的关系。本书在继承体育赛事项目管理体系的基础上，加入体育赛事的本质及其管理体制和运行机制等问题的研究，并将赛事管理与城市发展和赛事产业的可持续发展紧密结合，极大地丰富了体育赛事管理研究的领域和空间。

在本书的撰写过程中，我得到了来自多方面的帮助与支持。在此，对所有曾经给予过我帮助的人表示衷心的感谢，特别感谢张宝钰、安俊英、骆雷、楼诗予、马洁、高含颀、杨丽丽。

本书可作为体育赛事管理研究与实务操作人员的专业参考书，也可作为高等院校体育赛事管理课程的教材或辅助阅读材料。

体育赛事管理是一个新的研究领域，对它的研究尚处于初级阶段。希望通过本书的出版，为体育赛事管理的理论研究做一点贡献，由于水平有限，书中难免存在缺点和不足，敬请广大读者和同行给予批评指正！

作　者
2011年8月

目 录

第一章 绪 论 …………………………………………………………（1）

 第一节 体育赛事的起源与发展 ……………………………………（1）
  一、体育赛事的起源——祭祀活动 …………………………………（1）
  二、体育赛事的萌芽——体育游戏 …………………………………（2）
  三、体育赛事的传统形式——体育竞赛 ……………………………（2）
  四、体育赛事的现代形式——特殊事件 ……………………………（3）
 第二节 全球体育赛事的发展 ………………………………………（3）
  一、西方发达国家体育赛事发展 ……………………………………（4）
  二、发展中国家体育赛事发展 ………………………………………（7）

第二章 体育赛事的基本理论 …………………………………………（8）

 第一节 体育赛事的定义 ……………………………………………（8）
  一、体育赛事概念的演变 ……………………………………………（8）
  二、本书对体育赛事的定义 …………………………………………（10）
 第二节 体育赛事的分类 ……………………………………………（11）
  一、按体育赛事规模划分 ……………………………………………（12）
  二、按体育赛事影响范围划分 ………………………………………（13）
  三、按体育赛事举办地点划分 ………………………………………（13）
  四、按体育赛事持续时间划分 ………………………………………（14）
  五、按体育赛事参与主体划分 ………………………………………（14）
 第三节 体育赛事的正外部性及其内在化途径 ……………………（14）
  一、体育赛事的正外部性 ……………………………………………（15）
  二、体育赛事的正外部性与市场失灵 ………………………………（16）
  三、体育赛事正外部性的内在化 ……………………………………（17）

第三章 体育赛事的利益相关者 ………………………………………（24）

 第一节 体育赛事利益相关者分析框架 ……………………………（24）

一、体育赛事利益相关者的概念 …………………………………（24）
　　二、体育赛事利益相关者的分类 …………………………………（26）
　　三、体育赛事利益相关者框架图示及特征 ………………………（28）
　　四、体育赛事主要利益相关者分析 ………………………………（30）
　第二节　体育赛事利益相关者利益协调机制 ………………………（35）
　　一、体育赛事利益相关者的利益一致与冲突 ……………………（35）
　　二、体育赛事利益相关者利益协调原则 …………………………（42）
　　三、体育赛事利益相关者利益协调方式 …………………………（42）
　　四、体育赛事利益相关者利益协调内容 …………………………（44）
　　五、体育赛事利益相关者利益协调困境 …………………………（44）
　第三节　体育赛事运营中的政府作用 ………………………………（46）
　　一、体育赛事的运营模式 …………………………………………（46）
　　二、体育赛事中政府作用的现状 …………………………………（48）
　　三、体育赛事运营中政府作用的合理性 …………………………（52）
　　四、未来上海体育赛事运营环境的变化 …………………………（60）
　　五、对未来上海体育赛事中政府作用的思考 ……………………（62）

第四章　体育赛事的综合影响 ………………………………………（65）

　第一节　体育赛事综合影响的内涵与分类 …………………………（65）
　　一、体育赛事综合影响的内涵 ……………………………………（65）
　　二、体育赛事综合影响的分类 ……………………………………（67）
　第二节　体育赛事的经济影响 ………………………………………（70）
　　一、体育赛事经济影响的概念 ……………………………………（70）
　　二、体育赛事经济影响的产生 ……………………………………（71）
　　三、体育赛事经济影响的衡量指标 ………………………………（74）
　第三节　体育赛事的社会影响 ………………………………………（77）
　　一、体育赛事社会影响的内涵 ……………………………………（77）
　　二、体育赛事社会影响的形成 ……………………………………（78）
　　三、体育赛事社会影响的表现 ……………………………………（79）
　第四节　体育赛事的环境影响 ………………………………………（81）
　　一、体育赛事环境影响概述 ………………………………………（81）
　　二、体育赛事环境影响的表现 ……………………………………（82）

第五章　体育赛事管理体制与运行机制 ……………………………（85）

第一节　我国竞赛管理体制的变迁 ………………………………（85）
一、我国竞赛管理体制变迁的历程 …………………………（85）
二、我国竞赛管理体制变迁的动因 …………………………（87）
三、我国竞赛管理体制变迁的趋势 …………………………（88）

第二节　体育赛事的政府资助模式 ………………………………（89）
一、国外体育赛事政府资助模式 ……………………………（89）
二、国内体育赛事政府资助模式 ……………………………（98）
三、上海体育赛事政府资助模式分析 ………………………（106）

第三节　体育赛事中介服务业的培育与发展 ……………………（109）
一、体育赛事市场中介的界定与分类 ………………………（109）
二、培育发展体育赛事市场中介服务业的机遇 ……………（111）
三、培育发展体育赛事市场中介服务业面临的问题 ………（113）
四、培育发展体育市场中介服务业的对策 …………………（114）

第六章　体育赛事项目管理概述 ………………………………………（116）

第一节　体育赛事项目生命周期 …………………………………（116）
一、体育赛事项目生命周期的内涵 …………………………（116）
二、体育赛事项目的阶段划分 ………………………………（117）
三、各阶段主要工作内容 ……………………………………（118）

第二节　体育赛事管理理念 ………………………………………（119）
一、标准化管理的理念 ………………………………………（119）
二、产业融合的理念 …………………………………………（120）
三、风险管理的理念 …………………………………………（120）
四、善用咨询的理念 …………………………………………（121）
五、环境保护的理念 …………………………………………（121）

第三节　体育赛事项目管理的对象与方法 ………………………（122）
一、体育赛事项目管理的对象 ………………………………（122）
二、体育赛事项目管理方法 …………………………………（124）

第七章　体育赛事项目的选择与事前评估 ……………………………（127）

第一节　体育赛事项目的选择 ……………………………………（127）

一、选择体育赛事项目的基本原则 …………………………………… (127)
　　二、体育赛事项目选择的考虑因素 …………………………………… (129)
　第二节　体育赛事项目的事前评估 ………………………………………… (131)
　　一、体育赛事事前评估的概念与特征 ………………………………… (131)
　　二、体育赛事事前评估系统 …………………………………………… (133)
　　三、体育赛事事前评估目标 …………………………………………… (135)
　　四、体育赛事事前评估的内容 ………………………………………… (136)
　　五、体育赛事事前评估的标准 ………………………………………… (139)

第八章　体育赛事的申办 …………………………………………………… (141)

　第一节　体育赛事申办概述 ………………………………………………… (141)
　　一、体育赛事申办的概念 ……………………………………………… (141)
　　二、体育赛事申办的程序 ……………………………………………… (142)
　　三、赛事申办的工作程序 ……………………………………………… (145)
　　四、体育赛事申办工作中的重点环节 ………………………………… (147)
　第二节　体育赛事成功申办的条件 ………………………………………… (151)
　　一、经济技术要素 ……………………………………………………… (152)
　　二、人文要素 …………………………………………………………… (153)
　　三、政治因素 …………………………………………………………… (154)
　　四、推介因素 …………………………………………………………… (155)

第九章　体育赛事的计划 …………………………………………………… (157)

　第一节　体育赛事计划概述 ………………………………………………… (157)
　　一、体育赛事计划的种类 ……………………………………………… (157)
　　二、体育赛事计划制定的原则 ………………………………………… (160)
　　三、体育赛事计划的要素 ……………………………………………… (161)
　第二节　体育赛事范围计划 ………………………………………………… (163)
　　一、体育赛事范围计划的内容 ………………………………………… (163)
　　二、体育赛事范围计划的方法 ………………………………………… (165)
　第三节　体育赛事进度计划 ………………………………………………… (169)
　　一、体育赛事进度计划的内容 ………………………………………… (169)
　　二、体育赛事进度计划的方法 ………………………………………… (170)
　第四节　体育赛事资源计划 ………………………………………………… (174)

一、体育赛事的人力资源计划 …………………………………… (174)
　　二、体育赛事的资金计划 ………………………………………… (183)
　　三、体育赛事的物资计划 ………………………………………… (184)

第十章　体育赛事的竞赛管理 ……………………………………… (187)

第一节　竞赛管理的基本理论问题 ………………………………… (187)
　　一、竞赛管理的概念 ……………………………………………… (187)
　　二、竞赛管理的特点 ……………………………………………… (187)
　　三、竞赛管理的目标 ……………………………………………… (188)
　　四、竞赛管理的内容 ……………………………………………… (188)
　　五、竞赛管理与国家体育管理体制 ……………………………… (189)

第二节　竞赛管理的计划与组织 …………………………………… (191)
　　一、竞赛计划 ……………………………………………………… (191)
　　二、竞赛的组织与管理 …………………………………………… (192)

第三节　竞赛的过程管理 …………………………………………… (196)
　　一、赛前工作的组织与管理 ……………………………………… (197)
　　二、赛中工作的组织与管理 ……………………………………… (199)
　　三、赛后工作的组织与管理 ……………………………………… (201)

第十一章　体育赛事财务管理 ……………………………………… (202)

第一节　体育赛事的成本与收入 …………………………………… (202)
　　一、体育赛事的成本 ……………………………………………… (202)
　　二、体育赛事的收入 ……………………………………………… (205)

第二节　体育赛事的筹资管理与财务控制 ………………………… (210)
　　一、体育赛事的筹资管理 ………………………………………… (210)
　　二、体育赛事的财务控制 ………………………………………… (214)

第三节　赛事运营的财务风险 ……………………………………… (217)
　　一、体育赛事财务风险识别与评估 ……………………………… (218)
　　二、体育赛事的财务风险控制 …………………………………… (218)

第十二章　体育赛事营销管理 ……………………………………… (221)

第一节　体育赛事营销管理概述 …………………………………… (221)
　　一、体育赛事营销管理的定义 …………………………………… (221)

二、体育赛事营销的内容 …………………………………… (222)
　　三、体育赛事营销管理的需求 ……………………………… (222)
　第二节　体育赛事的营销管理过程 ……………………………… (223)
　　一、体育赛事市场营销管理的步骤 ………………………… (223)
　　二、体育赛事营销的计划 …………………………………… (231)
　　三、体育赛事市场营销组织 ………………………………… (232)
　　四、体育赛事营销控制 ……………………………………… (233)
　第三节　体育赛事营销信息管理 ………………………………… (235)
　　一、体育赛事营销信息管理的概述 ………………………… (235)
　　二、体育赛事营销信息分类 ………………………………… (236)
　　三、体育赛事营销信息的调研管理 ………………………… (237)
　　四、体育赛事营销信息管理的主要方法 …………………… (238)
　　五、体育赛事营销信息管理的主要工具 …………………… (239)

第十三章　体育赛事的志愿者管理 ……………………………… (242)

　第一节　体育赛事志愿者管理概述 ……………………………… (242)
　　一、体育赛事志愿者的概念 ………………………………… (242)
　　二、体育赛事志愿者的特点 ………………………………… (246)
　　三、体育赛事志愿者管理的重要性 ………………………… (247)
　　四、体育赛事志愿者管理的主要原则 ……………………… (248)
　　五、体育赛事志愿者管理的艺术 …………………………… (250)
　第二节　体育赛事志愿者的管理过程 …………………………… (252)
　　一、体育赛事志愿者的规划 ………………………………… (253)
　　二、体育赛事志愿者的招募与甄选 ………………………… (257)
　　三、体育赛事志愿者的培训 ………………………………… (259)
　　四、体育赛事志愿者的配置与协调 ………………………… (262)
　　五、体育赛事志愿者的激励 ………………………………… (262)
　　六、体育赛事志愿者的督导与评估 ………………………… (263)

第十四章　体育赛事风险管理 …………………………………… (266)

　第一节　体育赛事风险管理概述 ………………………………… (266)
　　一、体育赛事风险的定义 …………………………………… (266)
　　二、体育赛事风险的分类 …………………………………… (267)

三、体育赛事风险的特征 ·············· (270)
　　四、体育赛事的风险管理 ············· (271)
　第二节　体育赛事风险管理过程 ············ (272)
　　一、体育赛事风险管理规划 ············ (273)
　　二、体育赛事风险识别 ··············· (274)
　　三、体育赛事风险估计 ··············· (277)
　　四、体育赛事风险评价 ··············· (278)
　　五、体育赛事风险应对 ··············· (281)
　　六、体育赛事风险监控 ··············· (284)
　第三节　大型体育赛事风险评估实证分析 ······ (285)
　　一、基于模糊层次分析法的体育赛事风险评估 ··· (285)
　　二、实例分析 ····················· (288)

第十五章　体育赛事的事后评估 ················· (293)
　第一节　体育赛事综合影响评估 ············· (293)
　　一、体育赛事综合影响评估的内涵 ········· (293)
　　二、体育赛事综合影响评估的框架——三重底线评估框架 ··· (295)
　　三、体育赛事项目特点对体育赛事综合影响评估的影响 ··· (298)
　　四、体育赛事经济影响评估 ············· (300)
　　五、体育赛事其他影响的评估 ············ (306)
　第二节　体育赛事的赞助效果评估 ············ (306)
　　一、体育赛事赞助效果 ··············· (306)
　　二、体育赛事赞助效果评估的概念 ········· (308)
　　三、体育赛事赞助效果评估的原则 ········· (308)
　　四、体育赛事赞助效果的评估程序 ········· (310)
　　五、体育赛事赞助效果的评估指标体系 ······ (311)
　　六、体育赞助效果的评估方法 ············ (312)
　　七、体育赛事赞助效果的评估难点 ········· (314)

参考文献 ································ (316)

第一章 绪 论

本章从祭祀活动、体育游戏、体育竞赛和特殊事件四个阶段阐述了体育赛事的起源与发展，并对西方发达国家和发展中国家体育赛事发展的现状与趋势进行了深入探讨。

第一节 体育赛事的起源与发展

体育赛事是随着社会生产力的发展而形成并发展起来的。在漫长的发展过程中，受社会、政治和经济发展的影响，体育赛事的内容、形式、功能以及运作方式等方面都在不断地发生变化。从形式上看，体育赛事最早起源于祭祀活动，1984年洛杉矶奥运会上，尤伯罗斯成功将商业行为引入奥运会，体育赛事的内涵和形式由此发生了重大改变。此后，各种形式的体育赛事在世界范围内蓬勃发展，并随着电视转播、信息科技和网络技术的飞速发展而不断创新，对全球经济、文化等诸多领域的发展产生了积极影响。

一、体育赛事的起源——祭祀活动

体育赛事伴随着人类文明的进步而不断发展。早在公元前2700年，中国就已经有了徒手武术，埃及、亚述、克里特岛等地也有了弓箭、跳远和球类运动，但这时候的运动通常只是宗教仪式的一部分。到了古希腊时代，由于希腊人注重身体健康，体育运动受到了很高的重视，甚至成为一项崇高的活动。古希腊诗人荷马在公元前8世纪的文学作品《伊利亚特》史诗中曾说到，阿奇里斯为了纪念在特洛伊战争中死亡的朋友巴托勒，特别举行了一场体育竞赛，这是到目前为止有关运动比赛最早的记载。

古代奥运会的举行是体育赛事产生的一个重要标志，它的产生与古希腊当时社会的政治、经济、文化和宗教有着密切的关系。古希腊人信奉多神教，每逢重大的祭祀节日，各城邦都举行盛大的宗教集会，以唱歌、舞蹈和竞技等方式来表达对诸神的敬意。古希腊人认为宙斯是众神之首,对他格外崇敬,对他的祭祀也格外隆重,这就促使了古代奥运会的产生。古希腊人厌恶连年不断的城邦战争,渴望和平,希望在奥运会举办期间,以神的名义实行休战,达到减少战争、摆脱灾难的目的。由此可见,体育赛事是在战争背景下和祭祀活动中产生的,同时也表达了人民对和平的向往,这种互相矛盾又互相制约的关系,使体育赛事产生并延续下来。

二、体育赛事的萌芽——体育游戏

随着人类社会、经济的发展,许多运动项目不断产生,这些运动项目最初以体育游戏的形式出现。例如,当今被称为世界头号体育运动的足球运动的前身是汉代就在我国盛行的一种被称为"蹴鞠"的游戏。再如,风靡全球的篮球运动是1891年由美国马萨诸塞州体育教师詹姆士·奈史密斯博士发明的。当时,在寒冷的冬季,人们缺乏室内球类竞赛项目,奈史密斯便从工人和儿童用足球向桃子筐中投球的游戏中得到启发,设计将两只桃篮分别钉在健身房内两端看台的栏杆上,桃篮口水平向上,距地面 10 英尺(1 英尺=0.3048 米,下同),以足球为比赛工具向桃篮内投掷,入篮得 1 分,按得分多少决定胜负。因为这项游戏最初使用的是桃篮和球,遂取名为"篮球"。

从上面的分析中我们可以看出,运动项目的产生一般都表现为体育游戏的形式。在这个阶段,各个项目的体育比赛规则还不完善,内容较为简单。但不可否认的是,这一阶段的体育运动与前一阶段相比有了很大的进步,在本质上发生了明显的改变,为体育赛事的进一步演进和发展打下了坚实的基础。

三、体育赛事的传统形式——体育竞赛

由于许多运动项目的游戏性和趣味性较强,有较好的健身作用,人们便在游戏的基础上充实了运动内容,制定了某些限制性规则,并不断改革比赛方式,从而逐步从体育赛事的萌芽阶段——体育游戏,过渡到其传统形式——体育竞赛。

体育竞赛与体育游戏的最大的区别在于,体育竞赛的规则和竞赛方法更加合理,它已经成为由人们主动安排并按一定规则进行的竞技较量活动。如王嵊海认为,"体育竞赛是在规则的统一规定下,采用公平合理的竞赛方法,运用人的体能、智慧及所掌握从事该项运动的技战术能力,按特定的形式进行的,比较位移速度的快与慢,投掷物体和跨越距离的远与近,越过高度的高与低,举起重量的

大与小，以及在直接对抗或间接对抗的情况下比完成动作质量的优与劣、准确度的精与误、最后得分的多少等竞技活动的过程"。

需要指出的是，传统形式的体育赛事一般由参赛活动人群、场地物质条件及比赛组织管理三个基本系统组成。它往往只关注运动员、教练员、裁判员等竞赛活动主体，对于体育竞赛所涉及的赛场之外的因素并不太关注。当然，这也是有客观原因的，在生产力发展低下、物质与精神生活极端贫乏、人类需要为生存而艰苦斗争的阶段，体育赛事在社会生活中的位置是微不足道的，对政治、经济、文化所能产生的影响也极为有限。

四、体育赛事的现代形式——特殊事件

自1984年美国洛杉矶奥运会开创市场营销盈利纪录以来，商业营销已成为体育赛事运作管理中极其重要的内容之一。体育赛事活动的内涵和外延也发生了很大变化，原有的"运动竞赛"概念被打破。体育赛事活动再也不是纯粹由运动员、裁判员组成的活动，观众、媒体、赞助商等其他主体纷纷加入体育赛事活动中。体育赛事已经发展成为集社会、政治、经济、文化等多因素为一体的、复杂的、综合的特殊事件。此时，体育赛事已经具备了以下特征：具有潜在的市场前景；共同的组织文化背景引导和联结参与者与观众；比赛的规则、习俗和传统影响着活动本身；存在着计划、组织、训练和降低风险等实施行为；提供服务产品，要求有不同的管理者和参与者（如运作管理者、门票销售管理者、市场营销者、人事管理者、协调管理者、工程师、办公人员、媒体与公关协调员、供应商和零售商等进行团队工作）。正因为体育赛事具有上述特征，国外很多学者将其纳入了特殊事件的范畴。

一言以蔽之，体育赛事在现阶段已经发展成为一种提供竞赛产品和相关服务产品的特殊事件。其规模和形式受到竞赛规则、传统习俗等多种因素的影响，具有项目管理特征、组织文化背景和市场潜力，能够迎合不同参与者分享经历的需求，达到多种目的与目标，对举办地的社会、文化、自然、环境、政治、经济、旅游等多个领域产生较大影响。

第二节 全球体育赛事的发展

随着全球竞争、经济转型、技术创新和政府权力转移等因素的不断变化，很

多城市都面临着经济发展速度减缓、失业率上升、城市特色丧失等危机。在这样的背景下，菲利普·科特勒等人系统地提出了城市营销的理论，在这一理论的指导下，城市营销的实践也如火如荼地开展起来。体育赛事作为城市营销的重要手段之一，因其具有吸引外地游客、增加城市知名度、提升城市品牌、促进城市产业结构转型等功能，受到了全世界的广泛关注。

一、西方发达国家体育赛事发展

体育赛事作为一项产业是随着资本主义生产方式的形成与发展产生和演进的，西方是体育赛事的先发之地，也是当今全球体育赛事最活跃和最发达的地区。在伦敦一家国际体育咨询机构 Ark Sports 公布的"2010年世界都市举办大型体育赛事指数评选"中，排名前7位的均为西方发达国家的城市，它们依次是墨尔本、巴黎、悉尼、柏林、伦敦、马德里、纽约。1984年美国洛杉矶奥运会后，体育赛事在西方发达国家取得了长足发展，他们拥有众多国际知名体育赛事的所有权，定期举办的职业联赛、每年的常规性赛事和综合性的大型赛事均风靡全球。

西方发达国家的职业体育历史悠久。美国以其四大职业联赛闻名世界，美国职业橄榄球（NFL）年终总决赛——"超级碗"，2012年的电视观众就有接近6.61亿人，是全美收视率最高的电视节目。据权威财经杂志《福布斯》2011年最新公布的数据，"超级碗"以4.25亿美元的估价，稳坐最具商业价值的体育赛事宝座，比奥运会（2.3亿美元）和世界杯足球赛（1.2亿美元）相加之和还要高。美国还有很多其他职业体育联赛，这些赛事都拥有大量的现场观众和电视观众。据美国体育用品联合会统计，2005年美国职业体育赛事现场观众人数排在前五位的分别是美国职业棒球大联盟赛事（74,385,100人次）、美国职业篮球联盟赛事（21,369,078人次）、美国冰球职业联盟赛事（19,854,841人次）、美国橄榄球职业联盟赛事（17,011,986人次）、职业棒球小联盟赛事（15,636,000人次）；境内电视观众人数排在前三位的体育比赛分别是美国橄榄球职业联盟赛事（105,874,000人次）、美国职业棒球大联盟赛事（76,744,000人次）和美国职业篮球联盟赛事（60,877,000人次）。另外，欧洲足球五大职业联赛也风靡全球。在《福布斯》2009年公布的足球俱乐部价值评估排名榜上，排名前20位的球队均来自欧洲五大职业联赛。（表1-1）

除了各类职业体育联赛之外，西方发达国家每年都会定期举办几乎所有体育项目的顶级赛事，如网球项目的四大满贯赛事、ATP1000赛事，高尔夫球项目的

PGA 锦标赛、欧巡赛，赛车项目的世界 F1 大赛、达喀尔拉力赛、法国勒芒 24 小时耐久赛、印地车赛，马拉松项目的芝加哥马拉松赛、伦敦马拉松赛、纽约马拉松赛等。此外，西方发达国家对举办各种综合性的大型体育赛事也十分积极，20 世纪 80 年代以来，西方发达国家先后举办了 5 届夏季奥运会、7 届冬季奥运会和 3 届足球世界杯赛。

表 1-1　2009 年足球俱乐部价值评估排行榜

排名	球队	国家	俱乐部价值（亿美元）	债务/价值比率（%）	价值提升率（%）	总收入（亿美元）	经营收入（亿美元）
1	曼联	英格兰	18.70	54	4	5.12	1.6
2	皇马	西班牙	13.53	23	5	5.76	0.81
3	阿森纳	英格兰	12.00	107	0	3.49	0.8
4	拜仁	德国	11.10	21	0	4.65	0.59
5	利物浦	英格兰	10.10	59	−4	3.32	0.50
6	AC 米兰	意大利	9.90	24	0	3.3	0.58
7	巴塞罗那	西班牙	9.60	22	7	4.87	1.08
8	切尔西	英格兰	8.00	92	5	4.24	−0.13
9	尤文图斯	意大利	6.00	18	5	2.64	0.46
10	沙尔克	德国	5.10	38	9	2.34	0.41
11	热刺	英格兰	4.45	29	8	2.28	0.77
12	里昂	法国	4.23	18	4	2.45	0.94
13	罗马	意大利	3.81	9	−12	2.76	0.69
14	国际米兰	意大利	3.70	77	−8	2.72	0.27
15	汉堡	德国	3.30	13	0	2.02	0.44
16	多特蒙德	德国	3.25	33	1	1.83	0.09
17	曼城	英格兰	3.10	62	0	1.64	−0.16
18	不来梅	德国	2.92	12	0	1.77	0.27
19	纽卡斯尔	英格兰	2.85	96	−5	1.98	−0.13
20	斯图加特	德国	2.64	N/A	0	1.76	0.18

（资料来源：http://baike.baidu.com/view/3190357.htm）

西方发达国家的体育赛事运营与娱乐、商业、传媒互成一体，将体育和娱乐、传媒紧密地联系起来，通过发达的电视传媒充分展示体育的魅力。例如，福克斯体育电视网、华纳兄弟电影公司、ABC 电视台娱乐频道、盈方体育传媒集团、娱乐与体育节目电视网以及 HBO 频道等机构都创作了大量精彩的体育赛事节目，进一步增强了体育赛事与观众间的互动性。此外，各类提供体育赛事相关服务的专业化公司也相继涌现出来，如 IEG、IMG、八方环球、瑞士盈方等。IEG（The International Events Group）成立于 20 世纪 80 年代，一直致力于将赞助建设成为除广告、促销和公关活动之外的第四条营销渠道。经过二十多年的研究与实践，IEG 创造了一套赞助价值评估的方法，其中关于对无法测量的媒体价值的分析方法已经成为目前人们估算赞助价值所采用的主要方法。IMG（International Management Group），又称国际管理集团，成立于 1960 年，是目前全世界规模最大、业务范围最广的体育和娱乐营销管理公司，其优势业务主要集中在体育赛事运作及经营、运动员经纪、体育电视节目和纪录片制作及销售、中介代理及品牌营销、赞助咨询及分销、品牌授权等方面。

近年来，西方发达国家的体育赛事与其举办城市发展之间的结合日趋紧密，体育赛事已经成为许多城市发展战略的重要组成部分。

例如，澳大利亚各州政府纷纷成立事件运作公司，如西澳大利亚州的事件公司——Event scorp、昆士兰的事件公司——QEC、维多利亚州的墨尔本大事件公司、新南威尔士州的特殊事件有限公司、南澳大利亚州的澳大利亚大事件公司（此处为英文简称 AME）等，由这些政府控股的非营利性公司对各种体育赛事的引进和运营操作直接负责。不仅如此，澳大利亚还将举办体育赛事同促进旅游业发展紧密结合在一起。每年，澳大利亚网球公开赛都会吸引来自世界各地的超过55 万名观众前来观战，是澳大利亚观众最多的年度体育盛会。澳大利亚 F1 赛事在维多利亚风景如画的亚伯特公园举行。大赛期间，观众们不仅可以欣赏到全长5.3 公里的赛车道上展现的一级惊险和刺激，还有机会观赏精美的时装表演，品尝美味佳肴，参加各种欢庆活动。由于认识到举办体育赛事不仅能够促进体育事业发展，而且能带来巨大的经济和社会效益，加拿大政府有关部门也制定了名为"国际体育赛事申办战略"的计划，对加拿大体育赛事产业进行专门规划，支持地方政府和各类体育组织的赛事申办工作。英国的很多城市，如伯明翰、谢菲尔德、曼彻斯特等，为了实现城市的产业结构转型也纷纷制定了相关体育赛事产业政策，以期达到城市再造的目的。实践也证明，举办体育赛事确实带动了英国相关产业的发展。例如，F1 英国大奖赛的举办在以牛津郡为中心的地带逐渐形成了一个赛车产业集群（也被称为"赛车业的硅谷"），这个聚集着成百上千个与赛车有关的公司和组织的地方，俨然已经成为赛车产业的"杰出技术中心""赛车制造中心"和"人才中心"。这里代表着当今世界赛车制造业的最高技术水平，引领着赛车制造领域的技术创新潮流。全世界大约四分之三的单座赛车是在这里设计和装配的,同样,绝大部分最具有竞争力的 F1 赛车和印地赛车联盟的赛车也是在这里设计和制造的。

二、发展中国家体育赛事发展

有些西方学者声称,发展中国家举办体育赛事,尤其是奥运会、世界杯等超大型体育赛事,是一个错误的选择。他们认为,目前发展中国家无论从硬件还是软件方面都还不具备举办超大型体育赛事的条件。为了举办这些赛事,发展中国家将比发达国家耗费更多的资源用于基础设施和体育场馆建设,这将会给赛事带来潜在的风险。但事实证明,近年来,发展中国家的体育赛事产业发展迅猛。2008 年至今,全球举办的前三大体育赛事均在发展中国家举办,它们分别为:2008 年的北京奥运会、2010 年的南非世界杯和德黑兰英联邦运动会。

作为发展中国家的代表,2008 年北京奥运会的影响使中国成为世界上体育赛事产业发展速度较快的国家之一,亚运会、世界游泳锦标赛、中国网球公开赛、北京国际马拉松赛、NBA 季前赛、意大利超级杯赛、世界田径锦标赛等高级别的体育赛事纷纷落户中国。北京、上海等城市争相制定相关战略规划促进体育赛事产业发展。北京市出台的《促进体育产业发展的若干意见》中提出,北京市要加强与国际职业体育组织的合作,加大政策和资金的扶持力度,积极申办、培育国际级大型体育品牌赛事。上海市为了跻身国际知名体育城市之列,已基本形成了上海 ATP1000 大师赛、F1 汽车大奖赛、国际田径黄金大奖赛、汇丰国际高尔夫球锦标赛、世界斯诺克锦标赛和上海国际马拉松大赛六大城市品牌赛事。除此之外,上海各区县体育局也纷纷打造自己的"一区一品"体育赛事项目,如金山区承办的世界沙滩排球巡回赛上海金山公开赛,崇明县的环崇明岛男子、女子国际公路自行车赛,长宁区的体操健美国际大赛,静安区的国际剑联男女花剑世界杯赛,杨浦区的亚洲极限运动锦标赛,宝山区的国际篮球邀请赛,徐汇区的国际飞镖锦标赛,卢湾区的国际体育舞蹈公开赛等体育赛事,形成了上海一道道亮丽的风景线。

伴随着国内众多高级别体育赛事的举办,为体育赛事服务的体育经纪公司也如雨后春笋般兴起。国际管理集团、瑞士盈方、八方环球、英国先行等国际知名体育经纪公司纷纷进入中国,上海久事国际赛事管理有限公司、东亚体育文化发展有限公司、上海国际田径黄金大奖赛有限公司等一批国内体育经纪公司也悄然崛起,成为推动中国体育赛事产业发展的重要力量。

第二章 体育赛事的基本理论

本章从运动竞赛、项目管理和特殊事件三个角度分析了体育赛事概念的演变过程，并运用逻辑学下定义的方法对体育赛事概念进行了探究；按体育赛事规模、影响力等不同分类标准对体育赛事的种类进行了划分；最后，重点分析了体育赛事的正外部性特征及其内在化的途径。

第一节 体育赛事的定义

一、体育赛事概念的演变

（一）运动竞赛角度的定义

体育赛事的概念是从"运动竞赛"演变而来的，因此，要给体育赛事下定义，首先需要弄清"运动竞赛"是什么。田麦久教授认为，运动竞赛是指"在裁判员主持下，按统一的规则要求，组织与实施的运动员个体或运动队之间的竞技较量"；国家体委训练竞赛综合司1992年统编的《运动竞赛学》中指出，"运动竞赛是在裁判员主持下，依据统一的规则而组织与实施的运动员个体或运动队之间的竞技较量"；台湾学者许树渊认为，"在运动上，凡是以运动精神、运动道德为准则，用对等的方式，公定的规则，做各种个人或团队的竞技活动，以供众览，所以比较优劣胜负，以提倡推展运动之用，成为运动竞赛"；同时还有学者提出，"运动竞赛是人类的一种实践活动，它是一个特殊的过程，有明确的目的性，有鲜明的竞技特征，有完善的规则和一整套竞赛办法及决定竞赛胜负的'法律依据'。"从以上几个运动竞赛的定义来看，前三个定义实际上是对运动竞赛的狭义解释，但并没有体现体育运动竞赛所涉及的场外因素。最后一个定义虽然指出了运动竞赛是一个过程，是人类的一种实践活动，有其特殊性，但还是未能超出赛场的范围，未能对体育运动竞赛所涉及的众多因素进行概括。由此可见，以上体育运动竞赛的定义还只是停留在竞技体育比赛的层面，未能反映出当今体育运动竞赛的时代特征。

（二）项目管理角度的定义

随着观众、媒体、赞助商等赛事利益相关者的介入，体育赛事已经成为市场经济条件下竞技体育的重要组成部分。同时体育运动竞赛的项目化特征也越发明显起来。很多学者便从项目管理的角度对其进行定义，而且更多的称之为"体育赛事"。例如，台湾学者曹有培认为："体育赛事指由特定的组织团体，透过有计划的筹备、营造、管理，在特定的时间、地点集合个人或团队，以达成预期目标和宗旨，并借一项或以上的运动，遵循各种运动规则，举行比赛，各种单项的运动比赛和综合性运动会皆涵盖其中。"程绍同认为："体育赛事是特定的组织团体依其本身举办之目的，透过科学化的管理与筹备过程，在特定的时间与地点下，召集运动竞技活动的相关人员（运动员、裁判员、工作人员和观众等）及团体（运动组织、运动器材供应商、媒体、赞助商等）共同参与所形成的综合性集会。"从项目管理角度给体育赛事所下的定义强调了体育赛事运营中科学化的管理和筹备过程，较从运动竞赛角度下的定义有了很大的进步，但该定义还仅将体育赛事单纯地看作一个项目，尚未意识到体育赛事的特殊性与影响力。

（三）特殊事件角度的定义

国外学者对体育赛事的认识与国内学者有所不同，他们普遍将体育赛事纳入特殊事件的范畴，并从特殊事件的视角来认识体育赛事。特殊事件的范围广泛，包括宗教典礼、传统仪式、体育赛事、文艺表演、宴会、展览会等各种形式的活动，体育赛事是其中一种很重要的形式。国外学者对特殊事件的研究起步较早，目前已经趋于成熟，形成了专门的学科理论体系，还有专门的事件管理科学协会和互联网站，如国际节日和事件协会（International Festival and Events Association）等。在实践领域中，人们对特殊事件的认识也在逐步加深，并在不断尝试运用事件管理的科学理论来指导其实践活动。

不少学者对特殊事件的概念进行了系统研究，如 Damd C.Watt 将特殊事件描述为："一次性发生的事情，在任何给定时间里迎合特殊的需要。当地社区事件可以被描述为一个活动，旨在牵涉当地人口分享有利双边利益的经历"；Johnny Allen 等对特殊事件的定义表述为："术语'特殊事件'用来描述特别的仪式、表达、表演或庆典，其被有意识地计划产生以标志特殊的场合，或取得独特的社会、文化或团体的目的和目标。"Getz 在类型学研究中突破性地建议从特殊事件所处的上下关系上来对其进行定义。他提供了两个定义：一是从组织者的角度来定义的，即"特殊事件是一次性的或很少发生的事件，不同于惯常的节目或赞助商和组织主体的活动"；二是从消费者或客人的角度来定义的，即"对于消费者或客人，特殊事件是个休闲、社会或文化经历的机会，不同于惯常范围的选择，并超出了日常经历"。此外，Goldblatt还认为，"特殊事件聚结一个独特的时刻，在那时以仪式或典礼满足特殊的需要"。

上述定义基本体现了特殊事件的诸多共性特征，但由于特殊事件的范围广泛，单个定义难以反映出所有不同类别特殊事件的个性特征。因此，在上述定义中，体育赛事的个性特征并不是很明显。基于此，在借鉴国外研究成果的基础上，国内的部分学者也对体育赛事的定义进行了深入探讨。叶庆晖认为："体育赛事是一种提供竞赛产品和相关服务产品的特殊事件，其规模和形式受竞赛规则、传统习俗和多种因素的制约，具有项目管理特征、组织文化背景和市场潜力，能够迎合不同参与体分享经历的需求，达到多种目的与目标，对社会和文化、自然和环境、政治和经济、旅游等多个领域产生冲击影响，能够产生显著的社会效益、经济效益和综合效益。"黄海燕、张林等人认为："大型体育赛事是指具有国际知名度、集中承办城市和国家甚至国际的注意力，受城市公共资源约束，又反过来影响城市资源的，以提供单一体育运动项目竞赛产品和相关服务的特殊事件。"

二、本书对体育赛事的定义

从以上体育赛事概念的演变中可以看出，在不同阶段人们对体育赛事的认识是不尽相同的，目前国内学术界对于体育赛事的定义也没有达成一致共识。下面本书将对体育赛事的定义做进一步探讨。

逻辑学中明确提出，给某一概念下定义就是用简短明确的语句提示概念的内涵，即揭示概念所反映对象的特点或本质的一种逻辑方法。用公式表示就是：被定义概念=邻近属概念+种差。本书将运用上述下定义的方法对体育赛事的概念进行分析。

首先需要讨论的是体育赛事的邻近属概念问题。从词源上讲，"体育赛事"这一词汇来源于西方国家，故从体育赛事所对应的英文词汇中探寻其邻近属概念更为恰当。体育赛事对应的英文词汇为"Sports Event"，与其意思相近的词汇还有"Hallmark Event""Major Event""Mega-Event"等。上述这些词汇有一个共同之处，即都包含有单词"Event"。因此，本书作者初步认为，体育赛事的邻近属概念就是英文词汇"Event"。Leo Kenneth Jago进一步指出，Event又可分为"Ordinary Event"和"Special Event"两类。Getz认为,"Special Event"包括文化庆典、艺术活动、商业庆典、展览会、学术会议、体育赛事以及政治活动等类型。Graham等人也认为宗教典礼、传统仪式、文艺表演、宴会、展览会和体育赛事等都属于"Special Event"的范畴。故本书作者进一步认为,在体育赛事概念的邻近属概念中"Special Event"比"Event"更为贴切。综上所述,体育赛事的邻近属概念为"Special Event",即"特殊事件"。关于特殊事件的定义,国外有多种阐述,本书作者认为,Leo Kenneth Jago的定义最为完整,他认为特殊事件是指"一次性的或不经常发生的且具有一定期限的事件。它不仅可以吸引更多的旅游者到事件举办地,并提供给他们一种超越日常生活的休闲或社交的机会,还能够增强外来游客对举办城市或社区的认知度,提高举办城市或社区的品牌及形象。"同时,他还指出特殊事件的六大特征,即吸引外地游客并推动举办地旅游业发展,具有一定的期限,一次性或不经常发生,提升举办地知名度、改善城市形象,对举办地社会经济产生影响,提供一次休闲和社交的机会。

在解决了体育赛事的邻近属概念之后,下一步需要探讨的是种差问题。所谓体育赛事概念的种差,就是体育赛事与其他同属于特殊事件范畴事物的区别。体育赛事与节日、政治活动、文化活动等其他特殊事件的差别到底在哪里呢?本书作者认为,体育赛事区别于其他特殊事件的最本质之处在于:以体育竞技为主题。这一观点在李南筑的《体育赛事经济学》中也有体现;肖林鹏、叶庆晖也同样认为"体育赛事的核心为竞技活动"。

通过以上对体育赛事邻近属概念和种差的分析,本书将体育赛事定义为:以体育竞技为主题,一次性或不经常发生,且具有一定期限的集众性活动。它不仅能够推动举办地旅游业的发展、提升举办地知名度、改善城市形象,还能够对举办地的经济、社会、环境等诸多领域产生影响。

第二节 体育赛事的分类

合理的体育赛事分类,对于深入细致地研究体育赛事管理具有重要意义。对某一客观事物进行分类具有一定的主观性,并无统一的标准,不同的研究者根据自己对研究对象的把握可能有不同的分类标准。为了让大家科学、全面地认识体育赛事管理,我们从以下几个角度对体育赛事进行分类。

一、按体育赛事规模划分

赛事规模是对体育赛事进行分类的重要标准之一。Mules & Faulkner 提出，"体育赛事的规模是区分不同体育赛事的最为重要的指标。"从规模的角度看，体育赛事可以小到某一组织或机构的内部比赛，也可以大到奥运会、世界杯足球赛等国际性体育盛会。从理论上讲，规模是一个连续性的参数，它可以细分为无数个级别，但在实际划分时，按连续性规模参数对体育赛事进行细分的难度很大。目前一般仅分为两个类别：一是大型体育赛事（Major Events），包括超大型体育赛事（Mega-Events）和标志性体育赛事（Hallmark Events）；二是规模相对较小的体育赛事（Minor Events），即除了第一类之外的其他赛事（图 2-1）。

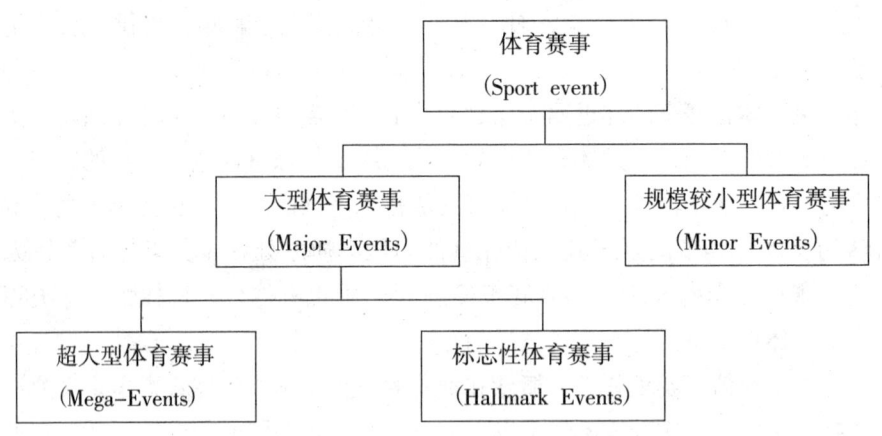

图 2-1　按规模划分的体育赛事分类框架

目前关于"Mega-Events"以及"Hallmark Events"还没有一个标准的定义，在衡量指标的确定方面尚存在分歧，指标的量化方面也存在困难。本书认为，"Mega-Events"应该具有两个方面的特性，一是它是一个国际性的盛事，这一特征与 Hall 的定义不谋而合；二是某一个"Mega-Events"在一定时期内对于举办地来说是一次性的，如奥运会、世界杯足球赛等；"Hallmark Events"应具备以下四个特征，即不经常发生，在同一地点举办，规模相对较大，赛事已经成为举办地的名片。

最后需要强调的是，尽管"Hallmark Events"和"Mega-Events"都是指大规模的体育赛事，但"Hallmark Events"的"大"只是一种相对意义上的"大"，很多区域性的比赛也可能成为"Hallmark Events"；而"Mega-Events"的"大"却是一种绝对的"大"，它是指奥运会、世界杯足球赛等国际性重大体育赛事。

二、按体育赛事影响范围划分

所谓体育赛事影响范围是指体育赛事对赞助商、观众、媒体等利益相关群体号召力的大小。1991年Getz根据体育赛事对赞助商和观众的吸引力大小将体育赛事分为四个级别，即超大型体育赛事（Mega-Events）、地区级体育赛事（Regional Events）、地方级体育赛事（Local Events）和巡回体育赛事（Touring Events）。在上述分类中，地区级和地方级体育赛事的赞助商主要来自举办地区内部，而超大型体育赛事的赞助商则主要来自赛事举办地之外的国内外其他地区。对于巡回体育赛事（Touring event）来说，获得赞助的机会很少，一般是哪里能够为赛事提供经费赞助就在哪里举办，赛事组织者通常会在确定是否能找到赛事赞助商之后才决定赛事举办与否。此外，Hall也从赛事影响范围大小的角度对体育赛事的种类进行了划分，他根据体育赛事之间目标市场的不同将其依次分为国际级、国家级、地区级和地方级的体育赛事。荷兰旅游局也根据相同的分类原则，将体育赛事分为地方级体育赛事、小型的地区级体育赛事、较为重要的地区级体育赛事、全国性体育赛事和国际性体育赛事五个类别。

体育赛事的影响范围与赛事规模之间有一定的关联度，一般来说，体育赛事的规模越大，则其影响范围就越广。但体育赛事的影响范围和体育赛事的规模之间并不是完全等同的，赛事规模强调的是体育赛事相关指标的高低，而赛事影响范围则强调的是体育赛事对其相关群体吸引力的强弱。

三、按体育赛事举办地点划分

根据体育赛事举办地点的不同来划分，可以将其分为室内赛事和室外赛事。室内赛事一般在体育馆内举行，对体育场馆都有一定的要求，如羽毛球赛事、乒乓球赛事、篮球赛事、排球赛事等。室外赛事的情况则较为复杂，有的是在露天体育场内举行，如足球赛事、田径赛事、汽车赛事等；有的是直接借助于自然环境或公路举行，如滑雪、帆船、帆板、马拉松等运动项目的体育赛事。通常来说，天气、气候等因素对室内赛事的影响较小，对室外赛事的影响较大，而室外赛事对环境的影响则比室内赛事大。

四、按体育赛事持续时间划分

根据体育赛事持续时间的不同,可以将体育赛事分为为期 1 天的赛事、为期 2~3 天的赛事以及为期 3 天以上的赛事。在其他条件相同的情况下,体育赛事持续时间的长短与其对举办城市的经济影响成正相关关系,即赛事持续的时间越长,对举办城市的经济影响就越大。其中,为期 1 天的体育赛事与为期 2~3 天的体育赛事之间的区别最大。造成这种差别的主要原因是,对于为期 1 天的体育赛事来说,吸引外地观众观看比赛并在举办地留宿的概率与为期 2~3 天的体育赛事相比要小得多。因此,增加赛事持续的时间是扩大其对举办地经济影响的一个有效措施。

五、按体育赛事参与主体划分

根据体育赛事参与主体的不同,可以将体育赛事分为观众型体育赛事和运动员型体育赛事。其中观众型体育赛事是指以观众为主体的体育赛事,如世界杯足球赛、环法自行车赛、上海网球大师杯赛、上海站 F1 大奖赛等。这类赛事往往是一些级别和水平较高、运动项目较为普及、观赏性较强、赛事历史较长的体育赛事,它们可以吸引大量的外地观众前来举办地观看体育赛事和旅游。运动员型体育赛事是指以运动员为主体的体育赛事,如安利纽崔莱健康跑、北京国际马拉松赛以及一些观赏性不强、运动项目普及率不高的体育赛事。这类体育赛事中,运动员、教练员及其亲属占整个赛事相关人群的比重较大,观众相对较少。

第三节 体育赛事的正外部性及其内在化途径

体育赛事具有很多特性,如聚集性、综合性、体验性、正外部性等。体育赛事能够对举办地产生重大影响,受到很多城市的青睐,与赛事的这些特征直接相关。在体育赛事众多的特征中,正外部性特征对赛事管理的影响最大。正外部性是导致体育赛事市场调节失灵及政府无法从赛事运作微观层面退出的主要原因,这一问题的解决将大大推进体育赛事运营的市场化进程。

一、体育赛事的正外部性

外部性是经济学中的一个基本概念，它指的是私人收益与社会收益间、私人成本与社会成本间不一致的现象。萨缪尔森认为，在生产和消费过程中，一个人使他人附加额外成本或收益，而且这些附加在他人身上的成本或收益并没有通过当事人以货币的形式得以补偿时，外部性或溢出效应就产生了，即"外部性是一个经济机构对他人福利施加的一种未在市场交易中反映出来的影响"。它具有如下特征：第一，外部性是一定社会环境中的人或组织的一种行为结果，没有人的行为，无所谓外部性。第二，外部性是一种偏离主体目标的非目标行为结果。人的行为以动机为动力，以目标为导向，但行为结果未必都合乎目标要求，都达到目标结果，外部性就存在于非目标结果中。第三，外部性是行为主体对外部的影响，而不是外部对行为主体的影响，也不是主体系统内各因素之间的相互影响。第四，外部性在现有的历史条件下可以得到一定程度的解决，但不能完全避免和根除。这些特征可以作为判断外部性存在的标准。按照外部性产生的不同后果，可将其分为正外部性和负外部性。与负外部性对社会福利造成的明显损害相比，正外部性的存在似乎是一件对社会总福利有益无害的事情，不需要我们过多地关注，因此人们往往更关注负外部性问题。但经济学家们认为，正外部性和负外部性一样，都会影响资源的有效配置，因而也应该予以重视。

体育赛事的正外部性是指赛事运营主体的经济活动给正外部性受体所带来的有利影响，而其受体并不需要为此付出任何成本。按照正外部性受体的不同，体育赛事的正外部性可分为两类，第一类是受体为举办城市政府的正外部性，如对城市文化、城市品牌、就业、投资等方面产生的正外部性；第二类是受体为企业的正外部性，如对旅游、餐饮、酒店、房地产、零售、交通、新闻、广告等相关行业的企业产生的正外部性。

体育赛事的正外部性是否需要解决，学者们对此存在着不同观点。有的学者认为，并非所有具有正外部性的事件都要使其正外部性内在化，体育赛事的正外部性问题无需重视。本书认为，某一事件的正外部性是否需要内在化取决于两个方面，一是该事件的正外部性到底有多大，对资源有效配置有多大影响。二是使该产品的正外部性内在化需要付出何种代价。当前几乎没有人否认体育赛事具有巨大的正外部性，但遗憾的是由于这些正外部性不能内在化，体育赛事的市场供给量严重不足，只能由赛事正外部性收益最大的受体——政府提供。政府作为赛事供给主体同样存在很大的问题，一是政府职能的转变不再允许政府介入市场微观领域；二是政府作为赛事运营主体不能使体育赛事达到帕累托最优配置，而且还会有诸如"寻租""腐败"等行为的发生。因此，体育赛事的正外部性问题急需解决。正外部性内在化的成本会因其实现的不同途径和方法产生很大的差异，随着制度、环境的变化，各种方法和途径的成本也会发生变化，这是我们需要在理论和实践中探索研究的问题。

本节的重点将放在探索如何低成本、有效、较为全面地解决体育赛事正外部性的问题上。另外，还有的学者认为，目前运营体育赛事不赚钱的主要原因是体育市场不发达、民众的体育消费意识不强，所以应该大力培育体育市场、激发民众体育消费热情。以上观点有一定的道理，但过于片面，增加体育赛事现有的门票、广告权等收入与内在化赛事的正外部性是提高赛事供给主体收益的两个途径，不能只重视前者，而无视后者。相反，在目前居民可支配收入较低、群众体育消费意识不强及体育赞助市场不景气的环境约束下，要增加赛事供给主体门票、广告权等收入是比较困难的，而从一定程度上使体育赛事正外部性内在化则是赛事供给主体增加收入的有效渠道。因此，我们更应该给予体育赛事正外部性内在化问题足够的重视。

二、体育赛事的正外部性与市场失灵

通常来说，当某一物品存在正外部性时，对于供给主体来说，正外部性的收益无法体现为供给主体的收入，或者说，正外部性的存在导致了供给品的市场价格偏低和供给量不足。我国体育赛事的情况更为复杂，一方面，体育赛事正外部性问题的存在致使由市场主体供给的赛事严重不足。我国体育竞赛市场发展很不成熟，而且极不平衡，尽管运作一项体育赛事能够使正外部性受体获得大量收益，但赛事运作主体的市场收入却远远小于赛事运作成本，这就导致了市场提供的体育赛事数量几乎接近于零的情况。政府作为体育赛事正外部性的受体之一，现阶段对体育赛事的需求最为迫切，理所当然地成了绝大部分体育赛事的供给主体。另一方面，体育赛事成了市场主体向政府寻租的手段。由于政府行政权力执行的结果不仅会对经济效率产生影响，而且会影响到社会现有财富的分配，这就刺激了市场主体利用政府行政权力达到财富增加的动机，导致寻租行为的发生。而由于体育赛事对政府的正外部性，使其可以作为城市营销的一种有效手段，很多地方政府都对此有所需求，因此，一些市场主体就以举办或资助体育赛事的手段向政府寻租。此外，体育赛事的正外部性还容易导致赛事的供给垄断。

总而言之，体育赛事正外部性使市场出现了较为严重的失灵现象，政府成为体育赛事的主要供给主体。即使有市场主体组织一些体育赛事，也不是出于市场经济运营的考虑，而是将其作为向政府寻租的一种手段。为了解决由体育赛事正外部性导致的市场失灵现象，发挥市场在体育赛事资源配置中的作用，我们就必须尽量使体育赛事的正外部性内在化。

三、体育赛事正外部性的内在化

（一）体育赛事正外部性内在化的理论基础

体育赛事的正外部性是赛事运营主体的行为对赛事正外部性受体的非市场性质的附加影响，不通过市场这一媒介发生作用。在体育赛事正外部性的传递过程中，受体是被动的一方，体育赛事运营主体和正外部性受体之间无法通过供求机制反映需求和供给的真实意愿。要消除体育赛事正外部性对资源配置的影响，就要设法创造一个模拟的市场，使价格机制重新发挥作用。这一过程就是体育赛事正外部性的内在化，即要使赛事运营主体产生的外部收益通过不同方式转化成它的内部收益，解决因缺乏激励导致的体育赛事供给不足等问题使体育赛事的供求关系达到帕累托最优状态。

现代经济学对于正外部性的内在化主要有两种办法：一是公共政策，即庇古津贴理论；二是科斯的产权市场交易理论。

1. 庇古津贴

针对正外部性问题引起的市场失灵，美国经济学家阿瑟·庇古（Arthu C. Pigou）最早提出了庇古津贴理论，他指出，"可能采取的鼓励与限制的最显著的形式当然是津贴与税收"。这一理论与绝大多数经济学家和官员的价值取向达成共识——不能让创造者得不到利益。这一理论在现实中为演变成为正外部性的制造者提供支持，比如对一些高新技术企业的研究活动给予补贴。曼昆称这种补贴"是以市场为基础的政策向私人提供社会效率的激励，与任何税不同，它关注受到影响者的福利，它是存在正外部性时的正确激励，从而使资源配置接近于社会最优"。

2. 科斯的产权交易

市场机制的运转，要求收益去除成本之后仍有利润，或者成本能够追踪到单个使用者身上。由于正外部性的制造者不可能毫无代价地监督和排斥他人的消费，正外部性的非排他性也决定了，不可能将每个正外部性的接受者均标识出来，因此市场主体难以形成供求关系，私人交易或者私人谈判不能消除正外部性的影响，价格机制已经无法发挥作用。庇古的内在化途径的潜台词是，市场已经失败，既然市场已经失败，政府就必须出面，通过政府干预来使经济活动的私人成本和收益提高到他们的真实社会成本和收益。

同时科斯也指出，只要能够界定产权并且允许交易，那么市场就可以发挥作用。因为在产权界定清楚以后，交易双方会利用市场机制通过订立合约而找到使各自利益损失最小化的合约安排。科斯认为减少损失或者增加福利的目标实际上可以通过市场本身轻而易举地达到而且可能更为有效，只需要对产权作清晰的界定。简而言之，科斯在应对正外部性内在化的问题上只有一条途径——界定产权、允许交易、私人的谈判和交易会自然地修正外部性所造成的问题。

3. 分析和小结

上文提到的现代经济学解决正外部性问题的两种理论各有优缺点，使用的前提条件也不同。庇古津贴虽然从一定程度上解决了由于正外部性而导致的市场失灵，但同时也证明了这一市场失灵实际上是政府建立和保护私有财产权利的失败。"如果建立和保护私人财产权利是成功的，那么权力将成为一种生产要素进入市场机制从而得到他应得的或者他应当付出的那一部分，而这一部分的数量则恰恰等于庇古税收或者津贴"。科斯理论虽然找到了解决正外部性问题的根本途径，但他是以交易费用为零作为假设条件的。在现实生活中，这种假设几乎不能成立，交易费用有时甚至高得无法进行交易。另外，现实中正外部性的损害者与受害者双方往往不是单一个体，而是由多个个体组成的群体，且不同的损害和受害的程度之间也存在较大差异，因而易于出现"搭便车"问题，这就决定了难以用讨价还价的方式解决正外部性问题。戴尔斯（Dales）在比较分析了庇古和科斯理论的基础上，认为单靠政府干预和单靠市场机制调节都不能真正解决正外部性问题，只有二者结合才会取得显著效果。

（二）体育赛事正外部性内在化的渠道

体育赛事的正外部性问题比较复杂，很多正外部性短期内难以体现，只有经过很长一段时间累积才能发觉。就短期内能够体现的正外部性来说，由于正外部性受体多且很难识别，再加上准确衡量正外部性大小的难度较大，要完全解决体育赛事的正外部性问题基本上不可能。但本书认为，有一部分体育赛事的正外部性还是有内在化可能的。基于此，本部分主要对体育赛事正外部性内在化的渠道进行初步探索。

1. **利用政府津贴的方法解决体育赛事的正外部性**

根据庇古的理论，可以通过增加政府补贴从而降低私人供给成本的方法来解决。也就是说，政府通过给予市场供给主体一定数目的津贴，弥补其损失，使社会福利得到改进。具体到体育赛事领域来说，政府可以通过两种方法对赛事的市场供给主体给予津贴。第一种方法是对提供体育赛事的市场主体实行减免税的优惠政策。这种方法现在已经有所运用，如上海的网球大师杯赛，就是通过这种途径降低了体育赛事的供给成本，在一定程度上使体育赛事的正外部性内在化了。但目前我国体育赛事市场发育尚不成熟，举办赛事的成本和收入相差很大，即使政府实行这种优惠政策，体育赛事供给主体往往还是处于亏损状态。所以，这种方法只适用于市场前景相对较好的体育赛事。在此种赛事中政府通过实行减免税的优惠政策就能够改变市场主体的供给决策。第二种方法是根据体育赛事运营的成本给予赛事供给主体一定比例的津贴。这种津贴的计算方法是在充分考虑不同体育赛事市场前景的基础上，为了保证赛事的有效供给而设计的。从理论上讲，实施这种津贴办法后政府完全可以有效地调节不同类型体育赛事的市场供给。例如，对于市场前景较差、需求量较大的体育赛事，政府可以将津贴的比例定得高些，反之，对于市场前景较好、需求量较小的赛事，政府则可将津贴的比例定得低些。实际操作中，这一方法对政府的要求很高。因为津贴比例是根据体育赛事的市场前景及市场需求来确定的，政府要科学地制定这一津贴比例，首先需要充分掌握市场信息。因此，要采取这种政府津贴的方法解决体育赛事的正外部性问题，首要前提是建立一套搜集市场信息的有效方法，给政府的决策提供有力依据。

政府津贴解决体育赛事正外部性问题的前提是政府干预，政府从体育赛事供给主体的角度出发，通过发放津贴的形式使市场供给主体运营赛事时能够获得一定的收益，从而弥补由于存在正外部性而导致的体育赛事供给量不足。这一解决办法并未考虑体育赛事正外部性受体方面的因素，也没有解决他们的"搭便车"行为。因此，一些经济学家认为这种解决方法并非最优选择，如布坎南就提出："由单边的强制性补偿，直到所有的外部性消除之前，完全的帕累托均衡永远都不会达到。"

2. **通过市场的途径解决体育赛事的正外部性**

庇古通过发放政府津贴来解决正外部性问题的方法忽视了市场自我矫正市场失灵的能力。科斯等人经过深入研究发现，在一定条件下，市场通过自身的调节完全可以解决正外部性问题。具体的解决途径有以下几种。

(1) 体育赛事第一类正外部性的市场解决途径。所谓体育赛事第一类正外部性，是指受体为举办城市政府的正外部性。按照科斯的观点，要通过市场自身的调节来解决体育赛事的正外部性问题，首先要识别、界定并评估体育赛事对相关受体产生的正外部性。对于体育赛事第一类正外部性来说，政府应该将其视为一种公共产品，并通过向赛事供给主体购买这种公共产品的方式使其内在化。这一解决方法中的关键问题在于购买价格的确定，即对体育赛事产生的正外部性大小的评估。本书认为，应该充分借鉴英国的运营模式，政府部门可以委托第三方机构研究体育赛事正外部性的评估方法，建立赛事正外部性的评估机制，按照体育赛事对政府产生的正外部性大小对赛事进行分类，并在事前确定政府购买每一种类型体育赛事所愿意付出的成本。这样体育赛事的市场供给主体就会在充分考虑政府购买价格的基础上决策是否供给赛事。例如，某一体育赛事运营成本约为1500万元，预计出售门票、广告权、电视转播权等的市场收入为1200万元。在这种情况下，理性的市场主体不会成为这一体育赛事的供给主体。但如果政府愿意为购买第一类正外部性支付500万元，此时，对于市场主体来说，提供这一赛事产品将会得到200万元的收益，那么市场上一定会有机构愿意成为这一体育赛事的供给主体。

(2) 体育赛事第二类正外部性的市场解决途径。所谓体育赛事的第二类正外部性是指受体为企业的正外部性。在这里，市场自身调节是解决正外部性问题的方法，而具体解决体育赛事第二类正外部性的主体可以是政府，也可以是赛事运营主体本身。下面将从赛事运营主体和政府的角度说明他们利用市场的自身调节来解决体育赛事第二类正外部性的具体途径。

第一，赛事运作主体通过市场解决的途径。体育赛事的运营主体要通过市场的途径解决赛事的第二类正外部性问题，能够采取的主要途径是市场合约，即通过与体育赛事第二类正外部性的受体签订一系列合约，尽量使举办体育赛事产生的正外部性内在化。本书认为，赛事运营主体与体育赛事正外部性受体签订的合约有两种，一种是市场交易的合约方式，即赛事运营主体在事前先与正外部性受体谈好价格，签订合同（表2-1）；一种是"战略联盟"的合约方式，即赛事运营主体与正外部性受体结成"战略联盟"，正外部性受体将部分由于体育赛事正外部性而产生的收益返还给赛事运营主体，使其内在化（表2-2）。当然赛事运作主体本身也可以采取纵向一体化的方式，成立相关公司，自己运营赛事，使赛事产生的正外部性内在化。不过在采取这种方式之前要充分估算成立相关公司的成本和收益，论证其是否可行。

表 2-1　市场交易方式解决正外部性的阶段划分

阶段序号	阶段名称	
Ⅰ	识别正外部性影响的受体	识别相关产业
		确定相关企业
Ⅱ	识别和界定产生正外部性的因素	识别
		界定
Ⅲ	测量对各相关企业产生的正外部性	事前评估
Ⅳ	与相关企业谈判、签约	洽谈
		签订合同
Ⅴ	赛事供给主体获得合同收益	收益分配

表 2-2　"战略联盟"方式解决正外部性的阶段划分

阶段序号	阶段名称	
Ⅰ	识别正外部性影响的受体	识别相关产业
		确定相关企业
Ⅱ	识别和界定产生正外部性的因素	识别
		界定
Ⅲ	与相关企业谈判、签约	洽谈
		签订合同
Ⅳ	履约与监督	执行合同
		监督
Ⅴ	索取由于正外部性而产生的收益	收益分配

在当前体育赛事运营的实践过程中，赛事运营主体也在想方设法通过市场的途径解决体育赛事的第二类正外部性问题。例如，很多体育赛事运营主体都想办法让可能是其正外部性受体的企业成为赛事的赞助商。比如，上海网球大师杯赛有可能对上海移动公司产生正外部性，赛事主办方——上海新新体育文化有限公司（现为上海久事国际赛事管理有限公司）就成功地使上海移动公司成了赛事的赞助商；又如，上海F1大奖赛期间，上海国际赛车场有限公司与金茂集团签约，结成"金红联盟"，上海国际赛车场有限公司授权金茂集团享有F1门票的经营权，金茂凯悦酒店则通过其遍布全球的销售网点宣传推广F1赛事。通过这一联盟，金茂凯悦酒店在F1举办期间增收近700万元（这就是F1赛事对金茂凯悦酒店所产生的正外部性）。尽管上海国际赛车场有限公司并没有获得700万元正外

部性收入的分成，但也通过联盟的方式减少了赛事推广成本，增加了门票的收入，通过另一种方式在一定程度上将上海站F1大奖赛对金茂集团（金茂凯悦酒店）所产成的正外部性内在化了。

需要说明的是，尽管赛事运营主体为使体育赛事第二类正外部性内在化作出了各种努力，但效果并不明显。而且上文的案例中体育赛事的运营主体根本就没有直接分得由于赛事所产生的正外部性收益。产生这种情况的原因主要是由于信息不完全、不对称，正外部性的非排他性以及搭便车者（free-riders）等存在问题。具体来说，一是体育赛事的第二类正外部效益无法准确衡量。体育赛事的运营主体对正外部性受体究竟获得了多少正外部效益的信息掌握较少，而正外部性受体掌握的信息相对较多，造成了信息不完全和不对称问题，二是体育赛事的第二类正外部性具有非排他性，即排除正外部性受体对它的分享和获益需要花费巨大的成本，因此正外部性受体会产生一种不愿意为正外部效益支付费用的心理，也叫作搭便车者问题。因此，即使收费制度是可行的，体育赛事的运营主体也将因为正外部效益的非排他性而为实行收费制度付出沉重的代价。

赛事运营主体要想通过市场途径有效地解决体育赛事的第二类正外部性问题必须有两个前提，一是能够尽量消除搭便车行为；二是赛事运营主体能较为充分的掌握或预期赛事对正外部性受体产生的收益。就目前的实际情况来看，尽管这两个前提条件都很难实现，但赛事运营主体是可以通过一些赛事运营方式上的创新来达到上述两个前提条件的，进而能够实现正外部性的内在化。例如，赛事对宾馆产生的正外部性问题，赛事运营主体可以与旅游公司及宾馆、饭店合作，授权部分旅游公司享有国外或国内一些省市的门票经营权，并通过共同开发新的赛事旅游产品或为其预订酒店的方式锁定前来观看比赛的观众，推荐其入住合作的宾馆。赛事运作主体便可以从旅游公司和宾馆获得的增值收益中分成。当然，要具体实施该方案，还要考虑很多问题，如达成最终合约的谈判成本有多大，该方案实施后是否会导致门票销售量的下降，若下降，下降值是否小于从旅游公司和宾馆获得的增值收益等。

第二，政府出面解决第二类正外部性问题。从以上的分析中可以看出，完全通过赛事运作主体利用市场自我调节的方式解决体育赛事的第二类正外部性问题比较困难。根据戴尔斯的观点，通过政府干预和市场机制有效结合的方式解决体育赛事的第二类正外部性问题更为有效。政府可以制定一系列政策法规，来解决赛事运营主体在自行通过市场途径使赛事正外部性内在化过程中遇到的困难，尽量使文中提到的两个前提成立。政府干预主要有两个优点，一是由政府解决正外部性问题的交易费用比赛事运作主体自行解决要低,赛事运营主体可以减少大量的谈判和监督成本;二是通过政府制定政策法规的方式解决,能够使体育赛事第二类正外部性内在化的方式制度化,而且比赛事运作主体解决得更加全面、彻底。至于政府通过什么样的方法解决,则是一个策略问题,需要认真研究。

  本书作者认为,体育赛事举办城市的政府可以规定对于不同类型体育赛事的不同第二类正外部性受体,即相关产业的企业增加一定比例的税收,然后将这些增加的税收收入返还给赛事运营主体,使其正外部性内在化。

第三章　体育赛事的利益相关者

本章以现代利益相关者理论为基础，依据体育赛事的固有属性和特点，对体育赛事利益相关者概念进行了界定；同时利用多维细分法对体育赛事利益相关者做了分类，并对体育赛事主要利益相关者的利益一致和利益冲突的情况分别进行了论证，提出了体育赛事利益相关者利益协调的原则、方式、内容和困境。在此基础上，以上海为例，对政府在赛事运营中的作用进行了深入分析。

第一节　体育赛事利益相关者分析框架

一、体育赛事利益相关者的概念

体育赛事利益相关者概念的提出以利益相关者理论的广泛应用为背景。利益相关者理论是当前西方经济学界和管理学界研究的一个热点问题。它是 20 世纪 60 年代，对主流企业理论，即"股东至上主义"的质疑和批判中逐步产生和发展起来的。1963 年，利益相关者作为一个明确的概念由斯坦福研究所提出后，以弗里曼（Freeman）、多纳德逊（Donaldson）、克拉克森（Clarkson）、琼斯（Jones）、科林斯（Collins）、卡罗尔（Carrol1）、布莱尔（Blair）、米切尔（Mitchel1）为代表的一批经济学家、管理学家提出了利益相关者管理理论。利益相关者理论的研究领域非常广泛，不仅涉及管理学、经济学、伦理学、社会学，还涉及管理基础、分类方法等方面的研究。它的研究内容既有企业经营微观层面的研究，又有关注国家大政方针的宏观层面的研究；研究方法既有纯理性的规范性分析，也有经验性的实证研究。按研究目的来划分，它的应用主要表现为两个方面：一是解释性应用，即对其他研究对象的利益相关者进行界定和分析，构建相关领域的利益相关者分析框架，这种应用的适用范围较为广泛且具有较强的解释能力；二是操作性应用，即利用利益相关者理论对某一专门领域的管理问题提出可操作性的具体解决办法。

"利益相关者"一词的提出可以追溯到 1929 年，此后的 30 年间，学者们从不同角度对利益相关者的概念进行了界定。其中，以弗里曼（Freeman）的观点最具代表性。他在《战略管理：一种利益相关者的方法》一书中提出，"利益相关者是能够影响一个组织目标的实现，或者受到一个组织实现其目标过程影响的所有个体和群体"。弗里曼的界定进一步丰富和完善了利益相关者的内涵，但却笼统地将所有利益相关者放在同一层面进行整体研究，给后来的实证研究带来了很大的局限性。克拉克森认为，"利益相关者在企业中投入了一些实物资本、人力资本、财务资本或一些有价值的东西，并由此而承担了某些形式的风险；或者说，他们因企业活动而承受风险"。国内学者综合了上述观点，将"利益相关者"界定为，"那些在企业的生产活动中进行了一定的专用性投资，并承担了一定风险的个体和群体，其活动能够影响或者改变企业的目标，或者受到企业实现其目标过程的影响"。这一定义既强调了投资的专用性，又将企业与利益相关者的相互影响包括进来，应该说是比较全面和具有代表性的。

作为一种复杂的特殊事件，体育赛事的运营和管理是一项较为庞大的系统工程，特别是对于规模较大的体育赛事来讲，其关联主体呈现多元化和复杂化的特点。体育赛事的成功举办，离不开各类关联主体的参与及其需求的满足，这些关联主体便是体育赛事的利益相关者。基于利益相关者理论以及体育赛事的自身特点，我们将体育赛事利益相关者的概念界定如下，体育赛事利益相关者是指，在体育赛事举办过程中进行了一定的专用性投资，并承担了一定赛事风险的个人和组织，其活动能够影响或者改变体育赛事的成功举办，也可能受到体育赛事举办过程的影响。关于这一概念，我们需要做如下说明。

（1）"体育赛事举办过程"是广义的界定，泛指体育赛事的申办、体育赛事的筹备、体育赛事的组织以及体育赛事的收尾等整个过程，所有参与到整个过程中的关联主体均需要纳入体育赛事利益相关者的界定范畴中。

（2）"专用性投资"是指体育赛事关联主体的实物投资、资本投资、人力投资、政策扶持及其他投资等。其中，实物投资包括赞助商的各类实物赞助、当地政府或社区对于相关设施的提供等；资本投资包括赛事所有者的资本投入、赞助商的货币赞助、当地政府的财政补贴、观众购买的门票等；人力投资包括赛事所有者、政府协调部门工作人员、赛事参与者（运动员、教练员、裁判员）、赛事主办机构工作人员以及志愿者的人力资源投入等；政策扶持主要包括当地政府或社区对于体育赛事举办的政策扶持；其他投资包括媒体宣传以及赛事举办地自然环境等。

（3）与一般"赛事风险"的概念有所不同，这里的"赛事风险"泛指影响体育赛事关联主体需求满足的各类风险。对于赛事主办机构来讲，主要是指影响赛事成功举办的风险；对于赛事所有权人来讲，主要是指影响体育赛事的盈利风险；对于政府部门来讲，主要是指赛事举办期间的安全风险和影响政府形象改善的风险；对于赞助商来讲，主要是指赞助回报的实现风险。

二、体育赛事利益相关者的分类

运用科学合理的方法对体育赛事利益相关者进行系统的分类，是构建体育赛事利益相关者分析框架的重要前提。利益相关者可以从多个角度进行细分，不同类型的利益相关者对于管理决策的影响以及被管理活动影响的程度是不一样的。目前，国内外比较常见的分类方法主要有多维细分法和米切尔（Mitchell）评分法两种。

多维细分法以弗里曼和弗雷德瑞克为代表。弗里曼认为，利益相关者由于所拥有的资源不同，对企业管理活动会产生不同的影响。弗雷德瑞克从利益相关者对企业产生影响的方式来划分，将其分为直接和间接的利益相关者。直接的利益相关者就是直接与企业发生市场交易关系的利益相关者，主要包括：股东、企业员工、债权人、供应商、零售商、消费商、竞争者等；间接的利益相关者是与企业发生非市场关系的利益相关者，如中央政府、地方政府、外国政府、社会活动团体、媒体、一般公众等。美国学者米切尔（Mitchell）从利益相关者所必需的属性出发，对可能的利益相关者进行评分，根据分值的高低确定某一个人或者群体是不是企业的利益相关者，是哪一类型的利益相关者。他将企业利益相关者分为三类：潜在型利益相关者、预期型利益相关者和确定型利益相关者。

国内学者陈宏辉和贾生华借鉴"多维细分法"和"米切尔评分法"的分析思路，从利益相关者的主动性、利益相关者的重要性和利益相关者要求的紧急性三个维度对所界定出的10种利益相关者进行分类，以评分的方法将国内企业的利益相关者分为核心利益相关者、蛰伏利益相关者、边缘利益相关者。核心利益相关者是企业不可或缺的群体，与企业有紧密的利害关系，甚至可以直接左右企业的生存和发展，包括股东、管理人员和员工；蛰伏利益相关者往往已经与企业形成了较为密切的关系，所付出的专用性投资实际上使得他们承担着企业一定的经营风险，在企业正常经营状态下，他们也许只是表现为一种企业的显性契约人而已，然而一旦其利益要求没有得到很好的满足或是受到损害时，他们可能就会从蛰伏状态跃升为活跃状态，从而直接影响企业的生存和发展，包括消费者、债权人、政府、供应商和分销商；边缘利益相关者往往被动地受到企业的影响，在企业看来他们的重要性程度很低，其实现利益要求的紧迫性也不强，主要指特殊利益集团和社区。

关于体育赛事利益相关者的分类，国内外学者也有一些初步的研究。盖伊·马斯特曼认为，"在早期体育赛事的主要利益相关者常常只限定为参加比赛的运动员和裁判员，但随着体育赛事的发展，赛事的消费者逐渐成为体育赛事主要利益相关者"，他还进一步列出了体育赛事的主要利益相关者，包括运动员、裁判员、随队人员、供应者、赛事管理者、工作人员、观众、媒体和贵宾（VIP）等。Donald Getz 认为，体育赛事的主要利益相关者包括：赛事组织者、赞助商和合作伙伴、消费者及贵宾、城市社区等；国内学者叶庆辉进一步丰富了 Donald Getz 关于体育赛事利益相关者的观点，他认为，体育赛事包括主办机构、主办社区、赞助商和经费支持者、供应商、媒体（电台、电视和报纸）、工作团队（受雇职员和志愿者）、参与者和观众等利益相关者。

从国内外有关利益相关者分类的代表性成果来看，利益相关者的分类标准和分类方法并不统一。在对利益相关者进行分类时，需要在主流分类方法的指导下，根据对研究主体固有特征的分析和研究侧重点的不同进行科学的分类。因此，体育赛事利益相关者的分类也要遵循这一原则，在分类时需要重点把握好体育赛事的自身特点和属性。

首先，从某种意义上讲，体育赛事的举办是一种阶段性的特殊事件，具有"事件性"。它是由赛事主办方通过策划、组织、筹办具有观赏效用或商业价值的体育比赛而引发的事件。因此，与该事件的发生、发展和结束各个阶段产生各种关系的个人和组织均要纳入体育赛事利益相关者的范畴中来；其次，体育赛事产业因其固有的竞技性，已成为一种最具体育本质属性的行业类别。它是体育产业中无形产品的典型代表，具有一般商品的特性。因此，与体育赛事这一特殊产品的供给、生产、销售、消费等各个环节所联系的个人和组织均为体育赛事利益相关者分类的对象和范围；再次，体育赛事是关联主体之间相互关系的联结，它通过协商的方式来执行各种显性和隐性契约，并由此规范其利益相关者的权利和义务。为了保证体育赛事的良性运转，赛事关联主体之间必须形成多边契约关系。签订契约的主体不仅包括赛事所有者、主办机构和管理人员等，还包括所有会影响赛事举办的个体和群体，如政府、社区、赞助商、志愿者、观众、媒体、自然环境等。这些利益相关者都与体育赛事有契约关系，只不过有的是显性契约，有的是隐性契约而已。

另外，现阶段，由于我国特殊的体育管理体制，政府控制着大量的赛事资源。一方面，各类体育赛事的申办、筹备和运作都需要得到政府的大力支持和帮助；另一方面，政府需求的满足也是体育赛事举办的重要目标之一。因此，在对体育赛事利益相关者进行分类时，必须充分重视与政府有关的各类关联主体。

基于体育赛事的固有属性以及多维细分法的分类标准，我们将体育赛事的利益相关者做如下分类：第一类为体育赛事核心利益相关者。主要包括举办地政府、主办社区、赛事所有权人、赛事主办机构、赞助商；第二类为体育赛事蛰伏利益相关者。主要包括媒体、观众、赛事参与者（运动员、裁判员及教练员）；第三类为体育赛事边缘利益相关者。主要包括赛事工作人员、赛事志愿者、普通民众、自然环境等。

三、体育赛事利益相关者框架图示及特征

（一）框架图

根据体育赛事利益相关者的分类，体育赛事利益相关者的分析框架如图3-1所示。

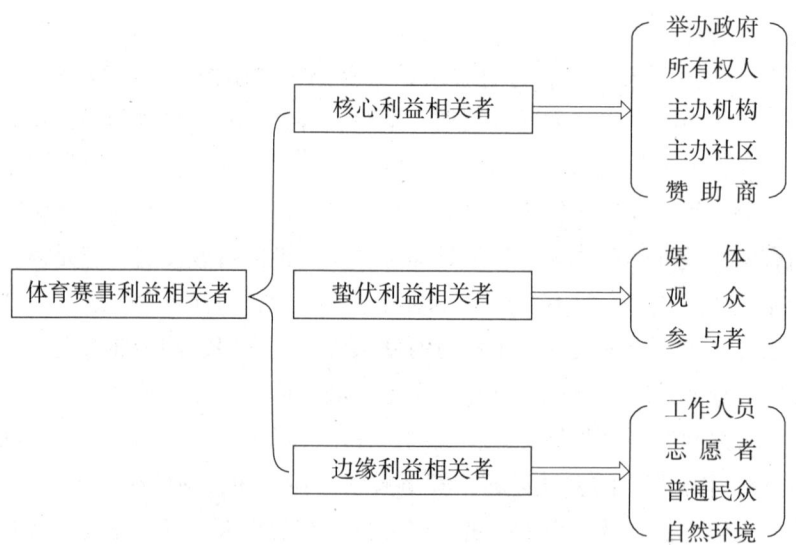

图3-1 体育赛事利益相关者的分析框架

（二）框架特征

体育赛事利益相关者的分析框架是在对体育赛事固有特性进行深入分析的基础上，根据多维细分方法而构建的。该框架具有层次性、差异性、阶段性等特征。

1. **层次性**

所谓层次性，是针对核心利益相关者、蛰伏利益相关者和边缘利益相关者之间的关系而言的。对于体育赛事来讲，三者并不是并列关系，而是具有层次性关系。其中，核心利益相关者（政府、社区、所有权人、主办机构和赞助商）一般是体育赛事不可或缺的个体或组织，与体育赛事的成功举办有着紧密的利害关系；蛰伏利益相关者（媒体、观众、赛事参与者）往往已经与赛事形成了较为密切的关系，在赛事正常运营状态下，他们只是表现为一种赛事的显性契约人，然而一旦其利益要求没有得到很好的满足或是受到损害，他们就可能会从蛰伏状态跃升为活跃状态，从而直接影响赛事的运行；边缘利益相关者往往被动地受到赛事的影响，其实现利益要求的紧迫性也不强。

2. **差异性**

体育赛事种类较多，分类方法也较为多元化。按照赛事规模，可以分为综合性体育赛事和单项体育赛事；按照赛事级别，可以分为大型体育赛事和中小型体育赛事；按照赛事的运作模式，又可以分为职业体育赛事和业余体育赛事。不同种类的体育赛事之间有着较大的差异性，即使是同一种类的体育赛事，举办地不同以及竞赛项目的不同，均会影响体育赛事利益相关者的框架构建。例如，由政府拥有赛事所有权，并由政府有关部门资助举办的体育赛事（如全运会），其利益相关者中政府扮演的角色就较为关键，赞助商的作用就会弱化；而由民间体育组织或一般企事业单位举办的体育赛事，政府的作用就不甚明显，赞助商的作用则会凸显。因此，在构建具体赛事利益相关者分析框架时，需要充分考虑体育赛事的差异性。

3. **阶段性**

体育赛事的发生、发展具有阶段性特征，特别是对于定期举办的体育赛事而言，其赛事规模、赛事影响力均会随着时间的推移而产生变化。与之相对应，赛事利益相关者也会呈现阶段性的变动趋势。例如，在赛事的初创阶段需要大量的资金投入和政策扶持，赞助商、当地政府和社区就会成为核心利益相关者；随着体育赛事的品牌化，体育赛事更多地要扩展异地市场和球迷数量，此时赞助商逐渐成为蛰伏利益相关者，而观众、异地政府和社区就逐渐成为核心利益相关者。因此，处于不同发展阶段的体育赛事，其利益相关者框架会有所不同。

总之，体育赛事利益相关者分析框架的构建没有现成的经验可以借鉴。根据目前的社会环境和我国体育赛事的自身特征，我们尝试构建了与当前实际情况相对应的体育赛事利益相关者一般分析框架。随着体育赛事发展阶段、自身属性以及外部环境等的变化，需要对既有的分析框架予以调整和修正。从这个意义上讲，绝对标准化的体育赛事利益相关者分析框架可能并不存在，科学的分析框架都是基于特定历史时期和赛事实际情况而设计的。

四、体育赛事主要利益相关者分析

（一）体育赛事核心利益相关者

1. 举办地政府

随着经济发展水平的不断提高以及人民生活水平的改善，体育赛事的影响领域和范围逐步扩展和深入，体育赛事在重塑城市形象、提升城市知名度以及带动城市经济发展等方面发挥着越来越重要的作用。

一方面，政府对于举办体育赛事的需求逐渐增加。特别是重大国际体育赛事，因其具有较强的国际知名度和影响力，正逐渐成为政府赛事需求的重要内容。另一方面，城市良好的自然环境、社会环境和人文环境是实现体育赛事自身价值和功能的重要条件，而各种良好环境的营造需要举办地政府的重视和培育。因此，举办地政府是体育赛事的核心利益相关者。

例如，澳大利亚墨尔本长期致力于申办各类具有国际影响的体育赛事。作为举世公认的"体育赛事之都"，包括硬件设施、人才资源、文化环境等在内的墨尔本体育赛事产业的区域核心竞争力已经形成。早在1956年，墨尔本就成为南半球首个举办夏季奥运会的城市，也是全球第一个举办夏季奥运会的非欧美城市；2006年3月，墨尔本又举办了第18届英联邦运动会；1972年，澳大利亚网球公开赛固定落户于墨尔本；墨尔本还在1996年替换下阿德莱德成为澳大利亚F1大奖赛的举办地；而作为澳洲最古老的传统狂欢节日，墨尔本杯赛马节则创办于1861年。这些赛事的举办对墨尔本基础设施建设的完善、境内外旅游市场的拓展以及城市居民生活质量的提高等方面均具有重要的促进作用。此外，包括纽约、伦敦、巴黎、北京、上海、广州等城市在内，越来越多的城市都将体育赛事作为城市发展的重要推动力量。

2. 赛事所有权人和主办机构

所有权是物权中最重要也最完全的一种权利，具有绝对性、排他性、永续性三个特征，具体内容包括占有、使用、收益、处置四项权利。体育赛事所有权人是依法对体育赛事享有占有、使用、收益和处分等权利的个人或组织。例如，奥林匹克运动会的所有权人为国际奥林匹克委员会，世界杯足球赛的所有权人为国际足球联合会，世界乒乓球锦标赛的所有权人为国际乒乓球联合会等。

赛事所有权人之所以能够成为赛事核心利益相关者，主要是因为赛事所有权人决定了体育赛事的定位、竞赛规则、赛事举办地、举办时间、赛事发展方向等一系列与赛事自身休戚相关的重大问题。例如，国际奥委会作为奥林匹克运动会的所有权人，肩负着奥林匹克运动和奥林匹克精神在全世界的发展与推广的使命，包括奥运项目的设置、奥运举办城市的遴选、奥运会的市场开发等重要工作。

赛事主办机构是进行赛事运营和管理的机构。目前，生产力的不断提高使得社会分工越来越精细。很多情况下，赛事的所有权人和主办机构并不是同一个主体。特别是对于大型综合性体育赛事而言，还可以有若干个赛事的主办机构。赛事主办机构主要负责赛事的申办、筹备、执行、总结等运营和管理工作。因此，作为赛事运营的执行者，赛事主办机构是赛事能否成功举办、实现赛事自身价值的主要影响因素，也是赛事主办机构成为赛事核心利益相关者的重要原因。例如，越来越多的赛事选择体育赛事运营公司等商业性机构进行运营，主要也是基于该机构专业化的运营团队和运营效率。

3. 主办社区

社区是指"居住在一定地域的、以一定的社会联系和社会关系为纽带、以同质人口为主体的人群生活的共同体，是一个相对独立的地域社会"。体育赛事的主办社区是指赛事举办区域所能覆盖的一个或若干个相对独立的地域社会。大型赛事的主办社区往往不止一个。例如，综合性运动会比赛场馆的分布并不一定较为集中，可能会跨越多个社区。

作为体育赛事的直接发生地，社区政府以及社区居民的支持与配合是赛事成功举办的重要保障；而赛事的成功举办同样会为主办社区基础设施的完善以及居民生活质量和自豪感的提升起到直接的促进作用，这是主办社区成为赛事核心利益相关者的主要原因。

另外，赛事的举办还会给主办社区带来相应的成本或负面影响，需要采取有效措施予以规避。这些成本包括直接成本和间接成本，体育赛事产生的直接成本主要包括垃圾清运、警察执勤、交通管制、医疗服务、安全及其他成本。间接成本主要包括赛事举办期间和举办后由于毒品或酒精产生的人身和财产损害、球迷暴乱引起的社会动乱、拥塞、对当地居民生活方式的扰乱以及故意破坏行为等。例如，2008赛季的欧洲联盟杯决赛在英国曼彻斯特（Manchester）的市政球场举行，对阵双方为格拉斯哥流浪者队和圣彼德堡泽尼特队，圣彼德堡泽尼特队最终夺得联盟杯冠军。赛后，大量失望的流浪者队球迷在曼彻斯特市内酗酒闹事，一些社区的店铺和汽车不幸遭到焚毁，给当地社区带来了较大的负面影响。

4. 赞助商

赞助行为源于体育赛事的商业价值，赞助的实质是双方资源或利益的交换与合作。体育赞助是指赞助商为体育赛事或运动队提供经费、实物、相关服务等支持，而体育赛事或运动队以允许赞助商享有某些属于它的权利（如冠名权、标志使用权及特许销售权等）或为赞助商进行商业宣传（如广告）作为回报。随着经济的快速发展，体育与经济相互融合的趋势日渐明显，体育赛事的商业价值得到了前所未有的重视和开发，越来越多的企业发现了体育赛事所蕴含的巨大经济价值，体育赛事在提高品牌知名度、树立品牌形象、扩展业务范围和进入新市场等方面具有较大的推动作用。体育赛事赞助已经成为许多企业开展营销活动的一种重要手段。它作为一种有效的市场沟通工具，在全世界范围内被广泛应用。

对于赛事自身而言，通过体育赛事赞助所获取的各种资源是赛事实现经济收益的重要保障。体育赛事的举办需要耗费包括人力、财力、物力以及组织管理等在内的各种成本。特别是对于大型的综合性运动会而言，其运营成本十分高昂，如果没有赞助商的资源注入，赛事往往难以为继。例如，1976年第二十一届奥运会在加拿大的蒙特利尔市举行，为了办好这届奥运会，组委会兴建了奥林匹克体育中心，新建了大型体育场、游泳池、自行车场、奥运村等设施。但由于加拿大经济萧条，加上管理不善，这些工程的费用一再追加，原计划28亿美元建成的主体育场最后竟耗资58亿美元之巨，组织费用也从原计划的6亿美元增加到实际的7.3亿美元。这使得蒙特利尔市债台高筑，不仅影响了加拿大的经济发展，而且使奥林匹克运动受到了沉重打击，严重影响了1984年奥运会的申办活动，使得原来准备申办的国家纷纷退出，最终促成了20世纪80年代萨马兰奇对奥运会的改革。

从历史和现实两方面来看，越来越多的赛事运营实践说明了体育赛事与赞助行为的关系日渐紧密，它们相互吸引、相互融合，成为体育赛事可持续发展的重要支撑，赞助商也逐渐成为体育赛事的核心利益相关者。

（二）体育赛事蛰伏利益相关者

1. 媒体

在现代社会中体育赛事可以打破地域、时空的限制，具有在全世界范围内广泛传播的价值，而能够顺利实现这一价值的重要条件就是媒体的存在。随着信息技术和互联网技术的飞速发展，网络媒体、移动媒体等数字化新媒体为体育赛事的发展带来了新的契机。各种新媒体的出现使体育赛事步入了快速发展时期，越来越多的民众通过各种媒体来收看精彩的体育赛事。根据全球知名媒介和资讯集团尼尔森在全球38个国家和地区所收集的数据表明，在2008北京奥运会期间，全球收看北京奥运会的观众已达40多亿，约为全球人口的三分之二。作为风靡全球的第一运动项目——足球，能在转会市场上屡屡创造出天价转会费，很大程度上也是得益于转播权带来的收益。

媒体作为蛰伏利益相关者促进了体育赛事的飞速发展，当媒体的利益与体育赛事发生冲突时，赛事运营机构要充分考虑到媒体的需求。例如，1988汉城奥运会的电视转播权被美国全国广播公司以3亿美元的价格购买，由于时差原因，美国的电视观众只能在深夜收看田径决赛，收视率将会下降，赞助商的热情也会随之降低，最终影响媒体的利益。为了保障奥运会美国电视转播商的利益，组委会把田径比赛的决赛时间提前至上午；同样的情形还出现在了西班牙足球甲级联赛中，为了照顾国外观众的观看时间，联赛主办机构曾经将比赛安排在当地时间的凌晨进行。

2. 赛事参与者与赛事观众

赛事参与者主要是指运动员、教练员和裁判员。他们是体育赛事不可或缺的重要组成部分。一般情况下，作为蛰伏利益相关者，运动员以追求最佳的运动成绩和竞技表现为目标，教练员则辅助运动员去实现竞赛目标；裁判员以维护公平、公正公开的竞赛规程为自身义务。但是，当违背体育道德的情形出现时（如假球、黑哨、兴奋剂等），赛事的参与者便从蛰伏状态转变为活跃状态，从而直接影响赛事的正常运行。

赛事观众既包括直接到比赛现场观看体育赛事的现场观众，同时还包括通过电视、网络等媒体观看体育赛事的场外观众。赛事观众和运动员、教练员、裁判员一样，也是体育赛事不可或缺的主体。体育赛事以其特有的魅力吸引着众多的现场观众和媒介观众，因此，体育赛事的观赏价值和娱乐价值是观众的首要利益诉求；此外，体育赛事也是促进人们之间沟通交流的重要平台，这也是观众的利益诉求之一。一般而言，赛事观众的多寡与赛事的级别高低、项目普及程度等有密切关系。如2000年悉尼奥运会仅电视观众就达到36亿人次，2004年雅典奥运会更是创纪录的达到了39亿人次。另外，据国际咨询公司ISF的统计，2012年美国职业橄榄球联赛超级碗决赛的观众人数达到了1.61亿。而体育赛事观众的多少直接影响赛事组织者的收入。一方面，体育赛事观众的多少直接决定了体育赛事的门票收入；另一方面，观众的多寡还间接影响媒体、赞助商等体育赛事的其他利益相关者，它对体育赛事电视转播权和广告权的交易价格有重要影响。

另外，球迷骚乱等情形的出现，也是观众从蛰伏状态转变为活跃状态的直接表现。

(三) 体育赛事主要边缘利益相关者

1. 志愿者

志愿者服务在体育赛事中起着举足轻重的作用，正如国际奥委会主席罗格指出的：北京2008年奥运会志愿者的工作将极大地推动奥林匹克价值观的传播。同时，从协助交通、媒体运行，到帮助赛场上来自世界各地的运动员公平、友好地竞赛，北京奥运会志愿者在赛事运行的各个方面都发挥了重要作用。

主办社区的学生和居民是体育赛事运营人员和赛事志愿者的主要来源。例如，社区学生和居民参与体育赛事运营的直接途径之一就是加入赛事组委会，成为其中的一员，为赛事提供有偿或无偿的服务。Arthur和Andrew的一项研究表明：主办社区学生和居民参与体育赛事的运营是非常重要的，没有他们的参与和介入，体育赛事组织者很难取得成功。另外他们还认为，主办社区学生和居民可以以多种形式参与其中，如赛事救护工作人员、赛事宣传者、赛事配套服务的提供者等。Molloy通过对12项体育赛事活动的研究也认为，志愿者对赛事的支持以及社区居民在赛事筹备和运营过程中的参与对赛事成功至关重要。他还指出，很多体育赛事的财务预算都很紧张，因此，为了能够使体育赛事得到顺利举办，主办社区志愿者提供的无偿或低廉的服务及其他形式的支持显得尤为重要。

2. 自然环境

自然环境是环绕在人们周围的各种自然因素的总和，如大气、水、植物、动物、土壤、岩石矿物、太阳辐射等。自然环境与体育赛事具有一定的联系，如北京奥运会青岛帆船赛区就因为海面上的蓝藻而成为人们关注的焦点。但除了一些以自然环境为依托的体育赛事，如帆船、滑雪、山地自行车、攀岩、马拉松等项目比赛外，与基础设施环境相比，自然环境与体育赛事的关联度要小得多。从现有的研究看，论述自然环境与体育赛事关系的文献也很少，May在1995年发表的关于1992年法国阿尔贝维尔冬季奥运会中自然环境与赛事的关系一文就是其中一篇。作者在文章中认为，给1992年冬奥会主办社区的自然环境带来了积极的影响，如改善了河水的质量、对社区废物进行了处理、种植了大量的植物等；同时也带来了一定的消极影响，如破坏了河流和湿地等动物的栖息地、影响了动物季节迁徙的线路、由于修建机场跑道而使森林面积减少等。但May也指出，由于体育赛事对自然环境影响的周期较长，要具体衡量上述影响较为困难。

Rickard认为，对于在城市社区中举办的体育赛事而言，二氧化碳的排放是对主办城市自然环境影响较大的一个因素，比赛期间聚集的大量观众以及他们的交通工具等都会给主办城市带来大量二氧化碳。正因为如此，Carlson等人提出，由于举办体育赛事而造成的上述对自然环境的不利影响是体育赛事负外部性的表现，应该由赛事组织者承担治理费用。

第二节 体育赛事利益相关者利益协调机制

利益关系是人类社会最基本的关系，社会成员之间的利益关系构成了一定的社会利益结构，它通过各种政治经济规则作用于社会并成为社会生活的原动力。体育赛事利益相关者利益协调机制是基于体育赛事利益相关者的分类，在深入分析体育赛事利益相关者利益诉求的基础上，通过对其利益一致和利益冲突的辨别和分析，论述和构建包括体育赛事利益相关者利益协调原则、方式、内容、困境及出路等在内的机制。

一、体育赛事利益相关者的利益一致与冲突

（一）体育赛事利益相关者的利益诉求

利益诉求主要是指利益相关者对于自身投入的专用性资产所期望的收益回报。如前所述，体育赛事利益相关者所投入的专用性资产是指体育赛事关联主体的实物投资、资本投资、人力投资、政策扶持及其他投资等。体育赛事利益相关者的利益诉求是各赛事关联主体对其所投入资产的预期回报。我们在对体育赛事主要利益相关者进行分析的基础上，对体育赛事利益相关者的利益诉求总结梳理如下。

1. 核心利益相关者的利益诉求

（1）举办地政府对于体育赛事的利益诉求主要体现在两个方面：一是赛事的经济影响，包括直接经济影响和间接经济影响两部分。前者是赛事本身的经济收益，后者是赛事的举办对关联产业的拉动作用，即通过赛事的举办，促进包括城市旅游业、餐饮业、酒店业等在内的相关产业的发展。二是赛事的社会影响，包括赛事的举办对于城市形象的改善、城市知名度的提升等影响。例如，北京申办夏季奥林匹克运动会、上海申办网球大师杯赛以及广州申办第十六届亚运会，都在某种程度上提升了城市的知名度和国际影响力。特别是北京奥运会的成功举办，对北京市的经济影响和社会影响均较为深远，这也是世界各地争相申办奥运会的重要原因之一。

(2) 赛事所有权人的利益诉求主要包括两个方面：一是赛事的商业价值和经济收益，二是赛事的社会影响力和长远发展。追求赛事的商业价值和经济收益是所有权人保有赛事的重要前提，为了达到此目的，赛事所有权人必须与赛事其他主要利益相关者建立合约关系。与此同时，赛事所有权人为了赛事的长远发展，必须要制订赛事的战略发展规划，并根据实际情况调整赛事规则。例如，国际乒乓球联合会为了增加比赛精彩程度和适应电视转播需要，将乒乓球由"小球"改为"大球"，同时将局分由原来的"二十一分制"调整为"十一分制"。

在我国，政府拥有大量的体育赛事资源。全运会、城运会、农运会等综合性运动会以及全国各单项体育赛事的所有权均归中央政府所有，而这类赛事的承办权则归地方政府所有。虽然两者都是政府，但利益诉求不尽相同。中央政府作为赛事所有者，需要从赛事所有权人的角度对其利益诉求进行分析；而地方政府则需要从举办地政府的角度对其利益诉求进行分析。

(3) 赛事主办机构的利益诉求主要包括：一是赛事的经济利益，即赛事举办给主办机构带来的净收益。除政府作为赛事主办机构外，赛事主办机构一般为商业性运营机构和经济实体，因此，利润回报是其运作赛事的主要目的。二是赛事举办给赛事主办机构带来的声誉和良好社会形象，这是赛事主办机构的无形资产利益诉求。例如，作为上海 ATP1000 大师赛和 F1 中国大奖赛的主办机构，上海久事赛事管理有限公司在致力于优化盈利模式的同时，也在着力将这两项赛事打造成为具有良好口碑的经典赛事，为企业树立优质的社会形象。

(4) 社区的利益诉求主要包括两类：一类是指有形收益。如社区基础设施建设的有效改善、社区配套服务的改善、社区就业率的增长等。另一类是指无形收益。包括社区居民凝聚力和归属感等价值观的有效提升、当地居民在参与事件举办过程中形成的社会精神与合作意识的增强等。如前所述，社区既有"地缘"的概念，也有"人缘"的概念，它是由相互间具有一定关系纽带的居民形成的生活区域，体育赛事的举办为巩固这一纽带提供了机会和可能。

(5) 赞助商的利益诉求。一般而言，赞助商的利益诉求是有层次的。赞助商对于体育赛事赞助的最终目标是提高产品或服务的销售量，进而提升企业利润。然而，对于不同类型的体育赛事，赞助商的赞助目的也不尽相同。概括起来，赞助商对赛事进行赞助的利益诉求主要体现在以下几个方面：一是提升品牌知名度，即提升公众对于赞助商旗下品牌的认知度，例如，联想集团为推广其全球新的品牌标识"Lenovo"，成了国际奥委会的全球合作伙伴；二是进入目标市场，如长安汽车股份有限公司为了开拓华东市场，选择赞助在上海举办的某篮球联赛；三是提升品牌美誉度。由于体育赛事的营销方式较为隐性，对提高品牌美誉度具有较大价值。例如,耐克体育用品公司为提高品牌美誉度,选择了包括赞助跨栏选手刘翔、网球名将李娜等在内的体育明星进行体育营销。

2. 蛰伏利益相关者的利益诉求

(1) 媒体的利益诉求。随着信息技术的不断进步,体育赛事的受众可以遍及世界各地,他们通过各种方式参与到体育赛事中来,赛事具有在全世界范围内广泛传播的价值。媒体关注体育赛事的直接动因便是体育赛事广泛的社会影响力及其商业价值。对于平面媒体来讲,媒体的利益诉求主要是指体育赛事的新闻价值,通过对各种体育赛事的精彩报道,扩宽平面媒体的受众群体,从而提高发行量,带来更多的经济效益。对于立体媒体而言,它们的利益诉求除了赛事的新闻价值外,还包括赛事的转播价值。一方面,立体媒体对于体育赛事的直播或转播能够有效提高受众对于媒体的关注程度;另一方面,立体媒体可以利用出售转播体育赛事的广告时段等方式获取经济收益。

(2) 赛事参与者与观众的利益诉求。运动员的利益诉求体现在三个方面:一是赛事期间取得满意的竞赛成绩,二是赛事为其带来的经济收益,三是赛事举办期间良好的竞赛环境和服务。教练员的利益诉求与运动员相似,一是运动员取得满意的竞赛成绩,二是赛事为其带来的经济收益,三是赛事主办方的服务。裁判员的利益诉求主要是经济收益。

体育赛事以其特有的魅力吸引着众多的现场观众和媒介观众,体育赛事的观赏价值和娱乐价值是观众的首要利益诉求;另外,体育赛事也是促进人们之间沟通交流的重要平台,这也是观众的利益诉求之一。

3. 边缘利益相关者的利益诉求

(1) 工作人员的利益诉求。一般来讲,体育赛事工作人员的构成较为复杂,既有政府相关部门的协调人员,也有赛事主办机构的工作人员以及其他人员。但不同类型工作人员的利益诉求却基本相同,主要包括赛事为其带来的经济收益、赛事成功举办为其带来的成就感及自我价值的实现等。

(2) 其他边缘利益相关者的利益诉求。志愿者的利益诉求相对较为弱化,主要包括赛事期间能够获得的物质资助和价值认同;普通民众的利益诉求主要包括赛事举办为其带来的居民自豪感;自然环境的利益诉求主要包括生态环境的改善。

(二) 体育赛事利益相关者的利益一致与利益冲突

利益一致与利益冲突的概念是随着社会的发展衍生而来的。利益冲突以利益集团之间冲突现象的出现为基础,在政治和法律领域都有较为明确的界定。政治领域的界定为：所谓利益冲突，指政府官员公职上代表的公共利益与其自身具有的私人利益之间的冲突。这里的利益，不仅是经济利益，还包括专业利益、个人声誉等。法律领域的利益冲突界定是指专业服务领域，特别是律师职业中的一种现象，即委托人的利益与提供专业服务的业者本人或者与其所代表的其他利益之间存在某种形式的对抗，进而有可能导致委托人的利益受损，或者有可能带来专业服务品质的实质性下降。

体育赛事利益相关者的利益一致是指，利益相关者之间的利益诉求在一定意义上是一致和共容的；体育赛事利益相关者的利益冲突是指，利益相关者之间的利益诉求是互相制约或者不相容的，这种冲突可能是不同层面的冲突，也可能是完全对抗无法协调的冲突或是非对抗性且可以协调的冲突。下面我们从三个方面入手：一是根据利益诉求的分析，列出体育赛事利益相关者的利益诉求（表3-1）；二是基于体育赛事利益相关者的分类，辨别和分析三种利益相关者之间的利益一致和每种利益相关者内部各组成部分之间的利益一致；三是基于体育赛事利益相关者的分类，辨别和分析三种利益相关者之间的利益冲突和每种利益相关者内部各组成部分之间的利益冲突。

表 3-1 体育赛事利益相关者利益诉求

赛事利益相关者		利益诉求关键词			
核心利益相关者	举办地政府	经济拉动	城市形象	知名度	
	所有权人	商业价值	经济效益	社会影响力	长远发展
	主办机构	净收益	良好声誉		
	主办社区	基础设施	凝聚力	归属感	
	赞助商	品牌知名度	品牌美誉度	目标市场	提高销量
蛰伏利益相关者	媒体	新闻价值	传播价值	社会影响力	
	观众	娱乐价值	沟通平台		
	参与者	竞赛成绩	良好服务	经济收益	
边缘利益相关者	工作人员	经济收益	自我价值实现		
	志愿者	物质资助	精神嘉奖	价值认同	
	普通民众	居民自豪感			
	自然环境	环境改善			

1. 体育赛事利益相关者利益一致辨析

（1）三种利益相关者内部的利益一致辨析。根据对体育赛事利益相关者的分类以及上述对于体育赛事利益相关者利益诉求的归纳整理，首先分析核心利益相关者、蛰伏利益相关者和边缘利益相关者三种利益相关者内部不同部分之间的利益一致。

核心利益相关者包括举办地政府、所有权人、主办机构、主办社区和赞助商。一方面，从各利益相关者的诉求来看，通过体育赛事的成功举办为各自获得相应的经济利益是它们之间利益一致的首要表现，只是经济利益的表现形式不尽相同而已。其中，举办地政府希望通过赛事举办有效拉动当地关联产业的发展。当政府本身就是赛事所有权人时，所有权人的利益诉求与政府完全一致。当政府不是赛事所有权人时，所有权人则希望赛事举办为其带来的净收益最大化。主办机构对于经济利益的诉求也是净收益的最大化。主办社区主要希望赛事举办能够改善其基础设施建设，这也是经济利益诉求的表现形式之一。赞助商对于目标市场和提高销量的诉求也是经济利益的重要表现形式。另一方面，从核心利益相关者的概念界定和特征来看，体育赛事核心利益相关者往往是赛事不可或缺的群体，与赛事有着紧密的利害关系，甚至可以直接左右赛事的生存和发展。所以，通过体育赛事的成功举办进一步提升它们的形象或美誉度，实现它们与体育赛事的良性互动也是它们利益一致的重要表现。

蛰伏利益相关者包括媒体、观众和赛事参与者。在媒体利益诉求中，实现"新闻价值""传播价值"和"社会影响力"的重要基础是赛事精彩程度和赛事竞技水平的高低，高水平的赛事往往会吸引更多的各类媒体参与到赛事的报道中来；而在观众利益诉求中，赛事竞技水平的高低也是实现其"娱乐价值"的重要前提；对于赛事参与者来讲，虽然竞技水平的高低并不是他们获得满意竞赛成绩的必要条件，但高水平的体育赛事往往能够激发赛事参与者的潜能，对获得满意的竞赛成绩具有重要的促进作用。因此，媒体、观众和赛事参与者利益诉求的一致性可以归纳为赛事的高水准。

边缘利益相关者包括工作人员、志愿者、普通民众和自然环境。一方面，根据边缘利益相关者的界定，边缘利益相关者往往被动地受到体育赛事的影响，它们的重要程度相对较低，其实现利益要求的紧迫性也不强，利益诉求较为弱化。另一方面，体育赛事边缘利益相关者的性质和形态差异较大，利益诉求难以一致。然而，若忽略自然环境的因素，从工作人员、志愿者、普通民众的实际利益诉求来看，它们利益诉求的一致性在某种意义上可以归纳为自我价值的实现与自豪感的提升。其中，工作人员和志愿者更多地表现为自我价值的实现与认同；普通民众则更多地表现为居民自豪感的提升。（表3-2）

表 3-2　三种利益相关者内部利益一致性

赛事利益相关者种类	内部利益一致性表述
核心利益相关者	获取经济利益
	提升自我形象和美誉度
蛰伏利益相关者	赛事的高水准
边缘利益相关者	自我价值实现与自豪感提升

(2) 三种利益相关者之间的利益一致辨析。从上文中可以看出，三种利益相关者之间利益一致性的表现并不明显，无法辨识出三种利益相关者之间高度的利益一致性表现。其中，核心利益相关者与蛰伏利益相关者之间具有一定的利益一致性，因为高水平的体育竞赛对于核心利益者的利益诉求具有很强的促进作用，所以"获取经济利益""提升自我形象和美誉度"与"赛事高水准"具有一致性。另外，核心利益相关者与边缘利益相关者之间也具有一定的利益一致性，因为"自我价值实现与自豪感提升"对赛事举办效果的评价意义重大，从而间接影响核心利益相关者的"自我形象和美誉度"。蛰伏利益相关者与边缘利益相关者之间没有明显的利益一致性。

2. 体育赛事利益相关者利益冲突辨析

(1) 三种利益相关者内部的利益冲突辨析。核心利益相关者内部的利益冲突主要表现为经济利益的冲突。一是所有权人与赞助商的经济利益冲突，赞助商期望以最低的赞助金额获取赞助回报的最大化，而所有权人则期望以较少的赞助回报获取较高的赞助金额；二是所有权人与主办机构的经济利益冲突。一般来讲，当赛事所有权人和主办机构为同一个主体时，两者间不存在经济利益冲突，但两者往往并不是同一个主体，在这种情况下，所有权人和主办机构之间必须要达成赛事的主办契约，契约的核心便是经济利益问题，包括主办机构向所有权人支付的主办费用或所有权人向主办机构下拨的主办费用，这都存在着此消彼长的经济利益冲突。

需要指出的是，虽然核心利益相关者内部利益一致性也表现为获取经济利益，这与它们之间存在的经济利益冲突并不矛盾。因为核心利益相关者都要从体育赛事的举办中获取经济效益，而经济效益的多寡则体现了其经济利益的冲突。

蛰伏利益相关者内部的利益冲突表现为两个方面：一是媒体与赛事参与者的利益冲突。媒体报道需要如实反映新闻事实，体现客观、公平、公正的原则，但由于种种原因，媒体关于体育赛事参与者的报道难免偏离实际，形成对赛事参与者的负面报道。例如，网球比赛中的"诈伤"退赛或"诈伤"调整现象，经常成为各类媒体炒作的焦点,这给那些真正"受伤"接收治疗或退赛的运动员带来了很大的烦扰。二是观众与赛事参与者的利益冲突。这包括主场观众对客队的不公正待遇以及球迷干扰正常比赛进程等。例如,网球比赛赛场要保持安静,但有些球迷的随意走动或发出声音都会影响到球员比赛,中国网球选手李娜就曾因球迷的不合理举动与球迷发生过言语冲突。

边缘利益相关者内部无明显的利益冲突,主要原因在于各利益相关者与赛事的关联性相对较小,且基本都是被动地受到体育赛事活动的影响。

(2) 三种利益相关者之间的利益冲突辨析。核心利益相关者与蛰伏利益相关者之间的利益冲突主要表现为两个方面:一是媒体与主要核心利益相关者(政府、所有权人、主办机构、主办社区)的利益冲突。与蛰伏利益相关者内部利益冲突类似,媒体的失实报道和负面新闻是利益冲突的焦点。它对政府、所有权人、主办机构和主办社区等主体的社会形象和声誉具有一定的损害。二是赛事参与者与主办机构的利益冲突。赛事参与者(运动员、教练员、裁判员)作为蛰伏利益相关者,在赛事正常运行的前提下表现为较为稳定的状态,但当赛事的运行处于非正常情况时(如赛事不合理等),它们就会跃升为活跃状态,与赛事主办机构产生利益冲突(如罢赛等)。

核心利益相关者与边缘利益相关者之间的利益冲突主要表现为以下三个方面:一是主办机构与普通民众的利益冲突。普通民众是体育赛事的边缘利益相关者,但却被动地受到体育赛事活动的影响,包括赛事举办带来的交通管制、交通拥挤、噪声污染等都是利益冲突的表现。二是主办机构与工作人员的利益冲突。作为赛事筹备和运行等工作的主要执行者,体育赛事工作人员承担着繁重的工作任务。他们与主办机构之间的利益冲突集中体现在工作报酬、包括决策自主权在内的各类工作环境以及自我价值和成就感的实现程度等。三是主办机构与志愿者的利益冲突。志愿者是赛事运行的重要力量,他们被动地接受体育赛事活动的影响,志愿者与主办机构的利益冲突主要包括物质补助的多寡和自我价值实现程度等。

蛰伏利益相关者与边缘利益相关者之间的利益冲突集中表现为观众与自然环境的利益冲突。体育赛事往往会聚集大量的现场观众,而且会有诸如汽车之类的交通工具集聚于赛场周边,这都会大大增加二氧化碳和汽车尾气的排放量。科学分析表明,汽车尾气中含有上百种不同的化合物,其中的污染物有固体悬浮微粒、一氧化碳、二氧化碳、碳氢化合物、氮氧化合物、铅及硫氧化合物等,客观上加重了自然环境的污染。另外,赛事现场观众和游客往往会伴随大量生活垃圾,这也与自然环境的利益诉求背道而驰。

二、体育赛事利益相关者利益协调原则

体育赛事利益相关者利益协调原则是构建体育赛事利益相关者利益协调机制的基础,包括协调方式、内容和具体实际操作都需要在协调原则的指导下进行。

(一)自我发展原则

自我发展原则强调体育赛事管理者在进行利益协调时,要始终站在核心利益相关者(举办地政府、所有权人、主办机构、主办社区和赞助商)的角度,以实现体育赛事的良好运行和自我持续发展为首要目标。要注重体育赛事盈利能力,以满足核心利益相关者的利益诉求为首要任务。这是体育赛事能够获得长远发展的基础,也是满足其他利益相关者利益诉求的前提。

(二)全面性原则

全面性原则要求体育赛事管理者要充分分析和考虑体育赛事各个利益相关者的利益诉求,不可忽视任何关联主体的利益。在满足核心利益相关者利益的前提下,对赛事蛰伏利益相关者(媒体、观众和赛事参与者)和边缘利益相关者(工作人员、志愿者、普通民众和自然环境)利益诉求的协调和满足。

(三)共同参与原则

研究表明,"共同参与"或"共同治理"模式能够弱化利益相关者之间的利益冲突。体育赛事利益相关者协调机制的构建,要求赛事管理者以构建各利益相关者共同参与赛事运作和管理的机制为重要任务,其中,不同种类利益相关者参与体育赛事运作和管理的方式可以不同。

三、体育赛事利益相关者利益协调方式

根据体育赛事自身特点,可以将体育赛事利益协调机制分为四种主要方式:经济协调、政治协调、法律协调和道德协调。

(一)经济协调

经济协调是体育赛事利益相关者利益协调的首要方式。如前所述,体育赛事核心利益相关者内部、体育赛事核心利益相关者与蛰伏利益相关者之间的利益冲

突主要是经济、物质层次的利益矛盾，因而经济协调机制是利益协调的基本手段。例如，通过经济合约的签订来规范赛事所有权人和赛事主办机构的权利义务关系和经济关系；通过赞助合同来明确赛事赞助商和赛事所有权人或主办机构的经济关系等。

（二）政治协调

政治是经济的集中体现，政治反映了经济关系中各阶层的根本利益。政治协调机制是利用国家和政府的职能、政治制度以及各种政治手段进行利益调节的协调方式。依据现阶段的国情和实际情况，政府在体育赛事的运营和管理过程中往往具有关键性作用，在体育赛事利益相关者之间的利益冲突协调中也扮演着重要角色。例如，政府通过有关部门协调和缓解赛事举办期间的交通拥堵等问题；通过政府资源拓宽赛事主办方的融资渠道，同时促进赞助商和赛事所有权人或主办机构的契约订立等。

（三）法律协调

按照传统的界定，法律实质上是统治阶级意志的体现，是统治者施政的工具。其实，在现代社会中，法律作为基本的行为约束不仅可以作为政治手段，而且可以超越政治的范围，协调人们在各个领域的利益关系，体育赛事利益冲突的协调也不例外。法律协调以权利和义务为特征，通过明确规定人们的权利义务来协调利益关系，维持社会秩序。同时法律还通过监督社会公共事务的实施，维护全体社会成员的基本利益，如保证公民的人权、财产权等。体育赛事作为特殊事件，在赛事的申办、筹备和举办等环节中牵涉到了众多关联主体，通过法律手段进行利益协调是实现赛事正常运转的重要保障。例如，《劳动法》可用于对赛事工作人员、志愿者与赛事主办机构之间的利益协调；《环境保护法》可以作为赛事主办方与自然环境保护组织之间利益协调的法律依据等。

（四）道德协调

道德协调是体育赛事利益相关者利益协调机制的重要补充。体育赛事举办期间，当赛事利益相关者的言行不触及法律规范时，法律便无法起到协调作用，这是法律协调的局限性。道德的产生早于法律，在体育赛事活动中，道德协调的作用和范围也很广泛，例如，赛场观众乱扔各种垃圾造成环境污染等都是道德协调的对象。

四、体育赛事利益相关者利益协调内容

体育赛事利益相关者利益协调内容以利益冲突的分析和辨别为基础,我们根据上述关于三种赛事利益相关者内部以及相互之间的利益冲突辨析,将体育赛事利益相关者利益协调内容分类如下。(表3-3,表3-4)

表3-3　三种体育赛事利益相关者之间利益协调内容

赛事利益相关者种类	利益协调内容
体育赛事核心利益相关者	所有权人与赞助商的经济利益
	所有权人与主办机构的经济利益
体育赛事蛰伏利益相关者	媒体与赛事参与者的利益
	观众与赛事参与者的利益
体育赛事边缘利益相关者	无明显的利益冲突

表3-4　三种体育赛事利益相关者内部利益协调内容

赛事利益相关者种类	利益协调内容
A 与 B	媒体与政府、所有权人、主办机构、主办社区
	赛事参与者与主办机构
A 与 C	主办机构与普通民众
	主办机构与工作人员
	主办机构与志愿者
B 与 C	观众与自然环境

(注,A:体育赛事核心利益相关者;B:体育赛事蛰伏利益相关者;C:体育赛事边缘利益相关者)

五、体育赛事利益相关者利益协调困境

(一)体育赛事利益相关者的"利益加总"问题

多任务显性激励理论表明,如果支付函数对某一项任务较为敏感,则必然导致管理者对其他任务的忽视。如果要求体育赛事管理者对赛事所有的利益相关者负责,由于体育赛事不同利益相关者的利益要求和个体偏好相差较大,难以进行

有效的利益加总，必然导致体育赛事管理者无法作出决策。利益相关者的有关理论和研究成果强调管理者应当为更广泛的利益相关者负责。对于体育赛事管理者而言，政府、所有权人、主办机构、主办社区和赞助商等核心利益相关者只是需要负责的一部分利益相关者，赛事管理者还面临着如何处理各利益相关者关系等一系列的问题。面对不同利益相关者的不同利益要求和利益冲突，赛事管理者的反应一般有三种：一种是陷入无所适从的境地；一种是使赛事管理者相机抉择的自由度过分扩张；最后一种是体育赛事不同利益相关者对管理者进行过度监管，以诱使管理者更多地考虑该利益主体自己的单方利益。为解决赛事利益相关者的利益加总问题，赛事管理者必须对各利益相关者的利益诉求进行详尽合理的辨别和分析。对于利益一致的利益诉求可以进行合理加总，并利用利益协调方法进行统筹协调；对于无法简单加总的利益诉求则必须区分其冲突的性质，是对抗性冲突还是建设性冲突，再相应地进行协调。

（二）体育赛事利益相关者利益权重的确定

体育赛事各关联主体之间的差异较为明显。即使体育赛事利益相关者的身份和特性能够确定，但是每个利益相关者的"利益相关度"究竟有多大，衡量的标准是什么等问题，目前尚无成熟的研究成果能够解决。从静态来看，体育赛事不同利益相关者的重要性是不一样的；从动态来看，随着体育赛事的发展，处于赛事不同发展阶段的同一利益相关者，其权重又应如何确定也是一个难题。由于利益相关者的量化存在技术难度，学者们在使用实证研究方法去衡量利益相关者关系或类型时，采用了不同的评价方法，这些具体方法的衡量指标不同，所得出的结论也不同，客观上削弱了实证研究的解释力。显然，体育赛事利益相关者利益权重的量化研究，是今后赛事利益相关者理论及实证研究的重要方向之一。

（三）体育赛事利益相关者的边界难题

实际上，利益相关者理论本身没有统一的利益相关者界定标准，利用利益相关者理论对体育赛事进行利益相关者边界划定时也没有可以遵循的统一准则。目前，学者对于利益相关者边界确定的研究，更多的是从实证研究的角度对特定研究对象的利益边界进行研究。从这个意义上讲，体育赛事利益相关者的界定还要从体育赛事的固有属性入手，基于研究的需要，对体育赛事的利益相关者进行边界确定和分类。

第三节 体育赛事运营中的政府作用

政府是现阶段我国体育赛事的主要利益相关者之一，对体育赛事的成功举办起到了至关重要的作用。本节以上海为例，对体育赛事运营中的政府作用进行深入剖析。

一、体育赛事的运营模式

近年来，通过不断的赛事运营实践，上海已经积累了大量体育赛事的运营经验。上海市体育局领导在接受记者采访时指出："上海已经成功举办了四届上海喜力公开赛和2002年大师杯赛，积累了很多组织世界大赛和体育产业运营的经验，基本摸索出了一条政府行为与市场行为相结合的体育赛事组织模式。"这一赛事组织模式即"政府主导、市场运营"的模式。它既指出了政府在赛事运营过程中起到的重要作用，也说明了当前上海体育赛事的运营方式。但这种概括较抽象，不够具体。本书结合上海近年来举办的体育赛事实践，将其具体的运营模式总结为以下三种。

第一种模式是由市政府牵头，成立赛事组委会，并在组委会中设立工作部门，直接由赛事组委会负责整体赛事运营。这一模式的特点主要是政府深度介入整个赛事的运营，组委会的工作部门都是从政府各个相关职能部门中抽调的人员，赛事相关资源基本由政府支配和调控，市场运营的比重不大。采用这种运营模式的有第48届世界乒乓球锦标赛、第14届国际泳联游泳锦标赛等。第48届世乒赛组委会由国务委员和上海市委书记担任名誉主任，国家体育总局局长及上海市市长担任主任，汇集了与赛事组织、运营相关的政府部门的领导。另外，在赛事组委会下还设立了"一室十部"，即办公室、竞赛部、接待部、国际联络部、新闻宣传部、配套保障部、安全保卫部、财务部、市场推广部、大型活动部、志愿者工作部，共同负责赛事组织和市场推广工作。

第二种模式是由一些具有国有资产背景的企业集团成立赛事运营公司，政府提供必要的支持。这种模式在上海市的体育赛事运营中较为常见，其主要特点是政府从赛事运营的微观层面上逐渐退出，不再担任赛事的运营主体，只是在宏观层面和赛事运营的必要环节给予支持。同时，由于赛事运营公司都是国企，政府相对容易控制和协调。上海"喜力"网球公开赛、上海网球大师杯赛、F1大奖赛中国站比赛、F1摩托艇世界锦标赛（中国站）、世界斯诺克职业排名赛上海大师赛、澳大利亚V8房车赛以及IAAF上海国际田径大奖赛都采用了这种运营模式（表3-5）。需要强调的一点是，在采用这种模式运营赛事时，政府也成立赛事组委会，但它只负责赛事的协调，赛事的微观运营都是由企业负责。

表3-5 第二种模式运营的体育赛事具体情况

国有资本背景企业名称	公司名称	赛事名称
巴士集团	上海新新体育文化发展有限公司	上海"喜力"网球公开赛
		上海网球大师杯赛
		F1摩托艇世界锦标赛（中国站）
东亚集团	上海东亚体育文化中心有限公司	世界斯诺克职业排名赛上海大师赛
久事集团	上海久事国际赛事管理有限公司	ATP1000大师赛
		F1大奖赛中国站比赛
绿地集团	绿地集团体育文化发展有限公司	澳大利亚V8房车赛
国盛集团	上海国际田径黄金大奖赛有限公司	IAAF上海国际田径大奖赛

第三种模式是由上海市体育局承办，体育局通过委托代理的方式聘请专业的体育经纪公司运营赛事。这种模式的特点主要是政府通过合约的方式将赛事运营业务外包，合同中明确规定政府在赛事运营中的责任，除此之外，政府只负责对委托代理方进行监督。采用这种运营模式的主要是NBA季前赛（火箭—国王），上海市体育局通过委托代理的方式聘请了上海纷华体育经纪有限公司负责2004年NBA季前赛的运营。政府在委托代理合同中的责任如下：（1）确认上海纷华体育经纪有限公司活动方案中的所有细节，并以书面形式予以认可；（2）按照双方确认的方式和金额支付活动费用；（3）提供本次活动中所需的相关方人员联系方式和活动中上海纷华体育经纪有限公司所需的其他信息资料；（4）提供本次活动的政府审批文件；（5）验收上海纷华体育经纪有限公司工作标准及方式等。

上述三种模式中政府的介入程度是不同的，从模式一到模式三逐渐递减。具体赛事运营模式的选择与体育赛事的影响、规模及盈利能力等因素有很大关系。第一种模式适用于规模和影响力大，企业难以直接运营的赛事；第二种模式适用于规模较大，有一定市场前景，但赛事运营成本大，企业投资风险高的赛事；第三种模式适用于规模较小，但市场前景好，有一定盈利能力，企业愿意投资运营的赛事。

二、体育赛事中政府作用的现状

(一) 赛事产业层面

1. 通过一系列政策、法规积极支持申办体育赛事

上海市政府适时地出台了一系列政策、法规来大力支持申办体育赛事是其发挥政府作用的一个重要方面。《上海市国民经济和社会发展第十二个五年计划》中提出，要着力发展体育赛事、体育健身和体育休闲产业，促进体育消费，办好第14届世界游泳锦标赛和一系列国际品牌赛事及重大国际体育活动，全面提升上海举办的体育赛事的国际影响力。此外，《"十二五"时期上海体育事业和体育产业发展规划》也明确提出，要大力发展竞赛表演市场，打造国际赛事之都。在这些政策、法规的指导下，上海市体育局加强了与各国际单项体育联合会的联系，配合上海建成社会主义现代化国际大都市的目标，成功申办了包括上海站F1大奖赛、上海网球大师杯赛、上海国际田径大奖赛、上海ATP1000大师赛、第14届国际泳联世界游泳锦标赛、女足世界杯等多项体育赛事。

2. 加强体育场馆等基础设施建设

体育场馆等基础设施建设是体育赛事得以落户上海的前提条件，申办任何一项体育赛事都要以拥有符合国际单项体育联合会要求的体育场馆为基础。虽然早在1997年，为了举办全国第八届运动会，上海市政府出资兴建了一大批体育场馆，但从举办大型体育赛事的角度看，上海的专业性体育场馆还不够。基于此，市政府先后投资兴建了上海国际赛车场、旗忠森林国际网球中心、东方体育中心等一批体育场馆。此外，为了成功举办NBA季前赛以及2005年国际田联大奖赛，市政府还出资对"八万人体育场"进行了维修和改造。

3. 积极培育市场运营主体

在社会主义市场经济的环境下，举办体育赛事再运用政府包办的模式肯定不行，《"十二五"时期上海体育事业和体育产业发展规划》中提出：按照"政府主导、企业参与、市场运作"的模式，实行办赛形式市场化、投资主体多元化、竞赛组织多样化，合理配置赛事资源，积极引入高品质的国外专业公司与机构落户上海，培育本市高水平的专业赛事运作公司。拥有一批专业体育赛事市场运营主体是赛事成功运作的必然要求。由于受到社会、历史条件等方面的制约，上海竞赛表演市场发育还不成熟，缺乏承办高级别赛事的市场运营主体。近几年，市政府采取了种种措施，为体育赛事运营主体的形成创造了良好的环境和条

件，在政府的积极支持下，先后成立了上海新新体育文化有限公司、上海国际赛车场有限公司、上海久事国际赛事管理有限公司、上海国际田径黄金大奖赛有限公司等一批专业的体育经纪公司。同时，政府也一直在积极打造体育经纪公司的国际知名度。

（二）具体赛事的层面

上海市政府对体育赛事的作用不仅表现在赛事产业的宏观层面上，而且还表现在具体赛事的运营过程中。下面以"2002年上海网球大师杯赛"为案例，结合近年来上海举办的其他体育赛事，对政府在具体赛事运营中的作用进行阐述。

1. 协助赛事承办企业筹资

在当前上海市体育竞赛市场还不成熟的情况下，要完全通过市场行为难以筹集巨额资金承办譬如大师杯（表3-6）、F1这种级别的体育赛事，要解决承办赛事的资金问题，政府必须出面协助。根据赛事级别和政府的重视程度不同，政府在协助赛事承办企业筹资方面的方式也是不一样的。一种是政府通过行政命令，要求某些国有企业资助；一种是政府牵线搭桥，由赛事运营企业与对方进行谈判；还有一种是政府官员出席由赛事运营企业举办的活动。通过这些方式的协助，使企业在寻找赛事赞助商方面得到了很大的帮助。

表3-6　2002年上海网球大师杯赛赞助商获得渠道比例

赞助商类型	获得渠道			合计(%)
	境外中介公司(%)	赛事运营企业(%)	上海市政府(%)	
主要赞助商	22.5	23.2	42.9	88.6
指定赞助商	7.3	2.6	1.5	11.4

（资料来源：上海新新体育文化发展有限公司）

2. 参与赛事推广活动

赛事推广是指对赛事进行宣传报道，扩大赛事的社会影响，让公众和赞助企业认同、接受、消费和赞助该项赛事，同时也能确保票务收入。这一过程对赛事运营企业至关重要，有政府参与其中，会对赛事的整个推广活动起到重要影响。上海市政府在这方面对企业的支持力度很大。以2002年上海网球大师杯赛为例，一方面，上海市政府出面撮合上海文化传播影视集团和上海文汇新民报业集团成为赛事协办企业，进行资源互换，使赛事推广获得了媒体资源；另一方面，市政府领导积极参与巴士集团举办的各种赛事推广活动。据不完全统计，2002年上海网球大师杯赛举办的7次推广活动中，有5位上海市政府领导人出席共计13人次。

3. 参与赛事的组织协调

参与赛事的组织协调是当前上海市政府作用于具体体育赛事运营的主要方式之一。政府通过成立赛事组委会，组织和协调各方力量，对上海市体育赛事的成功运营给予了大力支持。下面以2005年在上海举办的澳大利亚V8房车赛为例，对政府在组织协调赛事方面的作用进行阐述。

2005年澳大利亚V8房车赛组织协调的具体步骤如下：第一步，政府领导召集各相关部门领导成立赛事组委会（图3-2，表3-7）；第二步，开赛之前，赛事组委会召开会议，由政府出面协调各方面的关系，并确定赛场、市公安局、绿地集团、市体育局及中汽联等各部门的任务和责任；第三步，综合办公室根据赛事组委会的会议决定，将赛事的各项任务安排给10个下属部门；第四步，下属的10个部门负责具体操作，综合办公室在其中协调，若综合办公室不能协调，则上报赛事组委会，由赛事组委会负责进一步协调。

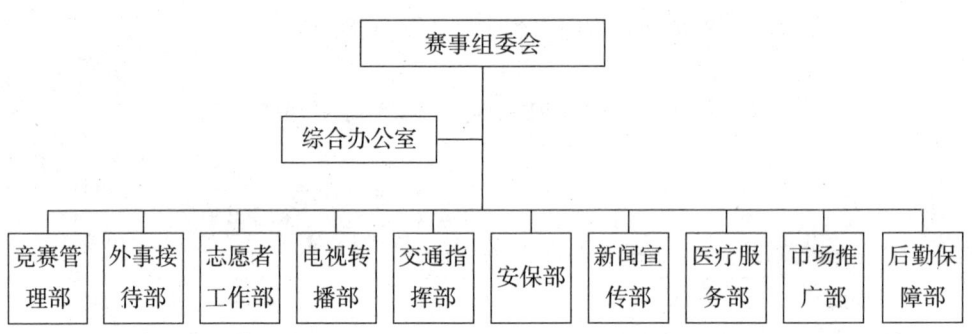

图3-2 2005年澳大利亚V8房车赛组织结构

（资料来源：2005年澳大利亚V8房车赛组委会）

表3-7 2005年澳大利亚V8房车赛组织机构及人员构成情况

组织机构	人员构成
赛事组委会	政府领导及与赛事有关部门的领导
综合办公室	绿地集团体育文化发展有限公司
十个下属部门	上海国际赛车场有限公司、中汽联、绿地集团体育文化发展有限公司等

（资料来源：2005年澳大利亚V8房车赛组委会）

从上面几个步骤可以看出，政府在 2005 年澳大利亚 V8 房车赛的组织和协调中发挥了举足轻重的作用。

2005 年 3 月，经市政府研究决定，上海在全国率先建立了"重大体育赛事联席会议"制，并由上海市分管体育的副市长担任第一召集人，组成人员包括与赛事运作有关的各个政府部门领导，主要负责上海市重大体育赛事的组织和协调工作。这一联席会议是上海市政府对重大体育赛事组织协调工作制度化的表现，为体育赛事的组织和协调提供了强有力的制度保障。

4. 为赛事承办企业无偿提供政府公共资源

所谓公共资源指全民共同享有的物质资源，主要由政府部门负责分配和管理。要成功举办一项体育赛事，肯定会牵涉到很多公共资源的使用问题。目前上海体育赛事的运营过程中，政府无偿提供的公共资源主要包括以下几类：一是所有赛事必须使用的公共资源，如赛事期间需要公安局维护比赛期间的安全、交通局维持相关路段的交通秩序等；二是由于赛事的特殊性而使用的公共资源，如 2004 年 8 月举行的 F1 世界摩托艇锦标赛，由于该项赛事在黄浦江举行，在比赛期间要使用黄浦江这一公共资源，并要对黄浦江采取封江措施。经过市政府的商议，最后决定由上海市海事局发出通知："2005 年 7 月 30 日 10:30 至 17:00，8 月 1 日 14:30 至 17:00，外滩比赛区域将进行封锁，禁止任何与赛事无关的船舶进入或航行。"这也是上海首次为体育比赛进行封江；三是其他公共资源，主要是指政府无偿提供的高速公路、高架桥等地方的广告位等。如 2002 年网球大师杯赛期间，政府免费提供给巴士集团的户外宣传飘旗广告位及户外广告牌的价值约为 750 万元人民币。

5. 给予赛事承办企业优惠的税收政策和财政补贴

给予赛事承办企业优惠的税收政策和财政补贴是国内外较为通行的做法。上海市政府在这方面也给予了不同程度的支持，如 2002 年上海网球大师杯赛，该赛事的总收入为 9625 万元，其中退营业税 219 万元，政府财政补贴 968 万元，分别占总收入的 2.3%和 10.1%，这些数据充分说明政府在税收和财政补贴方面的政策对 2002 年上海网球大师杯赛的作用是很大的。

6. 给予赛事运营企业承诺

运营一项体育赛事所需要的费用动辄数千万，甚至上亿，如 2002 年上海网球大师杯赛仅赛事的申办费用就达到了 760 万美元，运营整个赛事的总费用达到 1.06 亿元人民币。如此巨大的赛事支出使承办这些赛事的企业不得不考虑其投资风险。基于这种情况，在 2002 年上海网球大师杯赛申办之前，政府给了赛事承办者巴士集团承诺：如果由于赛事运营导致企业亏损，一切由政府承担。赛事结束后的审计报告显示赛事运营亏损额为526万元,且已经由巴士集团填补上。这意味着政府并没有承担因举办赛事而造成的亏损,但这一承诺对成功举办2002年上海网球大师杯赛起到了极其重要的作用。需要强调的是,除2002年上海网球大师杯赛之外,政府对其他体育赛事再也没有过类似的承诺。

三、体育赛事运营中政府作用的合理性

(一)从市场失灵角度看政府作用的合理性

1. 市场失灵与政府作用

在自由竞争的市场经济中,有一只看不见的手引导着人们的各种经济活动,使主观上的自私行为最终能达到增进社会总福利的目的,这就是亚当·斯密"看不见的手"的原理。然而使这只"看不见的手"发挥作用是建立在很多假设前提之下的,如果现实中这些假设条件不完全成立,就会出现市场失灵。所谓市场失灵"是指缘于市场机制本身的某些缺陷和外部条件的某种限制,而使得单纯的市场机制无法把资源配置到最优的状态。"换言之,即使"市场机制完全发挥作用,也解决不了全部问题"。市场失灵的表现形式主要包括公共产品、外部性、垄断及信息不完全等方面。需要指出的是市场失灵并不是市场完全失去效力,不起任何作用,而是指在经济发展的过程中,市场机制的许多领域和环节缺乏效率,出现自发性和滞后性现象。

正是由于市场失灵的存在,我们必须借助凌驾于市场之上的力量来纠正市场失灵现象,这也使得政府发挥其干预市场行为的作用有了充分的理由。萨缪尔森指出,"市场和政府这两个部分都是必不可缺的。没有政府和没有市场的经济是一个巴掌拍不响的经济,政府的作用重点在于市场失灵或不能发挥作用的地方。"

尽管市场失灵为政府发挥调节经济的作用提供了基本依据,但是,政府作用也不是万能的,同样存在着政府失灵的可能,用林德布洛姆的话说就是政府"只有粗大的拇指,而无其他手指"。政府失灵一方面表现为政府的无效干预,即政府宏观调控的范围和力度不足或方式选择失当,不能够弥补市场失灵时维持市场机制正常运行的合理需要;另一方面,则表现为政府的过度干预,即政府干预的范围和力度,超过了弥补市场失灵和维持市场机制正常运行的合理需要,或干预的方向不对,形式选择失当,结果非但不能纠正市场失灵,反而抑制了市场机制的正常运作。正是由于政府调节经济的作用也存在着失灵现象,所以,在确定该由市场调节还是由政府作用的问题上,要充分考虑政府作用和市场调节的成本与

效益，实现资源的优化配置。

2. 上海体育赛事的市场失灵分析

从以上的理论分析中，可以得知，体育赛事运营中的政府作用并不能完全解决市场失灵问题。有时体育赛事中的确存在市场失灵的情况。目前上海体育赛事市场失灵的情况具体有如下几种表现。

(1) 体育赛事具有混合产品的性质。按照受益范围来说，产品可以划分为公共产品与私人产品。在现实经济生活中，更为常见的是介于这两个极点之间的产品。它们既非纯公共产品，又非纯私人产品，而是既具有私人产品的特性，又具有公共产品的特性，西方经济学界赋予它们一个特殊的名称，即"混合产品"。混合产品在性质上介于私人产品与公共产品之间，主要分为两类：一类是具有一定范围内的非竞争性和排他性的产品。这类产品有一个饱和界限，在产品还未达到饱和状态时，产品的消费具有非竞争性，增加一个消费者并不会减少其他消费者从该产品中获得的利益，不会因此而增加产品的成本，但当产品达到饱和状态时，再增加一个消费者就会影响其他消费者对该产品的消费，因而，这类产品的非竞争性是局限在一定范围之内的。这类产品的另一个特征是排他性，从技术上来说，以较低的排他成本不让某些消费者消费是完全可行的。另一类是非竞争性和非排他性不完全的产品，这类产品在消费中往往存在着较大的外部效益。

体育赛事的混合产品性质表现非常明显，而且同时具有上述两类混合产品的共同特征。

首先，体育赛事具有排他性和一定范围内的非竞争性。从现场观看体育赛事的情况来看，目前的体育赛事基本都是在体育场内举行的，即使有些赛事的赛场在户外，如F1摩托艇，受观众的视野范围所限，也使得这些赛事有一个观众人数的限制，这个人数的上限也被称为"拥挤点"。在拥挤点之前，观众观看赛事的消费是非竞争性的，增加一名观众并不影响其他观众的消费，而且从赛事主办方的角度来讲，其售票的边际成本非常低，几乎为零。以2002年上海网球大师杯赛为例，赛事总支出1.06亿元（各项支出所占的比重见表3-8）。在这些支出中，门票销售占总支出比重很少，每个座位的边际成本就更低了，基本接近再增加一个消费者所增加的成本为零（即边际成本为零）的状态。

表3-8 2002年上海网球大师杯赛支出比重情况

费用项目	申办费	场地租赁及制作	赛场费用	餐费	赞助商服务费	境外公司服务费	佣金	推广及制作费	管理费
比重（%）	62	9	3.5	3	9.4	2.6	2.3	1.6	3.7

（资料来源：上海新新体育文化发展有限公司）

其次，体育赛事还是非竞争性和非排他性不完全的混合产品。它存在着很大的外部效益，主要表现为对其他产业的经济效益和对提升国家或城市品牌形象的效益。目前，在上海体育赛事运营中，这一混合产品的特征非常明显。上海近年来不断运营高级别的体育赛事并不单纯是因为市场有需求，而是上海市政府有巨大的需求（表3-9），也就是说，主要是因为体育赛事的外部效益才使得这些赛事落户上海。此外，从运营体育赛事的企业的效益角度分析，也很容易看出这一点。以2002年上海网球大师杯赛为例，该赛事最后超支518万元，如收入中扣除政府补贴（1187万元）、政府免费提供的公共资源（约750万元）及由政府出面协调的资助方所提供的赞助费（约3200万元），实际亏损约5600万元，占总支出的53%左右。若将赛事的直接支出算为变动成本，全部管理费用319万元均算为固定成本（占总支出不到4%），则该赛事的边际成本远大于其边际收益，或者说，若扣除与政府支持有关的收入，该赛事的承办企业办赛事比不办赛事的亏损更大。这是目前上海体育赛事运营企业面临的共同问题，单纯从企业角度来说，此时最明智的选择就是"停止营业"，但现实情况却是上海近年来这类赛事越办越频繁，这充分说明由于体育赛事具有很大的外部效益，政府在支持这些企业运营赛事。

表3-9 上海政府举办体育赛事的目的

赛事名称	政府目的
2002年上海网球大师杯赛	成功申办2010年世博会
F1大奖赛中国站	打造上海国际汽车城
V8国际超级房车赛	促进上海市政府与澳大利亚昆士兰州政府的友好关系

(2) 体育赛事具有正外部性。外部性问题最早由马歇尔（Marshall）提出，在庇古（C Pigou）加以充实和完善后形成了外部性理论。迄今为止学术界对外部性的解释并不统一，梁小民将外部性解释为"某种经济交易所产生的成本或利益，这种成本或利益落在第三者身上而交易者并没有考虑到"；"在经济交易中产生的，由第三方承担，从而从事交易者所不考虑的成本或收益"。王俊豪认为"外部性是指一定的经济行为对外部的影响，造成私人（企业或个人）成本与社会成本、私人利益与社会利益之间相偏离的现象"。但不管从哪个角度界定，外部性问题的实质，即外部性问题对人类社会的真正影响，并不仅仅是人与人之间在成本和收益承担上的冲突，而是由于这种不易克服的冲突的存在，会带来更多

社会财富的或避免社会灾害的人与人之间的合作或制度安排无法实现。目前外部性包括正外部性和负外部性。文中论述的体育赛事的外部性主要是正外部性，指在体育赛事运营过程中，赛事运营企业利益与社会利益之间相偏差的现象。这种正外部性体现在以下几个方面。

①对其他相关产业的经济影响。体育赛事作为一种经济现象，不仅能够为主办者以及体育产业带来直接的经济收益，还可以以产业链的形式影响到其他相关产业，产生巨大的间接收益，如旅游业、餐饮业、酒店业、房地产业、新闻业、广告业等都是受益者。有关资料表明，2004年上海F1大奖赛期间，上海国际赛车场的收入为4亿元人民币，但是其他相关产业的收入却达到了20亿元人民币左右。锦江国际集团在上海的30家星级酒店在F1大奖赛上海站期间（2004年9月19~26日）较去年同期增加收入3800万元，增幅为65.7%。香格里拉饭店2004年9月22—28日一周客房收入比平时增加780万元。金茂大厦的凯悦酒店2004年平时每周收入900万元左右，9月22—28日这周收入为1560万元人民币，比上海举办APEC会议时期还高。另外，2004年前11个月，到上海旅游的游客就超过了400万名，而2002年和2003年都分别只有270万，这和2004年上海F1大奖赛首次举办当然不仅仅是巧合。此外，根据上海体育学院体育赛事研究中心关于2005年上海网球大师杯赛综合效益测评报告显示，该赛事对上海其他相关产业的经济带动为2.49亿元人民币。从以上的案例及调查数据可以很明显地看出，体育赛事举办对其他相关产业的经济有巨大的拉动作用。

②对举办国家或城市知名度的影响。体育赛事是一种无国界限制、无种族歧视的活动，是提高国家或城市知名度的有效途径。墨尔本、巴塞罗那、曼彻斯特等城市都是通过举办一系列体育赛事大大提升了城市品牌形象和国际知名度。体育赛事可以把全世界的目光在短时期内聚焦到一个城市，通过全世界的媒体和数以十万计的现场观众对举办城市进行强有力的宣传，迅速提高城市的知名度。2002年网球大师杯赛举办期间，上海受到了全世界的瞩目，全球范围内共有150多个国家和地区近10亿人收看了实况转播，来自世界各国的嘉宾、球迷和记者，纷纷赞叹上海的国际大都市形象和优秀的赛事组织能力。这一赛事的成功举办使世界更了解上海、更了解中国，提升了上海的国际知名度，为上海成功申办2010年世博会起到了积极的作用。所以说，成功举办体育赛事将在很大程度上提高一个城市的国际知名度。

(3) 体育赛事的市场垄断特征。"垄断"在一般经济学教材中的界定是很严格的。高鸿业认为："垄断市场是指整个行业中只有唯一的一个厂商的市场组织。它应满足三个条件：第一，市场上只有唯一的一个厂商生产销售商品；第二，该厂商生产和销售的商品没有任何相近的替代品；第三，其他任何厂商进入该行业都极为困难或不可能。"在垄断市场上，由于没有竞争，独家垄断厂商可以控制和操纵市场价格。在现实经济生活中，很少有满足这么苛刻条件的市场存在，于是，有些经济学家稍稍放松了假设条件。如中国社会科学院的宋则将垄断定义为："在市场交易中，少数当事人或经济组织凭借自身的经济优势或超经济优势，对商品生产、商品价格、商品数量及市场供求状态实行排他性控制，以牟取长期稳定的超额利润的经济行为。"

体育赛事的垄断主要表现在申办市场和转播权市场上。就申办市场而言，垄断主要表现在两个方面：一方面是由于体育管理体制的特殊性，国际体育组织牢牢控制着运动员和教练员资源，形成了对所有赛事资源的自然垄断；另一方面是由于优秀运动员的数量有限，并且受体力和伤病的限制，国际单项体育组织的赛事供给量是有限的，而且很难增加，但是近年来随着世界各大城市都将体育赛事看作城市营销的主要手段之一，对体育赛事有旺盛的需求，因此，在供给数量一定的条件下，供给曲线几乎是垂直的，价格（申办费）随需求增加而大幅上升，呈现出很明显的供给方垄断现象。对于转播权市场而言，由于目前我国不论转播覆盖面还是转播技术，其他电视台都无法与中央电视台抗衡，因此不论是赛事所有权人还是赞助商都会附加由中央电视台转播的合约条款，从而使承办体育赛事的企业失去该方面讨价还价的能力，加上中央电视台在我国的政治地位，地方电视台也显然不愿意插足。基于上述原因，估计这一垄断格局会在相当长的一段时间内保持不变。这一垄断的局面是需求方垄断，即电视机构的垄断，承办体育赛事的企业都属于被垄断的一方。

因此，在体育赛事申办市场中由于赛事资源被供给方垄断，申办方的企业的剩余价值会被剥夺；在体育赛事转播权市场中由于存在需求方垄断的情况，作为供给方的承办企业的剩余价值也会被剥夺。在这两个市场上承办企业都处于弱势地位。

（二）从市场发育程度看政府作用的合理性

1. 市场发育不完善与政府作用

市场的发育和成熟是市场自身运动和发展的结果，应该依靠市场自身的力量和功能来实现。但是由于我国的经济体制是直接由计划经济体制过渡到社会主义市场经济体制，没有给市场自身的发育和成熟提供足够的时间和条件。因此，我国体育赛事市场必须走一条有政府积极参与、培育并推动市场发展与完善的社会主义市场经济之路，政府在市场的培育中必须发挥重要作用。当然，强调政府在培育和完善市场中的作用,并不是否定市场自身的力量和功能在市场发育过程中的作用,政府对市场的培育也需要遵循市场经济发展的一般规律,不断调整市场内部的各种关系,进一步激发和调动市场自身的力量和功能,与政府形成强大的合力,加速市场的完善与成熟。

目前我国市场经济体制还不完善,体育赛事的市场化运作起步较晚。虽然近些年上海有些体育赛事采取市场运营的方式取得了比较好的效果,如NBA季前赛上海站,但是总的来说,上海体育赛事市场还是处于发育不完善的阶段。在这个时期,政府对体育赛事的运营进行干预,培育上海体育赛事的市场是有其合理性的。

2. 上海体育赛事市场发育程度分析

关于市场发育程度的指标,目前国内外学者的成熟研究成果颇多。本文主要从赛事运营主体的非国有成分、产出品市场的发育程度以及市场中介组织的发育程度这三个方面对目前上海体育赛事市场的发育程度作一个定性的判断。

(1) 赛事运营主体的非国有成分。一个市场中非国有经济的发展状况如何是判断这个市场是否成熟的重要标志之一。就体育赛事市场来说,赛事运营主体的非国有成分是市场发育成熟度的一个重要指标。

表3-10 上海体育赛事运营主体的成分

序号	赛事运营主体	成分
1	上海新新体育文化发展有限公司	国有
2	上海国际赛车场有限公司	国有
3	上海久事国际赛事管理有限公司	国有
4	上海纷华体育经纪有限公司	非国有
5	绿地集团体育文化发展有限公司	国有
6	上海国际田径黄金大奖赛有限公司	国有

从表3-10中我们可以看到,上海体育赛事运营主体中,国有成分占有很大的比重,非国有的比重很小。这一状况充分说明目前上海体育赛事市场发育还很不成熟,如果没有国有经济背景的赛事运营主体,上海将难以运营如此多的高级别的体育赛事。

(2) 产出品市场的发育程度。从本质上来说,体育赛事的产出品是体育竞技产品与服务。目前,在这一产出品基础上衍生出了体育赛事的四大主要市场,即广告权市场、门票市场、电视转播权市场和其他相关产品市场。下面我们从两个不同的方面对上海体育赛事市场的发育程度进行分析。

首先，从各大市场收入比重来看。按照国际上体育赛事运营的经验，一般情况下，广告权市场的收入占赛事总收入的比重越小就说明这个市场发育的越成熟，如英国的温布尔顿网球公开赛中广告权收入占总收入的比重很小，电视转播中基本上看不到场地广告牌，赛事的主要收入是门票收入和电视转播权收入（共占总收入的80%左右）。但是在目前上海举办的绝大多数体育赛事中，赛事广告权的收入占总收入的比重非常之高，如2002年上海网球大师杯赛，广告权收入为6152万元，占总收入的64%。这一对广告权市场高度依赖和过度开发的现象说明目前上海体育赛事的其他市场的发育还很不成熟。从目前赛事运营的实际来看，情况也是这样的。近年来在上海举办的体育赛事中，门票市场除了NBA季前赛等少数几个赛事经营状况比较好以外，其他赛事的经营状况都非常困难，市场途径的出票率很低，送票的比例很高。电视转播权市场就更不用说了，由于中央电视台的垄断局面以及国内这种转播不收费的传统，使得上海体育赛事一直没有电视转播权收入。

其次，从广告权市场来看。尽管目前上海体育赛事的广告权收入很高，但是这不能掩盖一个重要的事实，即这些收入并不是完全通过市场途径得来的。如前所述，2002年上海网球大师杯赛通过政府撮合的广告权收入就占到了总收入的44.4%，其他赛事的情况也基本如此。这一情况说明目前上海单项体育赛事的广告权市场发育不够完善。

一言以蔽之，目前上海体育赛事的产出品市场发育程度还不成熟。

（3）市场中介组织发育程度。市场中介组织的发育程度是衡量市场发育程度一个主要指标，市场发育越成熟，中介组织也越发达。就体育赛事而言，中介组织主要包括两类：一类是提供服务的企业，如律师事务所、会计师事务所、保险公司、公关公司等；另一类是从事经纪业务的企业，如咨询公司、票务代理、赞助商代理等。

上海作为一个国际性大都市，第一种类型的中介组织很发达，但与第一种类型的中介组织相比，第二种类型的中介组织的发育却很不成熟。目前，上海专业的体育赛事咨询公司、票务公司和赞助商代理公司很少，用来支撑这些中介组织发展的必要的技术和信息（如赛事的评估体系、赞助商数据库及客户管理系统等）很不完善。总之，目前上海的市场中介组织难以满足运营体育赛事的要求。

通过对上海体育赛事市场以上三个方面的分析，我们可以看出，现阶段虽有个别体育赛事的市场运营状况较好，但就整体而言，体育赛事市场的发育还很不完善，需要政府的积极参与。

（三）从赛事运营的必要条件看政府作用的合理性

从体育赛事运营的实际来看，政府在某些环节中的作用是赛事顺利完成前提，是体育赛事成功举办的必要条件。当前，政府在上海体育赛事的运营过程中主要参与以下几个环节。

第一，体育赛事的申办。近些年来，越来越多的国家和地区逐渐认识到体育赛事对举办城市和地区的经济价值和社会价值，许多国家和城市都已将举办体育赛事作为展示城市形象、提升城市知名度的重要方式。但由于影响力较大的高水平体育赛事供给数量的有限性，赛事申办市场的竞争非常激烈。这种激烈竞争的局面导致了两个最直接的后果：第一是赛事的申办费用大幅攀升。如上海网球大师杯赛2002年的申办费用为760万美元，2005年上涨至830万美元，2006年为880万美元，2007年高至920万美元，而2004年上海站F1大奖赛的申办费用更是高达到1300万美元。第二是政府作用在赛事的申办过程中越来越重要。如在第48届世界乒乓球锦标赛的申办过程中，申办城市之一瑞士洛桑派出了由瑞士驻萨格勒布大使、旅游部长、国家乒协主席及洛桑市市长等政府官员组成的代表团，阵容非常强大。上海则派出了申办代表团团长、原上海市体育局副局长做陈述报告，在他的陈述报告中，也重点强调了一旦申办成功，上海市政府将会为第48届世乒赛提供大力支持。

正是由于各申办方对体育赛事举办权争夺的激烈程度加剧了，使政府在赛事申办上的态度显得非常重要。国际网球联合会的一名官员在接受媒体采访时表示，上海市政府对2002年申办网球大师杯赛的大力支持是最后取得承办权的重要因素。在这种背景下，如果体育赛事的申办过程中没有政府参与就难以取得成功。从另一个角度讲，现在国际单项体育组织也越来越看重政府对承办赛事的态度，而且很多国际单项体育组织，如国际网球联合会、国际汽车联合会等，明确要求与承办地地方政府签约，使得政府必须要在赛事的申办过程中发挥作用。

第二，体育赛事的组织。举办体育赛事是一个复杂的系统工程，牵涉到举办城市和地区的方方面面的因素。它的成功举办需要社会各个部门的有效配合，各个部门之间的协调是赛事成功举办的至关重要的环节，必须由政府出面协调才能确保赛事的顺利举行。另外，举办一项体育赛事要牵涉到交通、公安等一系列公共资源的使用，目前这些资源基本上由政府直接控制。因此，要成功举办体育赛事，政府在赛事组织方面的支持不可或缺。

四、未来上海体育赛事运营环境的变化

（一）赛事的需求主体发生变化

体育赛事的需求主体包括政府、企业（包括赛事运营企业和赞助商）和个人，各个主体对赛事的需求不尽相同。政府对赛事的需求主要是为提升城市品牌、拉动旅游等相关产业发展；企业对赛事的需求主要是为获得赛事运营的利润（赛事运作公司）或是为提升企业及其产品的知名度（赞助商）；个人对赛事的需求主要是满足个人现场观赏高水平竞技体育比赛的需要。

随着上海经济和社会的发展，未来上海体育赛事的需求主体总的变化趋势是由政府需求向企业和个人需求转变，具体表现为以下两个方面的变化。

第一，政府对赛事的需求将有所减弱。现阶段，上海体育赛事的需求主体主要是政府。由于城市间竞争的加剧，为了在竞争中获得有利地位，各地政府纷纷打出了创建城市品牌的旗帜，体育赛事的聚焦功能刚好符合这一需求。但是，提升城市知名度、打造城市品牌形象的途径很多，主要有如下几种：一是以政府名义投放的城市形象广告，如两年来在央视4套播放的城市形象广告有四十多个；二是利用多种活动或者事件聚集公众目光，如博鳌亚洲论坛令一个鲜为人知的小镇一夜之间世界瞩目。另外许多城市着力打造的"特色节"也属于这种类型，如青岛"啤酒节"、大连"国际服装节"等；三是制定一个塑造城市品牌的长期战略，从城市定位做起，制定城市发展战略，进行城市功能和规划设计，最后完成城市品牌的塑造，如巴黎是"时装之都"、维也纳是"音乐之都"、杭州正在打造"休闲之都"。体育赛事只能算第二种类型中的一种方式，有许多替代品。随着城市举办的体育赛事数量的逐渐增多，赛事对提升城市品牌的边际效用也将逐渐递减，未来政府对体育赛事的需求将有减弱的趋势。

第二，作为赛事需求主体的企业和个人，未来对上海体育赛事的需求将会有大幅度增加。从企业的角度来看，一方面，随着上海竞赛表演市场的逐步完善，体育赛事运营企业的盈利空间将会增大，盈利能力也将逐渐增强，企业出于自身盈利的需要将会对体育赛事产生需求；另一方面，随着新技术革命、经济全球化和世界一体化进程的日益加快，使"名牌"作为企业经营活动中一股不可阻挡的力量渗透到世界的各个角落，21世纪已经成为名牌产品经营和名牌产品竞争的时代。在这一形势下，上海市委领导作出重要批示："上海要提高国际竞争力，全面推动实施品牌战略极为重要"。为了达到上述目标，未来一段

时间内，上海企业急需提升自身和产品的品牌价值，向全世界展示品牌形象。在电视广告和平面媒体广告到处泛滥的今天，通过体育赛事这一载体提升企业品牌价值无疑是一条捷径。因此，随着上海名牌战略的进一步实施，未来上海企业对体育赛事的需求会越来越旺盛。从个人角度看，当一个社会的经济水平发展到一定的程度，人们的生存性消费得到较好的满足时，就会产生包括体育观赏消费在内的享受性消费和发展性消费需求。上海目前正处于经济高度发展的时期，2011年人均GDP已经突破120,000美元，今后5~10年乃至更长时间内，上海经济将保持一个较高的增长速度，2015年将实现人均GDP为17000美元的目标，城镇居民人均可支配收入有望达到15万元，恩格尔系数也将达到25%以下。可以预测随着人均可支配收入的逐渐增加，个人观看体育赛事的需求也会越来越强烈。总之，未来企业和个人对上海体育赛事的需求将会明显增强。

（二）政府角色发生变化

经济基础决定上层建筑。随着社会经济体制的发展，必然要求政府职能做出相应的调整和变革。随着我国社会主义市场经济的建立和逐步完善，当前的政府职能已经远远不能适应经济发展的要求，政府职能的改革已经成为当前我国改革的主要内容和任务。十六届三中全会决议中明确指出，在今后一段时间内，要在社会主义市场经济条件下，按照五个统筹的要求，进一步转变政府职能，转变政府管理经济的方式。随着我国政府职能改革的逐步深入，未来政府将具有以下几个方面的特征。

第一，有限型政府。所谓有限型政府是指权力、职能和规模受到宪法和法律的严格约束、限制的政府。一个有限型政府至少具备三个特征：一是实行透明行政和权力制约；二是政府职能的范围取决于市场需要和社会需要；三是政府权力主要限定在公共领域。从某种意义上说，市场经济与有限型政府是同时存在的，他们就像一对双胞胎，没有权力受到限制的政府，就没有自由竞争的市场经济。既然已经选择了走社会主义市场经济的道路，那么，建立有限型政府也就成了改革中的必然选择。

第二，公共服务型政府。所谓公共服务型政府是指遵从民意的要求，在政府工作目的、工作内容、工作程序和工作方法上用公开的方式给公民、社会组织和社会提供方便、周到和有效的帮助，为民兴利、促进社会稳定发展的政府。随着我国经济的快速发展和改革开放的不断深入，当前经济与社会发展的现实已表明，政府应该由经济建设型政府向公共服务型政府转变，建立高效政府的时机已经成熟,建设公共服务型政府势在必行。温家宝总理在政府工作报告中明确提出了"建设服务型政府"的要求。这是根据社会主义市场经济实践和人民群众的迫切需求提出的一个新的执政理念,也是树立和落实科学发展观的重要体现。

第三,市场化政府。所谓市场化政府是指政府经济行为的市场化。在政府与市场的互动中,为弥补政府缺陷,将市场机制引入政府干预的过程。美国学者戴维·奥斯本和特德·盖布勒认为:"市场经济体制的政府应该是企业化的政府,它不是一个官僚机构,而是市场中的一个组织,这个组织鼓励企业家精神。"现在我国要建立的政府是社会主义市场经济体制的政府,它面对的是市场经济体制,必须适应市场经济体制的需要,要遵循市场经济的基本规则,要把市场经济的基本规则纳入政府的管理之中。因此新型政府必须树立市场观念,应该是一个市场化政府。

第四,法治化政府。所谓法治化政府是指政府必须在法律规定的框架内循法行使权力,政府的一切行为不能超出法律的界限,其权力要受法律的约束。从一定意义上讲,市场经济就是法制经济。为确保社会主义市场经济的稳定发展,一方面,必须加强法制建设,建立完整的法律制度和体系,把一切经济活动都纳入法律的轨道上来,实现经济关系的法制化;另一方面,必须将政府的管理也纳入法律的轨道上来,抛开人为因素,依法行政,依法管理,没有法律赋予的权力之外的任何权力。法治化政府是社会主义市场经济发展的必备条件,也是社会主义市场经济发展到一定阶段的必然产物。

政府角色的上述转变必然会引起体育赛事运营中政府作用方式和范围的变化。上海市政府已明确提出"除个别重大体育赛事以外,原则上政府将不再针对具体赛事设立组委会"。此外,上海市政府还在酝酿筹建赛事运营集团,具体负责未来在上海举办的大型赛事的运营,这些都是政府角色转变的具体表现。未来上海市政府在体育赛事运营中的作用范围将趋于宏观层面和公共领域,作用方式将更加市场化、法治化。

五、对未来上海体育赛事中政府作用的思考

(一)建立大型活动的专门管理机构

根据上海的实际情况可以在上海市政府的统一领导下,建立一个以市政府办公室为主体、市体育局等有关部门参加的行政机构"上海市大型活动管理办公

室",履行"引进、创办和监督管理全市的大型活动事务"的职能。

(二) 加强对体育赛事的规划

我们对体育赛事的规划中应该重视下面几个点,一是在赛事申办或引进时,要考虑上海的城市特点、文化底蕴等因素,选择与"海派文化"相吻合的体育赛事;二是要对不同赛事进行分层次划分,充分考虑上海举办体育赛事的节奏;三是具体规划部门不应该是上海市体育局,而应该是"上海市大型活动管理办公室",具体理由如下:首先,体育赛事规划一定要站在促进整个上海经济、社会、体育、文化等方面协调发展的角度,而上海市体育局难以做到这一点;其次,体育赛事与其他大型的文化活动(文化节、艺术节等)之间是有比较强的竞争性和替代性的,所以在进行规划的时候必须要将上海的大型体育和文化活动放在一起统筹考虑,但是上海市体育局并不具备这种能力。

(三) 确保赛事申办谈判的市场化

可由"上海大型活动管理办公室"授权成立专业公司负责体育赛事申办和引进的谈判,在谈判过程中形成以企业为主、政府为辅的局面。因为政府在谈判过程中讨价还价能力是较差,对价格很不敏感,而且政府对赛事的需求缺乏弹性的,谈判的机会成本很大。企业则不同,它在谈判过程中更容易进行讨价还价,谈判能力也要强得多。

(四) 健全市场运作体制

上海在健全市场运作体制方面可以学习、借鉴澳大利亚的经验。澳大利亚的各级政府在充分认识了大型活动对国家以及地方的利益后,从20世纪80年代开始关注大型活动的发展,并介入其中,各州政府管辖的专门的活动事件运作公司纷纷成立,持续对各种大型活动事件的引进和营运操作直接负责,对澳大利亚大型活动的发展起到了极大的推动作用。根据中国的国情和上海的实际情况,可以在上海市政府的统一领导下,设立与"上海市大型活动管理办公室"的机构性质完全不同的专业事件公司直接对具体的体育赛事进行管理和商业运作,但要接受"上海市大型活动管理办公室"的行政监督与管理。

(五) 建立体育赛事信息交流公共平台

由于体育赛事具有公益性,所以体育赛事信息的提供应该由政府投资进行。政府应加强对潜在赞助商及潜在观众等相关信息的收集和调研,尽量比较全面地了解市民和赞助商的需求,并在衡量政府、市民和赞助商的需求后找到一个平衡点。这对政府做出正确的赛事引进决策大有帮助。

(六)成立体育赛事申办信息收集部门

体育赛事申办信息收集部门的主要职能是收集国内外体育赛事申办信息以及国际单项体育组织的运营方式、申办规则和惯例等信息。因为加强对相关资料的收集工作,不仅可以增强上海在谈判过程中讨价还价的能力,而且有利于上海对体育赛事的主动选择。

(七)加强对上海的城市宣传

政府管理部门应通过多种渠道,对上海进行宣传,让体育赛事资源拥有者进一步了解上海。为吸引更多的体育赛事,政府应该定期向国际性的体育组织邮寄时事通讯、建设内容精彩的网站、编印体育设施指南、在体育专业杂志(如美国 Sport Travel 杂志)上做宣传,并积极主办、参加各种体育行业会议、论坛和峰会(如美国的"大型旅游活动及体育管理研讨会"),使国际性体育组织对上海产生兴趣。这些宣传有利于在体育赛事的申办过程中使上海更具有竞争力。

(八)尽力解决体育赛事外部性问题

为解决外部性问题,经济学家为政府干预提出了以下几项政策建议:一是采用明确产权的方法。外部性与产权制度的不完善有直接的关系,因而解决外部性问题,首先应该从政府对产权制度的改进做起。二是使用合并企业的方法。这种方法是将外部性制造者与受外部性影响的企业进行合并,从而达到外部性内在化的目的。三是使用税收和津贴,即对造成外部不经济的企业进行征税,对产生外部经济的企业进行津贴,最后使得企业利益和社会利益相等。

基于上海的实际情况和体育赛事的特征,建议上海市政府在体育赛事举办期间,对其他相关产业企业的"搭便车"行为征税。即对这些企业高于平时或去年相同月份的收入按照不同行业、不同等级征附加税,并且将这些税款集中起来,成立体育赛事发展基金,用于补贴体育赛事的承办企业。这在某种程度上可以解决体育赛事的外部性问题,有助于体育赛事的可持续发展和政府的逐渐退出。

第四章 体育赛事的综合影响

本章先从总体上对体育赛事综合影响的内涵与分类进行了探讨,然后又分别从经济、社会和环境三个维度对体育赛事的综合影响进行了分析。

第一节 体育赛事综合影响的内涵与分类

一、体育赛事综合影响的内涵

所谓"影响"是指具有相关性的事物间发生的相互作用及结果。"影响"这一概念被普遍用于反映事物间和现象中存在的因果关系。影响是一个中性词,也就是说,其性质需要被界定,如正面或负面影响。对影响的性质所做的界定或判断,往往是以一定的逻辑关系为基础。所以,对相互关联的事物之间存在的影响的研究一定要以对矛盾运动规律的正确认识为指导。

我们在上文中已经提到,体育赛事具有聚集性、体验性、外部性和综合性等特征。此外,体育赛事还是一种较为复杂的系统性项目,它牵涉的利益相关主体很多,筹备和举办的时间也较长,需要动用举办地的各种资源,势必会对举办地产生各种各样的影响。

体育赛事的综合影响是指某一地区因举办体育赛事而形成的具有相关性的事物间发生的相互作用及结果。在体育赛事筹备、举办以及赛后的一段时间内,围绕体育赛事的相关活动产生了特定的社会经济关系和文化活动,引起了社会资源配置的变化。同时,引发了不同文化之间的碰撞和交流。在体育赛事中的不同利益相关群体及赛事举办地的环境构成了十分微妙的关系和对事物变化形成起特殊的条件,这种关系及作用在体育赛事领域是普遍存在的。

正因为体育赛事具有上述特征,使得体育赛事对举办地产生了非常复杂的影响。总结起来,可以归纳为以下几点:一是体育赛事的影响领域众多,既对举办地的社会产生一定影响,也会对经济、环境等方面产生影响;二是影响方式多样,既有直接的影响,也有间接的影响,还有综合性的影响;三是影响时效不一,既有短期就能体现出来的影响,又有长期才能体现出来的影响;四是影响效果不同,既有正面的影响,也有负面的影响,还有正面和负面混合的影响。此外,由于体育赛事的类型多样,不同类型、不同层次的体育赛事对举办地的影响方式与作用大小都有所差异,如 James Higham 专门针对不同类型体育赛事的综合影响进行了深入对比(表4-1)。

表4-1 不同类型体育赛事综合影响的比较

影响方面	大型体育赛事	中小型体育赛事
申办阶段	巨额的申办费用。由于政治腐败和赞助商的利益而导致的申办费用的增加。申办不成功的风险。为了获得申办的成功而夸大政治和赞助商的利益	申办费用相对较低。甚至有些赛事根本就没有申办阶段。申办成功的可能性较大
基础设施建设	由体育赛事,如奥运会、美洲杯帆船赛促进的发展往往伴随着巨大的发展成本。由基础设施建设而产生的经济利益通常是商业部门受益,而不是所在社区	通常不需要再建新的场馆设施。城市现有的基础设施能够满足赛事的需要。城市基本能够承担基础设施建设所需要的成本
赛事遗产	赛事遗产的使用率低,昂贵的设施所导致的相关金融债务	体育场馆的更新(如果必要的话),使体育人口、观众和管理者受益
经济收益	由大财团和赞助商主导。当地居民得到的经济效益较小,常常是政府出钱而私人部门受益	当地居民更容易分享到体育赛事所带来的积极的经济收益。政府财政的负担小
短期旅游收益	以游客时间切换为代价的短期旅游业的增长。由于举办体育赛事所导致的旅游人数的流失。"体育迷"往往对举办地的旅游产品的兴趣不大	前来观看比赛的游客多为真正意义上的旅游者。发生游客替代效应的可能性较小,游客可能会去尝试体验举办地更多的旅游产品
中期旅游收益	由于游客在赛事期间的时间切换,举办地的中期旅游效益发生下滑	不太可能会因为游客的时间切换而导致中期旅游业的不景气
城市形象	由于宣传不力、能力限制、财务费用以及政治和恐怖主义等原因可能会对城市形象产生不良影响	赛事与城市形象的利害关系不大。如果赛事得到认同,那它将对举办地的旅游业有潜在的促进作用
社会	体育赛事往往容易造成城市基础设施的拥挤和阻塞。当地居民往往会由于成本问题而被排除在赛事活动之外。居民的生活容易被赛事和安全问题所打扰	拥挤和基础设施方面的阻塞情况不太可能存在。居民有更大的机会参与其中

(续表)

影响方面	大型体育赛事	中小型体育赛事
当地居民	为了树立城市的形象，拆迁房屋或转移当地居民。往往在社会经济不太发达的区域建立场地设施。举办城市居民的流离失所，对居民的驱逐，以及利率和房屋租金的增加	对居民的影响较小。可能会受到当地赛事参与者的好评。当地居民会更多地参与其中
政治	可能将体育赛事活动与政治联系起来	由于规模和重要程度不大，因此不太会受到政治影响
安全	体育赛事可能存在巨大安全隐患，赛事安保成本很高	体育赛事的安全问题不大，赛事安保成本比较小

（资料来源：James Higham. Commentary Sport as an Avenue of Tourism Development: An Analysis of the Positive and Negative Impacts of Sport Tourism. Current Issues in Tourism, 1999 (2)：82-90)

二、体育赛事综合影响的分类

体育赛事的综合影响是非常复杂的，人们对其分析的视角也很多。目前，人们对体育赛事综合影响的研究角度大致可分为以下 5 种。

（一）事前、事中与事后的角度

体育赛事是由许多阶段构成的一个完整项目，这种划分为一系列阶段的项目的全过程就是体育赛事项目的生命周期。在体育赛事生命周期的不同阶段，它对举办地的影响也是不同的。根据体育赛事项目生命周期的不同阶段，可以将体育赛事的综合影响分为事前、事中和事后三个阶段。需要强调的是，在体育赛事举办之前产生的影响很有可能会一直延续到事中，甚至事后。因此，人们按照这一思路对赛事影响进行分析时，通常作定性研究。如著名交通和旅游战略咨询公司Inter VISTAS 在为加拿大不列颠哥伦比亚省（British Columbia）奥运会申办委员会所做的分析报告中，将 2010 年冬奥会的影响评估分为 3 个阶段，即赛前影响阶段评估（2002—2009）、赛中影响阶段评估（2010 年）和赛后影响阶段评估（2011—2015）。

此外，根据评估时间的不同，还可以将赛事综合影响评估分为事前评估、事中评估和事后评估。Getz 也认为，对体育赛事影响的评估主要包括事前评估、过程评估和总结评价三个基本阶段。这时评估的对象可能并不是体育赛事某一阶段的影响，而是赛事的整体影响，只是评估的时间是在赛事举办的不同阶段而已。本书所称的事前评估是指在事前对体育赛事可能产生的综合影响进行的全面评估。从准确性角度来讲，由于不同阶段评估者掌握的信息不同，体育赛事综合影响事前评估的精确度相对较差，事中评估的精确度相对较好，事后评估的精确度最高。通常情况下，人们会分别在这三个阶段进行评估并相互比较。如 Ritchie，Lyon 在研究举办地居民对 1988 年冬奥会的反馈时，就分别从事前、事中和事后收集数据，进行比较分析研究。

（二）长期与短期的角度

体育赛事对举办地的影响是复杂的，不同类型的影响产生效果所需要的时间也是不同的，根据这一特征，可以将体育赛事的综合影响分为长期影响和短期影响。所谓长期影响是指在体育赛事结束后一个较长时期内才能体现出来的影响，通常也被称为"体育赛事的遗产"。Spilling 认为，举办体育赛事可能会给城市带来的长期影响包括：提高国际知名度、带动经济增长、改善设施和基础建设、增加社会和文化活动四个类别。体育赛事的短期影响主要是指在体育赛事举办整个过程中以及赛事结束之后一个很短时间内给举办地带来的影响。从现有研究看，人们对长期和短期在时间上没有一个绝对的限定，但学者们一致认为，短期和长期影响的本质区别在于长期影响通常不是由原赛事组织者的行为产生的，而短期影响是由赛事组织者的行为所产生的。

（三）有形与无形的角度

根据体育赛事影响的本质特征，可以将其分为"有形影响"和"无形影响"两类。Dwyer，Forsyth 等人在对体育赛事的影响进行阐述时就指出，体育赛事的影响包括有形影响和无形影响。国内外持上述观点的学者很多，Roland 和 Scherer 等人也认为，体育赛事对举办地既有有形影响，同时也有无形影响，其中有形影响包括网络影响、能力影响和结构影响三个方面，无形影响包括印象影响及对相关产业的影响（表4-2）。John Allen 等人也提到了体育赛事无形影响（Intangible Impacts）的概念，他们指出：体育赛事的无形影响是难以衡量的，包括对社会生活和对团体福利的影响、由体育赛事所激发的居民自豪感、以及对一个地方或旅游目的地形象所造成的长期影响。国内学者在对 2008 年奥运会对中国经济影响分析时也提出：2008 年北京主办奥运会将对中国经济产生有形和无形的影响。其中有形影响是指奥运会在拉动举办国消费需求、投资需求、出口需求以及在扩大就业等方面的作用,这种影响主要体现在主办地区的经济总量和结构变化中。无形影响是指奥运会对主办国经济发展环境、开放度、国家声誉、形象和信誉度等方面的影响。从主办国经济的长远发展来说,无形的影响往往比有形的影响更重要、更有价值。

表 4-2 体育赛事的综合影响

影响的类型	影响的表现	由影响而产生的结果
有形	网络影响	公司合作而产生市场销售量的增加
	能力影响	城市服务质量的提高,服务群的出现
	结构影响	基础设施建设而产生的城市改变
无形	印象影响	媒体报道,媒体报道的广告价值
	对相关产业影响	区域经济的多项增值

(资料来源:www.ideas.repec.org/p/wiw/wiwrsa/ersa03p154.html)

(四) 正面与负面的角度

体育赛事对举办地的"正面影响"和"负面影响"通常也被称为"积极影响"和"消极影响",它是体育赛事对举办地影响的两个方面。总的来看,研究者们关注的焦点主要在体育赛事的正面影响,但是在相关研究中也经常提及体育赛事的负面影响。即使在搜索引擎 Google 中输入 "negative impact of sport events"(体育赛事的负面影响),也可以得到约 269,000 项查询结果(搜索时间为 2008 年 8 月 19 日 11 时 24 分,用时 0.41 秒)。Shapcott 从体育赛事和居民住房权的关系出发,研究了体育赛事的负面影响。他列举了大量的数据来说明体育赛事的负面影响。例如,在 1988 年汉城奥运会之前有 72 万出租户被迫搬迁;1992 年巴塞罗那奥运会之前,成千上万的低收入房客和小企业被迫搬出巴塞罗那市;在 1996 年亚特兰大奥运会期间,则有 9000 多个流浪汉(其中很大一部分是黑人)被逮捕等。Kim Gursoy 和 Lee 在研究 2002 年世界杯足球赛前后韩国居民的认识变化时,将文化交流与发展、经济增长、自然资源利用等归为预期利益或积极影响(expected benefits 或 positive impacts),将交通拥挤、污染、物价上涨以及社会问题等归为负面影响(negative impact)。

(五) 经济、社会和环境的角度

三重底线评估法是现在西方体育赛事影响研究中最常见的方法之一,它倡导从经济、社会和环境三个维度来展开分析。Getz认为，对体育赛事影响的研究应该从赛事所承担的不同角色出发，从不同的角度来进行研究。这里的"角色"实际上是指一项体育赛事所涉及的不同利益相关者，包括组织者、赞助者、合作者以及观众等，"角度"则是Getz所提到的经济、社会和环境。John Allen认为，重大事件对举办地的影响主要体现在四个方面，即社会文化影响物质和环境影响、政治影响以及旅游和经济影响。

当然，在对体育赛事综合影响进行具体分析的时候，也可能存在几种分类标准混合的情况，如既可以研究体育赛事短期的、有形的、正面影响，也可以分析体育赛事长期的、无形的、负面影响。本书中主要运用三重底线评估框架，从正面和负面两个角度，对体育赛事的综合影响进行分析。

第二节　体育赛事的经济影响

一、体育赛事经济影响的概念

关于体育赛事的经济影响的概念，目前存在两种解释。

第一种是广义概念，认为体育赛事的经济影响是指因体育赛事的举办而形成的赛事与举办地经济领域间发生的相互作用及其结果，包括赛事对举办地经济直接和间接影响，长期和短期影响等。凡是与举办地经济相关的影响，均可以包含在内，如体育赛事的媒体价值、体育赛事对城市的营销作用等。国内学者方福前在对北京奥运会经济影响进行分析时就采用了这种广义的概念。他认为，从经济层面上分析，奥运会的经济影响包括对实物经济层面的影响和货币（或金融）经济层面的影响，或者包括对经济的实物系统的影响和货币系统的影响。奥运会对实物经济层面的影响主要通过一些实物指标来反映，如生产部门的结构、生产系统的集中程度、运输系统结构等；奥运会对货币经济层面的影响主要通过一些金融指标和财政指标来反映，如消费价格指数、汇率、人均债务量、公债的负担率等。从时效上分析，奥运会对经济的影响在短期内主要体现为对社会总需求的影响，包括来自国内外企业的投资需求（支出）、居民和社会团体的消费需求、政府投资和净出口的增加；奥运会的长期经济影响主要是通过影响生产技术、劳动力的素质、基础设施和经济体制，进而影响总供给或生产能力。此外，他还认为，从广义概念的角度来说，奥运会的经济影响包括对市场化水平、开放度、新型工业化进程以及可持续发展的影响（图4-1）。

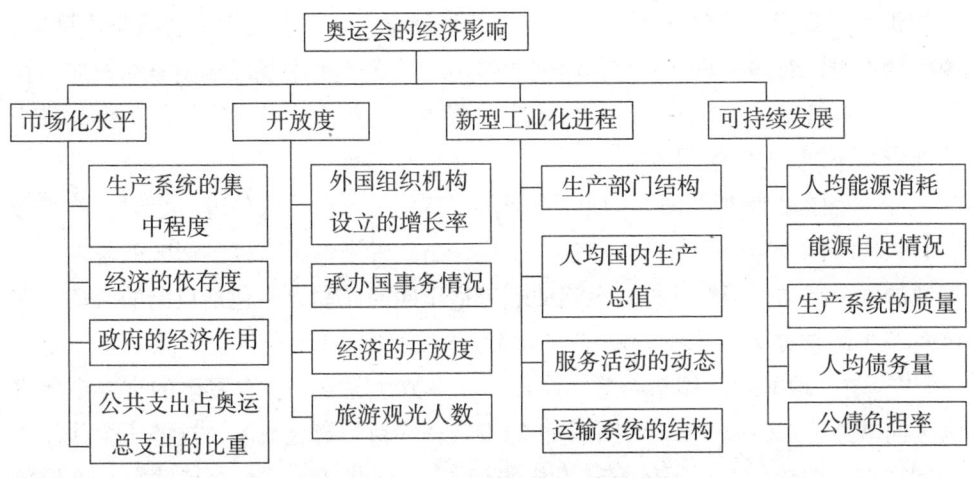

图 4-1　奥运会的经济影响指标一览

(资料来源：方福前. 论研究奥运经济影响的思路与方法 [J]. 北京社会科学，2004 (2)：3-7.)

第二种是狭义概念，认为体育赛事的经济影响是指由于体育赛事的举办而引发的举办地基础设施投资、宾馆餐饮消费、商业贸易等需求的变化（这种需求的变化直接给赛事举办地带来了新的消费），并通过直接效应和乘数效应对举办地的产出、收入、就业水平等经济指标产生的影响，其核心是体育赛事给举办地带来的新消费。

从当前国外相关研究中可以看出，国外学者和赛事管理者多数持第二种观点，如 Crompton 认为体育赛事的经济影响是指由于体育赛事而引起的举办地产出、收入、就业水平、政府税收等经济指标的净变化。体育赛事经济影响广义概念的内容非常繁杂，研究难度很大，尤其是在具体操作层面更是如此。因此，为了研究的方便，学者们都先从体育赛事经济影响狭义概念入手，对这一问题进行深入研究。

本书在体育赛事经济影响的界定问题上以狭义概念为准。

二、体育赛事经济影响的产生

从凯恩斯主义宏观经济学角度上看，体育赛事的经济影响是一种需求冲击，即由体育赛事引发的对基础设施投资、旅游、出口、商业贸易等方面需求的变化，通过直接效应和乘数效应影响举办地的国民经济产出、收入和就业水平。所谓乘数效应原本是指，当政府投资或公共支出扩大、税收减少时，对国民收入有加倍扩大的作用，从而产生宏观经济的扩张效应；当政府投资或公共支出削减、税收增加时，对国民收入有加倍收缩的作用，从而产生宏观经济的紧缩效应。在体育赛事经济影响的形成中，乘数效应主要体现为放大由体育赛事给举办地带来的新资金所产生的经济影响。

当一个国家或地区举办一项体育赛事，特别是一些重大体育赛事时，势必会引起人们对体育赛事相关产业需求的变化，由此带来的最直接的影响就是加速举办地的资金流动。当然这种资金流动既包括正向的流动，也包括负向的流动，即体育赛事的举办会带来一些新的资金流入举办地，但同样也会导致一些资金被"挤出"举办地的经济体系。总体而言，大多数情况下，体育赛事的举办会促进资金向举办地正向流动，即会给举办地带来一些新的资金流入（这些资金往往流入到宾馆、餐饮、交通等体育赛事相关产业），这些新的资金会持续在举办地的经济体系中循环，对当地的整体经济产生正面影响。不过，体育赛事带来的这种需求增长在很大程度上是暂时性的，一般会在体育赛事举行期间集中爆发，形成需求的"峰聚效应"。

体育赛事对举办地经济影响的大小与其给举办地带来的新资金流入成正相关关系。赛事给举办地带来的新资金流入越大，对举办地经济的影响就越大。相反，如果赛事给举办地带来的新资金流入很小，那么该赛事对举办地的经济影响就不会很大。

体育赛事对举办地产生经济影响的大致流程为：赛事举办地居民通过税收的形式为本地区政府提供资金，政府将其中一部分用于资助体育赛事的举办。被体育赛事吸引来的非本地区居民在本地的消费，又促进了本地区GDP的增长、居民收入的增加、就业岗位的增多以及政府税收的增加，这就有助于经济发展形成良性循环。赛事举办地只需提供原始投资，便可以在宏观经济层面上获得更多的投资回报。

体育赛事对举办地经济的影响可分为三个层级，即直接影响、间接影响和引致影响。体育赛事对举办地经济的直接影响是指其改变举办地经济活动的第一次消费，即体育赛事给举办地带来的新的资金流入对当地经济产生的第一次影响，如外地观众去观看某地区举办的高尔夫赛事时，他们在举办地的相关消费所带来的影响。其本意在于说明由体育赛事带来的第一批外来消费资金引起的举办地若干经济部门最终需求的增加所导致的经济活动变化程度。体育赛事对举办地经济的间接影响是指体育赛事对举办地直接经济影响的结果对举办地经济产生的影响，它是举办地相关产业因为直接经济影响带来的外来资金投入所导致的各行各业经济活动的变化。例如，宾馆饭店从本地区的供应商处购买实物和服务时后，在销售过程中产生的额外的经济增长。通常来说，受体育赛事间接经济影响的产业是：旅馆业、餐饮业、零售业以及与娱乐相关的产业。在赛事举行期间或者结束后，在举办地区仍会有各种相关产业持续发生买卖行为。简而言之，体育赛事对举办地经济的间接影响在于为该地区的各行业依靠体育赛事所带来的间接经济利益。体育赛事对举办地经济的引致影响是指赛事举办地区的经济单位因为举办体育赛事的直接或间接经济影响所增加的收入在当地的再消费程度，是由体育赛事而引起的本地区居民收入增加后，居民将部分增加的收入又用于在本地区经济系统中的消费，从而对本地区经济产生的影响。例如，某餐厅员工因外地观众来观看本地高尔夫比赛的消费而使收入有所增加，并将这些收入用于添购各类日常用品，进而对当地经济产生影响的现象。体育赛事的间接影响和引致影响通常也被称为二次影响。

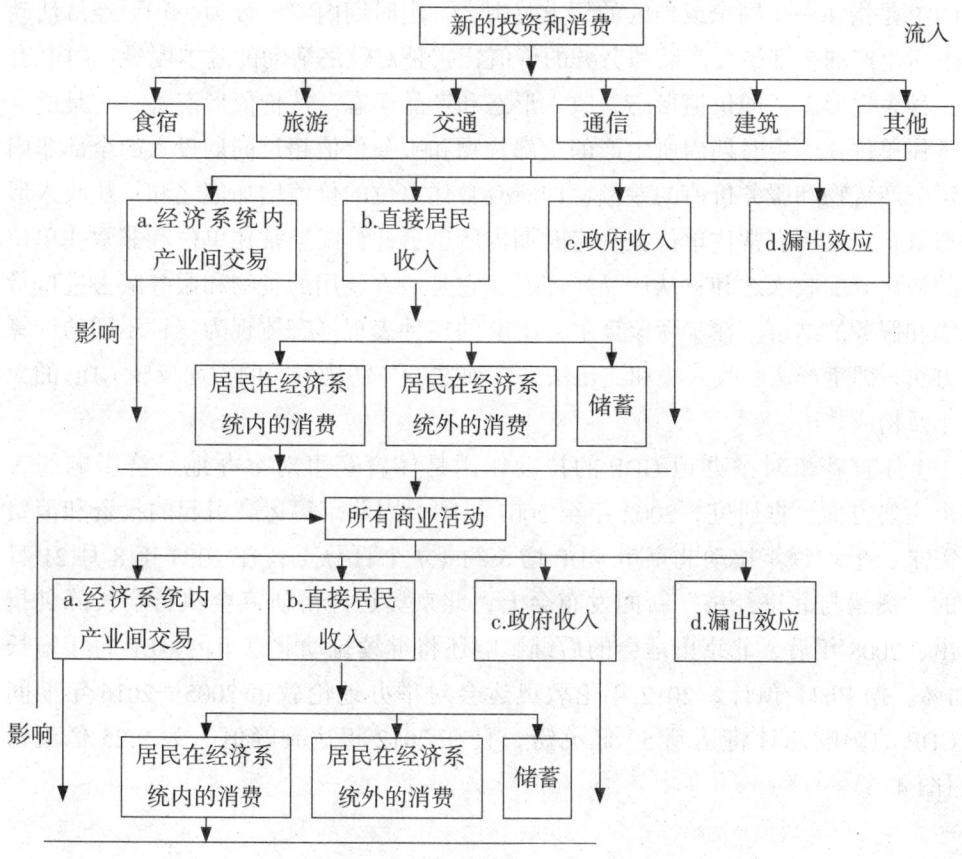

图 4-2 体育赛事对举办地的经济影响

(资料来源：John L. Crompton. Economic impact analysis of sports facilities and events: Eleven sources of misapplication [J]. Journal of Sport Management, 1995 (9))

三、体育赛事经济影响的衡量指标

体育赛事通过引起举办地需求的变化，对举办地的多项经济指标都会产生影响。通常来说，衡量体育赛事经济影响的指标有四个，即对举办地 GDP 的影响、对举办地就业水平的影响、对政府税收收入的影响以及对举办地居民收入水平的影响。

（一）对举办地 GDP 的影响

GDP 是国内生产总值（Gross Domestic Product）的简称，指的是一国（或一个地区）在一年内所生产的所有最终产品和服务的市场价值之和。具体来说，GDP 是指在一个国家或地区的领土范围，一定时期内（一般为一年）经济活动中所生产的全部最终产品和劳务的价值，它是对经济活动的基本度量。GDP 有三种表现形态，即价值形态、收入形态和产品形态。从价值形态看，它是所有常住单位在一定时期内所生产的全部货物和服务价值超过同期投入的全部非固定资产货物和服务价值的差额，即所有常住单位的价值增加值之和；从收入形态看，它是所有常住单位在一定时期内所创造并分配给常住单位和非常住单位的初次分配收入之和；从产品形态看，它是最终使用的货物和服务减去进口货物和服务的结余。在实际核算中，GDP 的三种表现形态体现为三种不同的计算方法，即生产法、收入法和支出法。三种方法分别从不同的方面反映 GDP 的大小及构成。

体育赛事对举办地 GDP 的拉动作用是体育赛事对举办地经济影响的一个主要方面。据研究，2002 年至 2007 年间，因北京奥运会引起的投资和消费需求，平均每年拉动北京市 GDP 增长约 1.7 个百分点；在 2008 年 8 月 21 日的"奥运与北京经济"新闻发布会上，北京奥运经济研究会执行会长陈剑指出，2008 年后，北京奥运会的后继影响还将继续拉动北京市的 GDP 每年增长 1%。据 Blake 预计，2012 年伦敦奥运会对举办地伦敦市 2005—2016 年期间 GDP 的影响总计将达到 59 亿英镑，且在 2012 年达到峰值，为 9.25 亿英镑（图 4-3）。

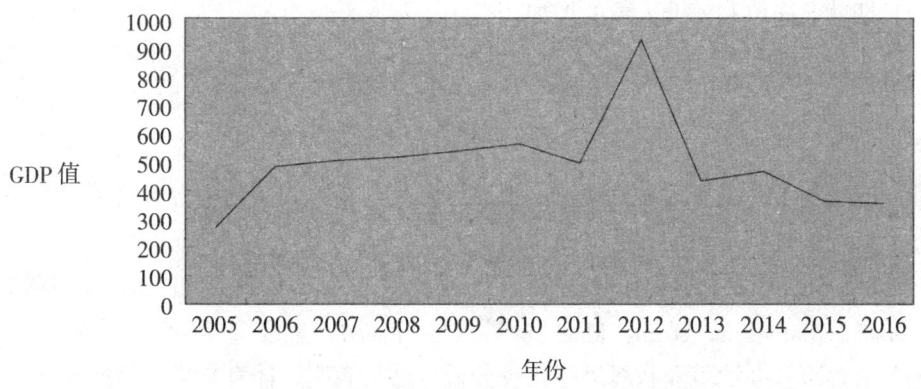

图 4-3 2012 年奥运会对伦敦 GDP 的贡献图

（资料来源：Adam Blake. The Economic Impact of the London 2012 Olympics. Nottingham University Business School，2005.）

体育赛事对举办城市或地区的 GDP 的拉动是一个长期的过程，通常包括体育赛事举办前期、中期和后期三个阶段。体育赛事在各个阶段对举办城市或地区 GDP 的拉动方式也是不一样的。体育赛事举办前期主要通过场馆设施等基础设施建设拉动举办地 GDP 的增长；中期则一般通过赛事组织者、观众及游客的消费带动举办地 GDP 的增长；后期一般是由举办体育赛事而引起的举办地知名度和城市形象的提升所带来的旅游、投资等拉动举办地 GDP 的增长。

（二）对举办地就业水平的影响

体育赛事对举办地就业水平的影响是体育赛事影响经济结构和经济发展的重要表现，对于一个城市或地区来说，体育赛事作为外加的经济活动的快速持续的发展，将带动就业水平的同步上升。据测算，F1 中国大奖赛全年平均需要雇用 5000 名工作人员，其中包括接线员、管道工、木工和油漆工等。每场比赛前后需要 60 名清洁工打扫卫生，清理现场，需要出动 30 辆救护车和 200 名医务人员以备不时之需，需要 2000 名厨师不停地制作三餐、至少 2000 名服务员为就餐者服务，赛道旁还需要 400 名志愿信号员、108 名志愿旗手、40 名警官、10 辆警车、12 辆救火车，以防发生意外。

与体育赛事的其他经济影响一样，体育赛事对举办地的就业水平的影响也有长期和短期之分。就举办体育赛事活动自身而言，由于其持续的时间较短，因此，它所创造的就业岗位往往也是短期的。但由于体育赛事与其他很多产业都有较高的关联性，它的举办可以带动和刺激其他相关产业的发展，从而间接带动举办地长期就业岗位和就业人数的增加。

近年来,国外很多学者对体育赛事给举办地带来的就业效应进行了实证研究。1994年,Baim通过对美国15个城市的研究发现,职业橄榄球和棒球联赛对这些城市的就业具有积极的促进作用。佐治亚大学对1996年亚特兰大奥运会的就业效应进行了系统研究后发现,由于奥运会或其相关活动的举行对美国佐治亚州各个行业的就业水平均有巨大的积极影响。

当然,也有很多学者对体育赛事的就业效应表示怀疑,如Baade,Dye,Sanderson,Matheson,Hagn,Maennig等,他们运用计量经济模型将体育赛事举办地与非赛事举办地就业状况进行比较分析。结果表明,体育赛事对举办地的就业效应很小。此外还有一些学者,如Coates,Humphreys,Teigland等,甚至认为,体育赛事对举办地的就业产生了较大的消极影响。尽管在体育赛事对举办地就业水平影响问题上存在着不同的观点,但总体来说,目前大多数学者还是认为体育赛事对举办地的就业有一定的促进作用。因此,在进行体育赛事经济影响的衡量时,通常都会对赛事给举办地带来的就业效应进行评估。

(三) 对政府税收收入的影响

体育赛事给举办地政府创造税收收入也是赛事对举办地经济影响的一个方面。2001年澳大利亚墨尔本举办的F1澳大利亚大奖赛仅为维多利亚州政府创造的税收就接近1000万澳元。据AC尼尔森调查显示:在上海举办的2004年F1中国大奖赛,仅门票销售一项就为上海带来了1240万元的税收收入,其对上海市旅游业的拉动效应则给市政府创造了多达8340万元的税收。

从国外经验看,政府往往会针对非本地居民征收一定的"软税"(在国外,财产税和营业税是地方政府为体育赛事提供补贴的传统税收来源,这两种税收有时被称为"硬"税。由于人们对大范围征税补贴体育赛事的抵触情绪越来越强烈,便产生了一系列补贴体育赛事的"软"税。由于其涉及的范围相对较小,并经过了严格筛选,因而易于征收。如旅游开发税、烟酒税、球员所得税等),旅游开发税是其中一种,它实际上也是一种营业税,但它又不同于一般的营业税,因为其征税范围不是针对一般的销售交易,而主要是针对两种消费:酒店住宿和汽车租赁。如此一来,其征税对象就变成了那些享受上述服务的外地来访者。在体育赛事举办期间,由体育赛事而给举办地带来的非本地居民通常都会发生住宿或汽车租赁等消费,这种现象带来的最直接的影响就是使举办地提供住宿和汽车租赁等服务的机构收入增加,进而带动政府税收收入的增长。

由于税收体制不尽相同,我国没有在赛事期间专门征收某一税种,但由于赛事给举办地带来的巨大的新增消费需求，拉动了举办地旅游、住宿、交通等产业的发展，也势必会对举办地政府税收产生一定的积极影响。

（四）对举办地居民收入水平的影响

举办体育赛事一般会带来举办地居民收入的增加，这也是衡量体育赛事经济影响的一个重要指标。与其他几个指标一样，居民收入增加的导火索也是由于体育赛事给举办地带来的新的资金，这些新的资金通过外来人员和体育赛事组织者的消费行为流入举办地各个产业部门，带动了这些产业销售量的增长，从而增加了这些产业工作人员的工资和奖金，最终促进了举办地居民收入水平的提升（图4-4）。

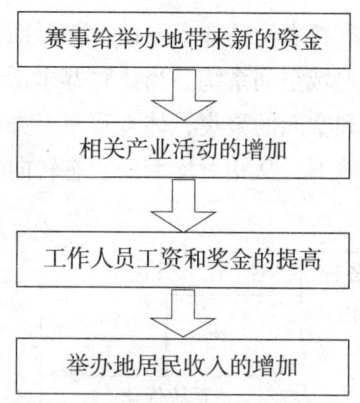

图4-4 体育赛事带动举办地居民收入增长示意图

2000年美国犹他州政府对2002年盐湖城冬奥会将会对该州不同产业居民收入的影响进行了评估，结果表明，与其他行业相比，从事服务业的居民收入水平受冬奥会举办的影响最大，在2001年，即冬奥会举办的前一年，赛事对举办地各个行业居民收入的影响将达到最大值。

第三节 体育赛事的社会影响

一、体育赛事社会影响的内涵

所谓体育赛事的社会影响是指体育赛事的举办给社会带来的社会心理、社会价值观、社会政治等方面的影响。Getz 认为，体育赛事社会影响包括当地居民的态度、文化遗产的增加、传统的保护、舒适性的丧失或增加、公众行为、美感的改变等。从影响的效果看，则包括积极影响和消极影响。积极影响包括：形成社区自豪感、城市改造和更新能增强社会凝聚力；消极影响包括：失去舒适性、造成环境破坏、噪声干扰和交通堵塞。约翰·艾伦等认为，体育赛事社会影响包括对社会生活和对团队福利的影响、赛事所激发的自豪感，以及对一个地方或旅游目的地形象所造成的长期影响等。总而言之，有关赛事社会影响的论述较多，且各有侧重点。

二、体育赛事社会影响的形成

体育赛事举办地在没有赛事活动介入以前，相对而言是一个以自循环、自流通、超稳定为基本特征的地域空间系统。当体育赛事活动举办后，伴随着大量人流、物流和信息流在时间和空间的聚集，体育赛事举办地的社会环境系统便在外界各种"流"的注入和影响下，从相对均衡的状态转向失衡状态。

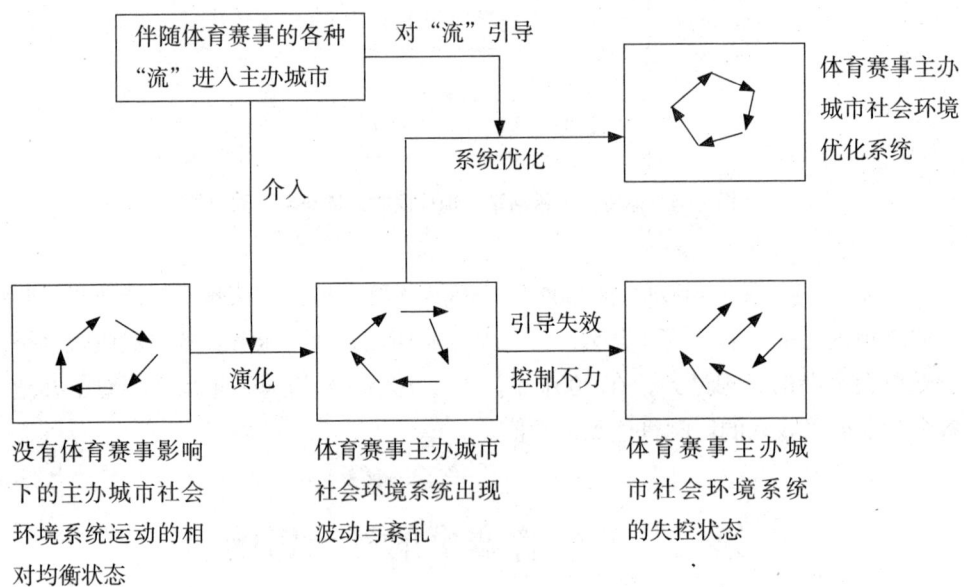

图 4-5　体育赛事各种"流"的变化

从图4-5中可以看出，当体育赛事活动以各种"流"的形式对赛事举办地社会环境系统发生涵化作用时，社会环境系统可能从相对均衡状态转向失衡。如果不予以有效地引导与控制，可能导致赛事举办地社会环境系统的失控。如果在赛事举办地社会环境系统出现波动和紊乱时，果断地采取积极有效的措施，不仅可以有效恢复赛事举办地社会环境系统的相对均衡，甚至会有利于赛事举办地实现社会环境系统优化。

三、体育赛事社会影响的表现

（一）增强居民的自豪感

所谓自豪感是人的一种高级情感，是指因为自己或与自己有关的集体或个人具有优秀品质或取得重大成就而产生的一种豪迈的情感。本文所说的居民自豪感是指举办地居民因为赛事在本地举办而产生的一种对本地区和民族的一种油然而生的骄傲之情。

体育赛事的举办会给那些希望本地区的名称及形象能在全国乃至全球广泛传播的居民带来自豪感，让这些人及其他外地人相信他们居住的是一个重要的地方。比如，在法国，环法自行车赛不仅是一项体育赛事，更是一种国家性格和民族自豪感的表征；Gary Armstrong 和 Hans Hognestad 通过对挪威白兰恩足球俱乐部的实证研究发现，该俱乐部的出色战绩极大地促进了卑尔根市居民的自豪感；亚特兰大奥运会申办成功之后，当地居民异常兴奋，他们认为，申奥成功说明了他们居住的亚特兰大是一个真正的城市。有了奥运会，曾经被称为"失败之城"的亚特兰大一跃成为"光辉之城"，类似的例子还有很多。

（二）提高居民生活质量

"生活质量"这个概念最早是美国制度经济学派的主要代表人物加尔布雷斯1958年在所著的《丰裕社会》一书中提出来的。美国经济学家萨缪尔森所著的《经济学》一书中也曾经专列一章论述生活质量问题。从形成生活质量概念的历史过程看，理论家们曾经一度把生活的效益和享受理解为生活质量。实际上生活质量是一个多层次的概念，不同的学科对生活质量有不同的定义。随着人类发展研究的深入，生活质量这个概念不仅被各国的政治家所关注，而且也成了经济学、社会学等多个学科研究的热点。经济学家关注的生活质量，往往是从某一经济学流派的理论概念出发，从消费与福利的关系、经济增长与物质财富的聚集、资源环境与经济的可持续发展的关系以及产业结构的调整对生活质量的影响等角度展开研究的，是通过"生活质量"这个指标，综合的表现社会经济发展的程度和水平；社会学家研究生活质量则着眼于社会结构、社会分层、社会公正、治安状况、教育以及人的健康状况，并从某种文化、宗教和意识形态出发作出价值判断，试图通过"生活质量"这个指标描述一个区域、一个人群中的人是在一种什么样的状态下生活。不同学科、同一学科内不同专家对"生活质量"的定义和内涵的不同理解，造成了观察视角和研究目的的差异。半个多世纪以来，许多国际机构和国家相继推出了一些描述和评价"生活质量"的指标体系和综合指数，但也都有自身的局限性，无法像 GDP 核算那样被普遍应用与推广。目前大多数学者认为"生活质量"不仅包含生活的物质层面，如生活水平、自然和社会的基础设备的充分程度，还包含一些无形的生活层面，如良好的健康状况、娱乐和休闲机会等。有些研究覆盖面更为广泛，甚至包括基本的生活结构，如权利、特权以及社会生活中的决策角色。

本书是从社会学视角研究体育赛事对提升居民生活质量的作用。在本书第三章中，我们已经提出，体育赛事的主办社区是体育赛事的利益相关者之一，赛事的举办必然会在一定程度上对主办社区产生影响，尤其是主办社区的居民。Soutar, Mcleod 在有关弗莱门托市居民如何看待美洲杯帆船赛的研究中指出，人们感到这一活动改善了弗莱门托市的生活质量。Jeffrey Gerald Owen 认为，举办体育赛事可以让居民获得休闲和交往的机会，会对举办地居民的体育消费意识产生积极影响，还能够为居民提供接受新事物的机会。

体育赛事在提高居民生活质量方面可以用以下几个指标反映：第一，居民获得休闲机会的概率；第二，居民增强体育健身意识的概率；第三，居民学习新事物、新技能机会的概率；第四，居民直接参与赛事及相关活动的概率。由于"生活质量"本身就是一个可以从多维度、多视角、多层面观察的概念，再加之，目前关于体育赛事对居民生活质量的影响方面还没有一个统一的框架，这4个指标很可能还难以全面反映体育赛事对举办地居民生活质量的积极影响。

（三）扰乱举办地居民的正常生活

体育赛事举办期间会有数以万计的外地观众来到举办地，在给举办地带来诸多好处的同时，也对当地居民的正常生活产生了一定负面影响。外来人员的大量涌入使住在赛场附近的居民的正常生活受到打扰，如交通拥挤、噪声污染、犯罪行为增加等。体育赛事对居民正常生活的影响是多方面的，而且不同性质的赛事对居民正常生活的影响也不尽相同，如 F1 大奖赛、摩托 GP 等汽车赛事以及一些类似马拉松的户外比赛对居民的噪声污染影响相对更大；奥运会、足球世界杯等大规模赛事对消费指数的拉动效应更为明显。体育赛事对举办地居民正常生活的扰乱主要体现在以下几个方面：一是交通拥挤；二是噪声污染；三是犯罪行为增多；四是消费指数上升。从总体而言，这几个因素都是由于赛事期间举办地人数激增而引发的。

（四）安全隐患及恐怖主义

自 1972 年恐怖主义分子把慕尼黑奥运会作为袭击目标之后，安全和恐怖主义问题就成为一直困扰体育赛事的一个难题。2001 年"9·11"事件之后，恐怖主义已经成为重大体育赛事中最受关注的风险因素。2008 年因为受到基地组织恐怖分子的威胁，达喀尔汽车拉力赛组委会被迫宣布取消在马里境内的两个赛段的比赛，而在相对安全的毛里塔尼亚举办了 9 个赛段；2009 年达喀尔汽车拉力赛又因为恐怖主义的威胁而被迫取消。为了保证赛事的安全，赛事组委会往往不惜重金投入安保领域，2004 年雅典奥运会期间，希腊政府建立了奥运史上规模最大的防范体系，创纪录地投入 5 万人的安保力量，其中包括军人、警察、海岸警卫队的精锐部队。随着希腊邻国土耳其的自杀式爆炸事件、伊拉克的恐怖活动、马德里的火车袭击等惨案的不断发生，雅典组委会的安全预算达到了 10 亿欧元。此外，需要强调的是，赛事安全和恐怖主义问题已经不单单是一件影响赛事本身的事件，还会对举办地的社会产生直接的影响。

第四节　体育赛事的环境影响

一、体育赛事环境影响概述

与其他活动一样，体育赛事的举办与举办地的自然环境要素和自然环境系统之间是相互影响、相互作用、相互联系、相互制约的。运营体育赛事所利用的资源和能源都来自自然界，同样，举办地也会利用赛事举办的机会对城市环境进行综合治理。

体育赛事对自然环境影响的重要性已经反映在奥林匹克运动会的操作中，国际奥委会（IOC）以及其他单项体育组织和各国国家奥委会在 1992 年召开的联合国环境和发展大会之后共同签署了《地球宣言》，将环境主题纳入了奥运会申办手册当中。1994 年，在奥林匹克运动的百年纪念大会上，环境保护被正式列入

《奥林匹克宪章》，成为继体育与文化之后的第三大纲领。国际奥委会对主办地在环境方面提出了明确的要求：对奥运会会场和附近居民的负面影响要降到最低限度；保护自然环境和受到影响的生态系统；供应商和承包商必须遵守环保指导原则；将比赛地点设在紧密的地区；所有的比赛场地和训练场地必须设置在离奥运村30分钟车程以内的地方；使用节能设计和材料；最大限度地使用可再生能源；保护和重复利用水资源；尽量减少和避免浪费；尽量使用无毒物质；使用可重复利用的包装材料，在就餐场所尽可能使用非一次性餐具和餐盘；在所有的比赛场地使用可回收的垃圾箱；尽量采用电子方式传输信息，辅之以纸张重复利用措施，以便节约纸张；观众只能乘公交车到奥林匹克运动会场地。国际奥委会的上述要求影响着各级体育赛事和各级地方政府，确保了环境和体育赛事的协调发展。

除了一些以自然环境为依托的体育赛事，如帆船、滑雪、山地自行车、攀岩、马拉松等项目的比赛，以及奥运会等一些大型综合性赛事外，自然环境与体育赛事的关联度一般都不大，但从可持续发展的视角出发，本书还是将赛事的环境影响作为体育赛事综合影响的一个重要内容。

二、体育赛事环境影响的表现

（一）改善环境

体育赛事对举办地环境的改善是赛事对举办地的一项重要遗产，很多城市都将改善环境纳入赛事规划的范畴。例如，在北京奥运会的规划中，"绿色奥运"是2008年北京奥运会的三大主题之一，是贯穿申办、筹备和举办奥运会全过程的话题。在绿色奥运的宏伟蓝图中，北京奥运会的活动中心和主体育场所在地——奥林匹克公园建成了目前为止北京市内规模最大的绿色生态园区。奥运村通过地热等清洁能源取暖，大规模使用太阳能照明系统，垃圾实现无害化处理等措施，成了一座绿树成荫、鸟语花香的绿色家园，绿地覆盖率为48%，达到了纽约、东京等国际大都市的水平。

体育赛事主要通过两个途径来改善举办地的自然环境：第一，提高居民的环保意识。例如，法国就让体育赛事与环保"联姻"，通过体育赛事宣传环保意识；2007年世界杯橄榄球赛中，法国卫生、青年与体育部长罗斯利娜·巴舍洛·纳尔坎、环境与可持续发展部长让·路易·博洛等官员以及法国世界杯橄榄球赛组委会主席拉帕塞联合宣布将本次比赛办成"环保型比赛"，并采取在赛场及举办城市张贴环保行为宣传画等方式宣传环保意识。在国内，体育赛事也成了宣传环保意识的一个有力工具。青海省在环青海湖公路自行车赛中就树立了绿色环保的办赛理念，为把这种理念落实到赛事中，赛事组委会还和一些环保机构建立了良好的联系。中国绿化基金会、中国环保学会、中国野生动物保护协会都是环青海湖公路自行车赛的协办单位。在赛事筹备及组织工作中，青海省也很注重环境保护的宣传工作，组委会成员单位中包括林业、环保等部门。自赛事活动举办以来，青海省环保部门已组织环保志愿者200多人，通过印发环保科普宣传材料、制作宣传展板和横幅等方式，向当地居民和国内外游客普及环保知识，收到了良好的效果。此外，一些赞助商也通过赞助体育赛事来宣传环保意识，如东风本田汽车就通过赞助2008年北京国际马拉松赛达到宣传环保的精神、回报社会的目的。第二，进行城市环境治理。通常而言，赛事举办之前，举办地都要对城市环境进行一定程度的综合治理，尤其是一些大型的综合性赛事。2008年北京奥运会就从降低颗粒物污染、控制工业扬尘和机动车污染、大力种草植树入手，对北京市环境进行综合治理。

（二）环境污染与破坏

体育赛事的举办有时也会对环境产生污染和破坏。一方面，体育场馆等基础设施的建设会对自然环境产生一定的破坏，如2010年温哥华冬奥会计划修建的北欧滑雪赛场就对当地灰熊的生存环境产生了较大影响；另一方面，大量人流的涌入会对城市的环境产生严重污染，如城市垃圾、二氧化碳排放等。Rickard认为，对于在城市中举办的体育赛事而言，二氧化碳的排放是对主办城市自然环境影响较大的一个因素，比赛期间聚集的大量观众以及他们的交通都会给主办城市带来大量二氧化碳的排放。据法国环境及能源管理署评估，2007年世界杯橄榄球赛举办过程中，250万观众留在赛场的垃圾就高达780吨，整个比赛活动产生57万吨二氧化碳温室气体排放，其中84%由运动员及观众的交通运输造成。

（三）资源消耗

当前，资源消耗问题已经成为经济、社会可持续发展的主要瓶颈，全球对此都非常关注。近年来，随着我国社会经济的发展，经济增长方式也开始从粗放型向集约型转变，节约资源已经成为各级政府关注的核心问题之一。体育赛事作为一项大型的活动势必会消耗大量的资源。体育赛事主要消耗的资源包括：第一，能源消耗。但凡举办一次体育赛事，交通工具、办公设备、场馆维护、食品准备等各方面都需要巨大的能源开销；石油、天然气、电力等传统能源以及新兴的太阳能等可再生能源在赛事中均扮演着举足轻重的角色。没有一场大型赛事可以离得开能源的，如据法国环境及能源管理署评估，2007年世界杯橄榄球赛期间，12个赛场的照明用电就超过470万千瓦时。第二，水资源的消耗。体育赛事需要大量的水，包括饮用水、场馆及设施清洁用水、某些设备或某些运动项目所需的水、参与者的洗漱用水等。如果没有一个有效的节水机制或水循环工作系统，极容易造成大量的水资源浪费。

第五章 体育赛事管理体制与运行机制

本章先从竞赛角度分析了我国体育竞赛管理体制变迁的历程、动因和趋势,又从政府的角度阐述了体育赛事的政府资助模式问题,最后,从市场中介的角度探讨了体育赛事中介服务业的发展方向。

第一节 我国竞赛管理体制的变迁

所谓竞赛管理体制是指运动竞赛管理的机构设置、责任、权力和利益划分及其他有关制度。完善的运动竞赛管理体制,是运动竞赛顺利开展的前提,同时合理的竞赛体制又是保证竞赛工作正常进行,充分发挥其多元化功能的前提。

一、我国竞赛管理体制变迁的历程

(一)我国竞赛管理体制初创阶段

新中国成立后,为了迅速提高竞技运动水平,我国与友好国家广泛开展了多次体育交流活动,并相继观摩了第1届亚运会和第15届奥运会,这对加快我国竞技体育的发展起到了一定的促进作用。受当时社会、政治、经济及体育管理体制的多重影响,我国在这一段时期内主要采取国家集中管理的体育竞赛管理体制。为了保证竞赛活动的正常进行,促进我国运动技术水平的提高,原国家体委于1956年公布了《中华人民共和国运动竞赛制度的暂行规定(草案)》,正式确立举行综合型运动会、单项全国锦标赛的制度,以及篮球、足球实行等级赛的制度。竞赛制度的建立,使新中国的体育竞赛在国家统一规划下形成了一个整体,保证各项运动竞赛活动有序进行。1956年,我国体育工作确立了"加速开展群众性的体育运动,在广泛的群众体育运动基础上努力提高运动技术"的方针,使运动竞赛蓬勃开展起来。建国初期的体育竞赛,除群众性比赛外,还举办了一些全国性的单项比赛,目的是在促进技术水平提高的同时注意发现和培养国家级优秀体育运动员。

(二) 我国竞赛管理体制改革探索阶段

改革开放后，随着我国政治、经济体制改革的不断开展和深入，以及体育事业的发展，"集权制"体育竞赛管理体制逐渐暴露出了一些局限性，最突出的表现就是体育竞赛的发展与国家有限的财力之间的矛盾，使体育竞赛事业的发展逐渐失去活力。针对这一问题，我国对竞赛管理体制进行了大胆的改革，充分调动各方面办体育赛事的积极性，提出体育竞赛要面向社会，努力向社会化、多样化、制度化的方向发展，力求做到国内比赛与重大国际比赛衔接好，优秀运动队比赛与业余比赛衔接好，使各级各类竞赛形成一个有机的整体。

1986年原国家体委颁布了《关于体育体制改革的决定（草案）》，对竞赛体制提出以下6点改革建议：（1）全国综合性运动会制度化，按照有利于奥运会成绩提高的原则，调整不同层次运动会的举办时间顺序；（2）改革全运会，全运会以奥运会为重点设置项目，允许行业系统报名参赛；（3）改革全运会运动员参赛资格办法，实行分级管理；（4）开放竞赛的举办权，提倡社会各界举办各级别的运动竞赛；（5）全国和各省市自治区运动会逐步实行条块结合；（6）竞赛地点与竞赛经费实行计划分配与招标、投标相结合。

20世纪90年代，原国家体委颁布的《关于竞赛体制改革》中提出：竞赛管理体制改革要将着眼点放在充分调动国家、社会的积极性方面，引导项目（或若干项目联合）实体，提高竞赛管理水平，拓宽竞赛资金来源渠道，搞活竞赛经营，发展竞赛产业，开辟竞赛市场，实行经营与社会福利并举，社会效益与经济效益并重，促进竞技体育面向市场，进一步与经济活动相结合，使竞赛得益于社会，服务于社会。具体改革的内容有：（1）贯彻"奥运战略"，坚决实行"缩短战线、突出重点"的方针，改革全运会的项目设置、记分办法；（2）改革城运会的项目设置；（3）改革全运会、城运会和单项竞赛的申办制度；（4）改革单项运动会竞赛的管理制度、经费配置以及参赛方式；（5）培育竞赛市场，发展体育产业。

(三) 我国竞赛管理体制改革深入阶段

1997年原国家体委进行了机构调整，撤销主管项目的业务司，成立独立的运动项目管理中心，实现了由行政管理型向经营开发型的转变。这一转变适应了运动项目发展的需求，为建立竞赛市场、发展体育产业创造了有利的条件。体育竞赛"实行分级管理"，体育行政部门主要负责综合性运动会的组织管理，其他各类比赛逐步放开，对单项竞赛则着重发挥宏观调控职能。原国家体委评估竞赛效益，制定和监督执行必要的竞赛政策、法规，引导项目实体按照项目自身发展的规律和要求安排竞赛。加强对单项竞赛的综合平衡和计划指导，充分调动国家、社会的积极性，拓宽竞赛资金的来源渠道，搞活竞赛经营，发展竞赛产业，开辟竞赛市场，促使竞技体育面向市场。贯彻"奥运战略"，坚决执行"缩短战线、突出重点"的方针，压缩全运会项目设置，改变全运会的记分方法，理顺全运会、城运会、和奥运会的关系，改革全国单项运动会的参赛办法，对运动员参赛实行许可证制度。俱乐部赛制以足球为试点，拓宽竞赛渠道，扩大商业性、娱乐性、表演性比赛。建立健全完善竞赛申办制度，招投标制度，逐步实行竞赛许可证制度。

(四) 当代我国竞赛管理体制

进入21世纪后，我国的体育竞赛从竞赛体制、组织结构、科技含量、运行机制等方面都已出现新的格局、态势和成效，正在逐步探索和形成适应社会主义市场经济，符合现代竞技体育发展规律和国际体育发展趋势，国家办与社会办相结合，集中与分散相结合，多方位、多层次、多元化的体育竞赛体系。2000年国家体育总局提出："开放体育竞赛市场，通过招标、申办等形式，鼓励社会各界积极承办各类体育竞赛。完善全国运动会竞赛制度，改革全国运动会的赛制和奖励办法。"并在2002年颁布的《新时期体育工作意见》中提出：举办好全国运动会和国内其他赛事，要全面、科学安排国内各项赛事，改革完善竞赛制度，充分发挥竞赛的功能和效益，为实现"奥运战略"目标服务。与此同时还应注重开发竞赛的社会效益、竞赛效益和经济效益，实现举国竞赛体制的创新。

二、我国竞赛管理体制变迁的动因

(一) 改革开放和社会主义市场经济体制的建立

我国改革开放后，尤其是随着社会主义市场经济体制的逐步建立和深入，现阶段中国的社会结构发生了巨大的变化，一个全新的社会格局正在形成。"小政府、大社会"的提法，正是对于这一趋势的形象描述。中国社会日渐稳定和成熟，使政府有可能把一部分权力和利益移交给社会，社会可以在某些领域代表国家扮演管理角色，行使管理权力，体育就是其中之一。因此，在国家总体社会结构发生变化的大背景下，体育事业尤其是代表国家意志的竞技体育也就不可能躺在计划经济体制的摇篮里高枕无忧了，必须积极应对改革浪潮的冲击。市场经济体制的建立，使市场成为调节资源的有效手段，体育资源的有限性迫使政府利用市场来达到合理的配置，使有限的资源发挥最大的功效。中国与世界的接轨也使我们认识到体育不仅仅是一项事业，也是一个新兴的产业，一个经济增长点。

（二）社会力量的加强

社会结构的分化导致社会权利和利益的再分配，这使得国家对体育的支持程度和管理权限逐渐减弱，体育也必须借助于社会的支持。随着我国国民经济的迅速发展，社会财富的高速增长，社会有能力对体育提供部分必要的支持。虽然目前这一支持还稍微显得有些薄弱，但随着社会力量的加强和经济实力的发展，社会力量的角色必定日渐重要，从而使我国体育事业真正走向社会。

（三）竞技体育自身发展的需要

在当代大体育观面前，原来计划经济体制下的举国体育体制在统管全国体育事业的时候已经显得力不从心了。随着全球一体化趋势的发展，我国举国体育体制不断面临国际体育商业化、职业化、大众化浪潮的冲击。中国体育要想在国际上保持领先地位，就必须正视时代潮流，结合中国实际情况，最大限度地与国际接轨。中国体育体制改革的实质就是"人为地选择、取舍及规划的构建过程，它与体育发展实践亦步亦趋"，因此，竞技体育发展的需要制约着体育体制改革的方式和步伐。

三、我国竞赛管理体制变迁的趋势

体育竞赛管理体制，必须立足于社会主义市场经济体制的大环境之中，与国际通用的现代体育竞赛管理制度接轨，走发展体育产业和培育体育竞赛市场的道路。其基本特点就是权责明晰、科学管理、依法治赛、市场与计划相结合。具体来说，就是要消除条块分割、区域为主的人为屏障，打破户籍制度、代表队制的人事管理框架，实现以俱乐部运转为主体，以人才自由流动为条件，以等级联赛为杠杆，以体育市场为基础，以政府调控为纽带的良性循环的体育竞赛体制。体育赛事管理体制应当立足于社会主义市场经济运行的大环境，进一步加强体育竞赛与市场的结合，使体育竞赛在为社会主义经济发展和文明建设服务的同时，自身也能得到物质上的支持，从而增强持续发展的能力，注意发挥市场经济下的价值规律、供求规律和竞争规律，开发体育竞赛的无形资产。同时，要发展市场中介职能，发挥其服务、沟通、公证作用，依据市场规则，建立和完善体育竞赛自律性运行机制。建设体育竞赛管理体制应当改善和加强对竞赛市场的管理和监督，建立正常的市场进入、市场竞争和市场行为秩序，建立公开、公正的竞争环境。

体育竞赛体制变迁的目标是社会化、规范化、产业化，其根本目的是发挥竞赛的多元功能，为经济发展和社会进步服务，使体育竞赛牢固建立在全社会支持的基础之上。深化竞赛管理体制的改革要正确处理好国家体育总局竞赛管理部门与各运动管理中心的关系以及各运动管理中心与省市体育局之间的关系。国家体育总局是管理部门，要在管理方面下功夫；运动管理中心本身具有双重职能，既要研究"办"的问题，同时也要加强竞赛管理的职能；单项体育协会将由半官方半社会性质转变为纯粹的社会组织，成为一个真正的责、权、利统一的实体，成为运动项目管理的主体。理顺全运会、城运会、省运会等国内运动会与奥运会之间的关系，通过改革竞赛规则、奖励办法、全运会计分方法等措施，使全运会、城运会和奥运会接轨，实现国内各级别的赛事向奥运战略转移。

第二节 体育赛事的政府资助模式

当今，体育赛事之所以能成为一种稀缺产品，与赛事能够促进旅游业的发展、提高城市知名度、改善居民生活质量密切相关，并已经成为城市营销的重要手段。正因如此，一个城市要获得某一大型体育赛事的举办权往往要向赛事的所有权方支付一笔巨额的申办费，同时国际体育组织还会保留一部分优质的赛事资源，这就使得赛事举办方的市场运作非常困难。从赛事运营实践看，无论在北京、上海、广州等国内城市，还是在墨尔本、悉尼、纽约等国外城市，单就赛事运营而言，运作主体很难实现盈利。在这一背景下，政府采取什么样的赛事运作机制，如何对体育赛事进行资助，以保证一个城市体育赛事产业的可持续发展就成了一个亟待我们思考和解决的问题。

一、国外体育赛事政府资助模式

（一）澳大利亚墨尔本

墨尔本是澳大利亚仅次于悉尼的第二大城市，是澳大利亚南部维多利亚州的首府。20世纪90年代以来，维多利亚州政府先后资助了诸多体育赛事，目的是为了通过吸引海内外游客来提高墨尔本和维多利亚州的国际形象，增加国家利益。在 2006 年 7 月州政府公布的年度财政预算中，州政府投入 5040 万美元作为之后 4 年的大型活动支持经费。此外，2007 年 8 月的州政府年度预算中又提供了 3420 万美元的追加费用，用于 2007 年 8 月至 2010 年 11 月的活动支持。

表 5-1　2006—2007 年维多利亚州政府资助的体育赛事

时间	赛事名称
2006 年 3 月	2006 年英联邦运动会
2006 年 10 月	春季赛马会（墨尔本杯）
2006 年 12 月	墨尔本杯新年板球赛
2007 年 1 月	澳大利亚网球公开赛
2007 年 3 月	F1 大奖赛澳大利亚站
2007 年 3 月	澳大利亚国际航空节
2007 年 3 月	世界游泳锦标赛

（资料来源：http://www.vmec.com.au/home.html）

1. 政府对体育赛事的资助方式

（1）成立维多利亚大型活动公司。这是一家由政府全额拨款的非营利性组织。该公司的作用在于为维多利亚寻找和申办那些能够带来经济效益、增加媒体曝光率的大型文化和社会活动，同时也成为大型活动其他组织者之间的桥梁。

（2）维多利亚州政府从政府财政预算中划拨经费对体育赛事进行支持，并授权维多利亚大型活动内阁委员会具体行使"经费支持"权。大型活动公司对选中的赛事进行审查、申办，形成赛前评估向内阁报告，内阁委员会依据"资助标准"，决定是否对申办的赛事进行"经费支持"。

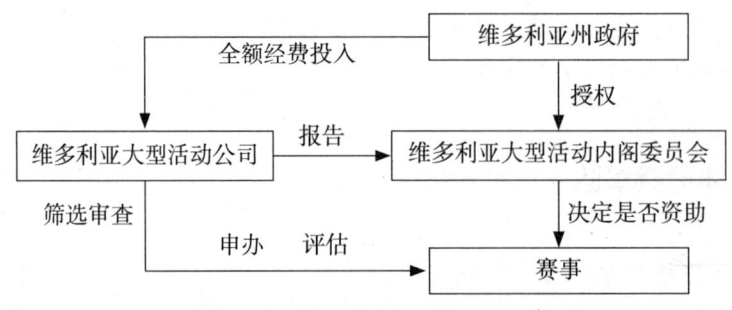

图 5-1　维多利亚体育赛事政府资助模式

（资料来源：http://www.vmec.com.au/home.html）

决定资助与否的主要标准为：赛事的风险管理和预算、背景、赛事的详细情况、经济影响、产业就业影响、旅游影响、国际形象、社会影响、时间契合和政府首选等因素。

2. 经费管理

一旦内阁委员会批准经费资助，内阁委员会与赛事运营方将会签订关于经费使用的合同，同时内阁委员会委托赛事负责机构对经费进行管理。赛事负责机构根据所签订的经费使用合同对经费进行管理，只有在符合要求的情况下才予以发放经费。赛事运作组织或企业则需要向赛事负责机构提交使用报告。

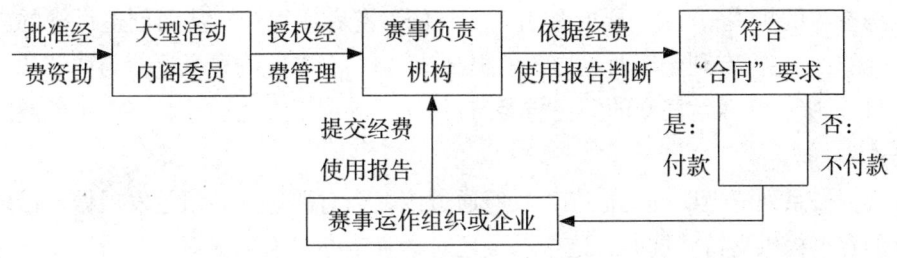

图5-2 经费管理流程

(资料来源：http//www.vmec.com.au/home.html)

赛后评估由赛事负责机构进行，作为赛事的总结，主要集中在经济影响评估方面。这项评估对于再次举办类似赛事非常重要，因为这是政府决定是否再次资助赛事的重要依据。

另外，政府并不根据赛事运作的盈亏来对赛事进行补贴，而是根据赛事所带来的支出和收益进行财政支持。

(二) 新西兰

新西兰作为众多世界级活动的举办地，在世界上的声誉越来越高。"新西兰大型活动"（New Zealand Events）是新西兰政府管理体育赛事的组织机构。他从属于新西兰经济发展局，主要职责是：管理"大型活动发展基金"、为"I-AEG"提供公务支持、既负责制定完善的"国家大型活动战略"。新西兰政府对体育赛事的资助有两种途径，最主流的是通过"大型活动发展基金"进行，还有一小部分赛事可以直接从政府取得赛事赞助资金。以下主要介绍"新西兰大型活动"管理下的"大型活动发展基金"这一主流的政府资助模式。

1. 支持主体及创设目的

"大型活动发展基金"资金支持的主体是能为新西兰带来巨大经济效益和社会效益的大型活动,体育赛事也包含其中。创设这个基金的目的在于:给活动创造更多的经济、社会和文化等利益的机会,以增加活动的附加值,保持已有活动的可持续性,对现有活动进行更深入的开发,同时积极鼓励申请者向新西兰引进更多丰富的大型活动。"新西兰大型活动"负责该基金的日常运行工作,包括与申请人的联系,对申请的处理,以及管理各类信息、满足成员机构的需要。

2. 获得资助者应符合的条件

"大型活动发展基金"资助的体育赛事应符合以下要求:(1)要达到能让政府机构参与的规模;(2)要能吸引大量外国参赛者或观众,从而创造可观的旅游机会的;(3)有利于新西兰形象的提高;(4)有专业的赛事运营与协调的水平;(5)吸引新西兰民众的关注与参与;(6)有利于文化、社会、经济效益的提高。

根据一系列清晰明确的标准,政府通过该基金对那些为新西兰发展做出最多贡献的赛事提供支持。同时,这个基金还对赛事申办或为确保新西兰对重大国际性赛事的主办权不旁落而提供支持。表 5-2 为截止 2010 年 2 月 24 日,新西兰"大型活动发展基金"确定赞助的体育赛事。

表 5-2 新西兰大型活动发展基金确定赞助的体育赛事

时间	赛事名称
2010 年 8 月	第十五届国际泳联女子水球世界杯
2010 年 8 月	国际滑雪联盟自由式滑雪青年锦标赛
2010 年 10 月	汉密尔顿世界赛艇锦标赛
2011 年 1 月	克赖斯特彻奇国际残疾人奥委会世界锦标赛
2011 年 3 月	世界跆拳道联盟惠灵顿世界跆拳道锦标赛
2012 年 10 月	ITU 世界铁人三项锦标赛终站
2013 年 7 月	国际自行车联盟世界自行车越野锦标赛

(资料来源:http://www.med.govt.nz/majorevents)

3. 申请资格

任何组织过一次及以上大型赛事的组织或个人均可以向"新西兰大型活动"提出资金支持申请。提出申请的团体或者组织必须是在 GST 登记注册过的实体企业,包括公司、信托机构和股份制社团等。提交第一阶段申请的时间至少要比赛事举办时间早 12 个月。这样做有助于及时完成申报程序、资助表决、遗产规划等工作。

4. 审核标准

（1）从赛事获得直接利益

政府对赛事提供资金支持的程度，取决于这个赛事给新西兰经济、文化和社会等方面所带来的现实利益有多大。其主要测评内容包括：增加旅游收入、增加与赛事或其他行业的就业岗位、为新西兰人体验世界级赛事提供机会、能展示社区的成就等方面。

（2）从赛事遗产获得利益

政府在多大程度上对赛事进行基金支持还取决于该赛事对新西兰经济、文化和社会等方面持续的效益有多大。其主要测评内容包括：增加持续的商业或工业发展机会，创造更长期的就业岗位；发展当地的、区域的和国家的基础设施和设备；促进主要国际关系的发展；创造更多参与赛事的机会，获得赛事相关领域的更高成就等方面。

（3）赛事能力上的获利

政府对赛事的资助程度还取决于该赛事对新西兰赛事领域发展的积极作用有多大。其主要测评内容有：创建并增强赛事组织能力；拓宽在赛事传播领域的知识面；增加受训志愿者人才储备；加强新西兰作为赛事主办地的声誉等方面。

5. 审核机构——IAEG

IAEG 在新西兰大型体育赛事的政府资助管理中起到了极大的作用。它由九个与赛事利益相关的政府部门派出的代表所组成，目的在于为新西兰带来更多的赛事利益。这九个部门分别是：新西兰商贸局（New Zealand Trade and Enterprise）、新西兰旅游局（Tourism New Zealand）、新西兰文化局（Creative New Zealand）、新西兰体育与休闲局（Sport and Recreation New Zealand）、文化与遗产部（Ministry for Culture and Heritage）、外交部（Ministry of Foreign Affairs and Trade）、经济发展部（Ministry of Economic Development）、旅游部（Ministry of Tourism）、毛利人发展部（Ministry of Maori Development）。IAEG 的成员每年在两轮基金筹资时聚到一起，对大型赛事的申请进行探讨，以多数同意制决定向经济发展局提交的推荐名单。成立 IAEG 的目的是为了促进政府更多地参与赛事的协调工作，以避免投资不足或重复成本等问题，确保政府投资的利益最大化。最终，由经济发展局委托"大型活动发展基金"确定资助的体育赛事，由"新西兰大型活动"处理相关的后续工作（图 5-3）。

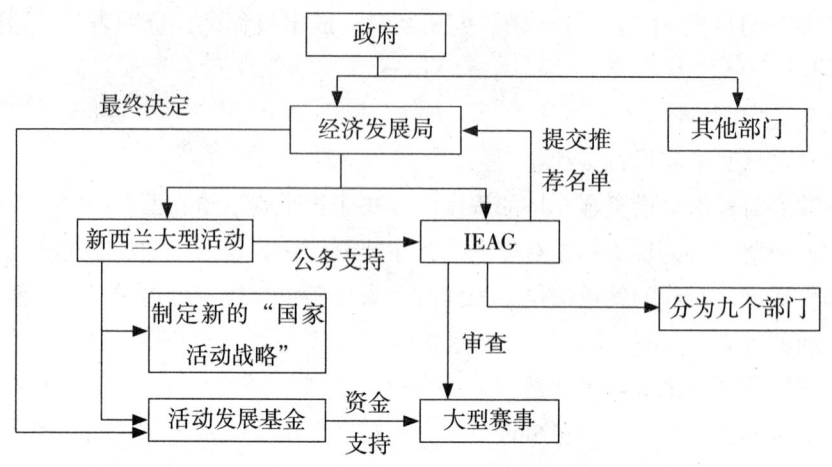

图 5-3　新西兰体育赛事政府资助模式

（资料来源：http//www.med.govt.nz/majorevents）

（三）新加坡

新加坡位于马来半岛南端，被称为"城市国家"。目前，亚洲不少国家与城市也希望提高自己在全球市场的竞争力，正努力重塑自身的形象，新加坡也不例外。它也希望通过发展体育和举办大型活动来加强自身城市形象的推广。政府的支持是新加坡发展体育事业的重要动力，越来越多的体育赛事落户新加坡，如世界首个夜间 F1 赛、沃尔沃环球帆船大赛、游泳世锦赛、首届青年奥运会等，此外，新加坡还获得了 2013 年东南亚运动会的主办权。表 5-3 中我们列出了 2008年新加坡举办的主要赛事。

表 5-3　新加坡 2008 年主要赛事

地方性单项商业赛事	国际性单项商业赛事
新加坡羽毛球公开赛	女子高尔夫锦标赛
新加坡国际三项全能赛	短池游泳赛（25m）
第 41 届新加坡保龄球公开赛	新加坡一级方程式赛车大奖赛
水上嘉年华	环球帆船赛
新加坡高尔夫公开赛	世界沙滩排球巡回赛
乒乓球公开赛	新加坡国际马拉松
铁人三项赛	游泳世界杯
国家无网篮球赛	水上滑板世界杯

（资料来源：http//www.whatshappening.sg/events）

新加坡的体育资金主要来自社会支持、MCYS（青年与体育部）和SSC（新加坡体育理事会）。对体育经费进行总体管理与分配的机构是新加坡体育理事会。政府每年拨出一定的款项给MCYS用于体育事业的发展。MCYS则按照年度计划把体育事业经费中的一部分划分给SSC。新加坡博彩公司是SSC的主要合作机构，在许多赛事中以赛事赞助商的身份为赛事提供资金。NSAs（新加坡国家体育总会）按照要求向SSC提出资金的申请，将得到的资金部分用于赛事的运作。

SSC拨款主要遵循三大原则。一是年度项目效益原则（Multi-year planning by NSAs）；二是项目效益拨款原则（Programme-based Funding）；三是补助原则（Co-funding）。

对于不同类型的体育赛事，新加坡政府持不同的资助态度。主要资助类型有以下三种：

第一，常规地方性体育单项商业赛事，通常由NSAs主办或承办。其部分经费可以由NSAs向SSC递交赛事拨款申请，SSC遵循赛事拨款原则，以补贴的方式给予赛事一定的拨款。在赛事举办前，拨付总补贴额的70%，赛事审核报告及审计报告通过后再拨付剩余的30%。政府鼓励赛事机构通过自主经营等方式筹措赛事资金。为此，SSC还增设了相应的赛事奖励经费（2008年的资金≤30万新币）用于激励体育组织通过寻找新的赞助商来实现自主运营的目标。

第二，对于国际单项赛事，新加坡政府通常会给予一定支持及协助，但是赛事运营的经费需要赛事运营公司自筹。例如，在沃尔沃环球帆船大赛申办阶段，新加坡政府给予了很大的帮助，旅游局、城市发展部、公共事业局都对赛事的申办工作给予了支持，一些地方俱乐部也以赞助商的身份提供了赛事场地。

第三，对于一些影响力巨大但需要花费巨资的赛事，新加坡政府会给赛事提供资金支持，并承担赛事的部分经济损失。以新加坡举办的首个F1夜间赛为例，在新加坡举办一站F1夜间比赛的成本约为每年1.5亿美元，新加坡旅游发展局承担其中的60%，另外40%的费用则大部分由赛事自主开发运作筹集。除此之外，政府还会根据比赛的运营情况，在F1比赛期间征收宾馆不超过30%的额外税。

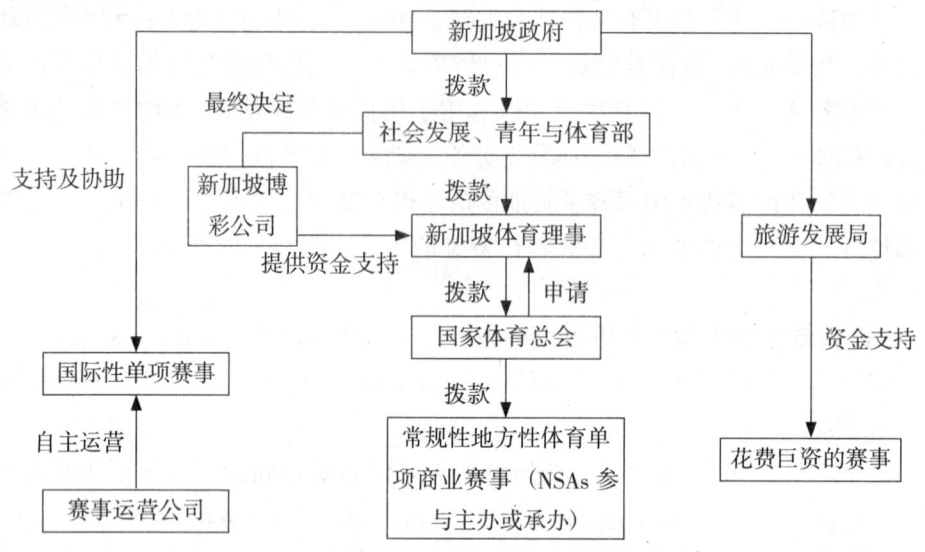

图 5-4　新加坡体育赛事政府资助模式

(资料来源：http://app.stb.gov.sg/asp/index.asp)

(四) 美国

美国政府对体育赛事的资助，主要体现为对职业体育的资助，如为职业球队建造球场以吸引球队落户。除此之外，美国各州政府还对奥运会等超大型体育赛事进行资助。在国家层面对体育赛事进行财力支持的主要机构是美国奥委会，它将资金拨给下属各单项协会，由单项协会决定具体资助对象。比如，美国网球联合会（非营利性组织）就向印第安纳威尔斯大师赛提供了 1500 万美元的资助。除了职业体育赛事和超大型体育赛事之外，美国各州政府原则上不给商业性的体育赛事财政资金支持，但实际上有一些例外情况。如洛杉矶马拉松组委会 2005 年与市政府签订合同，组委会为占用城市街道和警察资源支付了 10 万美元的费用。但是根据市政办公室资深分析师的计算，比赛当天该市仅支付给交通管理人员、消防人员的费用就高达 247.5 万美元，比赛前政府为配合赛事筹备工作所付出的机会成本也高达 15 万美元。

(五) 加拿大

为了吸引和办好更多国际体育赛事，加拿大政府联合各省市地方政府及体育社会团体制定和实施了相关的战略措施，并于 2008 年 1 月颁布了《国际体育赛事联邦政策》，作为加拿大体育赛事举办程序的指导方针，以实现赛事举办效益的最大化。

制定《国际体育赛事联邦政策》的目标是：为体育赛事提供一个战略性的制度体系，以便更好地明确赛事举办的目的和优势所在；提高申请举办国际体育赛事决策的有效性、及时性和公正性，以便更好地协调各省、地区体育机构及团体的工作；提出申请举办国际体育赛事的投资招标目标要求，这有助于明确举办国际体育赛事带给加拿大政府的利益；明确加拿大政府在申请举办国际体育赛事中的职责，如管理类型和数量，以确保赛事举办的政府基金资助，实现举办赛事的目的。

ISECG（国际体育赛事协调组织）是落实国际体育赛事联邦政策的主要组织。它是由体育界的评估专家和省/地区政府代表组成，协调赛事申请、举办过程的组织，该组织设在"大型运动会"（Major Games）和"加拿大体育"（Sport Canada）之中，并由"加拿大体育"指派的工作人员组成。ISECG是加拿大国际体育赛事政府投资基金的主要管理组织，并对基金管理进行监督。ISECG要求对政策目标实施的进程进行不断地评估与计划。其调查结果将被"加拿大体育"用来改善赛事的举办程序和ISECG的工作流程。这一调查报告将定期向中央机构、其他联邦部门、省/地区政府以及体育界和其他适合的利益相关者提交，作为参考资料。

加拿大政府通过ISECG对举办的大型体育赛事提供资金资助，并对申请资助的赛事有一定的要求。赛事基金申请者和赞助者应充分熟悉赛事举办政策的内容。同时，在申请赛事资金资助的陈述中，至少应包括赛事申办方案的介绍、分析和实施三个过程。即使申请资助的赛事符合赛事举办政策的所有要求，且具有可行和可评估的赛事举办方案，加拿大政府也没有义务提供举办体育赛事的资金，其作出资金支持的决策时还要优先考虑投资的必要性与可行性。

申请ISECG资助的赛事必须满足的基本要求：

第一，符合联邦政策。如反对体育运动中的兴奋剂使用；体育赛事的举办要符合环境保护的原则；符合联邦政府制定的民族体育组织烟草赞助政策；根据官方语言法制定标准；为体育活动和纠纷提供指令性纲要等。

第二，遵循ISECG制定的申办国际体育赛事的程序，严格遵循其公布的信息时间节点。

第三，充分利用联邦基金。ISECG对于一些超过其资助范围的项目进行定期的评估，将其逐步调整到ISECG资金资助赛事的范围内。加拿大政府也将其投资金额限制在赛事举办成本金额的35%以内，且不会超过整个赛事公共投资基金的50%。加拿大政府基金投资的最终决策将依据申办方案的直接和间接成本做出。要强调的是，在任何时候，加拿大政府都不会为赛事承担资金的赤字。申请者需要在申请中展现合理及健全的管理能力，如有效管理公共基金的能力、健全的财政和人力资源管理能力等。

第四，赛事包括的运动项目应有利于体育运动的发展，应符合运动项目及相关的运动员的长期发展要求。特别是一些针对特定少数群体的体育策略或政策目标的实现，比如原住民和残疾人士的综合性运动会。

二、国内体育赛事政府资助模式

（一）北　京

北京是国内名副其实的体育赛事中心城市。近几年，北京着力打造了一批有国际影响力的重大体育赛事，努力将国际化体育产业大都市的形象溶入北京的城市品牌之中。目前，在北京举办的具有一定国际影响力的品牌赛事主要有中国网球公开赛、北京国际马拉松赛、斯诺克中国公开赛、北京国际长跑节、NBA北京赛、北京国际自盟场地自行车世界杯赛等。北京计划长期举办并重点培育的赛事有ROC世界车王争霸赛、意大利超级杯足球赛、北京国际马球公开赛、欧亚全明星乒乓球对抗赛等。同时，北京还在积极申办其他具有重大影响的大型国际赛事。与国内其他城市相比，北京是率先通过建立发展基金的方式对体育赛事进行政府资助的城市。早在2007年，北京市委、市政府为了进一步加快体育产业的发展，颁布了《关于促进体育产业发展的若干意见》，并设立了"北京市体育产业发展引导资金"，每年投入5亿元。截至2009年，已投入15亿元，共扶持项目41个，其中体育赛事有13个，投资额占总资金的43%。2010年，为了进一步加强对引导资金的管理，北京市制定了《北京市体育产业发展引导资金管理办法（试行）》，国际大型体育赛事是资金主要的资助对象之一；此外，该办法还规定了引导资金的资助形式，即采取贷款贴息、项目补贴、政府重点采购、后期赎买以及后期奖励等方式进行资助。具体审批程序见图5-5所示。

北京对体育赛事的政府资助模式是国内对体育赛事进行规范化资助的一种尝试，对我国其他城市的赛事政府资助模式具有积极影响。但由于北京市采用这种方式对体育赛事进行资助的时间还较短，在很多方面也存在着一系列问题，需要进一步完善。例如，对体育赛事的资助目标、资助额度不明确，缺乏一定的科学评估过程等。

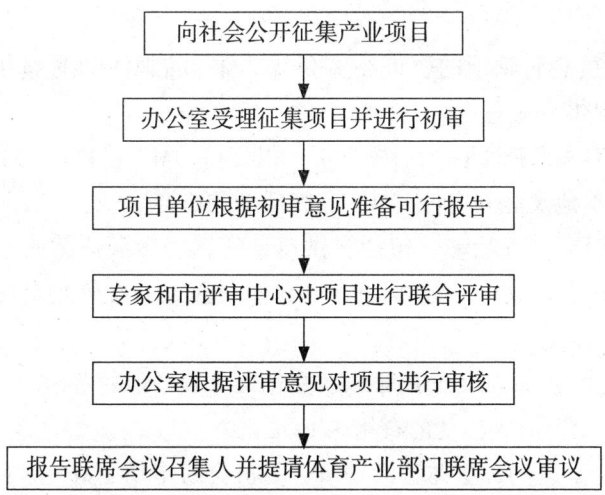

图 5-5 北京市体育产业引导资金管理审批程序图

(资料来源：http://www.bjsports.gov.cn/share/NewsContent.jsp?catName=tycyzxzj1&colName=&docid=30826)

(二) 香 港

为了进一步发展香港旅游业，提升香港的国际形象，将香港打造成"亚洲盛事之都"，香港特别行政区政府非常重视体育赛事的举办及相应的资助工作。目前，在香港举办的体育赛事可以通过"香港大型体育活动政策"和"香港盛事基金"两个途径获得政府的资助。

1. **香港大型体育活动政策**

(1) 香港大型体育活动政策的目的及实施方式

香港大型体育活动政策是香港体育委员会为鼓励和支持体育赛事在香港举办而设立的一项重要政策。这一政策的具体目的有三个：第一，培养可持续发展的体育文化，培养市民的民族自豪感，促进社会凝聚力，为社会带来实质性的经济利益，并有助于将香港打造为"亚洲体育盛事之都"；第二，通过商界及广大市民积极参与和支持，协助香港体育总会举办可持续的大型体育活动；第三，积极支持体育总会申办和主办能为社会带来好处的国际体育赛事。

这一政策的实施主要是通过体育委员会制定大型体育活动日程，并把通过体育委员会认可的"M"品牌授予该活动日程内所有的活动。为了能够支持"M"品牌活动的举办，政府特别制定了一整套支持措施，以帮助这些活动发展成为市场主导及"有利可图"的定期活动。其中为"M"品牌活动提供支持的方案包括以下几种。

A. 体育委员会管辖下的咨询委员会就"M"品牌活动的筹办、赞助、推广及宣传等策略提供专业意见。

B. 统筹各有关政府部门的后勤支援，以支持"M"品牌活动的策划和举办。

C. 增加在本地及海外宣传"M"品牌活动的机会。

D. 资助"M"品牌活动，包括提供免息贷款、等额拨款或直接辅助金（后两者均以递减方式发放），为期以三年（免息贷款或直接辅助金）至六年（等额拨款）为限。

E. 资助"M"品牌活动使用康乐及文化事务署场地的费用。

（2）申请"M"品牌活动的资格

体育委员会下属的大型体育活动事务委员会对申请"M"品牌的活动及其申请人都有明确的规定。

A. 关于申请活动的规定。如活动涉及香港以外的队伍或个人的竞技，参赛队伍或人士以代表多个国家/地区为佳；活动能通过观众入场或传媒报道使本地及海外公众深感兴趣；活动应老幼皆宜，以重要的国际赛事或在国际体育活动日程上处于决赛阶段的令人瞩目的赛事为佳；活动若属于表演赛，参赛者应包括公众深感兴趣的国际顶尖运动员或队伍。

B. 关于申请人的规定。通常来说，申请须由体育总会提交（体育总会是指获中国香港体育协会暨中国香港奥林匹克委员会认可的本地体育管理机构）。

在特殊情况下，委员会会考虑其他体育组织或获委任的代理人所提出的申请，但这些组织或代理人须获体育总会有关举办体育活动的委托代理。有关体育总会必须在活动中担当主导角色，并在该活动的筹备组织内负责主要责任。申请获批后举办该体育活动的体育总会须在规定时间内向举办机构提供技术意见，并监察活动的财务收支情况，以确保政府资助经费使用得当。

为鼓励商界（包括体育公关公司及宣传公司）在香港举行更多国际大型体育活动，委员会欢迎商界就其举办的体育活动申请"M"品牌认可。提出申请的活动须符合下列条件：活动能够完全"财务自给自足"无须政府拨款资助；活动可以为香港带来可观的社会及经济效益，活动应有助于促进香港的体育发展；不论是否需要获得相关国际体育协会的批准，活动举办机构都必须先得到香港相关体育总会的同意或批准。

（3）获得资助的形式

在正式申请时，申请机构可选择申请获取免息贷款、等额拨款或直接辅助金以及康文署场地费用资助的四种资助方式。

A. 免息贷款：该种贷款主要用于协助体育总会解决活动筹备阶段现金不足的常见问题。提出免息贷款申请时，有关机构必须提供符合实际情况的业务计划及经费预算，以证明活动很有机会取得成功及机构本身有足够的还款能力。根据一般规定，贷款必须在活动完成后6个月内悉数还清。

B. 等额拨款。等额拨款是一次性等额出资的补助金，活动举办首年、第二年及第三年的补助上限分别为300万元、200万元及100万元，第四至第六年，申请机构每年亦可获得不超过100万元的等额拨款，但须视举办活动机构的表现、公众对有关活动的反应，以及可供拨出的资源是否足够等具体情况而定。另外，活动申请机构还须提交已获得的现金赞助证明，以供有关委员会评估申请。设立等额拨款制度，旨在鼓励活动申请机构尽量向商界筹募现金赞助。

C. 直接辅助金。倘若活动申请机构无意申请等额拨款，亦可考虑在活动举办的前三年内申请一次性的直接辅助金。直接辅助金的上限逐年递减（第一年150万元、第二年70万元、第三年50万元），或等于每年可资助项目总开支的70%（辅助上限以较低者为准）。

D. 康文署场地费用资助。不论有没有获得拨款资助，凡是符合有关资助条件的"M"品牌活动均可申请康文署场地费用资助。

（4）评估准则。

表5-4 "M"品牌活动的评估准则

准则	简介	所占百分比（%）
1. 活动性质	有关活动属于世界级、洲际级、亚洲级、全国级还是其他级别	15
2. 活动的重要程度	从国际体育活动日程及参赛者世界排名等方面衡量活动的重要程度	15
3. 财政可行性	仔细研究有关所需资助、预算总收入、赞助及开支等，以衡量举办活动的财政状况	15
4. 经济效益	预算对相关行业及服务、旅游收益、创造职位及税收等产生的经济效益	12
5. 传媒报道	曾举办活动的传媒报道及/或推广及公关计划所预期本地及海外传媒报道的程度	12
6. 受欢迎程度/对公众的吸引力	很有可能令市民产生极大兴趣及可吸引大量参加者及/或观众出席等	12
7. 对体育发展的作用	活动可以鼓励更多人士参与个别体育项目，以及让本地运动员有机会在世界排名占一席位等作用	8

(续表)

准则	简介	所占百分比(%)
8. 主办机构的技术素质	申请机构举办大型活动的往绩，以及业务计划所载人力策划、推广及宣传的策略等	5
9. 社会及文化效益	可带来的社会效益，例如义工/青少年服务、慈善/筹款活动、在社会营造"感觉良好"因素、宣传/展示香港独有文化或传统的活动等	4
10. 香港及/或中国内地派出富有代表性的运动员/队伍参赛		2
总　　计		100

（资料来源：http://www.hab.gov.hk/tc/policy_responsibilities/arts_culture_recreation_and_sport/sport1_mevent_10.htm）

2. 香港盛事基金

盛事基金是香港特别行政区政府于 2009 年成立的一支用来支持在香港主办的文化、艺术及体育赛事的基金，它是香港政府资助体育赛事的主要途径之一，近两年该基金先后资助了香港网球精英赛、Louis Vuitton 杯帆船大赛——香港站、香港龙舟嘉年华、香港女子公开赛等一批赛事。

（1）基金成立的背景及宗旨。

当前，大型活动在推广旅游业发展方面的价值已经得到了联合国世界旅游组织的认可。世界各地的城市，包括与香港相邻的新加坡、澳门等地均在积极吸引著名的文化、艺术和体育活动在当地举行。有些城市不但尽量为举行这些活动提供便利，还直接向主办机构提供现金资助。为保持城市的竞争力，香港需要更积极地向主办机构提供优惠条件，吸引国际知名的大型活动在港举行。正因为此，香港《2009—2010 年度政府财政预算案》中公布预留 1 亿元资金，以协助本地非营利机构在未来 3 年内筹办更多更具吸引力的文化、艺术及体育活动。有关当局在获批额外拨款后，于 2009 年 5 月成立了盛事基金，用于资助非营利机构在 2012 年 3 月 31 日前在香港主办文化、艺术及体育活动。成立该基金的目的在于推广旅游业、提升香港的国际形象、巩固香港作为"亚洲盛事之都"的地位。

(2) 申请盛事基金的资格。

A. 对申请活动的要求

①活动应有助于提升香港的国际形象，有助于产生品牌效应，吸引专程为参加活动来港的旅客，并获得本港和海外传媒报道；

②活动应具有一定规模。提出申请的文化、艺术或体育活动的参与总人数（包括参与者、观众和记者）应至少有 1 万人；

③提出申请的文化、艺术或体育活动应包含国际元素，并有来自内地及海外的专业人士参与；

④提出申请的文化、艺术或体育活动应鼓励本港市民参与。

B. 对申请机构的要求

①申请机构须为正式注册的非营利机构（即本港注册的真正非营利机构，例如体育组织、非政府机构、艺术会、艺术节主办机构等），并在 2012 年 3 月 31 日前在香港主办文化、艺术或体育活动；

②申请机构必须是举办相关活动的机构，并须提交相应的证明文件，令评审委员会相信其确为非营利机构；

③鼓励香港的非营利机构提出联合申请（即由两个或以上的非营利机构共同提出申请），但必须指明牵头机构，并由该机构负责申请事宜，所有申请机构均须在申请书中清楚地说明其在活动中应负的责任。

(3) 盛事基金的评估准则。

表 5-5　盛事基金的评估准则

准则	简介	最高分数
1. 经济效益	活动吸引专程来港的旅客和内地及海外参与者的能力；活动能否延长旅客的留港时间 活动能直接创造的职位数目、性质及时间长短 活动对相关行业及服务，例如酒店、航空、餐饮及零售等的经济效益的影响 其他本地团体、商会或商业机构可否借着该活动，创造商机、会议、展览或其他相关活动	30
2. 公共关系及其他效益	活动是否包含国际元素 活动能提升香港国际形象的程度 活动为香港产生正面品牌效应的程度 活动能否提高/巩固香港作为"亚洲盛事之都"的地位 活动能引起本地和非本地传媒的宣传报道程度	20

(续表)

准则	简介	最高分数
3. 活动的规模	参与者是否能超过 10,000 人；场地数目及覆盖范围 活动的时间长短	10
4. 技术可行性	活动是否可以管理/掌控 ——活动的推行表是否切实和合理 ——活动的工作计划是否合理 ——有否足够的专业人员管理/推行这项活动 ——申请机构的技术和项目管理能力如何 ——申请机构以往的表现如何	20
5. 财政可行性	活动的财政制度是否健全 ——活动的预算是否谨慎并切合实际，预算中的开支和收入项目是否有充分的依据 ——活动是否拥有足够的其他经费来源；其他拨款的性质、数目及其来源 ——活动的工作人员数量、市场推广及宣传计划的设定是否合理 ——这项活动的组织目标、预期效果及主要目的是什么，它们的设定是否适当	20

(资料来源：http://www.tourism.gov.hk/sc_chi/mef/files/MEF_Criteria_chi.pdf)

（三）澳门

澳门是中华人民共和国两个特别行政区之一，位于中国东南沿海的珠江三角洲西侧，由澳门半岛、氹仔岛、路环岛和路氹城四部分组成，总面积 32.8 平方公里，共有居民 50 余万人，这也使澳门成为全球人口密度最高的地区。澳门是"世界四大赌城"之一，其著名的纺织品、玩具、旅游业、酒店和娱乐业使得澳门经济长盛不衰。为了提升澳门的国际形象，把澳门建造成为拥有世界级体育设施、信息科技系统的城市，并且培养一批经验丰富的体育人才，同时为将来举办更多国际活动打下坚实基础，近年来澳门举办了一系列国际体育赛事。由于澳门政府财力雄厚，几乎所有的赛事均由特区政府资助运营。政府具体的资助方式可以分为以下三种类型。

1. 通过体育发展基金资助

澳门体育发展基金是一个享有行政及财政自治权的机构，其宗旨是对体育运动的发展以及体育基础设施的维护提供资金。该基金的资金收入来源于以下三个渠道：

(1) 自身收入。该收入源于利息所获收益、体育赛事及运动场地的入场券销售及由澳门体育总署借出的体育运动设施所得收益,以及来自赠予、遗产、捐赠或开展有关活动的其他收入。

(2) 来自本地区总预算的预算转移收入。

(3) 信贷收入及管理结余。

该基金的支出主要用于三个方面:第一,为体育运动的发展提供资金;第二,用于体育基础设施的建设;第三,用于体育行政管理委员会的运作开支。

对体育赛事项目的资助是体育发展基金的一项重要工作。根据2006年体育发展基金的预算,用于资助体育赛事的金额共计为3100万澳元(表5-6),占当年总支出的15.6%。当然,该基金资助的对象仅限于澳门体育总署计划举办的体育赛事项目。

表5-6 2006年体育发展基金资助的体育赛事预算

赛事名称	金额
世界女子排球大奖赛	$5,000,000.00
澳门国际马拉松	$3,000,000.00
暑期赛事活动	$5,500,000.00
澳门国际龙舟赛	$4,000,000.00
澳门高尔夫球公开赛	$9,500,000.00
亚洲体育舞蹈锦标赛	$2,000,000.00
亚洲龙舟锦标赛	$2,000,000.00
总　计	$31,000,000.00

(资料来源:http://news.9ack.cn/fagui/amf1fgk/201002/345068.html)

2. 通过政府和体育发展基金共同资助

一些在澳门举办的大型综合性体育赛事的运营主体是一家新成立的由澳门特别行政区政府以及体育发展基金等组织为股东的股份有限公司,由其直接以现金的方式对赛事进行资助。例如,为了举办2005年的第四届东亚运动会,澳门专门成立了"第四届东亚运动会澳门组织委员会股份有限公司",公司的股东为澳门特别行政区及体育发展基金,公司资本额为5000万元澳门币,这笔资金均由澳门特别行政区及体育发展基金悉数认购并以现金支付,其中澳门特别行政区占90%,体育发展基金占10%。又如,为了举办2007年亚洲室内运动会,澳门也成立了"第二届亚洲室内运动会澳门组织委员会股份有限公司",公司资本总额为 5000 万澳门币，分为 5000 股普通股，每股价值 1 万澳门元，均以现金方式认购。其中澳门特别行政区认购股份金额为 4500 万元澳门币，体育发展基金认购 450 万元澳门币，澳门奥林匹克委员会认购 50 万元澳门币。

3. 通过旅游基金资助

除了体育总署参与举办的体育赛事以外，旅游部为了推广澳门旅游业也举办一些赛事，如澳门格兰披治大赛车、龙舟竞渡等。旅游部举办的赛事主要通过旅游基金对其进行资助。为了举办澳门格兰披治大赛车，澳门成立了大赛车委员会（行政长官第 292/2003 号批示及行政长官第 172/2008 号批示），该委员会的运营费用由旅游基金承担，其目的是组织、促进及协调所有与澳门格兰披治大赛车活动有关的工作。其主要内容包括：（1）研究适合澳门格兰披治大赛车活动的管理模式；（2）实施"大赛车委员会"运营上必需的人力资源甄选和培训；（3）就举办澳门格兰披治大赛车所需的各项工程进行咨询及公开竞投确定施工机构，并监督有关工程的落实；（4）购买赛事所需的物资；（5）编制"大赛车委员会"财产清单。

三、上海体育赛事政府资助模式分析

（一）上海体育赛事政府资助现状

1. 上海体育赛事政府资助的形式

目前上海市政府对体育赛事的资助模式分为直接资助和间接资助两种类型，即所谓的"明补"和"暗补"。

（1）直接资助。所谓直接资助是指政府直接运用财政资金补贴体育赛事的举办。享受这种资助类型的赛事往往是一些公益性比赛，主要服务于公共利益和奥运、全运战略，如上海市运会、农运会、残运会、特运会、市青少年比赛、全国锦标赛、冠军赛、全国性运动会选拔赛等。对于这种类型的体育赛事，政府往往会成立一个赛事组委会，并在组委会中设立工作部门，直接由赛事组委会负责整个赛事的运营，政府给予一定额度的补贴。补贴的额度目前没有统一的标准，其基本原则是保证赛事的正常运营。通常情况下赛事预算资金的缺口有多少，政府就补多少。政府还会对一些由政府引进的、为了实现政府某种目标而举办的体育赛事给予一定财政补贴，如 2002 年上海网球大师杯赛筹办期间，上海市政府就向赛事运营方上海新新体育文化有限公司补贴 968 万元，占赛事总收入的 10.1%。

(2) 间接资助。所谓间接资助是指政府不从财政中出资对赛事进行补贴，而通过其他方式对赛事的举办给予一定程度的资助。目前上海市政府对体育赛事进行间接资助的方式较多，主要有以下几种。

第一，给予赛事承办方优惠的税收政策。

第二，为赛事承办方无偿提供政府公共资源。

第三，协助赛事承办方筹资。

2. **上海体育赛事政府资助模式分析**

从以上对上海体育赛事政府资助形式的分析中，我们可以得出这样几个结论：第一，政府采取多种方式对体育赛事进行着不同程度的资助；第二，当前政府对体育赛事的资助以间接资助为主，通常情况下，政府不直接出资，而是通过其他方式给予赛事运营机构资助；第三，尽管当前政府对赛事的资助以间接资助为主，但目前政府对体育赛事的资助往往还是一种承担"无限责任"的资助，即政府往往要通过多种途径的资助最终解决赛事运营的所有缺口；第四，当前政府对体育赛事是否进行资助、资助额多少等尚没有一套科学合理的机制和标准。

（二）上海体育赛事政府资助模式创新

从当前体育赛事运营情况来看，我国已经形成北京、上海、广州三大城市在体育赛事产业中相互竞争的态势且北京已经占据了先机。未来上海要想在体育赛事产业的竞争中处于优势地位，就必须对自身的管理体制和运行机制进行改革，而改革的重点就是政府在体育赛事运营中的资助模式问题。通过以上对国内外其他国家和城市体育赛事政府资助模式的分析，我们可以看出，其他国家在体育赛事运营的政府资助方式中，有很多值得上海学习和借鉴的经验。下面我们结合上海的实际情况，为上海体育赛事政府资助模式的创新提出几点具体建议。

（1）建立大型活动专门管理机构，并在其下设立体育赛事发展基金。根据上海的实际情况，在上海市政府的统一领导下，建立一个以市委办公室为主体、市委宣传部、发改委、体育局、旅游局、文化局等有关部门共同参加的行政机构——"上海市大型活动管理办公室"，履行引进、创办和监督管理全市大型活动事务的职能。在上海市大型活动管理办公室下设立体育赛事发展基金，用于资助在上海举办的，对上海的经济、社会带来积极影响的体育赛事项目（图5-6）。

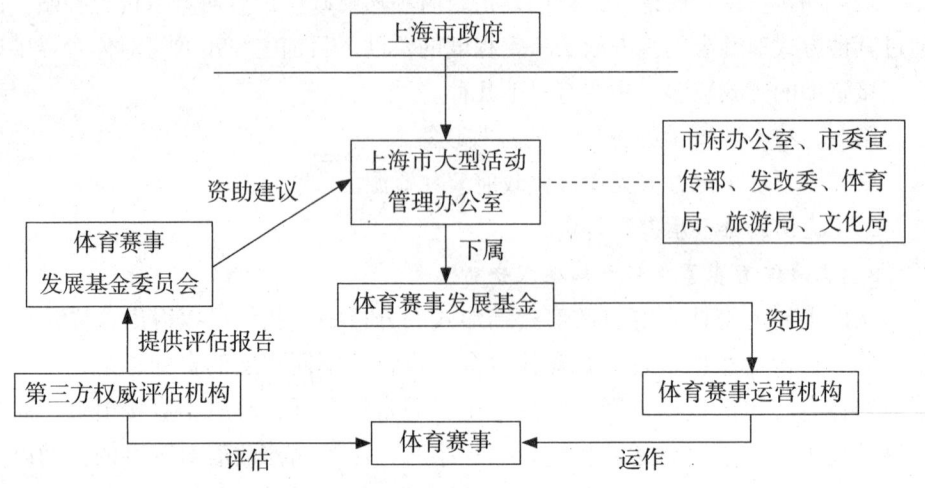

图 5-6　上海市体育赛事运行机制及政府资助模式

（2）探索体育赛事发展基金的科学化运营机制，提高政府资助资金使用的效益。为了加强对体育赛事发展基金的科学管理，"体育赛事发展基金委员会"的成员应由上海市大型活动管理办公室认定，包括体育赛事领域的专家学者及旅游、文化、传媒、交通等体育赛事相关部门的负责人。该委员会的主要职能之一是向"上海市大型活动管理办公室"提出体育赛事的资助建议。该委员会提出的建议有两个重要依据。第一，第三方权威评估机构对体育赛事的事前评估报告；第二，体育赛事发展基金的评估标准。这也是体育赛事发展基金科学化运作的重要方面之一。

（3）指定第三方权威评估机构。对申请资助的体育赛事项目进行事前评估，对基金委员会的决策非常重要。当前体育赛事事前评估理论体系已经较为成熟，完全可以进入实际操作阶段，上海体育学院体育赛事研究中心在这方面处于国内外领先地位。建议上海市政府指定上海体育学院体育赛事研究中心作为第三方权威评估机构，统一评估内容和方法，负责对申请对象的事前评估，并向体育赛事发展基金委员会出具评估报告。

（4）规范申请流程和经费管理方法。应专门研究并制定申请体育赛事发展基金资助的流程和要求，建立体育赛事发展基金网上申请平台，成立专门的体育赛事政府资助经费管理部门，加强对资助经费的管理。

第三节 体育赛事中介服务业的培育与发展

一个产业市场中介服务的发展及其完善程度是衡量这一产业成熟度与市场化程度的重要标志之一。近年来,随着我国体育赛事的数量急剧增多以及政府在体育赛事运营中职能的不断转变,体育赛事运营市场化成为一个总趋势,对体育赛事相关市场中介服务的需求将日趋增大。培育并发展体育赛事市场中介服务业既是政府职能转变的需要,也是体育赛事市场化、专业化运营的必然选择。因此,培育发展我国,尤其是北京、上海、广州等大城市的体育赛事市场中介服务业在现阶段很有现实意义。

一、体育赛事市场中介的界定与分类

(一) 体育赛事市场中介的定义

所谓体育赛事市场中介是指介于政府、赛事市场运营主体(包括希望成为赛事运营主体的企业和机构)、赛事供给方(国际体育组织、职业俱乐部、著名运动员等)及赛事服务需求方(媒体、赞助商和观众等)之间的,为提高体育赛事的市场运营效率,而从事沟通、协调、监督、经纪、咨询、评估、交易、信息等服务活动的个人或机构。根据 OECD(经济合作发展组织)的界定,市场中介服务是指战略性市场服务,主要包括计算机软件与信息服务、研究开发(R&D)与技术检验服务、经营组织服务(包括管理咨询与劳动录用服务)和人力资本开发服务(培训与岗位训练)四种类型,并不包括专业服务(法律、会计与审计服务等)。但有的学者认为这种界定过于狭窄,并不适合我国的国情,专业服务也应该被包含在市场中介服务之中。本书采用广义定义,认为体育赛事的市场中介服务业不仅包括 OECD 所界定的战略性服务,还包括针对体育赛事市场运作的专业服务。

(二) 体育赛事市场中介的分类

体育赛事市场中介按功能来划分可以分为以下几种类型。

一是具有半官方性质的中介机构。它们受政府委托,从事体育赛事的经纪管理活动,是一种介于政府和赛事运营主体之间的中介机构。比如,英国的"UK

Sport",它与英国政府合作,每年均会通过国际级体育赛事计划(World Class Events Programme)将很大一部分彩票基金资金用在支持赛事的申办、运营及提供特殊技术服务上。1997年以来,"UK Sport"已经资助了80多个在英国举办的国际体育赛事。当前,我国这种类型的体育赛事的市场中介机构还很不完善,其原因主要是政府还没有从赛事运作的微观领域退出。

二是经纪代理类市场中介组织。即指体育经纪人以居间、经纪或代理三种形式进行体育赛事的策划、组织、宣传、推广、赛事资源开发等经营活动。体育赛事的这类市场中介组织主要是一种介于政府或赛事运作主体与赛事服务需求方、赛事供给方之间的中介机构。比如,体育赛事的门票、广告权、电视转播权、特许经营权营销的市场代理机构就是介于赛事运营主体与赛事服务需求方之间的市场中介组织。体育赛事的引进、商业性体育赛事的策划(如曼联与上海申花的比赛)等活动的代理机构就是介于赛事运营主体与赛事供给方之间的市场中介组织。由于目前我国中央及各级地方政府是赛事的主要需求者,体育赛事的引进也是由政府进行决策的,因此,出现了一种介于政府与赛事供给方之间的市场中介组织。比如,在上海做出引进F1赛事的决策后,就曾经有一个国际著名的中介机构与上海市政府取得过联系,希望代理F1赛事引进上海的活动。

三是信息服务类市场中介组织。这种类型的体育赛事市场中介组织提供的相关服务包括以下几种:一是向政府或赛事运营主体提供体育赛事的申办及国外球队、运动员来华参加商业性比赛等相关信息服务;二是向赛事运营主体提供赛事服务需求方(观众、赞助商等)相关市场信息的服务;三是向赛事服务需求方提供体育赛事的相关信息。体育赛事信息服务类市场中介组织在赛事举办频繁的发达国家比较多,也很成熟。比如,美国芝加哥的IEG公司(The International Events Group),就是一个专门从事体育赞助方面业务的企业。它为赛事运营主体及赞助商双方提供了一个很好的信息交流平台,既为赛事运营主体提供有可能赞助体育赛事的相关企业的信息,又为拟赞助体育赛事的企业提供体育赛事的相关信息。IEG公司每年出具的年度赞助报告已经成为体育赛事运营主体必备的工具。现阶段,国内还没有这种类型的体育中介公司,零星的赛事赞助信息一般由广告公司提供。但随着我国赛事运营市场化、专业化程度的提高,对信息服务类市场中介组织的需求将越来越大。上海体育学院体育赛事研究中心敏锐地察觉到了这一趋势,目前,该中心正致力于体育赛事潜在赞助商开发系统的研究,这一系统开发成功后将可以为赛事运营主体提供某一赛事的潜在赞助商信息等全面的咨询服务。

四是评估服务类市场中介组织。体育赛事的相关评估服务按评估的时间不同可以分为事前评估和事后评估，按评估对象的不同可以分为针对赛事经济影响的评估、社会影响的评估、综合效益评估和赛事赞助商的评估等。

体育赛事的事前评估主要是为了给政府或赛事运营主体的申办工作或引进决策方面提供参考；事后评估则是为了分析和总结赛事给举办城市所带来的经济、政治、文化等方面的影响。目前，国外关于赛事事后评估的研究较成熟，这种类型的评估服务也很多，已经形成了一套较为成熟的范式，尤其是在赛事经济影响方面。关于赞助商赛事赞助效果的评估服务在国外也很盛行，IEG 公司经过多年的研究，形成了一套独特的评估赛事赞助效果的方法，这套方法已经成为国际通行的评估方法。目前，国内的赛事评估服务市场还不成熟，上海、北京等一些大城市的体育赛事评估市场已初具规模，如 2005 年上海 F1 大奖赛和网球大师杯赛、国际马拉松赛都进行了赛事评估，但是具体评估方法还需要进一步完善。上海体育学院体育赛事研究中心一直在进行相关方面的研究，而且已经承担上海网球大师杯赛综合效益评估及赞助商的赞助效果评估等多个项目。

五是监督服务类市场中介组织。随着体育赛事的增加，市场化运营方式的逐渐深化，赛事的运营主体与赛事服务需求方之间、赛事供给主体与政府之间、赛事供给主体与赛事运营主体之间、赛事运营主体与政府之间出现了一些利益冲突，需要有相应的市场中介组织介入并协助冲突方解决问题。比如，赛事运营中的法律纠纷，需要相关的仲裁机构及律师事务所的介入；体育赛事的财务管理需要会计师事务所的介入；其结算工作需要审计事务所的介入。

二、培育发展体育赛事市场中介服务业的机遇

（一）政府重视市场中介服务业的发展

从国外的经验看，市场中介机构越发达，市场经济就越容易发展，企业的行为也就可以得到更好的规范。在社会主义市场经济体制建设的过程中，党中央一直十分重视市场中介服务业的发展。早在 1993 年党的十四届三中全会通过的《中共中央关于建立社会主义市场经济体制若干问题的决定》中就提出"发展市场中介组织，发挥其服务、沟通、公证、监督的作用"。后来，在党的十六届三中全会制定的《中共中央关于完善社会主义市场经济体制若干问题的决定》中，又提出"要积极发展独立、公正、规范运作的专业市场中介服务机构。"各级地方政府也非常注重对市场中介服务业的培育和发展，尤其是经济较发达的省市。比如，上海市政府就制定了《上海加速发展现代服务业实施纲要》，

纲要中明确要求"按照我国入世的承诺,以 CEPA 为契机,逐步放开专业服务的国内市场,提高上海市场中介服务的竞争力"。

(二)国际体育赛事大规模进入中国

自北京成功申办 2008 年奥运会以来,一批有国际影响力的体育赛事纷纷进入中国,亚运会、乒乓球世锦赛、女足世界杯赛、F1 大奖赛、网球大师杯赛、澳大利亚 V8 房车赛、摩托 GP、北京国际马拉松赛等。拥有这些赛事的国际体育组织大多对赛事主办方有诸如赛事评估、赛事审计、赞助商测评等方面的一系列要求。比如,国际奥委会就要求北京奥组委在赛事结束后提供一份完整的赛事评估报告,而 ATP 则要求网球大师杯的承办方提供媒体报道及赞助商曝光率等相关数据。此外,由于这些赛事的市场化运营产生的一系列经纪服务和监督服务需求,体育赛事市场中介服务的业务量大增,也为我国体育赛事市场中介服务业的发展提供了一个非常好的契机。

(三)国内职业体育的发展

近些年来,我国职业体育联赛一直在不断地向市场化运营的方向推进,各联赛的主体也均已成为独立法人,职业俱乐部的市场运营成分越来越多。种种迹象表明,在不久的将来,国有企业将逐渐从职业体育市场中淡出,而且更为重要的是一批国际体育中介组织已经开始介入我国职业体育的市场运营,如瑞士盈方体育传媒集团每年出资 650 万美金与中国篮协共同成立合作公司,该公司拥有今后七个赛季中国职业篮球联赛以及各俱乐部(除地方冠名权和门票收入外)的所有商业开发权益。总之,我国职业体育的发展为体育赛事市场中介服务业的发展提供了很好的机遇。

(四)国际著名体育市场中介组织的加盟

国际著名体育市场中介组织的进入对我国体育赛事市场中介服务业发展是利是弊,是一个值得争议的问题。从长远看,它对我国体育赛事市场中介服务业的发展是有利的。历史经验也表明,正是因为国际上一批著名的体育经纪公司如国际管理集团(IMG)、八方环球、新亚体育集团、博思公共关系公司等纷纷涉足中国的竞赛市场,才促进了我国一批体育市场中介组织的兴起,如上海的希望国际体育经纪有限公司、广东的鸿天体育经纪有限公司等。随着我国举办的体育赛事的增多,IEG、SRI 等更多国际知名体育市场中介组织将逐渐进入中国,这对我国体育赛事市场中介服务业的发展又是一个新的机遇。

三、培育发展体育赛事市场中介服务业面临的问题

(一) 相关的法律、法规不健全

一直以来,由于我国体育赛事的市场化运营程度不高,相关市场中介服务的业务量不大,相应的市场中介组织也很少,政府一直没有开展对体育市场中介机构的立法和法规制定工作,只有部分单项运动项目协会制定了一些体育经纪人的管理办法,如中国足球协会颁布了《足球经纪人管理办法》、中国篮球协会颁布了《篮球经纪人管理办法》;一些经济较发达的省市也出台了一些管理条例,如《上海市体育经纪人管理试行办法》《关于进一步加强北京市体育经纪人管理的通知》等。但是,从行业未来发展的角度来看,不管是上述管理条例中涉及的范围,还是管理的方式都难以满足规范体育赛事市场中介服务业健康发展的需要。

(二) 相关市场中介组织缺乏独立性

保持市场中介组织的独立性是体育赛事市场中介服务业发展的前提和必然结果。但从我国目前的情况看,体育赛事的市场中介组织与政府部门之间还存在千丝万缕的关系,使得这些组织在很大程度上成了政府部门的附属。其主要的原因在于体育赛事及运动员等要素还没有完全进入市场,绝大部分体育赛事和优秀运动员资源都处于国家或省市一级政府职能部门的控制之下。现阶段体育赛事资源虽已逐步开放,但有关部门对市场开发程度高、经济效益好的项目仍在实行项目垄断,在向体育中介组织转让承办或推广权过程中设置过高的障碍,市场竞争缺乏公开、公平、公正的环境。这些弊端严重打击了体育赛事市场中介组织的积极性。

(三) 缺乏行业自律

从西方市场经济的发展经验来看,绝大多数的行业,都是先有行业组织的自律,再有政府建立在行业惯例基础上的立法和积极干预。在减少和制止行业中的违法活动时,政府尤其需要借助行业组织的力量。西方发达国家体育中介市场发展的过程表明,体育中介行业自律性程度高是体育中介业健康发展的重要保证。近些年,我国体育赛事市场中介服务发展迅速,但相对地缺乏行业自律。迄今为止,我国仍无全国性或地方性的体育赛事市场中介自律性组织,这对行业的成长

(四) 相关理论不健全

国外的成功经验表明，开展体育赛事市场中介服务必须要有相关的理论体系做支撑。比如，著名体育赞助咨询公司 IEG 的成功之处就在于，它经过十多年的调查研究，建立了一个赞助商和赛事相关信息的数据库，而且每年公司还出资进行全球范围内赞助商及被赞助方的专项调查，扩展这一数据库，这一数据库也成了该公司开展咨询业务的基础。此外，IEG 公司还致力于赞助理论方面的研究，形成了一套赞助效益评估体系，目前这一评估体系已经成为在国际通用的评估体系。此外，IMG、SRI 等公司都有一套成熟的赛事赞助理论。长期以来，我国体育赛事市场中介服务的实践机会不多，相关的理论研究也比较滞后，这也成了当前发展和培育我国体育赛事市场中介服务业的一个瓶颈问题。

(五) 专业人才匮乏

市场中介服务业是一个人才密集型产业，市场中介组织所开展的工作对人才的要求很高，必须依靠相关专业人才做具体的工作。就体育市场中介服务而言，目前国内相关专业人才凤毛麟角，这也是体育赛事市场中介服务业未来发展将要遇到的一个重要问题。

四、培育发展体育市场中介服务业的对策

培育发展体育赛事市场中介服务业是一项系统工程，需要政府和中介组织自身的共同努力。体育赛事市场中介组织作为微观组织，培育核心竞争力的方法与其他行业并无二致，限于篇幅，本书不进行详细阐述。下面针对培育发展体育赛事市场中介服务业遇到的典型问题，提出一些对策。

(一) 加强法规建设，制定相应的法律法规与政策措施

对体育赛事市场中介服务业进行立法是我国体育法制建设的重要组成部分。加快体育赛事市场中介服务业立法的目的在于为其市场的发展提供法律保障。应根据现阶段体育赛事市场中介组织的实际情况，尽快制定与《体育法》《体育经纪人管理办法》相配套的有关法规与实施细则，逐步形成系统的、配套的法律法规体系，将体育赛事市场中介服务业的发展纳入法制化轨道，改变当前无法可依和无章可循的混乱局面，使体育赛事市场中介组织的日常活动有法可依、有章

可循，形成一整套自我约束、自我管理的内在机制，推动体育赛事市场中介服务活动有条不紊地进行。

（二）成立行业协会，实行行业自律

加强行业协会自律工作是当前规范体育赛事市场中介服务业的必然选择。建立全国或地区性的体育赛事市场中介行业协会将有利于打破行政性的体育赛事中介资源垄断，促使政府干预尽早退出体育赛事市场中介服务市场，也有利于推进体育赛事市场中介服务行业内的公平竞争，提高执业水平。因此，体育行政部门应在完善立法和实行职能监管的前提下，努力培育体育赛事市场中介服务业协会等行业自律组织，对本行业实施自治管理，帮助体育赛事市场中介行业组织建立准入制度、行为标准、职业准则并设立纪律、教育培训等机构，提高体育赛事市场中介服务水平，规范体育赛事市场中介服务执业行为。

（三）政府与科研机构联合，共同推进相关理论研究

加强对体育赛事市场中介服务业所需理论的研究，建立各种服务工作的知识库和理论模型是培育、发展体育赛事市场中介服务业的基础性工作。政府应及时引导、鼓励科研单位和人员致力于该领域的研究。在国家社科基金和国家体育总局科研项目的立项上适度加大对相关领域研究的资助，发挥国家体育总局体育社会科学研究基地的力量，组织开展相关研究。此外，国家体育总局也可以在年度预算中划拨一部分资金，用于相关方面的研究。

（四）加强专业人才培养，提升行业竞争力

大力培养体育赛事市场中介服务专业人才，提高国内市场中介组织的竞争实力，是我国体育赛事市场中介业发展中亟待解决的关键问题，也是未来可持续发展战略重要依托。体育赛事市场中介服务人才的严重匮乏，是导致体育赛事市场中介市场发展缓慢、实力薄弱的根源。应采取多渠道、多形式的方法培养合格的体育赛事市场中介经营管理专业人才，是我国提高体育赛事市场中介服务管理质量与竞争力的关键所在。另外，还可以在国家体育与工商管理部门统一管理和审核下，分类、分期地举办相关培训班，会同有关行业协会组织，对现有的体育赛事市场中介服务业从业人员进行定期培训；培训并吸收其他市场中介服务业从业人员进入体育赛事市场中介市场；还可以考虑引进外籍体育赛事市场中介业经营管理人才，以加快体育赛事市场中介市场的开发与完善。

第六章 体育赛事项目管理概述

本章先阐述了体育赛事项目的生命周期和赛事运营各阶段的主要工作内容，又深入分析了体育赛事的管理理念、管理对象和方法。

第一节 体育赛事项目生命周期

一、体育赛事项目生命周期的内涵

任何项目都有一个从开始到结束的过程，这个过程通常被称为项目的生命周期。但就定义来讲，项目生命周期目前存在着多种观点。美国项目管理协会将项目生命周期定义为："项目是分阶段完成的一项独特性任务，一个组织在完成一个项目时，会将项目划分为一系列的项目阶段，以便更好地管理和控制项目，更好地把日常运作与项目管理结合在一起。项目的各个阶段放在一起就构成了一个项目的生命周期。"英国皇家特许测量师协会给出的定义为："项目生命周期包括整个项目的建造阶段、运营阶段和清理阶段。项目的建造、运营和清理阶段还可以进一步划分为更详细的阶段，这些阶段构成了一个项目的生命周期。"有学者认为，项目的生命周期有狭义和广义之分。狭义的项目生命周期不包括项目所生成产出物的运行周期，而广义的项目生命周期则包括项目和项目产出物的运营周期，通常也称之为项目的全生命周期。上述美国项目管理协会的定义就是一种狭义的定义，它只包括了项目决策和项目实施两个主要阶段；而英国皇家特许测量师协会的定义则是一种广义的定义，它不仅包括了项目决策和实施，还包括了项目投产运营和项目最终拆除的全过程。

体育赛事作为一种创造体育竞赛产品与服务的一次性活动是有始有终的，这一从始到终的过程就构成了体育赛事项目的生命周期。体育赛事项目是一种一次性的活动，赛事举办结束，整个活动就结束了，故通常情况下，体育赛事的生命周期可以从狭义的概念上去理解；但由于部分赛事，尤其是一些大型的综合性赛事的举办需要兴建很多场馆设施，赛事结束后，还面临这些场馆设施的运营问题或者由于赛事举办而带来的一系列问题，故也可以从广义的概念上去理解赛事生命周期。例如，1976年蒙特利尔奥运会被称为"一场旷日持久的蒙特利尔纳税人的噩梦"，由于耗费巨资兴建奥运中心等大型体育设施，导致投入经费多次追加，预算28亿美元的主体育场建筑，结算时涨至58亿美元；组织费用原计划为6亿美元，实际用了7.3亿美元，整个奥运会最终亏损10亿美元以上，15天的奥运会使蒙特利尔市财政负债长达30年。

二、体育赛事项目的阶段划分

从体育赛事共性的角度出发，本书选择从狭义概念去理解体育赛事的生命周期。根据体育赛事项目的特点，狭义上的体育赛事生命周期可分为6个阶段，即体育赛事的选择阶段、体育赛事项目举办权的取得阶段、体育赛事项目的方案制定阶段、体育赛事项目的组织筹备阶段、体育赛事项目的举办与控制阶段以及体育赛事项目的收尾阶段（图6-1）。

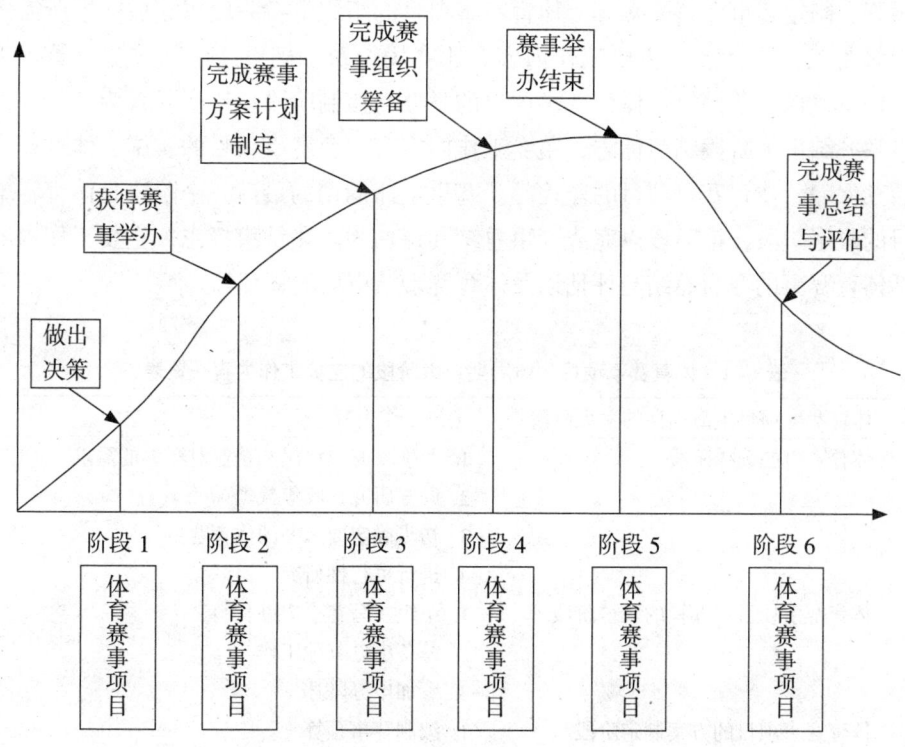

图6-1 体育赛事项目生命周期示意图

三、各阶段主要工作内容

体育赛事生命周期中每个阶段的主要工作内容如表 6-1 所示。赛事的选择阶段从提出举办赛事的想法开始直到最终作出赛事举办的决策为止，主要工作内容包括明确政府、市民、企业对赛事的需求，调查研究、收集数据，初步确定要承办的体育赛事以及进行可行性研究等内容。通常情况下，对于大型的国际体育赛事，决策者为地方政府或中央政府。而一些小型的体育赛事，决策者为私人或企业，这些赛事通常规模较小，对举办城市的影响不大，做决策也相对容易。体育赛事项目举办权的取得阶段从正式提出办赛申请开始，以最终取得赛事项目的举办权作为阶段结束的标志。获得赛事举办权的方式有很多种，如购置赛事举办权、申办竞争获取赛事举办权、受赛事所有权方委托而获得赛事举办权等。为了研究的方便，本书以申办竞争获取赛事举办权作为例子进行阐述。其主要工作内容包括组织撰写赛事申办材料，筹备申办其他工作以及参加申办陈述等。体育赛事项目的方案制定阶段以完成赛事方案和计划为结点，主要工作内容包括编制赛事预算、制定赛事运营方案等。体育赛事项目的组织筹备阶段以完成赛事所需的组织筹备工作为结点，主要工作内容有比赛场馆及基础设施翻新、竞赛筹备工作、赛事宣传与营销等。体育赛事项目的举办与控制阶段从比赛开幕为开始，以赛事举办结束为阶段结束标志，主要工作内容有体育赛事项目的实施、体育赛事的后勤保障、体育赛事项目的监控等。赛事生命周期的最后一个阶段是体育赛事项目的收尾阶段，该阶段以完成赛事总结和评估为阶段结束标志，主要工作内容包括体育赛事的赛后总结与评估以及体育赛事结束后的管理等。

表 6-1 体育赛事项目生命周期各大阶段的主要工作内容一览表

体育赛事项目生命周期的六大阶段	主要工作内容
体育赛事的选择阶段	1. 明确政府、市民、企业对赛事的需求
	2. 调查研究、收集数据
	3. 初步确定要承办的体育赛事
	4. 进行可行性研究
体育赛事项目举办权的取得阶段	1. 组织撰写赛事申办材料
	2. 筹备申办其他工作
	3. 参加申办陈述
体育赛事项目的方案制定阶段	1. 编制赛事预算
	2. 制定赛事运营方案

(续表)

体育赛事项目生命周期的六大阶段	主要工作内容
体育赛事项目的组织筹备阶段	1. 比赛场馆及基础设施翻新 2. 竞赛筹备工作 3. 赛事宣传与营销
体育赛事项目的举办与控制阶段	1. 体育赛事项目的实施 2. 体育赛事的后勤保障 3. 体育赛事项目的监控
体育赛事项目的收尾阶段	1. 体育赛事的赛后总结与评估 2. 体育赛事结束后的管理

第二节　体育赛事管理理念

体育赛事的管理理念是体育赛事组织者指导赛事运营各个环节良性运作的信念及原则，是赛事运营过程中管理者管理行为的依据。体育赛事管理是一个复杂的过程，受主客观条件等多方面限制，如管理者本人的素质、目标战略、组织文化、信息、不确定性环境、认识水平等。人是管理中最重要的因素，人的管理技能及思想观念决定了管理的效益和效果。为了提高体育赛事管理效益和效果，建立和明确运营管理理念十分必要。

一、标准化管理的理念

实行标准化是生产进步的一个标志，体育赛事管理水平提高的实质就是赛事管理过程中标准化程度的提高，体育赛事管理中标准化程度的高低直接反映了团队赛事管理的技术成熟度。目前，英国、澳大利亚、加拿大等国正在研究并推行体育赛事管理的标准。现阶段，国内还没有推行体育赛事管理的标准，但体育赛事属于项目的范畴，有很多项目管理的标准可以借鉴和参考，如社会责任体系、质量管理体系、环境管理体系以及其他相关规范标准。根据赛事管理的需要，赛事管理者可以自行组织或委托相关机构研发针对体育赛事各个环节的管理标准。总之，赛事管理者在赛事管理过程中树立标准化管理的理念是很有必要的。

二、产业融合的理念

所谓"产业融合"是指由于技术进步、放松管制与管理创新,产业边界和交叉处出现技术融合而导致各行业打破原来的产业界限,相互介入、相互渗透,从而改变了原有产业产品的特征和市场需求,形成一种新型的竞争与合作关系,最终达到产业之间产品、业务与市场的全面融合的现象。

体育赛事的综合性特征,使体育赛事具有了产生产业融合的前提条件。通常情况下,举办一项体育赛事往往要涉及举办地的社会、经济、文化等方面,牵涉的关联主体非常多。体育赛事作为一种经济活动,是人流、物流、信息流和资金流的大汇集。其中,直接服务人流的有酒店业、餐饮业、旅游业、零售业、娱乐业、交通业、安保业、医疗保健业等行业;直接服务物流的有交通业、储运业、邮政业、保险业、海关、商检、外运等行业及部门;直接服务信息流的有咨询业、通讯业、广告业、传媒业等行业;直接服务资金流的有银行业、保险业、信托业等行业,以及会计、律师、咨询等中介机构。体育赛事的这些特点要求赛事管理者在赛事管理过程中要有产业融合的理念,不断加强体育赛事与相关产业的融合,实现体育赛事的产品创新、管理创新。

三、风险管理的理念

体育赛事的风险是指可能导致体育赛事损失的各种不确定因素。体育赛事的风险是客观存在的,只要举办体育赛事,就一定存在风险。体育赛事管理者在组织过程中可能会面对许多不确定的因素的干扰或破坏,这些不确定因素常常会影响赛事的举办,甚至可能造成各种各样的损失。在体育赛事管理过程中,管理者的风险管理意识尤其重要。这体现在赛事管理者既要有敢于承担风险的精神,又要充分估计和分析赛事中可能出现的风险,并在风险发生前予以规避。

风险管理应贯穿赛事的申办、论证、收尾等各个阶段。赛事组织者要对赛事运营的各个环节中可能存在的风险进行严格的识别、估计、评价、监控,并针对各环节中可能存在的风险制定出具体的防范策略和应对方案。如对赛事中各部门可能产生的风险进行预测,并按预测等级进行动态控制,形成风险等级预警机制,并采取相应的减轻风险、预防风险、转移风险、回避风险、自留风险等应对策略对不同时段的风险进行管理。

四、善用咨询的理念

体育赛事的市场中介组织按功能划分可以分为半官方性质中介机构、经纪代理类市场中介组织、信息服务类市场中介组织、评估服务类市场中介组织和监督服务类市场中介组织。善用市场中介咨询服务的要求对体育赛事管理者而言具有两个层面的意义：第一，体育赛事管理本身应当包括咨询服务的内容，也就是说，赛事管理者不仅应当具备成功组织运营赛事的能力，而且应当具备为政府或企业提供赛事选择、申办、计划和确定实施方案等咨询服务的能力。第二，赛事管理者应当充分发挥市场中介组织的作用，依靠他们的优势持续提升赛事管理的水平，参与和辅助重大赛事项目的决策咨询，甚至委托市场中介组织开展一些经营管理活动。

在利用市场中介组织的咨询服务方面，北京奥申委给我们提供了典范。在确定申办理念时，北京奥申委首先向社会公开征集口号，并请外籍专家和国际友人在经过初选的 30 多个口号中，选择什么样的口号最能打动世界，最后确定了"New Beijing, Great Olympics"的英文口号，并在英文口号的基础上确定了中文口号"新北京，新奥运"。在申办奥运会的过程中，奥申委多次聘请外籍专家，使北京的申奥活动在思维和语言上更接近于国际惯例。国际奥委会评审团来北京考察前，申奥陈述组进行了多次演练，并聘请参加过亚特兰大和巴塞罗那奥运会的公关公司人员就陈述的质量提出意见和建议，再进行反复修改、演练。对外宣传方面，北京奥申委专门请来了美国和澳大利亚的公关公司，帮助北京世界推介北京的崭新形象。总之，北京申奥的成功与北京奥申委善用咨询的理念有着很大关系。

五、环境保护的理念

近年来，在体育赛事管理中越来越强调环保的重要性，环境保护的理念已经深入人心。2008 年北京奥运会的管理过程就充分体现了环保的理念。"绿色奥运"成为北京奥运会的三大主题之一，环境保护和可持续发展的理念贯穿于整个筹备、举办及赛后利用的过程之中。具体体现为：第一，用保护环境、保护资源、保护生态平衡的思想指导赛事的工程建设、市场开发、采购、物流、住宿、餐饮及大型活动等工作，尽可能减少赛事对环境和生态系统的负面影响；第二，充分利用奥林匹克运动的广泛影响,开展环境保护宣传教育,促进公众参与环境保护工作,提高全民的环境意识;第三,积极支持政府加强环境保护市政基础设施建设,改善城市的生态环境,促进经济、社会和环境的持续协调发展。

2010年11月9~10日,联合国环境规划署在肯尼亚首都内罗毕举办了"全球体育与环境论坛",分析南非世界杯足球赛和新加坡青年奥运会等体育赛事给环境造成的影响,并讨论制定可在今后体育赛事中实行的保护环境可持续发展的措施。为了更好地利用举办体育赛事促进环保事业的发展,联合国环境规划署还向重大体育赛事承办国和组委会提供环境保护的咨询服务,同时对体育赛事举办前后对环境造成的影响进行评估。根据联合国环境署的建议,2014年索契冬季奥运会组委会同意将原定用于雪车、运动雪橇等项目的滑雪场地改建在环境敏感度较低的地方。随着体育赛事产业的发展,未来在赛事管理过程中,如何保护环境、改善环境是赛事管理者面临的一个很重要的问题,这就要求赛事管理者一定要树立环保的理念和意识。

第三节 体育赛事项目管理的对象与方法

一、体育赛事项目管理的对象

(一)时间资源

体育赛事的运营是一个极其复杂的过程。赛事管理任务众多,且每一项任务都要求在规定的时间内完成,否则就会影响到整个赛事的运营。体育赛事的时间管理是赛事管理中的一项重要内容,赛事管理者须通过一系列的管理过程来确保体育赛事的每一项任务最终能够在规定的时间内完成。这一系列管理过程包括具体活动界定、活动排序、时间估计、进度安排及时间控制等工作。在体育赛事举办中,由于场馆建设工程延误、组织工作漏洞等因素影响赛事举办或赛事效果的事件屡见不鲜。如因为管理者没能做到合理安排工作时间和准确把握工作进度,雅典奥运会直到开幕前还在为场馆建设工程日夜加班,造成了许多不必要的社会负面影响和经济损失。要解决这一问题就要充分运用项目管理理论,将赛事运营的全过程理解为一个个可以分解的过程,即将复杂的项目分解成较小的和容易管理的工作单元,使工作任务具有单一目的并可管理,且有明确的开始和结束的时间,并能按照这些时间节点完成规定的任务。

(二) 资金资源

体育赛事的成功举办离不开与之相适应的资金资源。举办一项体育赛事，尤其是大型体育赛事，通常都会产生数额巨大的现金流动。在赛事项目的选择阶段需要使用一定数额的启动资金；为获得赛事举办权，往往需要巨额的申办资金；赛事举办权获取之后，体育场馆和基础设施建设、赛事组织实施等环节也需要大量的资金。唯有获得充足的资金支持，体育赛事才能成功举办。体育赛事的资金来源主要有政府拨款、企业赞助、基金会拨款、社会捐赠、金融机构融资等方式。

在体育赛事的运营过程中，应运用项目管理理论对体育赛事的资金进行严格的规划和控制。赛事应形成独立的预算，并在实施过程中监督每项资金的执行情况。如果出现偏差，则要分析其原因，纠正和改进资金的使用方式，以此来控制资金、管理资金。

(三) 人力资源

在体育赛事运营中，"人"是关键的因素，也是核心的因素。人既是体育赛事的管理者，又是体育赛事的组织者、实施者和参与者。体育赛事的涉及面广，是一个全局性的系统工程，涉及政府、观众、媒体、赞助商、运动员、志愿者及其他社会公众等诸多对象。

体育赛事人力资源管理中所涉及的主要内容是如何管理"人"并发挥"人"的作用。为了保证所有工作人员都能有效地发挥潜能和积极性，需要采取一系列管理措施。这些措施主要包括团队建设、人员培训、考核、激励等。对赛事运营团队进行管理，有助于培养团队精神，明确团队的共同目标，营造积极进取、团结向上的工作氛围，保持团队内部的良好沟通，最大限度地发挥团队中每个人的能力，以最小的人力成本获得最佳的效益。

(四) 物资资源

在体育赛事的运营过程中，不仅需要投入巨额的资金，还需要投入大量的物资。例如，竞赛器材、信息系统、服装、通讯、交通运输设施、安全保卫设施、餐饮住宿设施、媒体转播设施等。不同规模的体育赛事对物资资源的要求也是不同的，规模越大所需物资资源越多。体育赛事管理者对物资资源的管理包括筹集、使用、存储和处理等环节。为了对赛事的物资资源进行有效管理，在赛事筹备期间，赛事管理者应该制定相关物资管理的制度。

二、体育赛事项目管理方法

体育赛事管理是一项艰巨的综合性工作。要实现有效管理，就必须按规律办事，采用一系列科学的管理方法。不同的体育赛事规模不同，性质也有所差异，但是在管理过程中都需要用到一些管理方法和工具。为实现体育赛事项目的管理目标而采取的常用管理方式、途径和措施就叫体育赛事的管理方法。

（一）项目全生命周期管理法

项目全生命周期管理方法是体育赛事项目管理中最为常用的一种方法。它以项目生命周期理论为依据，对体育赛事项目的全过程进行管理，在体育赛事项目周期的不同阶段，又有多种不同的方法。

1. 启动策划阶段

可行性研究方法、财务评估法是在体育赛事项目的启动策划阶段最为常用的两种管理方法。

可行性研究方法是指在选择决策之前，对拟选择的体育赛事项目进行全方位的技术、经济分析论证，并试图对其做出可行或不可行评价的一种科学方法。在做可行性研究时，要对拟选择的赛事项目所涉及的信息进行详细调查。在可行性研究中还会涉及一些调查方法的使用，如抽样调查法、观察法、访问法、实验法等。另外，在选择决策前还要对体育赛事项目的市场需求做出初步预测，因此可行性研究中还会涉及一些需求预测方法的使用，如直接调查法、经验判断法、时间序列分析法、回归分析法等。

财务评估法是针对体育赛事的经济效益而采用的一种管理方法。它是根据有关财务制度，研究和预测拟选择的体育赛事项目在举办之后能给主办方带来的经济利益，并根据经济利益的大小，来决定是否举办该体育赛事项目的一种科学方法。进行体育赛事项目财务评估，首先要估算出举办体育赛事项目的投资、成本、收入、各项税金和利润等基础数据，再利用财务评估方法计算相应的技术经济指标，并与有关标准进行对比，进而判断拟选择体育赛事项目在经济上是否可行。

2. 计划准备阶段

在体育赛事项目管理中经常会用到计划这一重要方法。在制定体育赛事项目的计划时要紧紧围绕赛事目标，系统的明确赛事的任务、安排任务进度、编制完成任务所需的资源预算，保证赛事能够在既定的时间内以尽可能低的成本和尽可能高的质量完成。在制定计划时可运用多种方法和技术，如工作分解结构（WBS）、甘特图、网络图等。

3. **实施控制阶段**

体育赛事项目的控制可分为进度控制、质量控制、成本控制和风险控制4类。每一类控制都有独立的方法。在进度控制中可以采用关键路线法（CPM）、计划评审技术（PERT）、条线图及进度安排表、里程碑系统等方法；在质量控制中可采用因果图法、控制图法、相关图法、直方图法等方法；在风险控制中可采用风险识别、风险分析和评估、风险监视、风险规避等方法。

（二）行政管理法

行政管理法顾名思义就是运用行政手段来管理体育赛事项目，包括各级行政组织的行政命令、指示、规定、制度等。

行政管理法具有如下特点：第一，强制性。这就要求下级对上级的指令必须无条件服从和执行，管理者一旦下达命令或指示，被管理者必须无条件服从与执行，不得拖延或违抗。第二，垂直性。即行政方法直接作用于被管理者，一级管一级垂直进行，处理问题及时高效。

使用行政管理法对体育赛事项目管理时，首先要深入了解体育赛事项目的实际情况，建立合理的组织机构，形成合理的行政层次或能级；其次应按照行政管理的程序发布指令、贯彻执行、检查反馈和协调处理。由于行政管理法具有强制性，使用这一方法，能使体育赛事项目实行集中统一管理。由于权力过于集中也会存在一定问题，管理效果的好坏往往与赛事管理者的水平有着密切的关系。

（三）制度管理法

在体育赛事项目管理中有一些具有规律性的管理事项，对于这些事项的管理方法通常不会有较多的变化，可以根据国家的相关法律、法令、条例、规定，将这些管理事项用建立制度的形式规定下来，以保证体育赛事项目的正常进行，这种方法就叫作制度管理法。

制度管理法具备如下特点：第一，强制性。即必须遵守、执行，一旦违反必须受到制裁。第二，权威性。即法律、法令、条例、规定本身就高度规范，任何人都必须遵守。第三，稳定性。即制度一旦形成并颁布实施，就不能因人为因素在实施中有所不同或朝令夕改。第四，防范性。即制度是人们必须遵守的行为规范，制约所有人的行为，可起到预防作用。

制度管理法制度明确、清晰，易于操作，但由于制度缺乏弹性和灵活性，在实际操作中有时会降低一些部门的积极性和主观能动性。因此，制度管理法应与其他方法结合起来使用，以便更好地发挥作用。

（四）目标管理法

目标管理法是根据体育赛事项目的总方针，确定其总目标，并将总目标层层分解，逐级展开，通过上下协商的方式，制定出各部门直至各个工作人员的分目标，最后用总目标指导分目标，用分目标保证总目标的完成，从而建立起一个自上而下层层展开、自下而上层层保证的目标体系的一种全员参与、全程管理、全面负责、全面落实的管理方法。体育赛事中的目标管理法是将体育赛事项目要达成的目标同各项管理工作及每个工作人员的任务和职责结合在一起的管理方法。这种管理方法有利于每位工作人员明确目标与责任，从而能够积极主动地进行自我控制，同时也有利于管理者对工作人员的实际贡献进行客观准确地评价。

（五）定量管理法

定量管理法就是利用数量关系进行管理的方法。它通过对管理对象之间数量关系的研究，遵循其数量的规律性进行管理。绝大多数体育赛事项目的管理目标都包括要以尽可能少的投入获得尽可能多的效益。这就要求赛事管理者不仅要有定性的分析，而且必须有定量的分析。在管理过程中无论是质量标准，还是资金运用、物资管理以及人员组织，均应有数量标准。定量管理法具有准确可靠、经济实用、能够反映本质等优点。在体育赛事的管理过程中使用该方法时应做到定量科学合理、执行具体严格，以保证分析结果的可靠。

（六）成本核算管理法

体育赛事项目管理往往会面临一定的成本约束，这就要求管理者在进行赛事管理时运用成本核算等管理方法将有限的资源合理地分配到不同的工作任务之中。在进行成本核算时，费用主要由直接费用（比如场地租金）和间接费用（如管理费用）两部分组成。间接费用的大小与体育赛事项目周期长短成正比，体育赛事项目周期越长间接费用越高，反之，周期越短间接费用越低。直接费用则与体育赛事项目周期没有必然关系。采用成本核算管理方法时应考虑各类不同费用的特点。

在体育赛事项目的实际管理过程中，管理者通常会将几种不同方法组合使用，充分运用各种方法的优点。只有这样才能更好地管理体育赛事项目，达到最佳效益。

第七章　体育赛事项目的选择与事前评估

本章阐述了体育赛事项目选择的基本原则以及体育赛事项目选择中所要考虑的因素。从体育赛事项目事前评估的概念、特征、目标、内容、标准等方面对体育赛事事前评估进行了深入探讨。

第一节　体育赛事项目的选择

一、选择体育赛事项目的基本原则

（一）利益性原则

在选择是否举办一项体育赛事之前要考虑举办这项赛事是否能够满足主办方的利益需求，即是否满足利益性原则。利益性原则要求在选择或策划体育赛事项目时应该考虑这项赛事是否能为赛事的主办方创造利益。这是因为举办体育赛事项目本身就是一项为实现某一特定的政治利益、经济利益或其他利益而进行的大型活动。体育赛事项目中的"利益"是广义的，既包括经济利益，也包括社会利益；既包括近期利益，也包括远期利益。而各种利益的实现也都需要选择和策划。利益不仅是选择和策划体育赛事项目的原则，同时也是体育赛事项目是否成功的重要评价指标。

（二）可行性原则

在确定举办一项体育赛事可以满足利益性原则之后，还需要考虑其是否可行，即遵循可行性原则。可行性是体育赛事项目选择和策划的前提。体育赛事活动在筹备举办的过程中需要建设一定的基础设施、场馆，需要垫付大量资金，可行性原则要求体育赛事项目选择和策划时必须要有一定的物质和财务条件做基础。在决定是否举办一项体育赛事之前一定要进行可行性研究，即调查研究与该体育赛事相关的经济、社会、自然等方面的条件，预测、评价所举办体育赛事可能产生的经济效益和社会影响，再在此基础上，综合论证举办这项体育赛事的必要性、经济上的合理性、各种相关条件以及技术上的可行性，从而做到科学决策。

在选择体育赛事项目时要遵循可行性原则，就需要对体育赛事项目进行可行性分析。首先是对其物质条件进行分析。比如上海不太可能举办滑雪、山地自行车等赛事，因为上海本身并不具备举办这些赛事的物质条件。其次是对体育赛事项目进行经济方面的可行性分析。把体育赛事项目所形成的资金流在考虑资金时间价值的前提下，利用财务管理中的净现值法或内涵收益法进行测算，从经济收益上确定体育赛事项目是否可行。另外，还需要从政治、法律、社会文化等方面进行可行性分析。

选择体育赛事项目时，不仅要考虑其在宏观层面上是否可行，同时还要考虑在具体微观运营层面上是否可行。

（三）信息性原则

信息性原则是体育赛事项目选择和策划的基础性原则，也是关键原则。这是因为体育赛事项目的选择和策划是建立在信息完全的基础之上的，举办任何一项体育赛事都是从信息的收集、加工、整理和利用开始的。体育赛事的主办者和管理者在选择和策划赛事之前都需要对赛事项目所处的宏观环境、市场环境、竞争环境等方面进行全方位、充分的调研，以此来收集用于分析拟举办的赛事项目是否可行的各类信息。从这个意义上来说，信息收集是体育赛事项目选择和策划的起点。通常，收集的信息应该满足以下要求。首先，收集的原始信息要可靠真实。在收集信息时，会出现一些伪信息。这些信息对体育赛事项目的选择和策划不仅毫无用处，甚至会造成假象，误导赛事主办方作出错误选择。所以，对收集到的原始信息一定要去伪存真，要在大量的信息中筛选出真实、可靠的信息，在此基础上再进行赛事项目的选择。其次，收集的原始信息要全面。这样可以最大限度地避免信息的短缺和遗漏。通常情况下，不同地区、不同部门、不同环节的信息分布密度是不同的，信息生成量的大小也不相同，如果不全面收集信息，往往会有失偏颇，分析得出的结论也就不准确了。最后，信息加工要准确、及时。市场向来都是变化莫测的，决策需要的信息也会随之发生变化。在选择体育赛事项目时应该要及时地分析已搜集到的信息，确保判断的准确。

二、体育赛事项目选择的考虑因素

（一）举办地的自然环境

举办地的自然环境是影响体育赛事运营的一个最为基础的外部环境条件。国际体育组织还对一些体育项目赛事的自然环境有特殊的要求，如帆船、滑雪、山地自行车等。在选择体育赛事时，主办方主要要考虑以下两方面的环境条件。一是举办地地理环境、气候环境，包括举办地的气候、降雨量、海拔等，国际奥委会就对奥运会的申办提出了相应的要求。二是体育竞赛本身对自然环境的要求。例如，帆船比赛对自然环境就有很严格的要求，冰雪项目的比赛难以在热带地区开展，马拉松比赛对温度、湿度和空气质量也有特殊要求。

（二）举办地的历史风俗文化

不同的城市有着不同的历史背景和风俗文化，体育运动中的不同项目也是在不同的历史文化背景下逐渐形成、发展的，通常有着强烈的地域气息。一个城市的独特风俗文化往往会成为一项体育赛事成功与否的重要因素。在地域特色明显的城市，历史传统风俗对于一个城市的体育赛事偏好有着重要影响。城市在选择体育赛事时，应该充分了解本地区的风俗文化。这样既有利于体育赛事的成功举办，也能充分弘扬城市自有特色文化，达到扩大城市影响力的效果。

（三）举办地的整体发展战略

在选择体育赛事项目时要考虑该赛事的举办是否符合举办地的整体发展战略，是否有利于其发展目标的实现。通常来说，只有符合举办地整体发展战略的赛事项目才有举办的价值，那些与举办地整体发展战略关联度不高的项目，举办的价值较小。以上海为例，作为国际性的大都市，上海提出了建设"现代化的国际体育知名城市"的目标。因此，举办 F1 汽车大奖赛、网球大师杯赛等国际知名的体育赛事符合上海的整体发展战略。相反一些低级别的、国际化水平较低的赛事项目则与上海的整体发展战略吻合度不高。需要说明的是，很多城市会以举办奥运会、男子足球世界杯赛、亚运会等大型国际体育赛事为契机，制定或调整城市的整体发展战略。

(四) 举办地的资源条件

举办地的资源条件是指举办地举办体育赛事的物质基础。它是保证体育赛事项目顺利运营的基本条件，没有举办地的资源条件作保证，体育赛事的运营就会成为无米之炊。在众多的资源条件中，以下三个条件对于赛事举办十分重要。

第一，城市基础设施和体育场馆设施条件。体育赛事的举办要以良好的城市基础设施建设为前提条件，没有良好的城市基础设施，成功举办体育赛事是一件不可想象的事情。同时，良好的体育场馆设施条件也是成功举办体育赛事的前提和基本的条件。通常情况下，不同的体育赛事会由于自身的需要或者赛事所有权方的要求，而对体育赛事的比赛场地有不同的要求。例如，国际田联 2008 年在其官方网站公布的《国际田联田径设施手册》（2008 版）（IAAF Track and Field Facilities Manual 2008 Edition）中就针对田径比赛场馆设施规划、建造、配置与维护作出了权威的规定。其中许多规定还针对赛事的不同级别进行了细分，世锦赛和世界杯的条件往往要高于其他级别较低的比赛。

第二，赛事运营团队与赛事运营经验。一个优秀的赛事运营团队及丰富的赛事运营经验也是赛事项目成功的关键。例如，国际奥委会对奥运会的申办城市有明确的规定："主办城市曾成功地举办过国际和国内的重大体育比赛，其体育设施和组织工作获得有关国际单项体育组织的肯定和认可，在有关国际单项体育组织和世界体坛中，有一定的影响。具有组织大型国际比赛的实践经验，拥有一批能策划、组织、实施大型国际比赛的专家和技术人员，有足够的能力、技术、场馆、设备和人才，把奥运会组织好。"国际足联也明确提出，要申办足球世界杯必须要有举办国际性足球比赛的经验。

第三，住宿、餐饮、安保等保障性条件。体育赛事举办期间，可能会有数以万计的观众、运动员、裁判员和官员在一个很短的时间内聚集到赛事举办地。这给举办地的住宿、餐饮条件提出了很高的要求。这种要求主要表现在两个方面：一是质量上的要求。很多赛事的运动员、官员和观众都具有较高的地位，他们对宾馆、饭店的级别要求较高，通常都需要入住五星级酒店。二是数量上的要求。由于赛事举办期间，举办地外来人员众多，因此，举办地一定要有足够的宾馆、饭店满足外来人员的需要。

体育赛事的安保工作是指对体育赛事的比赛、重大活动现场、驻地及其他场所提供安检、交通疏导及消防应急等服务，保障赛事相关人员人身和赛事相关设施安全的工作。赛事的安保工作既是体育赛事成功举办的根本保障，也是赛事成功的主要标志之一。由于体育赛事的服务对象包括了参加赛事的运动员、教练员、裁判员、观众、媒体、官员等，人员数量多、背景复杂、涉及面广，这就决定了赛事安保工作的风险程度非常高。安保工作中的任何失误都将引起社会的广泛关注。如果出现失误，而又控制不力，甚至会导致整个赛事"功亏一篑"。

（五）与举办地形象以及居民需求的吻合程度

体育赛事项目与举办地的形象是否吻合是体育赛事能否提升城市形象的关键。若某赛事项目的形象与赛事举办地形象不符，则难以增强外地观众或游客对举办地的印象，甚至很有可能对举办地的城市形象产生负面的影响。例如，上海作为一个国际性的大都市，其形象与"现代、时尚、国际化、品质"联系在一起。在这种情况下，上海适合举办诸如高级别的网球、高尔夫以及赛车等项目的赛事。

赛事与居民需求的吻合程度直接关系到体育赛事门票市场的好坏，同时还关系到政府对体育赛事的需求。体育赛事与居民需求的吻合程度越高，赛事的市场条件越好；反之，某一赛事项目与居民需求的吻合程度较低，则该赛事项目在举办地的市场条件较差。与居民需求吻合的体育赛事项目容易得到居民的赞成和支持。因此，在选择体育赛事时，一定要考虑这一因素。

第二节　体育赛事项目的事前评估

一、体育赛事事前评估的概念与特征

（一）体育赛事事前评估的概念

根据项目管理理论，广义的事前评估指在项目前期决策阶段从项目的全局出发，根据国民经济和项目相关利益主体自身发展的需要对项目及其备选方案所进行的一种全面评估。这种项目评估的根本目的是分析和识别项目及项目备选方案的可行性大小和优劣，从而决定项目或项目备选方案的取舍。总之，事前评估是在项目的决策之前，对项目的必要性和可行性所做的评估，及对于项目各个备选方案的技术、经济、运行条件和社会与环境影响等方面所进行的全面论证与评估工作。

从项目管理的角度出发，体育赛事事前评估是指，"在赛事举办地尚未决策举办某一赛事之前，对赛事所进行的综合论证与评估，其根本任务是对举办体育

赛事的必要性和可行性进行分析研究和评估论证。"

具体地讲，体育赛事事前评估是决策主体在决定选择举办或申办赛事之前，通过调查、研究与赛事有关的自然、社会、经济资料，分析、比较可能的投资方案，预测、评价举办该赛事的社会、经济效益，并在此基础上，综合论证举办赛事的必要性，经济上的合理性，赛事承办条件上的可能性和可行性，从而为赛事的投资、决策提供科学依据的系统性工作。

与其他项目不同，每一场体育赛事都有其特殊性，且在同一个时间内很难有两个级别或类型相同的体育赛事同时举办。因此，体育赛事事前评估就只能是对某一个具体赛事的评估。一般情况下，赛事事前评估不包括对其他备选的体育赛事进行评估和比较的过程。

（二）体育赛事事前评估的特征

体育赛事事前评估是在体育赛事申办或购买之前开展的论证和评估工作。它主要包括以下几个方面的特征。

1. 预测性

体育赛事事前评估是在赛事举办之前进行的，它所使用的数据资料主要包括两类。其一是与体育赛事和举办城市有关的各种历史数据（以前举办的类似赛事的相关数据资料）；其二是与体育赛事项目以及举办城市有关的各种预测数据（根据以前经验做出的推测或假设数据）。因为体育赛事事前评估的对象是未来可能举办的体育赛事项目，故只能使用历史数据和预测数据去分析和评估赛事项目在某一地区是否必要与可行。这些数据中包括体育赛事项目所涉及的经济、市场、运行条件和社会、环境效益等多方面的历史和预测数据，以及与体育赛事项目相关的各种因素发展趋势预测的分析数据，因此预测性就成了体育赛事事前评估的一个重要特征。

2. 系统性

体育赛事事前评估是对赛事项目的全面评估，还具有系统性的重要特征。这种系统性表现在体育赛事事前评估所涉及的内容之中，包括对于体育赛事举办的基础条件、体育赛事与城市的契合度、体育赛事给城市带来的效益等多方面的整体评估。体育赛事事前评估同时要考虑涉及赛事项目的各系统内部因素和各种外部环境因素，以及这些因素之间的相互关系。例如，居民对赛事的支持程度，政府的态度，举办地的政治、经济、社会环境，举办赛事的基础设施等。这些系统性要求在体育赛事事前评估中，要将体育赛事举办的基础条件和可能给举办地带来的效益综合考虑，同时还要特别注意体育赛事经济效益和社会效益的有机统一。即必须从举办体育赛事的可行性和必要性以及体育赛事的经济、社会等综合效益的角度出发对体育赛事项目进行深入分析。

3. **实践性**

项目评估的原理和方法都是来源于实践的，体育赛事事前评估也不例外，具有实践性的特征。同时，体育赛事事前评估是为赛事决策实践服务的，也要求其必须具有实践性。这种实践性一方面要求体育赛事项目本身必须源于某一地区社会、经济发展以及地方居民的实际需求；同时，要求被评估的体育赛事项目也必须符合举办地的政治、经济、社会等方面的条件；要求体育赛事事前评估中所使用的数据必须符合实际情况，而不能主观臆造，甚至连体育赛事事前评估中的各种参数也必须来源于客观实践，而不能依赖评估者的臆造或学者纯理论的探讨。

另外，体育赛事事前评估的技术方法也必须是实事求是的，不能为了通过上级或政府的批准根据主观需要将这种评估变成一种可批性报告的编制作业。否则，将会给体育赛事各个相关利益主体都带来不利影响。因此，体育赛事事前评估的结果一般都需要进行进一步的实践检验，甚至需要进行事后评估，以检验其准确性。

4. **科学性**

体育赛事事前评估除了上述预测性、系统性和实践性特征之外，还具有科学性的特征。虽然体育赛事事前评估所使用的多是历史性和预测性数据，但是它要求使用科学的评估方法、评估参数和评估过程，以保证体育赛事事前评估结果的科学性。在体育赛事事前评估中，科学性是最为重要的特征，它是确保赛事事前评估不流于形式、不受"长官意志"的干预和经验主义主观臆断的误导而造成决策失误的关键。

二、体育赛事事前评估系统

评估是指按照明确的目标来测定对象的属性，并将这种属性变为主观效用的行为。因此，在一般的评估系统中，既要包括评估主体和评估客体，同时也要包括客体属性及主体的评估标准等基本要素。其中，客体属性是客观存在的，需要由评估主体进行认识和判断，而评估标准则是评估主体主观意识的体现，与评估目的有密切的关系。体育赛事事前评估系统的构成要素与一般评估系统的构成一样，由评估主体、评估客体、评估标准、评估目的等要素构成。这些要素并不是独立存在的，而是相互联系和影响的。对体育赛事事前评估系统及各要素之间关系的分析是评估初始阶段的核心内容，也关系到赛事事前评估活动能否顺利实施并取得准确、科学、有实践指导意义和理论研究意义的评价结果。

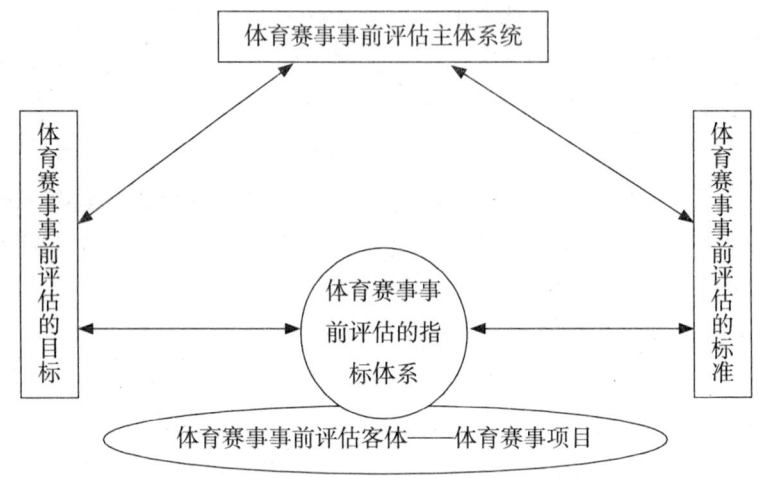

图7-1 体育赛事事前评估系统结构图

图7-1显示，在体育赛事事前评估系统是由四个相互联系的基本要素构成的，即体育赛事事前评估主体系统、体育赛事事前评估客体——体育赛事项目、体育赛事事前评估的目标和体育赛事事前评估的标准。其中，体育赛事事前评估的目标是由决策主体和评估主体所确定的；评估目标经过与体育赛事项目自身属性和运行环境（举办地的情况）相结合，形成了体育赛事事前评估指标体系；体育赛事事前评估的标准是评估活动做出价值判断的基准，可以是历次评估活动结论的总结，也可以是评估主体价值观或主观效用的体现。体育赛事事前评估的主体通过评估指标体系对体育赛事项目能否在某一地区举办这一问题进行分析，并形成最终的评估结论。

在具体的体育赛事事前评估设计中，科学地确定评估目的、合理地选择评估指标体系和评估标准，是体育赛事事前评估成功的关键。如果体育赛事事前评估主体对评估系统结构及系统内各要素的特性及其相互关系没有很好地分析和把握，就会导致体育赛事事前评估的价值导向不清、评估目的不明确、评估指标体系选择不合理等一系列问题。

三、体育赛事事前评估目标

项目评估目标是指项目评估所需要达到的目的。项目评估目标的确定是项目评估设计的关键内容，根据项目评估目标确立评估问题，并设置项目的指标体系是项目评估的基础工作。此外，事前评估是为项目决策服务的，评估结果将为最终决策提供参考意见。因此，事前评估目标的设计应根据决策的需要来进行。

体育赛事事前评估的主要内容是围绕判断赛事项目是否适合在某一城市举办而进行的。因此，体育赛事事前评估的最终目标是判断赛事项目与城市的耦合度，判断的主要依据是赛事符合价值主体需求的程度和是否符合客观规律。在体育赛事事前评估中，具体评估目标主要包括以下几点。

（一）分析举办体育赛事项目的必要性

项目立项的必要性主要是指从价值主体的角度出发，判断项目成果满足价值主体需要的程度的大小。对于政府已经开办的项目，其必要性分析已经在政府规划和计划编制阶段得到论证，故不需要重复进行项目必要性分析。对于政府规划中尚不包括的项目，就需要对项目立项目标的实现价值进行分析。就体育赛事项目而言，政府在规划时一般很少明确提出具体会举办哪一个赛事项目，因此分析举办体育赛事项目的必要性是体育赛事事前评估的一个主要目标。此外，由于体育赛事项目立项目标并不是直接的产品开发，项目对价值主体（社会公众）需求的满足具有间接性、滞后性和不明确性，对项目的必要性评估无法由价值主体做出直接判断。体育赛事项目立项必要性的评估需从宏观角度分析、把握各个领域中赛事项目对社会公众的价值，评估人员不应只包括体育领域的专家，应该由具有战略眼光的各领域内的专家和学者进行评估并做出决策。

（二）分析举办体育赛事项目的可行性

对项目的可行性进行分析，顾名思义就是判断某一项目是否可行，对举办体育赛事项目的可行性分析是体育赛事事前评估中最重要的评估目标。根据体育赛事项目的特点和构成要素，通常需要在赛事项目的可行性分析中明确以下几个问题。一是举办国家或城市的政策是否允许赛事项目正常运营；二是举办城市的社会经济基础是否满足赛事项目的要求；三是举办地的各种条件是否能保证赛事运营需要。体育赛事项目的可行性分析是一个较为复杂和烦琐的过程，它既需要大量的基础数据和资料,还需要分析者拥有一定的专业知识和技能。因此,在赛事项目事前评估中,关于赛事项目可行性方面的评估通常由相关领域的专家完成。由于目前我国体育赛事市场化运营的实践经验不多,基础资料缺乏,综合考虑评估成本等因素,很多可行性方面的评估还是需要借助于主观判断的帮助。

四、体育赛事事前评估的内容

体育赛事事前评估的关键内容是对赛事项目的经济、社会、运营支持和影响等方面进行全面地分析和研究。其内容体系主要由三部分组成:一是体育赛事项目运营环境评估、体育赛事项目的财务评估;二是体育赛事项目社会、经济、环境影响评估;三是体育赛事项目综合评估。(图7-2)

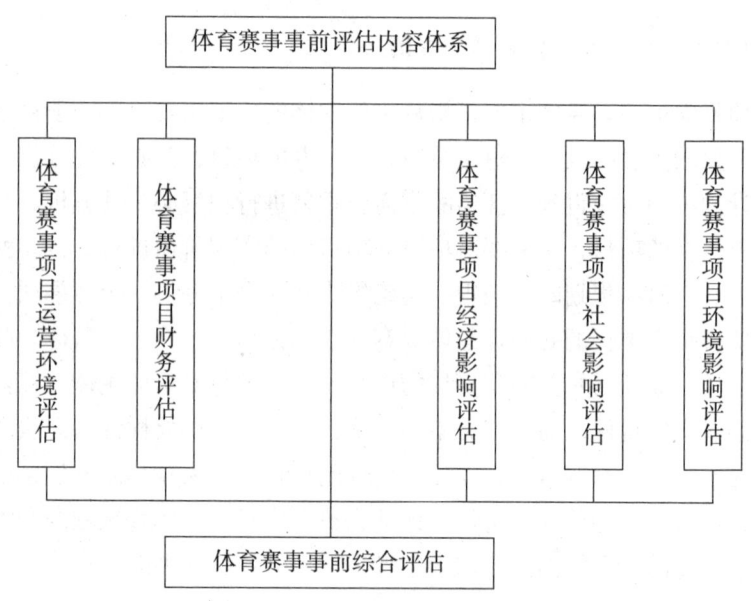

图7-2 体育赛事事前评估内容体系框架图

(一)体育赛事项目运营环境评估

体育赛事项目运营环境主要是指赛事项目运营中所面临的各种运行和支持条件。体育赛事运营环境评估不仅对于项目举办的可行性有决定性影响,而且对于赛事项目的经济效益、社会效益也有很重要的影响。因此,赛事项目运营环境的评估十分重要。体育赛事项目运营环境评估的主要内容包括：体育赛事运营的各种资源条件的评估（包括运作团队、运作资金、场馆、电视媒体、转播技术等方面），这是对体育赛事项目运营的各种输入条件的评估；体育赛事项目所面对的市场条件的评估（包括体育赛事项目不同市场的需求等情况），这是对赛事项目运营的各种输出条件的评估；体育赛事项目运营宏观条件的评估（包括国际和地方的政治法律环境条件、社会文化环境条件）和体育赛事项目的竞争环境评估，这是对赛事项目运营所涉及的市场竞争情况的评估。体育赛事项目运营环境评估主要是针对赛事运营所面临的各种环境条件的全面评估，是从体育赛事项目运营条件出发进行的项目可行性分析和研究。

（二）体育赛事项目的财务评估

体育赛事项目的财务评估是从项目投资者的角度对体育赛事项目的收入和支出情况的预测和分析。评估中所使用的主要指标包括体育赛事项目投资利润率、投资收益率等盈利能力指标。体育赛事项目财务评估的根本目的是分析和确认其在运营主体财务和成本收益方面的必要性和可行性，考察其盈利能力，为投资者的项目决策提供信息支持。鉴于体育赛事项目的外部性特征以及当前我国体育赛事运营市场的环境，如果完全靠企业来运营赛事，尤其是大型的体育赛事，其盈利的可能性很小，而且盈利往往也不是某一地区举办体育赛事的最主要的目的。再加之体育赛事项目的筹备期不长，财务相对比较简单等情况，当前财务评估在整个体育赛事事前评估中显得不是特别重要。

（三）体育赛事项目的经济影响评估

体育赛事项目的经济影响评估是从举办国家或城市的角度出发，对体育赛事项目的经济影响进行的全面评估。这一评估的目的一方面是为了选择对城市经济推动较大的体育赛事项目，另一方面是为了防止出现对投资者或企业有利，而有损城市和全社会经济利益的体育赛事项目。由于体育赛事项目具有较强的外部性，它对举办城市经济的拉动作用明显，这也是许多城市选择举办体育赛事项目的重要原因之一。实际上，评价一个体育赛事项目的优劣首先要看该项目对城市和社会发展所做贡献的大小。因此，体育赛事项目经济影响评估不仅是体育赛事项目评估中最重要的环节之一，同时也是整个体育赛事事前评估的重点。

（四）体育赛事项目社会影响评估

体育赛事项目社会影响评估是指对因体育赛事项目的举办而对城市的社会心

理、社会价值观、社会政治等方面产生的影响的分析与评估。体育赛事与城市社会生活的诸多领域之间都有着千丝万缕的联系，社会环境对体育赛事的成本与效益必将产生或多或少的影响。因而，对体育赛事项目不仅要进行经济方面的评估，还要从城市各项社会发展目标的角度出发去分析和评估赛事的利弊得失，选择出在社会影响方面可行的体育赛事项目。体育赛事，尤其是大型国际体育赛事对举办地社会的影响面较广，这些影响既可能是定量的，也可能是定性的，有些影响可能对举办地社会所起的作用不大，有些影响则对举办地社会有举足轻重的作用；体育赛事社会影响评估包含的内容也较多，且具有多目标性和多层次性的特点。体育赛事社会影响评估要在立足于"突出重点"的基础之上，结合体育赛事项目的特点，充分重视评估的主要内容及其选择与确定。在具体赛事项目的社会影响评估中要根据项目社会影响评估指标的权重安排评估内容，并且要首先对具有"一票否决"权的评估内容进行评估。在特殊情况下，只对重要指标和内容进行分析预测和测算，而对于那些次重要的评估指标，可以不作评估。

（五）体育赛事项目环境影响评估

体育赛事环境影响评估是指赛事举办之前，在充分调查研究的基础上分析项目可能给自然环境带来的影响，然后作出全面、科学的定量与定性预测，最终利用分析预测的结果指导赛事的决策与实施工作。一般而言，除了需要大量新建场馆的体育赛事项目，以及滑雪、汽车越野等与自然环境关系较密切的赛事需要重点考虑其环境影响之外，其他赛事通常并非一定需要进行体育赛事环境影响评估工作。

（六）体育赛事事前综合评估

体育赛事事前综合评估是在上述各专项评估的基础上对赛事进行综合分析，并提出结论性意见，给决策者提供一个简明直观的判断依据的评估。对体育赛事项目从整体上进行综合评估，形成一个科学的评估意见是十分重要的。体育赛事事前综合评估要遵循科学性、客观性、导向性、可行性原则。在体育赛事事前综合评估中，要基于系统的分析比较、综合集成原理，按照定性与定量方法相结合、专家与决策者相结合、经验与现代数学方法相结合的原则选择合理的综合评估方法。总之，体育赛事事前综合评估绝不是一个随意简单的事情，而是一个主客观信息综合集成的复杂过程。

五、体育赛事事前评估的标准

任何评估都要以一定的尺度为依据来进行，没有一定的标准和尺度，也就无所谓评估。体育赛事事前评估作为评估主体对赛事项目与价值主体需要之间的价值关系的评判，在评估过程中也要依据一定的尺度，即以一定的评估标准来进行。要评估主体对赛事项目作出正确的价值判断，就必须符合评估标准的要求，而评估标准选择的正确与否又直接决定着评估活动的成败。马克思在《1844年经济学·哲学手稿》中提出了检验认识的标准。他指出："动物只是按照它所属的那个种的尺度和需要来改造，而人却懂得按照任何一个种的尺度来进行生产，并且懂得怎样处处都把内在的尺度运用到对象上去。因此，人也按照美的规律来建造。"评估主体对体育赛事项目的评估活动是一种特殊的认识过程，马克思所提出的检验认识的标准也是我们进行体育赛事事前评估的科学标准。它是建立在实践基础上的合目的性、合规律性的统一。

（一）合目的性

所谓合目的性即指赛事事前评估活动与社会公众及其现实需要相符合的性质。在体育赛事事前评估中，评估主体必须以"内在尺度"来评判体育赛事项目的必要性，"内在尺度"即社会公众的一定需要和目的。只有与社会公众的利益相一致、满足了价值主体的一定需要和目的，为社会公众所肯定和认同的赛事项目，才有举办的必要性和价值（正价值）；而与价值主体的利益、需要和目的相冲突、相排斥，则往往被主体视为没有举办的必要或根本无举办价值，甚至是负价值。这里需要说明的是，体育赛事项目价值主体的需要和目的存在着是否具有合理性的问题，只有满足主体合理需要的体育赛事项目才有价值。

（二）合规律性

所谓合规律性即体育赛事事前评估活动与体育赛事项目的本质和规律相符合的性质。在体育赛事事前评估中，评估主体还必须以"外在尺度"来评判赛事项目举办的可行性。"外在尺度"即体育赛事项目与举办地自身的本质和规律性。它对价值主体的需要和目的起着一定的制约作用。客观要求评估主体在体育赛事事前评估中不能仅仅以价值主体的需要和目的作为评估的唯一标准，同时也应尊重赛事项目本身的本质和规律，评估主体对赛事项目属性的需求必须与体育赛事自身的本质和规律性相一致。例如，举办奥运会、足球世界杯等体育赛事项目需要举办城市有众多经济、社会的先决条件,这是此类赛事项目的本质和规律,我们不能因为需要满足价值主体的需求而违背了这一本质和规律。

(三) 来源于实践

来源于实践可以从两个方面来理解:一方面,体育赛事事前评估的要素都是存在于社会实践之中的。评估主体是生活于实践中现实的、具体的人。价值主体的需要和目的是人们在长期的实践中形成和积累起来的。体育赛事项目本身是进入人的实践活动范围的特殊实践,而赛事项目的价值属性也是价值主体在赛事运营实践中创造的。另一方面,体育赛事项目的价值是在社会实践中实现的。人们在赛事运营的具体实践中创造了赛事价值,赋予了体育赛事项目以价值属性,同时也必须进一步在赛事运营实践中实现其价值,使其由"潜在的价值"转变为"现实的价值"。

第八章 体育赛事的申办

本章先对体育赛事申办的概念、程序以及申办工作的程序和申办工作中的重点环节进行了深入分析，又从经济技术要素、人文要素、政治要素、推介要素四个方面阐述了体育赛事成功申办的条件。

第一节 体育赛事申办概述

一、体育赛事申办的概念

所谓体育赛事申办是指某一国家、城市或机构为了获取体育赛事的举办权而根据赛事所有权方的规定和要求所开展的一系列活动的过程。对于这一定义有两点需要强调：第一，申办的主体主要是城市。虽然有时申办是以国家或机构的名义进行，如世界杯足球赛的申办就是以各国足协的名义进行申办，但在申办的过程中以及最终的承办上，都表现为以城市为主导。所以，申办体育赛事是以城市为基础，其竞争也是在城市之间进行的。第二，申办的标的是体育赛事举办权。因为申办的标的是体育赛事的举办权，所以具备举办体育赛事所需的基本资源和能力是申办的前提和基础。发展中国家的城市与发达国家的城市相比较而言，举办体育赛事，尤其是国际性体育赛事的基本资源和能力可能处于劣势，这是由城市的发展水平决定的。但这并不说明发展中国家的城市就没有能力举办体育赛事。从申办成功到赛事举办之间，一般还有几年的筹备期，作为有一定发展潜力的发展中国家的城市，用这段时间进行基础设施建设完全可以达到有关国际组织的要求。发展中国家的城市只要有意愿，同样可以参与体育赛事的申办。例如1988年汉城奥运会、2008年北京奥运会以及2010年南非足球世界杯都是在发展中国家的城市成功举办的大型国际体育赛事。所以，城市的发展潜力同样在申办过程中表现出重要作用。

二、体育赛事申办的程序

体育赛事的申办程序是由体育赛事拥有者确定的，不同的体育赛事，其申办程序也不尽相同，侧重点也有较大差异。级别较低、规模较小的体育赛事，申办程序相对简单，更加侧重于对赛事本身的要求；而级别较高、规模较大的体育赛事，申办程序则相对复杂，更加侧重于对赛事申办城市的考量。

奥运会是当今最炙手可热的体育赛事，其举办权归属的竞争也最为激烈，申办程序也较为系统。下面我们结合最近举办的几届奥运会的申办过程，重点分析一下奥运会的申办程序。奥运会的申办程序包含两个阶段：

第一个阶段是各国奥委会选择本国申办候选城市阶段。由于国际奥委会会把奥运会的承办权给予某个特定城市而不是某个国家，因此，有些时候部分国家需要由自己的国家奥委会先行在国内有承办意向的城市之间进行初选，挑出本国的提名城市。国际奥委会一般会在赛事正式开幕前九年半时给予各国奥委会6个月时间来决定提名城市，这个时间显然是比较短的。因此，各国有申办意向的城市一般都会早于这一时间与本国奥委会进行接触。每个国家的奥委会只能提名一个城市给国际奥委会。例如2012年的奥运会申办期间，美国奥委会在旧金山、华盛顿和纽约之间进行了选择，最后纽约赢得了初选。英国的奥委会则是在众多有申办意向的城市中直接选择了伦敦。而对于一些资源有限的国家来说，由于本国能够符合申办条件的城市较少，选择哪个城市并不是大问题。例如，古巴就直接提名哈瓦那申办2012年奥运会。不过，英国奥委会选择伦敦的过程其实也是具有争议的。因为曼彻斯特、伯明翰以及伦敦在数年之前就已经为此展开较量，曼彻斯特获得了1996年、2000年两届奥运会的国内提名机会，但都没有申办成功；伯明翰也在1992年奥运会时就已经获得了申办的机会。因此，英国奥委会最终认定伦敦是他们这次最好的选择。

第二个阶段是国际奥委会选择候选城市阶段。当各国奥委会的提名候选城市明确之后，奥运会的申办时间表就正式启动了。国际奥委会最终确定奥运会举办城市的程序可以被分成四个阶段，下面以2012年奥运会的申办过程为例展开分析及说明。

1. 预申请

各国奥委会应于2003年7月15日之前向国际奥委会递交提名城市的书面申请。并于2003年8月前上缴150000美元的申请费。费用到位以后，被提名的城市就被授权使用包含城市名称与奥林匹克2012的标志。同时还可以获准加入国际奥委会的奥林匹克知识管理项目，并参与国际奥委会申办城市研讨会。

2. 候选城市确认程序

国家奥委会提名的申办城市，需要在2004年1月15日之前填写并上交一份书面的问卷。该问卷由国际奥委会管理委员会及执行委员会招募的专家共同评估。这一阶段还不需要申办城市作正式陈述，不过国际奥委会专家可以选择任何一座或几座申办城市进行实地考察。经过考察评估之后，国际奥委会执行委员会会决定哪些城市能晋级下一轮竞争。2004年5月18日，哈瓦那、伊斯坦布尔、莱比锡、伦敦、马德里、莫斯科、纽约、巴黎以及里约热内卢脱颖而出。

总体来说，被提名的申办城市将接受以下几个方面的评估。

（1）城市及其所在地区和国家成功举办大型赛事的潜力。

（2）对奥林匹克宪章及相关规定的遵守情况，包括道德准则（可以在地区宣传本城市，但是不能进入国际层面，禁止与奥委会相关人员有任何的礼品往来等），反兴奋剂条款及其他国际奥委会的相关规定。

（3）各申办城市依照问卷中的要求向国际奥委会提供的赛事概述。各申办城市提交的赛事概述主要包括以下7个方面的内容。

第一，申办动机、概念以及公共意见。这一部分内容还包括计划新建与既有的基础设施的图纸，阐述计划新建设施的建设动机、奥运后的长期利用策略等。

第二，政治支持。城市及所在国政府对赛事申办的支持情况，对于未来可能出现的选举更迭也应注明。

第三，财政。申办城市应提供赛事的详情预算。另外，申办城市还应向国际奥委会明确申办各个阶段的资金来源与使用，以及政府公共支出的情况。

第四，体育场馆。申办城市应详述现存及规划建设的体育场馆的相关情况，明确其性质为临时还是永久性建筑。奥运村、国际新闻传播中心的情况需单独说明。

第五，住宿。赛事举办的各个阶段中酒店与其他形式的住宿供给情况。

第六，交通设施。说明申办城市既有与规划新建的各种交通设施的情况。其中，新建的项目需要提供详细进程表，包括航空、公路、铁路、地铁，以及轻轨等项目。

第七，申办城市的概况、组织与经验。说明申办城市的人口、气象以及环境情况对办赛的影响，包括安保等其他方面情况，并列举最近10年内举办的10项大型赛事来说明申办城市的赛事承办能力。

以上每一方面内容下又涵盖了若干问题，所有问题均要求以英法两种文字作答，回答篇幅控制在一页以内，整份文件2种语言的版本均不得超过25页。国际奥委会强调文件内容应该要简洁并且着力描述实际与愿景之间的区别。

3. **候选城市准备阶段**

候选城市要在 2004 年 5 月 18 日到 11 月 15 日期间完成申办文件并上交给国际奥委会接受新一轮评审。评审人员由国际联合会成员、各国奥委会成员、国际奥委会成员、运动员委员会代表、国际残疾人奥委会代表、国际奥委会专家组成。经过前期了解、分析之后，他们从 2005 年 1 月底开始对所有候选城市展开访问、考察，于 2005 年 5 月完成所有候选城市的评估报告并上交给国际奥委会执行委员会，同时正式宣布进入最后申办竞选环节的城市名单。进入 2012 年奥运会申办竞选环节的城市有伦敦、马德里、莫斯科、纽约以及巴黎。

在此阶段，上交申办文件并且获得国际奥委会批准后，各候选城市就可以在国际范围内开展推介活动，还可以对之前上交的问卷的回答信息进行补充完善。国际奥委会也会通过印发操作手册等方式给各候选城市提供指导，每个评估项目都会有一份操作手册为最后申办竞选环节的操作提供标准化的参考模式。例如，操作手册中要求候选城市的申办报告如表 8-1 所示分成三卷，并涵盖 18 个详细主题。

表 8-1 奥运会申办报告基本内容

序号	卷属	主要内容
1	第一卷	国家、地区和候选城市特点
2		法律
3		民族及移民组成
4		环保与气象
5		财政
6		市场
7	第二卷	运动概念概况
8		运动
9		残疾人奥运
10		奥运村
11	第三卷	医疗卫生服务
12		安保
13		住宿
14		交通
15		技术
16		媒体与交流服务
17		奥运理念与文化
18		保证

4. 投票阶段

2007年7月6日，在新加坡，每个候选城市为申办做最后的陈述。陈述结束后，国际奥委会成员进行了多轮投票（表8-2），最后伦敦获得承办资格。

表8-2　2012年夏季奥运会申办投票情况一览表

候选城市	第一阶段	第二阶段	第三阶段	第四阶段
伦敦	22	27	39	54
巴黎	21	25	33	50
马德里	20	32	31	
纽约	19	16		
莫斯科	15			

（资料来源：http://baike.baidu.com/view/961646.htm）

奥运会举办城市选举的投票轮数并没有统一的规定，如在2001年7月13日莫斯科举行的2008年奥运会举办城市选举中，仅经过两轮投票，结果就产生了。在首轮投票中，大阪被淘汰。北京在第二轮投票中所得票数超过了其余候选城市所得票数之和，所以直接获胜。（表8-3）

表8-3　2008年夏季奥运会申办投票情况一览表

候选城市	第一阶段	第二阶段
北京	44	56
伊斯坦布尔	17	9
大阪	6	
巴黎	15	18
多伦多	20	22

（资料来源：http://sports.sohu.com/57/39/sports_news163323957.shtml）

三、赛事申办的工作程序

（一）组建申办团队

组建一支优秀的申办团队有助于申办机构顺利开展相关工作，是申办工作取得成功的基础。一般来说，一支优秀的申办团队应具备以下几个特点。

（1）明确自己指责的范围；

(2) 工作中不能出现模棱两可的状态；
(3) 成员之间分工明确，不能出现重叠；
(4) 在参与申办工作的过程中，要勇于承担各种责任。

(二) 动员所有利益相关者

利益相关者是一个管理学概念，指受一件事的原因或者结果影响的任何人、集团或者组织。体育赛事申办作为一个复杂的项目，它所牵涉的利益相关者很多。鉴于体育赛事的特殊社会影响力，应该从最宽泛的角度定义利益相关者，即一切能对体育赛事申办产生影响的团体和个人都属于利益相关者范畴。

所有利益相关者都共同做出支持申办的承诺及努力对成功申办赛事有着非常重要的意义和作用。但是，利益相关者不可能对赛事申办中的所有问题都保持一致意见。因此，如何平衡各方利益，争取所有利益相关者的支持就成为赛事申办的重要前期工作。

(三) 关键路径分析

关键路径分析是项目管理的有效工具，对赛事申办的成功也同样起着很重要的作用。在利用关键路径分析体育赛事申办活动时，有以下几个问题需要确定。一是确定最终要做的工作以及工作计划的基本特征，包括体育场、设施、基础技术设施、交通和管理系统等方面；二是确定优先的工作目标及确定各项工作之间的联系；三是确定每项工作的时间节点，如每项工作要花费多少时间，截至什么时候必须要完成，谁来承担这一责任，谁来完成每项工作等；四是确定完成各项工作的先后顺序的关键路径以及完成工作所需要花费的最少时间。

(四) 制定赛事申办计划

体育赛事申办计划的制定分为了解申办程序和申办战略管理两个方面。体育赛事申办计划围绕着赛事申办目标，系统地确定赛事申办的工作任务、安排申办进度、编制资源预算，从而保证能够在合理的工期内，用尽可能少的成本和尽可能高的质量完成赛事申办。一般而言，体育赛事申办计划制定的程序有两步。一是了解申办体育赛事的程序。赛事申办程序是正确制定赛事申办计划的前提，一切计划皆应该按照程序来操作。二是对体育赛事的申办进行战略管理。计划目标要根据体育赛事申办的程序及内外环境情景与形势而制定。赛事申办的战略管理内容包括以下8个方面。1. 确定申办组织当前的目的、目标和战略；2. 分析赛事申办的环境，包括赛事自身环境和赛事申办的外部环境；3. 对申办成功的正面的机会可能性和负面的威胁的识别；4. 对申办地区或城市的资源和赛事举办能力的分析；5. 识别申办赛事的优势和劣势；6. 根据以上步骤建构赛事申办战略；7. 实施赛事申办战略；8. 评估申办战略的有效性，并适时做出调整。

在确定了赛事的申办目的、目标和战略之后，申办组织要进一步分析申办城市的内外部环境，并对其资源和能力进行考察，找出申办地的优势和劣势，最后构建出赛事申办战略及赛事申办计划图。

北京奥运会申办时采用的计划图清晰地标明了各个申办部门在申办的各个时期的任务，并用特别符号和数字注明了重要日期和重要工作关系。对于规定日期的工作可有适当的调节范围并做出了相应的数字和符号标记，整个申办计划图的时间和申办倒计时均一目了然，还列出了申办期间国际奥委会重要会议的时间。

赛事申办计划图是计划实施的重要依据。赛事申办计划图必须包括赛事申办的人员、赞助、财务预算、信息技术、后勤、宣传、策划、赛事营销等因素，各个因素之中又进一步包括了书面报告、资金赞助、周围的环境以及信息技术等内容。当然，在整个申办计划实施的过程中可能会发生一些变化，这些变化需要我们灵活应对，不能机械地按照计划图来操作。

（五）实施赛事申办计划

体育赛事申办计划的实施是申办计划实现的过程。在计划实施过程中，有效的调控和管理是体育赛事申办计划顺利实施的保证。在计划实施中要注意相应的人员关系、资金以及场地设施的合理安排，同时在实施计划的时候还要加强信息的搜集和分析，动态掌握竞争对手的策略变化，不断调整和完善赛事申办计划，加强赛事申办计划实施的效果。

四、体育赛事申办工作中的重点环节

（一）申办报告的撰写

申办报告的撰写是申办过程中最重要的工作之一，也是最困难的工作之一。申办报告是评估申办城市的主要依据，是投票委员了解申办城市的主要文件，各个申办城市对此都倍加重视。以下是北京奥运会申办报告撰写的全过程，它客观反映了申办报告撰写的重要性和艰巨性。

2000年8月28日上午9时，北京以出色的答卷与巴黎等其他4座城市一起，由申请城市进入候选城市行列。在此之后，北京奥申委便调动全部力量投入到申办报告的撰写中。申办报告是国际奥委会的一篇"命题作文",是申办城市递交的最核心的文件,共分18个主题,近200个小专题,几乎囊括了一个城市方方面面的情况。可以说,它既是北京承办本届奥运会的标书,是国际奥委会委员投票的重要依据,又是北京市未来8年的发展规划;从某种意义上说还是中国给世界的一份承诺书。一些重大的主题直接涉及党和国家领导人的决策,直接影响到北京未来8年的发展布局,可以说牵动了上上下下、方方面面,工程浩繁,政策性极强。

国际奥委会对申办城市提交的申办报告要求非常严格,每个主题都要作定性定量的陈述,甚至对篇幅和文字都有严格限制,还要译成英、法两种文字,在规定时间内送达瑞士洛桑的国际奥委会总部。

完成这个浩大的工程只有不到100天时间。北京奥申委抽调各路精兵强将,夜以继日地展开了报告的撰写工作。申办报告宏观之处如同一个政府工作报告,包括经济、文化、法律、外交等方面的内容;细微之处好似一个具体会议安排,连一些场馆有几个门、门的方向、从运动员村到比赛场馆的路程及所用时间都必须交代清楚。《申办报告》的撰写过程也是一个科学研究的过程。按照要求,报告必须提供2008年北京市饭店的床位和单价,国家的发展规划最长也只有5年,要预测8年后的状况实在称得上是个科研课题。有的组织对北京在8月举办奥运会的天气状况提出质疑,气象专家立即对北京50年来8月份的天气情况进行分析,用科学的数据进行解答。可以说,每个数据、每个结论都是经过专家反复论证得出的。

由于时间紧迫,申办报告实行中、英、法文同改同译。从开始撰写到最后付印,20万字的报告,用奥申委官员的话说"颠覆性"的修改,中文本有10次,英法文文本各有3次,局部的修改不计其数。直接参加撰写的工作人员达200人之多,不同程度参与撰写工作的有近3000人。其中,除了国内的专家外还有专门聘请的外国专家,北京外国语大学几乎动用了法语系的全部人员投入翻译工作。

在报告撰写过程中,北京市委书记贾庆林、市长刘淇、国家体育总局局长袁伟民、党组书记李志坚等领导亲自参加讨论,奥申委的各级领导直接参与了撰写。报告的撰写人员创造过连续工作32小时的纪录。73岁的吴重远在起草过程中患脑血栓住院,半身不遂的老人躺在病床上仍让儿子打电话提出修改意见。71岁的原国际奥委会副主席何振梁与其他专家负责英、法文文本的最后把关,报告定稿后,老人也进了医院。

经过投标获得装帧设计工作的北京理想设计艺术公司和在最后时刻勇于承接印刷任务的深圳雅昌彩色印刷公司,以员工的聪明才智和夜以继日的劳动,为申办报告设计了受到高度赞誉的装帧，印制了精美的图册。他们都是改革开放中成长起来的民营企业，申办报告中同样倾注了中国企业界支持申奥的热情。

2001年1月17日，在国际奥委会规定时间的最后一天，这部以中国传统书函、书匣为外包装，以中国红和金色为基本色调，英法文对照翻译，重5.6公斤、共596页、近20万字，被誉为"红盒子里的北京蓝皮书"的申办报告，由北京奥申委秘书长王伟亲自送到瑞士洛桑国际奥委会总部。负责接收的奥委会官员当场做了4个字评价："非常出色！"

2001年5月15日，国际奥委会评估委员会在对北京的评估报告中写道："在北京举办2008年奥运会将给中国和世界体育留下独一无二的宝贵遗产"。这是对北京的肯定，也是对北京申奥工作的肯定。

（二）申办过程的公关

在体育赛事申办的各个环节中，申办过程的公关活动是其中一个非常重要的环节。下面以2008年北京奥运会为例，阐述申办过程的公关活动的途径、重点以及对成功申办的重要作用。

1. 加强与国际媒体的联系和合作

争取舆论支持，营造良好的舆论环境是取得申办成功的重要条件。申办期间，北京奥申委与300多家境外媒体驻京机构建立了密切联系，定期召开新闻发布会。截止2001年6月底，北京奥申委共接待境外记者240批334人次，涉及境外新闻机构130家。国际媒体对中国对北京的报道量不断攀升，仅2001年前5个月的文字报道就达1700多篇。

北京奥申委网站是申办城市中最早开通的官方网站。网站每天用中、英、法、西四个语种向外发布大量信息，介绍中国，宣传北京。网站首页图片新闻基本做到每日更新，中文新闻每天保持在15~20条，英文新闻保持在每天10~15条，法文、西班牙文新闻每天5~10条。为在激烈的竞争中始终处于领先位，网页进行了两次大的改版，仅四个语种的页面就达5000多个。奥申委网站还经受住了多次"黑客"的入侵，一分钟也没有停止工作。网站全新的画面、丰富的内容吸引了众多的访问者，平日的访问量就达6万左右，重大活动期间访问量还会成倍增长。2001年7月13、14日两天，日均访问量创下了660万的纪录。

北京奥申委还在海外人士集中的20个星级饭店、首都机场、中国国际航空公司、美国西北航空公司等7家涉外机构发送申办宣传品20万份。大规模的对外宣传和公关活动使北京蓬勃发展、充满生机的形象得到国际社会越来越充分的认同。

2. 最大限度地争取人民群众对申办的支持

民众的支持率情况是国际奥委会在选择举办城市时重点考虑的因素之一。因此，争取广大群众的支持是取得申办成功的必要条件。北京奥申委从申办一开始就把申办奥运会同加快首都城市发展紧紧联系在一起，极大地调动了群众支持申办的热情。

北京市委、市政府始终坚持"以申办促发展，以发展助申办"的方针，从基础设施建设、环境保护、市容管理、新闻宣传等七个方面入手，提出了多项与申奥直接相关的任务，并逐项加以落实，大大加快了首都各项建设的步伐，使群众亲身感受到申办奥运带来的巨大变化，支持申办奥运的热情更高了。正因为有90%以上市民的坚定支持，北京在五个候选城市中一直雄踞民众支持率之首。

3. 高水平完成各项规定任务

争取国际奥委会委员对中国对北京的了解，使其对北京成功举办一届历史上最出色的奥运会充满信心，是取得申办成功最关键的因素。北京奥申委充分利用申办规则所允许的活动空间，向国际奥委会委员及奥林匹克大家庭的成员展示北京的独特优势，不断增强他们对北京的信心。

在申办之初，通过在国内外的广泛征集，北京奥申委形成了独具特色的申办会徽和口号，提出了"绿色奥运、科技奥运、人文奥运"的理念。北京的申办活动一开始就带有自己的特色，收到了独树一帜的效果。申办会徽将中国与奥林匹克，体育与文化艺术紧密地联系在一起，突出了以人为本的人文奥运的内涵，得到了国内外广泛的赞赏。相对于其他城市的申办口号："新北京，新奥运"突出了通过举办奥运会，促进城市与奥林匹克运动共同发展的相互关系，高度概括了奥运会将使北京展现更加蓬勃兴旺的新面貌，13亿人民的直接参与将为奥林匹克运动掀开崭新的篇章这样一个寓意。"三个奥运"的主题既继承了以往奥运会的传统，又突出北京奥运会作为一届人文奥运会的特色。

接受国际奥委会评估团的考察是申办中最为关键的环节之一。由于投票委员不能访问候选城市的规定，能否使国际奥委会考察团得出对北京有利的考察结论，对取得多数委员的支持是至关重要的。在迎接考察团的过程中，充分发挥首都知识密集、人才密集、信息密集的优势，借助"全市之力"，动员各方面优秀人才直接参与18个主题的陈述，使考察团对我们的语言交流能力、专业知识和经验、工作进展和计划等各个方面均留下了深刻的印象，为申办成功奠定了坚实的基础。

4. 充分发挥体育界知名人士的作用

在北京奥运会的申办过程中，许多资深的体育官员、专家和优秀运动员纷纷加入为北京申奥公关的行列中。在北京申奥的日日夜夜里，有许多体育界的知名人士和运动员不辞辛劳，奔赴世界各地向人们表达北京申奥的愿望、条件和能力，为北京获得2008年奥运会的承办权立下了汗马功劳。

（三）申办的陈述

体育赛事申办的陈述是每个申办城市在委员投票前最后一次说服他们的机会，从传播学的角度而言，是一种说服传播。随着科学技术的革命性发展，在以经济为核心、以信息技术为主要动力的全球化背景下，说服传播在社会生活中的作用日益增强，其形式也发生了巨大变化。陈述说服成为许多重要国际体育赛事的申办形式。以奥运会为代表的体育赛事的申办陈述是在信息化和全球化的时代背景下出现的现代说服模式，是典型的主客方平等的交互式说服。在申办的陈述中，陈述人、陈述内容和陈述形式都很关键。

莫斯科陈述是整个申办的决定性环节，是北京奥申委唯一一次面对全体委员进行的直接交流的机会。为胜利完成这项任务，奥申委进行了长时间的、周密的、反复的谋划和演练。8位出场陈述的同志涵盖了政府领导人、体育官员、奥运冠军、体育工作者以及文化界的知名人士，具有广泛的代表性。在陈述内容上，既反映政府和人民对举办奥运会的热切愿望和积极支持，又详细介绍了我们对奥运会重要设施建设和组织工作的规划和构想；在陈述形式上，既有声情并茂的演讲，也有画面生动的影像。在全体同志的共同努力下，陈述取得圆满成功，深深打动了全体委员，为赢得申办打了最后一个漂亮仗。

第二节 体育赛事成功申办的条件

一座城市要成功申办一项体育赛事，尤其是大型体育赛事会受到多方面因素的影响，这些因素相互依赖，相互制约。根据体育赛事与城市之间相互作用的机理，体育赛事所有权方（如国际奥委会、国际足联等）的有关规定，以往申办城市的经验，及成功举办体育赛事城市的情况，总结出城市成功申办体育赛事的四个条件要素：经济技术要素、人文要素、政治要素、推介要素。

经济技术要素包括申办城市的经济基础，城市容量，产业结构以及更为具体的场馆条件、食宿条件、市政基础设施条件等各方面因素；人文要素是指申办城市的社会、地理、历史、文化等诸要素；政治要素是指申办城市所处的政治环境，包括地缘政治、赛事的发展理念，国际、国内政治形势等因素；推介要素主要包括两个方面内容，一方面是指公共宣传，另一方面是指与有关投票人员的沟通。在这些要素中，经济技术要素是基础，没有经济技术的基础条件，城市申办体育赛事只能是空中楼阁。但是，仅仅有经济技术要素还是远远不够的，还必须具备人文要素。另一方面，城市地理、气候条件对于举办体育赛事具有一定的决定作用，它是一种必要条件；同时城市的社会、历史、文化条件对获得体育赛事举办权以及推动体育赛事的发展也具有很强的影响。因此，经济技术要素与人文要素是城市申办体育赛事的核心要素与前提条件。

此外，成功申办体育赛事还要包括政治要素及推介要素。政治竞争力是城市申办体育赛事时所处的政治环境，如地缘政治、申办城市对体育赛事发展所提出理念的响应等。这些因素对城市申办体育赛事的影响是积极的还是消极的，更多地取决于主观因素，其实质是各国际组织中利益团体的利益纷争。推介要素中的公共宣传是指城市利用各种大型活动，特别是大型体育赛事，积极宣传推介城市。与投票人沟通是针对投票人（国际奥委会委员、国际足联委员等）的宣传以提高申办城市竞争力。这种竞争力既有显性的因素，又有隐性的因素。显性因素是指城市在公开场合向所有的体育组织委员推介城市，让他们更了解自己，表现出更强的竞争力。隐性因素是指城市向体育组织委员推介城市，但是这种推介更多的是强调针对个别人、非正式场合的推介，即利用各种各样的形式，在不同场合，推介城市的各方面优势，引起体育组织委员的注意，达到提高城市申办体育赛事竞争力的目的。这种努力一方面是反映申办城市的优势，另一方面是更多地争取投票人的理解、支持，为申办成功赢得良好的舆论氛围和印象分。

一、经济技术要素

城市的经济技术要素具体包括经济基础、城市容量、产业结构、与体育赛事直接相关的各种场馆条件、食宿条件、基础设施、概念设计等。经济基础是指整个城市的经济发展状况，包括城市人均GDP等。经济基础不仅仅是指申办城市的经济发展状况，还包括申办城市所在国家的经济发展状况，两者相互依托。城市的经济发展状况直接决定城市在举办体育赛事时所能投入或吸引的资金潜能。经济发展水平越高，投入或吸引资金的潜能就越大。同时申办城市所在国家的经济发展水平高，也会为申办城市创造一个良好的环境。如为申办城市提供各种担保，同时还能为申办城市的基础设施建设进行投资，以提高申办城市举办体育赛事的能力。城市容量主要是指城市所能承载的城市人口，城市容量大，则承载的人口多，体育赛事对城市发展的影响不会表现为"冲击性"，而是趋于循序渐进的平稳式发展。产业结构是指城市的支柱产业、主导产业是否为与体育赛事相关的产业。如果是与体育赛事相关的产业或对体育赛事影响最大的产业，则体育赛事的举办会得到硬件、软件等诸多方面强有力的支撑和保障；同时，体育赛事对城市及相关产业的发展也会有巨大的推动作用。根据体育赛事与城市作用机理，城市与体育赛事的关系纽带是城市的第三产业。因此，第三产业的比重对于申办城市具有重要影响。场馆条件是指举办体育赛事时所需要的各种竞赛及训练场馆、新闻中心、主运营中心等。有些场馆，特别是比赛用的场馆必须符合相应国际体育组织的有关技术要求，以保证赛事的正常进行。食宿条件是指为参加体育赛事的各种人员提供的住宿、餐饮等条件，如举办奥运会时，为运动员准备的奥运村，为新闻记者们准备的记者村，以及为各国政要、国际体育组织委员、各代表队的官员，还有来自世界各地的观众和游客而准备的各种星级宾馆等。基础设施是指城市为举办体育赛事所能够提供的交通、通信等各种市政基础设施，如城市与外界联系的航空港、铁路、公路，城市内连接各场馆之间的道路，场馆与宾馆之间的道路，城市的通信能力等。概念性规划设计是指申办城市为举办体育赛事针对赛区所进行的概念性规划设计，体现了申办城市对体育赛事理念、宗旨的理解以及对现代高科技手段的掌握和运用，并且这种设计是建立在申办城市的经济基础之上的，它是表现申办城市未来举办赛事区域风貌的蓝图。

二、人文要素

人文要素主要包括申办国家及城市的社会、地理、历史、文化等方面的内容。社会方面包括申办国家及城市的社会形态、生活方式、社会心理等诸多因素。社会形态是对一定历史时期的经济制度、政治制度和思想文化体系的总称，它是在一定生产力水平下的生产力和生产关系与经济基础和上层建筑的具体的、历史的统一。生活方式是指人们在物质消费、精神文化、家庭及日常生活领域中的各种行为方式。生活方式反映出了城市的经济发展水平，也是人们精神生活的真实写照。随着经济发展水平的不断提高，人们对旅游、休闲、健身的需求越来越大，人们也更渴望国际间的交流，开放意识更强，开放程度更高，而体育赛事正是对这种需求的一种满足。具有传统体育赛事举办历史的城市往往具有巨大的魅力以吸引其他体育赛事在此举办，同时该城市的政府和居民往往会更容易接纳其他体育赛事，并对申办体育赛事采取支持的态度。社会心理是指群体社会心理，如群体凝聚力、社会心理气氛等。社会凝聚力强，往往在申办体育赛事时表现一种较强的竞争力。

地理是指陆地、海洋、大气、动植物、人类的分布状态以及人类根据种种自然力的相互关系所从事的劳动。本章所指的地理是申办国家及城市的地理位置、自然景观、气候物象等。地理条件对某些体育赛事的影响较大，有些时候是决定性的，如只有高纬度地区的国家和城市才有开展冬季体育项目的自然条件和群众基础，才有可能举办冬季体育项目的赛事，申办和举办冬奥会。另外，由于地理位置的得天独厚，也可能使申办国家和城市更具吸引力，如1998年长野冬奥会奥运村的天然温泉，2000年悉尼奥运会向世界展示的澳大利亚特有的自然风光等都为城市增色不少，同时也是长野和悉尼赢得奥运会主办权的重要原因之一。

历史是申办国家及城市自古以来的发展轨迹。本章的历史既指申办国家和城市的发展历史，又指申办国家和城市举办体育赛事的历史。申办国家和城市具有厚重的历史，对于申办国家和城市来说是一笔财富，会使申办国家和城市具有独特的魅力。正如中国上下五千年的历史，就深深地吸引着对东方这一神秘国度充满好奇和向往的世界各国的人们，从而能够为北京申奥成功助一臂之力。同时申办国家和城市是否举办过国际性大型体育赛事，对其申办成功与否也有较大的影响。举办过大型体育赛事，一方面说明申办城市和国家有相应的举办能力，竞技体育水平也较高；另一方面说明申办国家和城市积累了丰富的组织此类体育赛事的经验。另外，经常申办体育赛事的城市或国家的申办活动绝不是心血来潮，而是有长期的规划，这自然就增强了其申办体育赛事的规划性、前瞻性，从而使其申办战略的制定与实施更为合理。

文化是人类所创造财富的总和，特指精神财富，如文学、艺术、教育、科学等。本章所说的文化是指申办国家和城市的文化，既包括申办国家和城市的人们创造出的各种精神财富，如艺术作品等，也包括人们的价值取向、创业精神、创业范围、交往操守，还包括人们保护生态环境的意识等表现人文精神状态与追求的内容。文化底蕴深厚的国家和城市，对人总是有一种深深的感染力。1990年的意大利，以时装表演和一曲"意大利之夏"拉开了世界杯的帷幕，这正是意大利足球文化与时装文化融为一体的产物，也是国际足联将世界杯的举办权交给意大利时所期待的。

三、政治因素

政治因素是指地缘政治、有关国际组织内部的斗争以及国际、国内的政治斗争等。这里的地缘政治主要指体育赛事在各大洲举办的关系。在国际奥委会中有一种不成文的规定，即奥运会尽量要在各大洲之间轮流举办。虽然现任国际奥委会主席罗格曾在公开场合明确表示，没有这种轮流制的说法，但大多数国际奥委会的委员还是对这一观点比较认同，并在多次投票选举申办城市的时候如此实践的。例如，在选举2010年冬奥会举办地的时候，虽然在第一轮投票中平仓郡（韩国）以51∶40∶16领先于温哥华（加拿大）和萨尔兹堡（奥地利），但在第二轮投票中温哥华却以56∶53战胜了平仓郡。很多媒体认为多数欧洲的奥委会委员是为了让2012年的夏季奥运会能够留在欧洲，而让2010年的冬奥会在北美洲举行，这样会削弱北美洲城市纽约申办2012年奥运会的竞争力，所以投了温哥华的票。2010年世界杯在非洲举办，2014年世界杯在南美洲举办，也是各大洲举办世界杯足球赛轮流制的表现。有关国际组织内部的斗争以及国际、国内的政治斗争也往往成为申办城市赢得举办权的重要因素。如2002年的世界杯足球赛由韩国和日本两国联合举行，就是当时的国际足联主席阿维兰热在权衡各方面的利益后而达成的一种妥协。与此同时，他还宣布两个国家联合举办世界杯不能作为先例，以后也不会再有两个国家联合举办世界杯的情况。但由于韩国和日本在联合举办世界杯上的出色表现，新上任的国际足联主席布拉特又称提倡由多个国家联合举办世界杯。由此可见，相关国际组织内部的政治斗争对体育赛事申办活动的影响是很大的。北京在申办2000年奥运会的时候，美国的国会特别通过了一项议案，借人权来反对北京申办奥运会，足见国际政治斗争对申办奥运会的影响。在申办2010年冬奥会时，韩国的平仓郡由领先到失利，很多人认为这是因为韩国国际奥委会委员金云龙为了竞选国际奥委会副主席，不支持平仓郡申奥，使得平仓郡最终以三票之差负于温哥华。

当然，在国际和国内政治局势动荡的地方，安全本身就是一个大问题，身处其中的城市的申办竞争力自然会大受影响。如在社会动荡的中东地区，欧洲三大杯赛的以色列主场就经常受到质疑，不少球员出于安全问题的考虑不愿去以色列比赛，这使得以色列大失颜面。在这种情况下以色列的城市申办体育赛事的竞争力就可想而知了。

民众对申办活动支持与否也是政治因素中的重要内容。在申办2010年冬奥会的竞争中，瑞士的伯尔尼在申办阶段胜出，进入候选城市行列。但由于民众不支持申办冬奥会的活动，全民公决没有通过伯尔尼奥申委的相关提案，使伯尔尼最终退出了候选阶段的竞争。

四、推介因素

推介因素包括公共宣传及与投票人员的沟通。公共宣传包括两方面的内容，一种是城市的一般性宣传,这种宣传的目的主要是让人们增进对该城市的了解,欢迎到该城市进行旅游和投资。其中有的是刻意的,通过一些广告媒介进行宣传,有的是以某些大型活动作为媒介而进行宣传。另一种是城市针对申办体育赛事活动而进行的宣传。这种宣传对于城市申办工作会有较直接的作用,目的性较强,时效性也较强。它的宣传内容具有广泛性,既包括相关设施,如体育场馆等,又包括交通、通信等基础设施;既包括人们现在的社会生活方式,又包括自然风光,文化古迹等。公共宣传的力度越大,影响范围越广,对体育赛事的申办就越有利。公共宣传对于推介申办城市,获得国民及市民的支持具有重要的作用,通过宣传可以让市民、国民更了解申办城市的目的,也可以让世界上更多国家的人们了解申办城市,以支持申办城市。这是争取"民心"的最主要的方法。

当然公共宣传也要讲策略,好的策略能达到事半功倍的效果,否则将是事倍功半。公共宣传与国家和城市对申办体育赛事所持的态度以及战略安排有关。如果国家对其城市申办体育赛事所持的态度是积极的,并且在战略上有长期的安排,那么公共宣传与体育赛事的联系也可以是长期的,这不仅可以使公共宣传的安排更为合理和有效,同时还可以避免短期促销而产生的局部时段促销投资较大而持续效果并不明显的弱点。

另一方面是与投票人员的沟通,包括正式与非正式的。例如国际奥委会派考察小组对申办城市进行专项考察,此时申办城市及申办委员会的相关人员与考察人员的沟通就属于正式沟通。申办城市的申办委员会人员在国际奥委会召开的竞申会议上的陈述及答辩都属于正式沟通。而在举办各种赛事期间,以及其他友好往来过程中的沟通就属于非正式沟通。

与投票人的沟通是整个申办过程中最重要的组成部分,但正式沟通的机会总是有限的,并且时间是固定的,不能做出灵活安排。而非正式沟通形式多样,时间安排灵活。所以,非正式沟通将以与投票人沟通为重点。在非正式沟通的过程中,可以详细介绍投票人对申办城市感兴趣的方面,并与投票人达成共识。同时还可以从更深层次上了解投票人员的价值取向、兴趣偏好,对申办城市的设想和期望等,并在一定程度上影响投票人员的想法,不能忽视非正式沟通的意义和作用。为非正式沟通寻找机会也是非常重要的,主要还在于平时的积累,如各种国际性的赛事、会议等,都是进行非正式沟通的绝好机会。

第九章 体育赛事的计划

本章首先阐述了体育赛事计划的分类、原则及要素。在此基础上，对体育赛事的范围计划、进度计划和资源计划的内容和方法进行了分析与论证。

第一节 体育赛事计划概述

体育赛事的计划是在体育赛事申办成功后，对体育赛事的总体运营所进行的复杂的规划过程。体育赛事计划的制定应该针对体育赛事的具体情况而有所变化。

一、体育赛事计划的种类

计划是管理的主要职能之一，也是一种重要的管理工具。计划就是选择目标并建立为实现这些目标而确定的方针、政策和程序的过程。古语有云："谋定而动"。"谋"就是做计划，也就是做任何事情之前，都要先计划清楚。项目管理泰斗科兹纳的说法更是一针见血："不做计划的好处，就是不用成天监控计划的执行情况，直接面临突如其来的失败与痛苦。"由此可见，项目计划在项目管理中的重要性。

体育赛事计划是对体育赛事运营详细的指导方案，能确切地告知赛事管理团队必须做什么，必须何时做以及需要什么资源等。体育赛事计划对体育赛事的运营有着十分重要的意义。它使我们更清晰的了解选择这项赛事的理由；有利于准确的定义、规定这项赛事需要达到的目标或要实现的目的；有利于控制和指导体育赛事运营管理的方向；有利于协调各部门和工作人员之间的关系，增强团队凝聚力；有利于预见与预防赛事运营的风险。

由于计划的有效性受权变因素的影响，即受到组织层次水平、环境不确定性程度等因素的影响。因此，不同的体育赛事项目对计划有着不同的要求。总的来说，体育赛事的计划包括战略计划、战术计划、作业计划三种类型。

对于奥运会这类组织复杂、规模大、级别高的体育赛事，计划的战略性作用显得尤为突出。但这不表示，只有奥运会这类体育赛事才有战略性计划。每个体育赛事的计划都应该包括战略计划、战术计划、作业计划，只是根据赛事的不同情况，所占比重有所不同。体育赛事的计划绝对不是一个机械或者直线式的模式，应当具有一定的灵活性，体育赛事战略计划、战术计划、作业计划在不同层次的体育赛事组织中应有不同的要求与体现。

一般而言，筹备期持续 5 年或是更长时间的体育赛事的战略计划在其总体计划中的比重较大，如奥运会、世界杯足球赛。而筹备期为 1~5 年的体育赛事的战术计划在其总计划中的比重较大，如世界锦标赛。对于一些组织时间在 6 个月到 1 年之内的一般规模的体育赛事则以作业计划为计划主体。

（一）体育赛事的战略计划

战略计划是一系列决定组织长期绩效的管理决定与行动，是企业根据外部市场营销环境和内部资源条件而制定的涉及企业管理各方面（包括生产管理、市场营销管理、财务管理、人力资源管理等）的带有全局性的重大计划。战略计划也称为长期计划，是为实现组织的长期目标而制定的有广泛意义的计划，通常表现为三年或五年以上的发展规划。

体育赛事的战略计划是体育赛事承办方根据主办方及国家大环境、运营方内部情况等制定的统筹体育赛事管理全局的计划。类似于为体育赛事的管理制定一个宏观的目标，指出一个最重要的方向。对于大型的体育赛事来说，从宏观角度为赛事做一个详尽的战略计划，有利于为整个赛事计划指明宏观的发展方向，避免走错路、弯路。对于一些小型的体育赛事，战略计划也是必要的，但通常通过体育赛事的总体目标体现出来。

体育赛事战略计划是应用于整个体育赛事的组织，目的在于为组织设立总体的较为长期的目标，寻求组织在具体的社会、经济环境中地位的计划。体育赛事战略计划的周期较长，涉及面较广，计划目标具有较大弹性。制定这类计划的主要依据是国家政策等社会大环境，而社会环境往往是多变的，难以捉摸的，这就给体育战略计划的制定者提出了较高的要求。具体的体育赛事战略管理过程如图 9-1 所示。

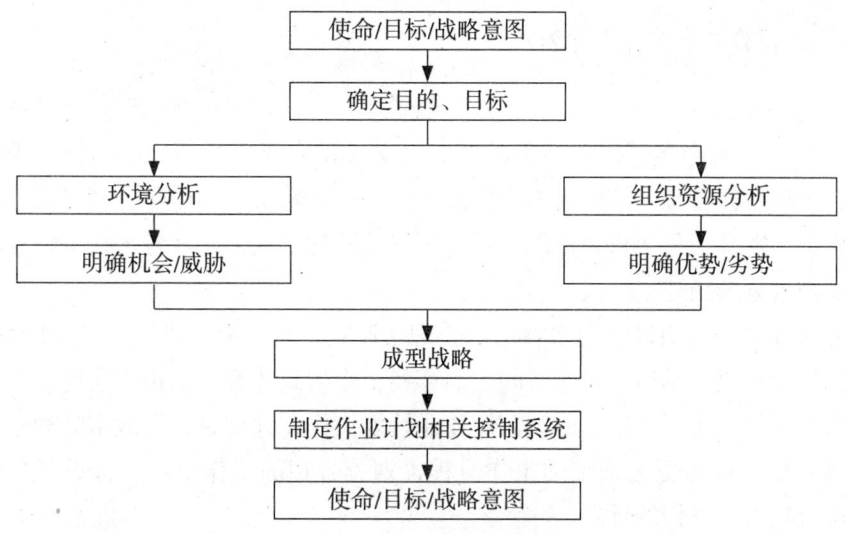

图 9-1 体育赛事战略管理过程

(资料来源:肖林鹏,叶庆晖.体育赛事项目管理 [M].北京:北京体育大学出版社,2005:124.)

(二) 体育赛事的战术计划

战术计划是指规定总体目标如何实现的细节的计划,其需要解决的是组织的具体部门或具体职能在未来各个较短时期内的行动方案。战术计划与战略计划之间具有一定的联系与区别。战略性计划是战术性计划的依据,战术性计划是战略性计划的落实。战略计划的一个重要任务是设立目标,而战术计划则是假设目标已经存在,只需为其提供一种可按照一定程序来实现目标的方案。

体育赛事战术计划是指根据体育赛事的战略计划,针对体育赛事的组织与管理制定的详细实施计划。它集中解决了体育赛事运营中局部的、短期的以及保证战略计划实现的问题等。制定这类计划也需要根据体育赛事外部的环境、国家政策等信息,但主要还是依据体育赛事内部组织的问题来进行计划,并可以基本按照计划的程序进行,不会有太大的变化。

体育赛事战术计划具有小规模、局部性、及时性、严密性等特点。具体来说体育赛事战术计划涉及的时间跨度比较短,覆盖范围也较窄。其内容相对战略计划来说,更加的具体、明确,并通常要求具有可操作性。战术计划的任务主要是规定如何在已知条件下实现根据体育赛事总体目标分解而提出的具体行动目标。

(三) 体育赛事的作业计划

在完成体育赛事战略计划和战术计划制定后，计划的最终实施始终要落实到作业计划中。体育赛事作业计划是对如何完成体育赛事总体目标的细节进行规划，它会随着体育赛事的规模而发生改变。一般体育赛事的作业计划必须包括竞赛、营销、财政预算、人力资源、物资配置等管理要素，并对各个任务领域进行进一步的划分及描述。

作业计划通常由体育赛事各部门管理者制定，用于完成其工作职责的计划。战术计划虽然比较具体，但在时间、预算和工作的具体程序上仍不能满足赛事各部门具体工作的需要，所以必须制定作业计划。作业计划是根据战术计划中确定的具体目标，确定更为详细的工作流程，划分合理的工作组织，分派任务和资源，确定权力和责任的计划。

二、体育赛事计划制定的原则

(一) 目的性

计划是体育赛事举办之前，对整个赛事的组织、运营的总体方案。任何体育赛事计划的制定都是围绕着该体育赛事的组织目标展开的。目标是体育赛事计划各个部分内容的基准和统领。没有目标或者目标含糊的体育赛事计划将流于形式，甚至会因为目标的不清晰而引起体育赛事运营团队中成员之间的矛盾。在进行体育赛事计划时，必须要有一个明确的总体目标，并根据总目标制定相应的子目标。通过完成这些子目标来实现体育赛事运营中的各个任务，最终达到体育赛事的总目标。

(二) 系统性

体育赛事计划是由一系列相关的子计划组成的一个非常庞大的系统。各个子计划有其组织的相对独立性，但又与总体的计划息息相关，相互制约，共同作用。体育赛事子计划的变化不可避免的会影响赛事总体计划的实施。在制定计划时，要根据赛事的特点，反映出赛事项目所具有的基本特征，使得赛事计划的各个部分相协调，组成一个有机的整体。

(三) 动态性

体育赛事从申办、计划到最后的组织举办，一般均需要一个较长期的组织、讨论过程。在实施计划的过程中，很容易发生实际与计划不符的情况。在体育赛事计划的实施过程中，应该根据赛事运营内外部环境的变化对赛事进行动态管理，使赛事计划适应赛事运营的总体目标与实际情况。

(四) 完整性

完整性是体育赛事计划的重要要求，一个不完整的体育赛事计划在实际操作时会为赛事的运营带来很多不可预知的风险，也不利于人、财、物的总体安排。如果在赛事计划时遗漏了某项工作，具体实施时再进行重新安排，就很容易打乱各个部门的人、财、物的分配，可能会造成极大的损失。在制定计划时，一定要全盘考虑赛事运营的各个方面，为可能发生的风险留有一定的处理余地，使计划富有弹性，在实施中能够轻松应对各种突发事件。

(五) 相对稳定性

体育赛事计划应该具有动态性，以保证与赛事运营的总体目标与实际情况相吻合。但是，赛事计划也应该有一定的相对稳定性，避免有过大的变动。体育赛事的计划是整个赛事组织工作的基本风向标，每个部门、每个人员都应该依照赛事总体计划进行工作的准备与布置。如果体育赛事的计划经常出现较大的变动，不利于整个组织规则的确定，计划将成为一纸空文，也容易造成组织内部的矛盾。

三、体育赛事计划的要素

体育赛事的计划涵括了体育赛事组织运营的各个方面。一般来说，赛事的计划应由赛事概述、组织目标、范围计划、进度计划、资源计划及风险管理六个要素组成（图9-2）。

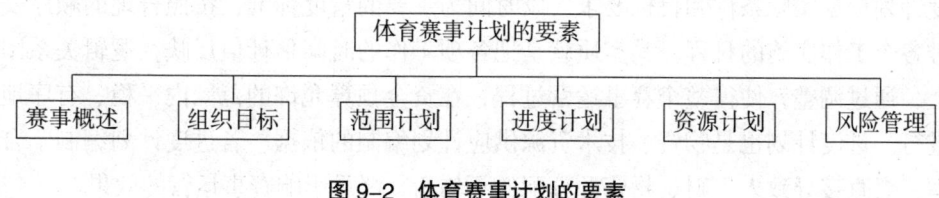

图9-2 体育赛事计划的要素

(一) 赛事概述

赛事概述是对整个赛事的运营背景、组织机构、赛事亮点的一个简单的概括。应运用简洁、精练的语言，全面地向上级领导或赛事的赞助商介绍往届赛事的组织情况和目前的运营现状。其内容主要包括赛事的名称、组织单位、赛事亮点等。

(二) 组织目标

目标是一个人试图完成行动的目的，是引起行为的最直接动机。美国心理学家洛克（E.A.Locke）于1967年最先提出了"目标设置理论"（Goal Setting Theory），他认为目标本身就具有激励作用。目标能把人的需要转变为动机，使人们的行为朝着一定的方向努力，并将自己的行为结果与既定的目标相对照，及时进行调整和修正，从而实现目标。

体育赛事管理的目标，是赛事计划各个部分内容的基准和统领，是制定计划的前提。在体育赛事管理过程中，应高度重视赛事目标的确定，发挥其激励作用。通过清晰界定体育赛事管理目标，确保体育赛事的顺利举办。

(三) 范围计划

体育赛事计划跨越整个赛事运营的过程，是关系赛事组织所有部门及人员的一份工作方案。在确定体育赛事管理的目标后，应该明确为完成目标所要做的各项工作，也就是体育赛事管理的范围。通过确定体育赛事计划的范围，保证计划的内容没有遗漏，做到全面的控制、评估整个赛事运营的进度。同时，通过分解工作、分担责任，还可以使体育赛事的运营在启动阶段就关系明确、次序清晰，减少规划期的失误。

(四) 进度计划

体育赛事进度计划是表达体育赛事运营中各个工作的开展顺序、开始及完成时间及相互衔接关系的计划，直接关系到体育赛事组织的落实与进度的评估。进度计划根据实际条件和目标要求，以时间为主要的量度标准，按照合理的顺序安排各个工作实施的日程。其实质就是把各项工作的时间估计值反映在逻辑关系图上，通过调整，使得整个赛事运营过程，在资金预算允许的范围内平稳、有序地进行。进度计划也是物资、技术资源供应计划编制的依据。若进度计划编制不合理，会直接导致人、财、物资源分配的不均衡，严重影响赛事运营的效果。

(五) 资源计划

资源计划是确定开展每一项工作所需要的人、财、物等资源的计划。其中，人力资源计划主要解决人力资源的来源及分配问题；财务资源计划主要通过预先估计赛事的收入与支出，最大限度地保证赛事运营能够收支平衡甚至获得盈余；物质资源的计划主要是赛事的场地、设备、配套服务设施等资源的供给和分配问题。在资源计划中，应充分重视环保理念，对资源进行循环利用，达到资源的有效配置。

(六) 风险管理

体育赛事与其他常规项目相比具有一次性的特点，每项体育赛事都有其自身的特点。体育赛事往往是独一无二、不可复制的，很容易受到外界环境和突发事件的影响。这些不可控的因素常常直接影响体育赛事的举办，甚至会给赛事运营方带来巨大的经济损失。但是有些风险通过加强管理等措施是可以尽量避免的，作为赛事的运营方，一定要在做赛事计划时就充分考虑到有可能发生的危机事件，并制定相对应的解决方法。

第二节 体育赛事范围计划

项目范围计划是在项目管理中普遍运用的一种规划工具。通过项目范围计划，可以较为清晰地对项目工作的范围进行分解与确定。在进行体育赛事计划的时候，也应充分利用这一规划工具，重视赛事项目范围的界定与计划，确保赛事相关工作的进行。

一、体育赛事范围计划的内容

项目范围计划是用来说明项目团队如何确定项目范围，制定详细的项目范围说明书，核实项目范围，以及控制项目范围的。

体育赛事范围计划是指为了顺利完成体育赛事运营而设置的一系列必要的工作计划。它包括体育赛事最终成果的范围与完成一个成果所必需的全部工作的范围。它通过对赛事筹备、组织等相关工作的分解，明确责任和组织结构，有利于在计划阶段明确赛事管理工作的关系、次序，减少规划期的失误。

(一) 赛事目标

目标是管理活动的指示针，它指明了管理组织在一定时期内总的发展方向、发展战略、发展规模和要达到的水平。在做体育赛事范围计划时，第一步就要定义体育赛事的目标。对于体育赛事的组织者来说，目标方针应该体现为赛事主办方、赞助商的目标要求，并反映组织赛事的基本任务和要达到的水平。这样才能指导各具体目标的确定和各职能部门工作目标的建立。

(二) 赛事组织结构

体育赛事计划的制订、实施离不开体育赛事组织结构。没有体育赛事组织结构就无法制定赛事计划，且赛事计划的实施必然要由赛事组织来承担。在进行赛事范围规划时，要重视赛事组织结构的建设，保证赛事计划范围内的每项工作都有相对应的部门去实施。

(三) 赛事范围规划

体育赛事范围规划需要确定体育赛事管理的范围，说明体育赛事运营任务完成的标志等，它是后续工作的基础。体育赛事的范围规划一般包括以下内容：竞赛参加者的确定；观众的确定，即确定观赛观众的类别、购买能力、数量等；赞助商的确定，即确定赞助商的类别、主要赞助方向；赛事服务范围的确定，即与服务承包商签订合同，为参赛者、观赛者提供保险、清洁、餐饮等各种服务；赛事现场的管理工作，即在现场协调参赛者、观众与工作人员之间的关系，确保赛事顺利进行；赛后评估工作，即在赛事结束后对赛事的各项工作的效果进行评估。

体育赛事竞赛活动与相关活动（开幕式、闭幕式、相关宣传）的组织在赛事运营中有着重要的地位。它们是引导体育赛事运营更贴近体育赛事组织目标的一个良好手段。进行体育赛事范围规划时，应重视体育竞赛及赛事周边活动的规划。通过各类活动的组织，将赛事与举办城市的特征相融合，充分发挥赛事活动的宣传效应，扩大其对举办地的影响。

(四) 赛事范围定义

体育赛事范围的定义是将体育赛事运营中的主要工作任务细分成较小的、更易于管理的工作项目。在进行体育赛事范围定义时，会将工作进行细分，建立体育赛事的总体工作分解结构（WBS 图）。通过这样的方法，较为清晰地将体育赛事的范围与相关工作的细节体现出来。

二、体育赛事范围计划的方法

(一) 设立体育赛事目标的方法

体育赛事目标设立的方法就是在遵循体育赛事目标设立原则的基础上,以体育赛事组织的主客观条件为依据,对赛事目标进行设立的过程。

1. 目标设立的原则

目标设立的适当与否,直接关系到项目管理活动的效果,乃至整个管理活动的成败。在制定体育赛事目标时,应遵循以下几个原则:

(1) 关键性与全面性相结合。在确定目标时,既要从赛事的基本任务出发,全面考虑,又要突出赛事组织的重点和关键性工作。

(2) 灵活性与一致性相结合。在确定目标时,要综合考虑总目标与子目标之间的关系,使两者保持一致,以保证总目标的实现;同时,还要从任务的实际出发,使目标具有一定的灵活性,能够适应未来的发展和客观环境的变化。

(3) 具体化和定量化相结合。对于目标的描述,应该用较详尽的语言,尽可能用一些明确的数量指标、质量标准来表示。这样有利于利用这些定量的标准,在体育赛事组织的过程中及组织结束后,对目标实现与否进行有效的评估与审核。

2. 目标设立的依据

体育赛事目标设立的依据是主客观条件统一的过程,即赛事主办方主观的需要以及体育赛事运营方主观条件与客观大环境的有机结合,是正确设立体育赛事目标、保证体育赛事管理的基础。体育赛事目标与一般体育赛事组织的主客观条件关系如图 9-3 所示。

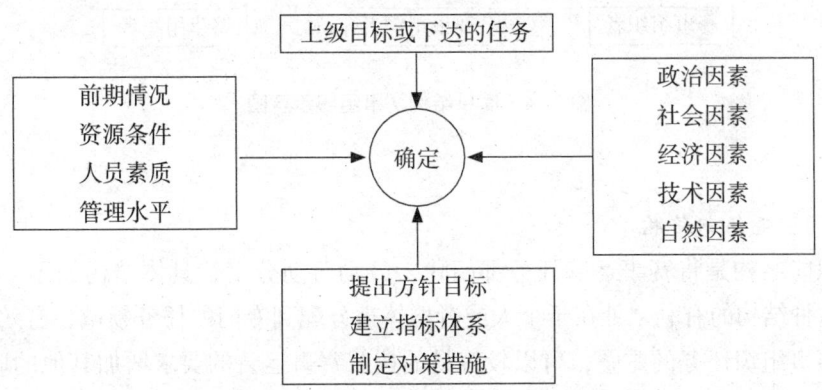

图 9-3　体育赛事目标与一般体育赛事组织的主客观条件关系

目前，赛事主办机构在进行体育赛事总体目标制定时，已经不仅仅关注体育赛事为城市带来的经济效益，而更多地关注于怎样通过举办体育赛事对城市品牌达到有效的营销，扩大城市的知名度、美誉度。同时，举办城市也越来越关注怎样通过体育赛事的举办，充分发挥体育产业的综合效应和拉动作用，从而推动体育旅游、体育会展、体育出版、体育传媒、体育创意等相关产业的发展。

（二）体育赛事组织结构确立的方法

对管理者来说，一个合理的组织结构能够促进任务及时、有效地完成。有利于降低目标的复杂性，把全局目标分解成便于管理的下级目标。

通常，管理学将组织的结构分为简单结构、职能结构、矩形结构和网络结构四种类型。在进行体育赛事计划时，应针对不同赛事的特点，设计不同的赛事组织结构。

1. 简单组织结构

该结构在小规模赛事中使用比较普遍，所有的决策都由负责赛事组织者活动的管理者做出（图9-4）。这种结构具有灵活性与适应性的特点。由一个管理者负责整个赛事活动，责任明确，当赛事组织者具有多项工作任务时，可以进行有效的协调。但是当组织达到一定规模时，仅由单个管理者做出决策就会影响决策效率。另外，这种组织结构管理的效果与管理者的素质相关性很大。由于管理信息集中在单个人身上，当个人不能行使职责时，将对组织的管理产生极大的负面影响。

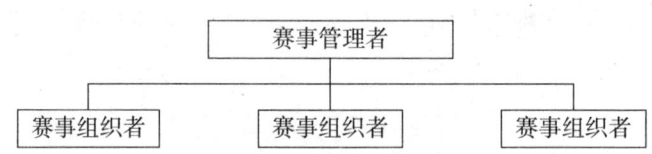

图9-4 简单结构赛事组织示意图

2. 职能组织结构

职能结构是将赛事运营任务部门化，鼓励劳动分工，具体结构如图9-5所示。这种结构的有利之处在于个人或者群体被分配到专门的任务领域，有效地避免了赛事组织任务的重叠，可以较容易的按照赛事运营的要求增加其他的职能。而其局限性在于承担不同任务的群体和个人之间难以协调。为解决这一问题，可以要求工作人员在不同职能领域轮转，所有部门管理者或者领导之间定期召开会议，并利用工作人员全体大会和简报等形式进行沟通，以增加不同部门群体和个人对组织现有状况的了解。

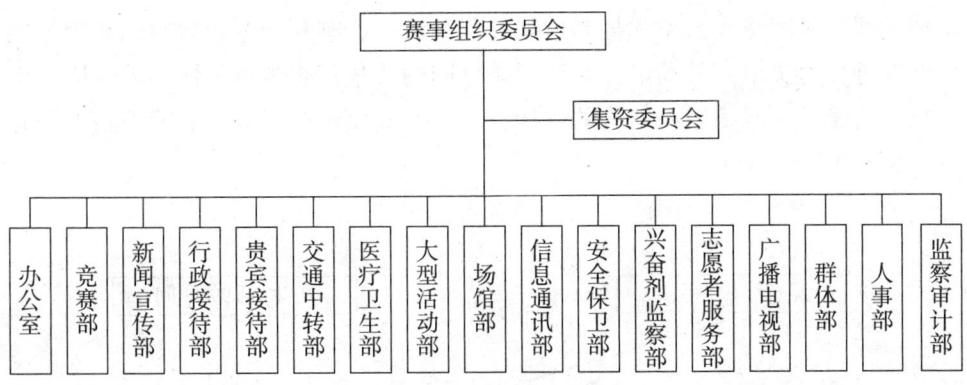

图 9-5　体育赛事职能组织结构图

（资料来源：刘清早.体育赛事运作管理 [M]．北京：人民体育出版社，2006：110．）

3. 矩阵组织结构

矩阵组织结构是在体育赛事职能组织结构建立的基础上，为赛事的某个特别任务成立专案小组，把按职能划分的部门和按项目划分的小组结合起来组成的一个矩阵式结构。职能部门是赛事运作的固定组织，项目小组是临时性组织（图 9-6）。一名管理人员既同原职能部门保持组织和业务上的联系，又参加项目小组的工作，当项目小组任务完成后就自动解散，其成员回原部门工作。这种结构的优势在于允许群体或个人直接承担和完成任务，促进群体间的沟通和合作。局限性在于难以协调各职能人员按时、按计划完成任务。

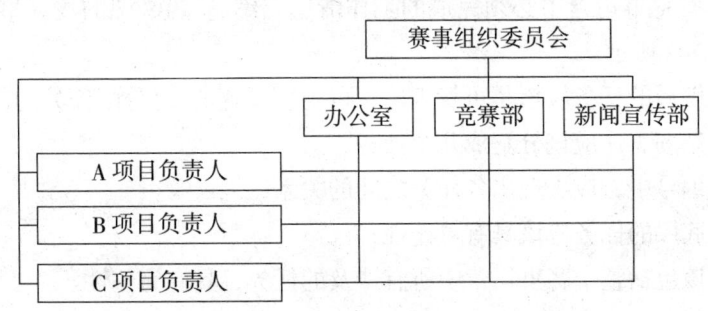

图 9-6　矩阵组织结构图

4. 网络组织结构

网络结构是管理者将主要职能通过合同等形式外包出去的一种结构，如图9-7所示。这种结构在赛事运营方不能短期内寻找到大量工作人员时非常实用。由于大部分成本都在合同中得以明确说明，活动预算通常比较准确。管理者可以把大部分时间花在协调和控制这些外部关系上，有利于对管理中的非确定性事件进行快速决策。其局限性在于依赖合同的质量控制和可靠性，较难协调不同组织的雇员。网络组织结构的设计，对于一些职业巡回赛事的管理是十分有效的。

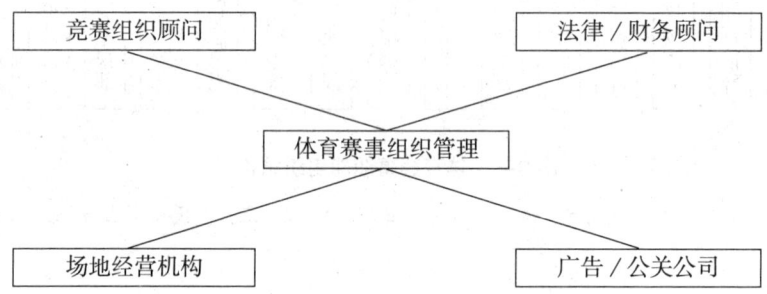

图9-7 体育赛事网络结构组织设置示意图

（资料来源：刘清早. 体育赛事运作管理 [M]. 北京：人民体育出版社，2006：109.）

（三）赛事范围定义的方法

编制 WBS 图（工作分解结构）是对体育赛事范围进行定义的有效方法。WBS 图是一个分级的树形结构，可以从粗到细对整个体育赛事的组织工作进行分解，是体育赛事运营中必须完成的工作清单。编制 WBS 图的注意事项有以下5条，如图9-8所示。

(1) 分解后的任务应该是可管理的，可定量检查的，可分配任务的，独立的；
(2) 复杂的工作应该分解成几个任务；
(3) 从编号中，应表现出各任务之间的关系；
(4) 最底层的任务应该具有可比性；
(5) 应该包括整个赛事运营中所有涉及的任务，具有完整性。

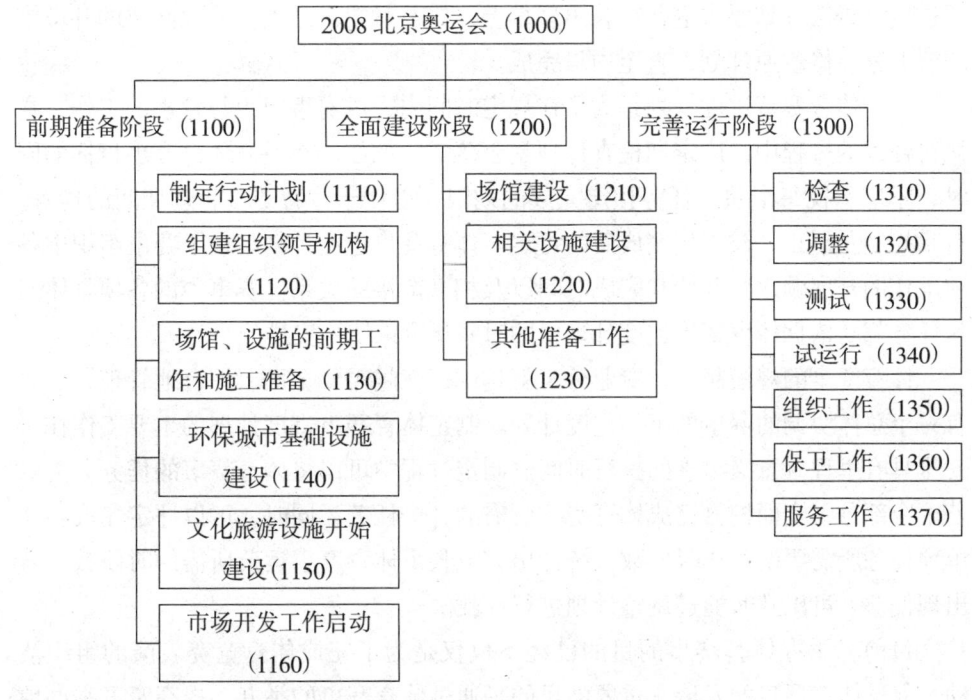

图 9-8　2008 年北京奥运会 WBS 工作编码

（资料来源：王守恒，叶庆辉. 体育赛事管理 [M]. 北京：高等教育出版社，2007：58.）

第三节　体育赛事进度计划

进度计划是在规定的时间内，拟定出合理且经济的项目进度安排，包括所有的工作任务、相关成本和完成任务所需要的时间等。体育赛事的运营要求在相对确定的时间段中进行，时间的控制对体育赛事的运营有着极大的影响。在进行体育赛事计划时要对赛事做出准确的进度计划，确保各项工作的按时完成。

一、体育赛事进度计划的内容

制定进度计划是为了控制时间和节约时间。项目的主要特点之一即是有严格的时间期限要求，由此决定了进度计划在项目管理中的重要性。在计划制定时，对每项活动开始及结束时间都要具体化，并将总的目标转化为具体而有序的各项任务，对每项任务的完成时间作出安排。在执行该计划的过程中，要经常检查实际进度是否按计划要求进行。若出现偏差，应及时找出原因，采取必要的补救措施或调整、修改原计划，直至项目完成。

制定体育赛事进度计划是为了在规定时间内完成赛事组织与管理的工作，在执行计划的过程中，应定期检查计划是否落实。例如，在设立体育赛事目标的同时，不应忽视每个项目任务预定完成的期限，以便于体育赛事管理期间的检查、自我控制及纠正，及工作完成后的评定。体育赛事进度计划呈现了赛事组织中各项工作的开展顺序、开始和完成时间以及相互衔接的关系。赛事中的各项具体工作任务都是依据体育赛事进度计划中的时间指令来统一安排的。

体育赛事的规模越大，专业分工就越细，就越需要全面、综合地管理，需要有一个总体协调的赛事的工作进度计划。制定体育赛事进度计划的主要工作在于安排具有里程碑意义事件的执行时间。制定过程中可以将体育赛事的任务分解成若干个部分，全面挖掘完成体育赛事所需的各个任务。同时，可以评定完成各个单项任务所需要的工作时段数，统计出完成整个体育赛事运营所需的时段数。若出现偏差，可以及时通过调整计划进行补救。

目前，举办体育赛事的目的已经不仅仅是为了完成体育竞赛表演的组织活动，促进体育项目的发展。重要的目的是通过体育赛事的举办，提高赛事举办地的声誉及影响力。在制定体育赛事进度计划时，要尽量把体育赛事举办期拉长，扩大体育赛事对城市的宣传作用，吸引更多的游客与投资者。以体育产业的发展拉动整个城市的旅游业、服务业的发展，刺激地区经济的增长。

二、体育赛事进度计划的方法

不管预期完成时间有多长，体育赛事计划中的每个工作目标都应附有完成期限，甘特图、里程碑计划及网状图这三种进度计划的方法可以有效地对赛事中各项任务的完成期限进行清晰、明确的界定。

（一）甘特图

甘特图是对简单项目进行计划与排序的一种常用工具。它以图示的方式通过活动列表和时间刻度形象地表示出任何特定项目的活动顺序与持续时间。横轴表示时间，纵轴表示要安排的活动，线条表示在整个计划中所占的时间段。使用甘特图来解决负荷和排序问题时较为直观，它能使管理者先为项目各项任务做好进度安排，然后再随着时间的推移，对比计划进度与实际进度，进行监控工作。这样，决策者可以把注意力集中到最需要加快速度的地方，保证整个项目按期完成。

甘特图也是体育赛事计划中控制进度的有效工具之一，通过各个负责人对赛事运营任务的分配，就可直接形成赛事进度计划的甘特图如图9-9所示。利用甘特图来进行体育赛事的进度计划，有利于通过图形概要地表现赛事进度计划，易于理解，还可以充分利用专业软件，无须担心复杂计算和分析。其局限性表现在着重于体育赛事进程管理上。它仅能部分地反映赛事组织的三重约束，不能全面地反映赛事计划中时间、成本、范围的管理内容；同时，专业软件尽管能够描绘出一般赛事运营的内在关系，但对于关系较复杂的赛事项目，专业软件也不能很清晰地表现出各个任务之间的关系，而且纷繁复杂的线图增加了甘特图的阅读难度。

任务名称	负责部门	1月	2月	3月	4月	5月	6月	7月
开始（赛事概念）	筹委会	■						
可行性研究	筹委会	■						
任命委员会	组委会	■						
下级委员会	组委会	■						
选择场地	工程部	■						
志愿者招募	人事部		■■■■■■■■■					
发报名表	竞赛部		■					
发邀请函	市场开发部		■					
赛事宣传	新闻部			■■■■■■■				
报名截止	竞赛部			■				
安排裁判员	竞赛部			■■				
注册	竞赛部				■			
销售门票	票务部					■■■■■		
礼遇安排	后勤部				■■■■■■■			
赛事期	竞赛部						■	
清场	组委会						■	
汇报和评价	组委会							■

图9-9 体育赛事甘特图示意

（资料来源：肖林鹏，叶庆晖. 体育赛事项目管理 [M]. 北京：北京体育大学出版社，2005：126.）

绘制体育赛事甘特图的注意事项如下：首先，要明确体育赛事计划中牵涉到的各项活动、项目。内容包括任务名称、顺序、开始时间、工作期限和任务之间的从属关系。这样有利于当体育赛事计划实施过程中遇到变动时，保证各项活动仍然能够按照正确的时序进行。其次，要避免关键性路径过长的问题。关键性路径是由贯穿体育赛事运营始终的关键性任务所决定的，它既能表示整个体育赛事组织的最长耗时，也能表示完成体育赛事组织准备工作的最短可能时间。同时，对于进度表上的不可预知事件要安排适当的富裕时间。但是，对于体育赛事组织中的一些里程碑事件的进度安排应能保证其按时完成。因为里程碑事件是体育赛事组织关键性路径的一部分，它们的时序进度对整个体育赛事的组织管理至关重要。

（二）里程碑计划

里程碑计划以中间产品或可实现的结果为依据，显示了项目为了达到最终的目标而必须经过的条件或状态序列。里程碑计划是一个目标计划，表明为了达到最终的目标，需要去完成一系列里程碑式的活动。里程碑计划通过建立里程碑和检验各个里程碑的到达情况，来控制项目工作的进展，保证实现总目标。

体育赛事计划中，可以利用里程碑计划来确保体育赛事重点任务的顺利完成。其简要过程如下：首先，运用"头脑风暴法"或者"德尔菲法"确定该体育赛事管理过程中的里程碑事件；其次，根据制定的里程碑事件绘制里程碑计划图，评估并修正里程碑计划；最后，向赛事运作筹委会报告结果。

在体育赛事里程碑计划制定的过程中，里程碑计划的制定方向应与体育赛事组织与管理的整体目标和计划相一致。同时，应在里程碑计划中设定可控制、可判断的结果与标准，以便对它进行监督和控制。在里程碑计划中，应根据体育赛事范围计划的结果，明确体育赛事计划的工作范围和各个任务中各方的责任与义务。此外，里程碑计划报告的内容应简明、易懂、实用，一般使用里程碑计划表的方法来展现里程碑计划的成果，如表9-1所示。

表9-1 里程碑计划表

里程碑事件	1月	2月	3月	4月	5月	6月	7月
开始（赛事概念）	15/1						
可行性研究	20/1						
任命委员会	20/1						
下级委员会	25/1						

(续表)

里程碑事件	1月	2月	3月	4月	5月	6月	7月
选择场地		5/2					
志愿者招募						5/6	
发报名表		25/2					
发邀请函		25/2					
赛事宣传						25/6	
报名截止		28/2					
安排裁判员		25/2					
注册			15/3				
销售门票						5/6	
礼遇安排						25/6	
赛事期						20/6	
清场							15/7
汇报和评价							25/7

注：表中"15/1"是指对应的工作完工日期为1月15日。

(资料来源：王守恒，叶庆晖. 体育赛事管理 [M]. 北京：高等教育出版社，2007：60.)

（三）网络图

网络图 (Network planning) 是一种图解模型，形状如同网络，故称为网络图。网络图由作业、事件和路线三个因素组成。网络图是利用网络分析制定计划并对计划予以评价的技术。它能协调整个计划的各道工序，合理安排人力、物力、时间、资金，加速计划的完成。在现代计划的编制和分析手段上，网络图被广泛地使用，是现代项目管理的重要手段和方法。

体育赛事进度计划的制定，可以利用网络图的方法来分析体育赛事的运作流程，如图9-10所示。

绘制网络图必须严格遵循以下几点基本规则：

第一，网络图中不能出现循环路线，否则将使组成回路的工作过程永远不能结束，体育赛事的组织将永远不能完成。

第二，进入一个结点的箭线可以有多条，但相邻两个结点之间只能有一条箭线。

第三，在网络图中，除网络结点、终点外，其他各结点的前后都有箭线连接，即图中不能有缺口，使自网络始点起经由任何箭线都可以达到网络终点。否则，将使某些任务失去与其紧后（或紧前）任务应有的联系。

第四,箭线的首尾必须有事件,不允许从一条箭线的中间引出另一条箭线。

第五,为表示体育赛事组织的开始和结束,在网络图中只能有一个始点和一个终点。

第六,网络图绘制力求简单明了,箭线最好画成水平线或具有一段水平线的折线;箭线尽量避免交叉;尽可能将关键路线布置在中心位置。

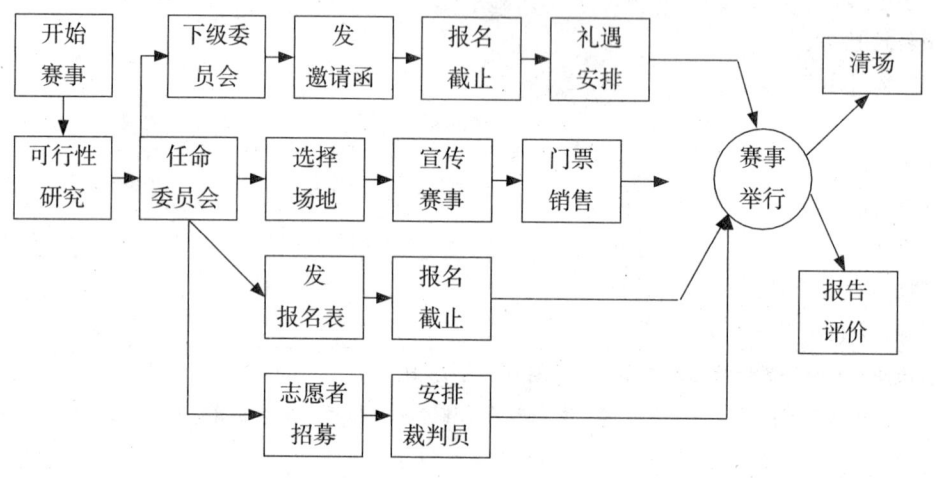

图 9-10　体育赛事网络示意图

(资料来源:肖林鹏,叶庆晖.体育赛事项目管理[M].北京:北京体育大学出版社,2005:126.)

第四节　体育赛事资源计划

成功的赛事运营离不开丰富的软件与硬件资源的支持,预先安排切实可行的人、财、物供应计划将直接关系到赛事运营的时间和成本。体育赛事资源计划所解决的问题就是确定每一项工作需要哪些资源以及在各个阶段用多少资源,从而保证体育赛事各类资源的供给充足。体育赛事资源计划包括人力资源计划、资金计划、物资计划。

一、体育赛事的人力资源计划

体育赛事的人力资源是体育赛事运营的基础,为体育赛事运营的整体使命与目标提供支撑服务。在进行体育赛事人力资源计划时，应根据赛事的规模和类型制定人力资源管理的目标。根据体育赛事的组织目标，进行任务分析、描述，并规划好赛事中所需人力的数量、技能、资格、经历要求、工作时间等。人力资源的计划需要通过评定来实现，包括工作分析和工作描述。工作分析是用具体任务和职责来定义意向工作和明确成功完成任务所需要的能力、技能和资格。工作描述是指出工作存在的理由、工作者将做些什么、工作者在何种情况下做何种工作。

（一）体育赛事人力资源的人才类型

体育赛事的人力资源类型分为雇佣者和志愿者两个部分。

1. 体育赛事雇佣者

体育赛事雇佣者包括体育赛事运营过程中所需的稀缺性人才（高级技术人才）、核心人才（高级管理人才）、辅助人才（专业工作人员）、通用人才（具体操作人员）。

稀缺性人才是指在某些领域内具有专长的专业技术人员。体育赛事组织中的稀缺性人才多指那些在体育赛事及相对应的服务领域里的相对缺乏的高科技专业技术人才。例如，体育赛事领域里的信息技术、计算机软件开发、兴奋剂检测、体育法律、财务等行业的专业性人才。核心人才是指具有领导能力的组织性人才。例如，体育赛事管理不同层面的领导者、场馆管理者、各项体育赛事相关部门的负责人等。辅助人才是指能够协助领导者完成工作的相关专业人才。体育赛事的辅助人才是指协助体育赛事管理者完成赛事所要达到的目标的专业工作人员。例如，体育赛事管理运营过程中的信息通信技术人员、兴奋剂检测方面的专业工作人员、翻译等。通用人才是知晓不同层面、不同领域知识、但缺乏专业深度的人才。体育赛事的通用人才是指可以在体育赛事及相关服务领域进行较为一般性工作的具体操作人员。例如，体育赛事管理运作中不同部门的具体办事人员、场馆具体工作人员等。

2. 体育赛事志愿者

体育赛事志愿者包括技术型志愿者与服务型志愿者两大类。技术型志愿者是指在体育赛事相关部门参加技术服务工作的志愿者。例如，比赛技术数据统计、比赛宣告、翻译、场馆设施维护人员、官员联络员、媒体协调员等。服务型志愿者是指在体育赛事及其相关服务领域参与服务工作的志愿者，包括体育赛事官员、贵宾、运动员的接待人员、颁奖司仪、升旗手、场馆引导员、场馆服务人员等。

(二) 人力资源计划的一般内容

一般的人力资源计划包括职务编制计划、人员配置计划、人员需求计划、人员供给计划、教育培训计划五个方面。

1. 职务编制计划

职务编制计划是根据体育赛事运营目标，综合职务分析报告的内容制定的计划。它包括体育赛事的组织结构、职务设置、职位描述和职务资格要求等内容（表9-2）。制定职务编写计划是描述体育赛事未来的组织职能规模和模式。

表9-2 志愿者服务部职务编制计划

职务	职位描述	资格要求
部长	总体负责赛事志愿者的招募、培训、管理工作。制定志愿者服务计划，协调本部与其他部门的工作	对赛事运作有较为宏观的认识，工作认真、负责，有耐心，有良好的沟通能力与一定外语水平
副部长	根据部长的要求具体实施管理工作	有一定的管理能力，工作认真、负责，有耐心，有良好的沟通能力，有一定的赛事运作知识及外语水平
成员	负责志愿者招募与甄选、培训、配置与协调、激励、督导与评估	工作认真、负责，有耐心，有良好的沟通能力，有一定的赛事运作知识及外语水平
志愿者	根据职务分工完成任务	自愿参加赛事的志愿服务，具备志愿者服务岗位所需要的知识和英语技能，工作热情认真，态度积极，吃苦耐劳，服从组织安排，能圆满完成整个赛程的志愿者服务工作

2. 人员配置计划

人员配置计划是根据体育赛事运营需要，结合赛事运营机构人力资源情况制定的计划。它陈述了体育赛事运营中每个部门的人员数量、人员的职务变动、人员空缺数量等。制定人员配置计划的目的是描述体育赛事运作过程中人员数量和素质构成。

3. 人员需求计划

人员需求计划是根据体育赛事职务编制计划和人员配置计划来估算体育赛事运作过程中的人员需求。人员需求应包括需求人员的职务名称、人员数量、希望到岗时间等。最好列出一个标明有员工数量、招聘成本、技能要求、工作类别，及完成体育赛事组织目标所需的管理人员数量和层次的分列表。例如，表 9-3 为第 16 届亚运会首批前期志愿者需求表。

表 9-3　第 16 届亚运会首批前期志愿者需求表

部门	岗位名称	岗位任务	工作起止时间	工作方式	需求人数	招募条件
竞赛部	竞赛项目	协助竞赛项目管理及日常事务	2008 年 11 月起	临时召集	48人	1.熟悉亚运会比赛项目组织工作的专业人员；2.熟悉竞赛专业技术，计时记分工作
	技术支持	协助做好竞赛技术相关工作及日常事务	2008 年 11 月至 2009 年 1 月	全日制	2人	1. 中文专业，写作文字功底较强；2. 熟悉基本的公务文件处理；3. 大专以上
	办公室工作人员	文字整理	2008 年 11 月至 2009 年 1 月		2~3人	
宣传部	官方网站内容管理项目员	1. 协助官方网站内容管理，尤其是英文网站文字的审核 2. 有关资料的翻译	2008 年 11 月至 2009 年 1 月	全日制或半日制	2人	1. 英语专业，本科以上；2. 勤奋好学，踏实肯干；3. 遵纪守法，品行端正；4. 工作认真细致，善于沟通协调；5. 具有团队精神且能独立开展工作；6. 身体健康
	新闻发布项目员	协助日常新闻发布工作	2008 年 11 月至 2009 年 1 月		1人	具备较强的新闻、公文写作能力和应变能力
	记者接待项目员	协助媒体记者接待工作	2008 年 11 月至 2009 年 1 月		1人	具备较强英语听说读写能力和沟通协调能力
	亚运标识征集项目助理	协助征集评选中各项基础工作，整理相关资料，文件收发等	2008 年 11 月至 2009 年 1 月	全日制	2人	1. 工作认真负责，细心谨慎；2. 外语、计算机专业优先
	视觉形象设计项目助理	收集、整理资料，协助处理基础设计	2008 年 11 月至 2009 年 1 月	全日制	2人	1. 熟悉设计流程和相关软件；2. 男性 1 名、女性 1 名；3. 美术学院设计专业优先

(续表)

部门	岗位名称	岗位任务	工作起止时间	工作方式	需求人数	招募条件
宣传部	项目综合与监督助理	协助进行合同文本管理、会务管理、后勤服务等工作	2008年11月至2009年1月	全日制	1人	1. 具备一定的公文写作能力；2. 外语、文秘专业优先
	亚运展览展示项目助理	协助策划、制定展览计划，落实展览宣传推广工作	2008年11月至2009年1月	全日制	2人	1. 熟悉相关设计软件的应用；2. 设计专业优先
	宣传品制作与投放项目助理	协助负责宣传品制作方案招标、制定和实施工作，以及户外广告投放等工作	2008年11月至2009年1月	全日制	2人	1. 熟悉广告设计；2. 工作认真负责；3. 专业不限
	宣传策划项目助理	协助文案策划、制定和活动实施、监督等工作	2008年11月至2009年1月	全日制	2人	1. 工作认真，有较强的执行力；2. 专业不限
信息技术部	主数据中心、信息技术监控中心协调员	检查主数据中心、信息技术监控中心机房环境的运行情况，协助工程商开展运维工作	2008年11月至2009年1月	全日制	10人	熟悉计算机相关操作，大专（含在读）以上 多批次，赛时24小时轮班
	指挥调度中心协调员	检查指挥调度中心平台环境的运行情况，协助工程商开展运维工作	2008年11月至2009年1月	全日制	10人	

（资料来源：http://swf.news.163.com/2010/file/bullet/zyz.doc）

4. 人员供给计划

人员供给计划是人员需求的对策性计划，主要包括在体育赛事组织过程中人员供给的方式、人员内外部流动政策、人员获取途径和获取实施计划等。通过分析往年劳动力人数、组织结构，以及人员流动、年龄变化和录用等资料，预测未来某个特定时刻的人员供给情况。供给计划勾画出体育赛事组织现有人力资源状况以及未来在流动、淘汰、升职以及其他相关方面的发展变化情况。例如，表9-4为体育赛事人员供给计划表的范本。

表 9-4　体育赛事人员供给计划表

部门	时间				总计
	赛前一年	赛前六个月	赛前三个月	赛前一个月	
办公室	2	4（2）	6（2）	8（2）	8
竞赛部	2	4（2）	7（3）	10（3）	10
大型活动部	5	9（4）	12（3）	15（3）	15
贵宾接待部	0	0	4（4）	8（4）	8

注：（　）内为当年增加人数。

5. 教育培训计划

为了提升体育赛事组织者、工作人员的素质，适应体育赛事运作的需要，对相关人员进行培训是非常重要的。教育培训计划中包括培训政策、培训需求、培训内容、培训形式、培训考核等内容。

下面以十一运会志愿者培训计划为例，说明教育培训计划的内容。

> **案例：十一运会志愿者培训计划**
>
> 培训是提高志愿者赛时服务水平和服务质量的重要手段。通过对志愿者进行集中培训，可以增强志愿者对工作环境的了解熟悉，提高志愿者的志愿服务能力，保证十一运会顺利举行。
>
> 一、培训项目
>
> 志愿者培训工作包括四个项目：通用培训、专业培训、场馆培训和岗位培训。
>
> 二、志愿者骨干培训
>
> 志愿者骨干培训由十一运会组委会志愿者工作部统一组织实施。骨干培训班共分四期，第一期为志愿者管理人员培训班，其余三期为志愿者骨干培训班。
>
> （一）志愿者管理人员培训
>
> 1. 培训时间
>
> 2009 年 4 月上旬
>
> 2. 培训地点
>
> 山东济南
>
> 3. 培训人员
>
> 各赛区组委会志愿者工作人员及驻济高校十一运会志愿者管理人员约 50 名

4. 培训内容

(1) 安排部署十一运会志愿者培训工作

(2) 全运会知识培训

(3) 志愿服务理念培训

(4) 志愿服务管理培训

(二) 志愿者骨干培训

1. 培训时间

2009年4月中旬至5月中旬

2. 培训地点

山东济南

3. 培训人员

十一运会志愿者骨干，每期约150人

4. 培训内容

(1) 全运会知识培训（2学时）

(2) 志愿服务理念培训（2学时）

(3) 竞赛项目知识培训（2~4学时）

(4) 志愿服务礼仪培训（6~10学时）

(5) 应急救援、志愿者自护、医疗常识培训（4学时）

(6) 志愿服务心理培训、团队意识培训（2学时）

(7) 齐鲁文化知识培训（4学时）

(8) 志愿者体能训练

5. 培训形式

培训形式包括专家讲座、经验介绍、视频教学、现场观摩等。

三、志愿者通用培训

(一) 赛会志愿者

1. 组织方式

服务济南赛区的赛会志愿者培训由各驻济高校组织实施，服务其他赛区的赛会志愿者由各赛区组委会志愿者工作部门组织实施。

2. 培训时间

2009年4月至2009年5月

3. 培训内容

(1) 全运会知识培训（2学时）

(2) 志愿服务理念培训（2学时）
(3) 竞赛项目知识培训（2~4学时）
(4) 志愿服务礼仪培训（6~10学时）
(5) 应急救援、志愿者自护、医疗常识培训（4学时）
(6) 志愿服务心理培训、团队意识培训（2学时）
(7) 齐鲁文化知识培训（4学时）
(8) 志愿者体能训练
(二) 城市志愿者
1. 组织方式
由各赛区组委会志愿者工作部门组织实施。
2. 培训时间
2009年4月至2009年5月
3. 培训内容
(1) 全运会知识培训（2学时）
(2) 志愿服务理念培训（2学时）
(3) 志愿服务礼仪培训（6~10学时）
(4) 志愿服务心理培训、团队意识培训（2学时）
(5) 齐鲁文化知识培训（4学时）
四、志愿者专业培训
(一) 组织方式
组委会各相关部门、各竞委会会同各相关高校组织实施。
(二) 培训时间
2009年7月至2009年8月
(三) 培训人员
提供专业服务的赛会志愿者及部分城市志愿者（文明啦啦队、啦啦操队）。
(四) 培训内容
根据服务岗位的专业要求，实施相关专业知识和技能的培训。
五、志愿者场馆培训
(一) 组织方式
组委会各相关部门、各竞委会会同各相关高校组织实施。
(二) 培训时间
2009年8月

（三）培训人员

服务各场馆的赛会志愿者。

六、志愿者岗位培训

（一）组织方式

组委会各相关部门、各竞委会会同各相关高校组织实施。

（二）培训时间

2009年7月至2009年9月

（三）培训人员

服务各岗位的赛会志愿者。

（资料来源：http://211.64.8.2/tw/Article_Print.asp?ArticleD=1090）

（三）人力资源计划的方法

人力资源计划的表达形式主要有框图式、职责分工说明式和混合式3种。

1. 框图式

框图式组织计划是使用框图及框图间的关系连线来表示人员组织结构的方法（图9-11）。这种方式直观易懂，可以很清晰地体现人员间的关系。但是并非所有的职责和相互间的关系都可以通过框图加线条表示清楚，特别是大规模的赛事，复杂的人员组织结构用框图式组织计划很难清晰表现。

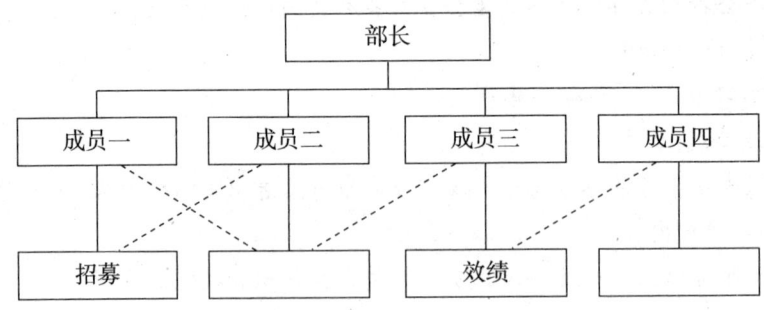

注：实线表示负责此项工作，虚线表示协助此项工作。

图9-11 框图式组织计划

2. 职责分工式

针对一些框图不能清楚表达的关系，通过分条细列每个人员的职务、职责范围及规章制度来说明人员间的职责与关系。这种方式只有单纯的文字说明，没有框图式组织计划直观，但是可以很详尽地表达各个成员间的关系。表 9-5 以一般赛事的办公室人员组织计划为例来说明这一情况。

表 9-5　办公室人员组织计划

部长：某某	
成员：某某、某某	
主要职责	负责赛事日常工作的统筹管理与协调
具体分工	负责人
赛事组委会会议、专项工作会议等会务组织工作	某某
赛事组委会公文、印章、档案、文秘、文印工作	某某
协调安排赛事组委会领导活动，草拟领导讲话稿	某某
对工作进展情况进行监督、检查	某某

3. 混合式

该方式综合框图式与职责分工式的优点，合理利用框图与文字相结合来说明各人员之间的关系。

二、体育赛事的资金计划

资金是体育赛事运营的重要保证。如何对资金的使用进行合理规划直接关系到体育赛事运营的成败。在体育赛事计划中，对赛事资金做总体的分配是计划的首要任务。体育赛事的资金计划一般指体育赛事的资金预算。它包括成本计算、收入评估和财政资源分配三个部分。对于大型的体育赛事来说，由于组织部门众多，可以由每一个部门单独制定预算，再计算出赛事的整体预算，并为可能遇到的风险预留出部分流动资金。

（一）体育赛事的资金预测

资金预测是体育赛事资金计划的基础工作。其结果不仅仅是一个资金的数字，还包括对赛事未来各种可能前景的认识和思考。它可以提高体育赛事运营机构对不确定事件的反应能力，减少不利事件发生带来的损失，增加有利机会带来的收益。

体育赛事资金预测的内容取决于资金预测的对象，资金流通的范围和内容。赛事资金预测的内容通常包括销售预测、资金需求预测和利润预测。其中，销售预测是根据过去的销售情况和市场未来需求对销售量进行的预计和预测。资金需求量预测是资金预测的重要组成部分，也是赛事运营机构合理地筹集资金所必须经过的基础环节。而利润则直接反映了经济主体的经济效益和财务情况。

（二）体育赛事的资金预算

资金预算是赛事管理者必须认真编制的一项计划，是协助其实现赛事财务目标的重要工具。体育赛事财务中最具挑战性的部分就是编制预算，整个预算程序一般只是在有限的信息和假设的基础上展开的。预算编制过程中，我们通常应当考虑以下两个方面的因素。

1. 财务历史数据

预算编制过程中可以参考以前举办的类似的赛事的预算，再加上所需更新的价格并考虑通货膨胀因素，对费用和收入进行必要的调整，制定出相对精确的预算来指导赛事的工作。事实上，如果赛事运营机构以前没有举办过同类赛事，那么制定预算时就需要做更多的调查研究，对预期收入做出比较切合实际的估计。

2. 宏观经济环境

无论是国际性的大型体育赛事，还是地区性的各种小型赛事，宏观经济环境对赛事的成功举办都有一定的影响作用。强劲而健康的经济指数中一般包括较高的就业率指数、平稳的通货膨胀指数和较高的零售价格指数等。在最终预算报告确定之前，赛事组织者最好听取当地经济学家或政府部门代表对经济趋势的看法。

三、体育赛事的物资计划

体育赛事物资计划是赛事组委会根据赛事组织运营中各阶段物资的从属与数量关系，以每个物品为计划对象，以完成任务的期限为时间基准制定的倒排计划。它能按提前期长短区别各个物品下达计划的时间先后及数量要求。

(一) 体育赛事物资计划的内容

一般来说，体育赛事运营所需的基本物资包括消费者、赞助商、赛事产品生产的供给。

消费者供给是指体育赛事主办方在体育赛事举办过程中为嘉宾、观众所提供的礼遇或服务，如门票销售、问询服务、公共交通服务等。它是体育赛事服务的重要内容。公共交通服务是体育赛事物资配置中的一个重要问题，与赛事礼遇相关，也直接影响观众对举办地的印象。赛事组委会应该通过发放通行证，封闭一些道路或者提供公共接驳班车等服务，保证赛事的安全，方便观众的出行。目前，我国的大部分体育场馆都建设在离市中心较为偏远的地区，虽有公共交通，但提供的时段往往比较短，无法保证一些特殊赛事举行时的公共服务。如上海网球大师赛的比赛场馆在闵行旗忠森林网球中心。通常来说，最精彩的网球比赛是在晚上进行的，而网球比赛结果的不确定性导致了赛事结束时间的不确定，可能导致观赛者返程的交通出现困难。为此，赛事组委会在赛事结束后的45分钟内，为观众安排了接驳班车，方便观众的出行。此项服务大大提高了观众对赛事服务的满意度。

赛事产品生产的供给是指满足体育赛事产品和服务的各种需求与提供赛事举办所需场地、器材等物资。例如，参赛运动员的住宿、交通安排等接待工作，体育赛事场馆、器材、物资的供应等。赛事产品生产的供给是赛事运营的基础，是体育赛事后勤保障的重要组成部分。在进行体育赛事资源计划时，应充分考虑到赛事运营过程中各方的需求，保证赛事服务、物资的充足供应，并避免公共资源的流失。在进行赛事产品生产供给计划时，可以充分利用计算机及软件技术的力量，更好地实现体育赛事物资的合理、有效配置。2010年广州亚运会的组织中采用了物资计划应用系统。该系统在物资计划的设计方面十分科学、灵活。它利用资源调配理论与方法，为亚组委相关部门提供科学的资源分配、平衡及调度工具，编制出合理的资源计划。

赞助商供给是指体育赛事主办方在体育赛事举办过程中为赛事赞助商所提供的服务与物资的供给，是赞助商回报的重要组成部分。它具体包括安排赞助商代表的住宿、饮食、交通服务，提供相关赛事纪念品等内容。

(二) 体育赛事物资计划的方法

体育赛事物资通常是按照体育赛事职能部门的分类进行计划与管理的，与体育赛事的资金预算相联系。体育赛事运营各部门在提交工作计划时，会针对本部门的工作做相关的预算,列举出本部门在完成任务过程中的物资需求,并根据需求,最终形成每个部门的物资采购计划表,作为该部门的物资计划(表9-6)。

表9-6 志愿者服务部物资采购计划表

编号	物资名称	用途	单位	数量	备注
1	矿泉水	工作人员、志愿者用水	瓶		
2	盒饭	工作人员、运动员用餐	份		
3	服装	志愿者服装	套		
4	创可贴	医疗用品	张		
5	酒精棉球	医疗用品	瓶		

第十章 体育赛事的竞赛管理

竞赛是体育赛事的核心内容，竞赛管理是体育赛事管理的重要组成部分。本章首先阐述了竞赛管理的基本理论问题，竞赛管理的计划，竞赛的组织与管理等内容；然后对竞赛的过程管理进行了分析，主要包括赛前、赛中、赛后三个阶段。

第一节 竞赛管理的基本理论问题

本节是对竞赛管理一些基本理论问题的分析，主要包括竞赛管理的概念、竞赛管理的特点、竞赛管理的目标、竞赛管理的内容、竞赛管理与体育管理体制的理论分析。

一、竞赛管理的概念

一般而言，赛事的竞赛管理是指体育赛事的竞赛组织管理者为了有效地实现体育赛事的竞赛目标而对各级各类体育赛事的竞赛进行计划、组织与协调的过程。它包括体育赛事竞赛的前期筹备、现场运行和赛后收尾等工作。

北京市奥组委对竞赛管理概念的定义为：在举行每个比赛项目时，最大限度地执行每个国际单项运动联合会制定的规则和规章。其目的在于让世界上最优秀的运动员发挥出他们最好的成绩。竞赛管理必须确保奥运会项目中所有比赛项目组织模式的一致性。组委会可以建立专门从事竞赛管理的部门。

二、竞赛管理的特点

1. *相对的规范性*

根据国际单项运动联合会关于运动项目的竞赛规定和竞赛指南，每个比赛项目都有相对完整的竞赛组织规定。在赛事组织期间，竞赛管理过程是严格按照规范性的文件进行操作的。

2. 周期性

竞赛管理过程是从赛事的筹备期开始的。从派发有关竞赛的参赛通知、回收参赛运动员反馈，到运动员、官员制证，再进行竞赛编排等工作，贯穿整个赛事的筹备过程。在赛事举办期间将运动员参赛过程和竞赛成绩等数据进行统计、发布的工作都具有周期性的特征。

3. 项目性

在竞赛管理的每一个环节都具有项目的典型特征。综合性赛事的这一特征更为明显，要将所有的竞赛项目根据实际要求进行项目分类，指派专人进行统一的管理。

三、竞赛管理的目标

竞赛管理的最终目标是建立公开、公平、公正的竞争机制，为运动员提供展示竞技运动技术水平的平台，促进体育竞技水平的提高。为了达到这样的目标，竞赛管理至少要保证实现以下目标：第一，以公平、公正、公开的原则制定、执行竞赛规程与规则，确保竞赛的严肃性和公正性，从根本上保障竞赛的直接提供者，特别是运动员的权益。第二，提供安全、完备和性能良好的竞赛环境，包括符合规程和规则要求的场馆、器材、设备和其他条件，为竞赛的顺利进行和运动员的安全提供保障。同时，为运动员创造更好竞技成绩提供良好的物资环境。第三，进行科学合理的竞赛编排。为赛事各利益主体提供良好的竞赛服务，既要保证竞赛的质量，又要提高竞赛的观赏性。第四，建立严谨、周密、及时的竞赛成绩统计和公布体系，确保竞赛成绩的准确性和时效性。

四、竞赛管理的内容

由于竞赛本身的特殊性和复杂性，竞赛管理的内容极其丰富，体现在竞赛管理的具体环节之中，需要竞赛管理项目的进一步细化和具体化。

表 10-1 竞赛管理的内容一览表

管理项目	管理内容
赛前阶段	赛前访问、合作协议的达成、测试赛
资格/报名	资格系统、报名过程、替换/改变
竞赛	竞赛总注解、竞赛方式、竞赛日程、运动员制服、赛场、颁奖仪式、表演/作品、竞赛彩排、体育设施、技术会议

(续表)

管理项目	管理内容
竞赛人员	竞赛管理、技术官员、志愿者、联络员
竞赛场地	竞赛场地总注解、座席分类、通行控制、运动员实施和服务、给养、礼遇、设施和服务、语音服务、赛事面貌、医务服务/兴奋剂控制、媒体、观众、场地管理与竞赛管理的关系、场地管理员与竞赛管理员的关系
训练场地	区域运作、技术运作、使用、通行控制
赛事服务	住宿、制证、广播运作、仪式、营销、出版、国际单项体育联合会等级卡、安全、技术、交通

(资料来源：肖林鹏，叶庆晖. 体育赛事项目管理 [M]. 北京：北京体育大学出版社,2005:230.)

五、竞赛管理与国家体育管理体制

竞赛是体育运动最基本的活动形式之一。随着社会的进步和发展，体育竞赛活动从自发、小规模发展到有组织、大规模，特别是体育的职业化和商业化的深入给竞赛管理带来了新的课题。竞赛活动的成功举办离不开对竞赛的科学管理，竞赛管理成了竞赛活动的核心内容。一般来讲，一个国家的体育管理体制都是以竞赛管理为核心的管理体制，由于各国体育管理体制不同，对赛事竞赛管理也存在不同的管理方式，赛事的竞赛管理与一个国家的体育管理体制息息相关。

(一) 竞赛管理体制的类型

竞赛管理体制指的是赛事管理机构的设置、责权和利益分配等相关制度的总称。竞赛管理体制决定着竞赛管理的目标，起着先决性和方向性的作用。目前，世界范围内的竞赛管理体制按其性质、内容、结构和权力归属的差异，一般分为政府管理主导型、社会管理主导型、政府与社会管理结合型三种。政府主导型的典型代表国家是中国，社会管理主导型的代表国家是美国，政府与社会主导结合型的代表国家是德国。

1. 政府管理主导型体制

政府管理主导型体制主要是由政府设立专门的机构管理运动竞赛的一种制度。这种体制一般由政府直接设立管理运动项目训练和竞赛的部门，对运动训练和竞赛进行宏观和微观的管理，权利相对集中。它的优点是可以集中有限的资源实现预期的目标，周期相对较短。它的缺点也显而易见，抑制了社会资源的效力。特别是在当今运动竞赛管理层次、规模不断扩大，国家财力相对紧缺的情况下，可能阻碍运动竞赛的进一步发展。

2. *社会管理主导型体制*

社会管理主导型体制是由社会体育组织管理运动竞赛事务的竞赛管理制度。在这种体制下，政府一般不直接设立专门的管理机构，充分利用市场的作用，政府体育管理机构的主要作用是使用法律、法规、政策等间接手段宏观管理运动竞赛活动，这种体制管理权相对分散，社会体育管理组织有相对较大的权利，可以调动社会力量参与体育赛事的竞赛管理过程，管理效益相对突出。但是，这种体制也存在一定的缺陷，比如，缺乏全局性的协调和多头管理，容易出现多方利益的冲突现象等。

3. *结合型的管理体制*

结合型的管理体制是由政府和社会体育组织共同管理运动竞赛事务的管理制度。其特点是由政府设立专门的部门，主要对赛事的竞赛活动进行宏观管理，如制定政策、发挥协调和监督职能等。而社会体育组织则可以根据国家的政策、方针负责竞赛微观的具体业务管理，如制定竞赛规章制度和组织比赛等。结合型的管理体制是否可以达到较好的效益主要取决于宏观和微观的有机结合，即责、权、利的明晰划分。结合型管理体制特点的充分发挥，可以促使竞赛管理的效益最大化。

（二）竞赛管理体制决定竞赛管理的目标

我国现行竞赛管理体系实行的是一种分类管理的体制。它在竞赛层次上可以分为奥运会、亚运会、全运会、全国行业系统运动会、全国性单项运动会、省级综合性运动会和单项运动会、市级和基层的各类体育比赛等多个层次。国家体育总局负责奥运会、亚运会、全运会、全国城运会和全国单项运动会的组织管理；全国工人运动会、全国农民运动会、全国少数民族运动会、全国残疾人运动会、全国大学生运动会由行业主管部门负责组织管理；其他各类比赛按照谁举办谁负责的原则进行组织管理。

1993年4月国家体委下发的《关于深化体育改革的意见》中提出了我国体育改革发展的总目标："改变原来的计划经济体制下，单纯依赖国家和主要依靠行政手段办体育的高度集中的体育体制，建立与社会主义市场经济体制相适应，符合现代体育运动规律，国家调控、依托社会、有自我发展活力的体育体制和良性循环的运行机制，形成国家办与社会办相结合，集中与分散相结合的格局，力争在 21 世纪末初步建立具有中国特色的社会主义体育新体制。"这一目标的提出标志着体育从福利型向消费型的转变，从一家办体育向多家办体育的转变，从行政型向社会型的转变，从人治向法治的转变。由于一个国家的体育总目标反映的是所有社会集团利益的总和，运动竞赛管理体制实质上是这些利益集团在运动竞赛领域权力和利益分配的结果。在现代社会体育领域内权力和利益通常归属政府或社会组织，由他们共同分享，权力和利益的划分决定了竞赛管理体制的性质和形态。当政府主导体育赛事的竞赛管理时，更加关注体育的政治功能和福利的性质；当社会主导体育赛事管理时，更加关注竞赛管理的商业性和消费性。目前，我国的竞赛管理体制具有集权和分权并存的特点，突破了原有计划经济下单一的政府管理型体制，形成了政府和社会体育组织相结合的管理体制。在经济较发达、竞赛市场开发较好的地区，实行社会管理为主，政府管理为辅的管理体制，而在经济相对落后地区则实行以政府管理为主导的体制。

完善的竞赛管理体制是赛事竞赛管理组织职能顺利实施的前提和基础，也是提高管理效能，实现预期目标的保障。竞赛管理体制直接影响竞赛管理的开展和管理效益。

第二节 竞赛管理的计划与组织

一、竞赛计划

竞赛计划是指在竞赛目标的导向下，预先对竞赛内容所做的筹划与安排。竞赛计划是科学有效地开展竞赛活动的理论依据，竞赛计划制定的科学与否将直接影响竞赛管理的效果。

（一）竞赛计划的种类与内容

竞赛计划按照不同的标准可以分为不同的类型。按照计划的范围可分为全国竞赛计划、地方竞赛计划和基层竞赛计划；按照计划的期限可分为长期、中期和短期竞赛计划；按照竞赛的主体和竞赛业务可分为竞技体育竞赛计划、群众体育竞赛计划、学校体育竞赛计划。一项完善的竞赛计划由竞赛的目标和任务、种类与规模、步骤、程序、工作要求、日程安排等内容构成，具体包括竞赛名称、参赛对象、竞赛日期、竞赛承办单位、竞赛地点、备注等各项内容。

(二) 竞赛计划的制定

1. 竞赛计划制定的程序

我国竞赛计划采取自上而下的制定程序，最高层全国体育竞赛计划由国家体育总局有关业务主管部门和各单项运动协会根据我国体育运动发展方针、既定的体育竞赛制度、国际比赛活动的规律和国内体育发展的实际而定。各省、自治区、直辖市体育局，各地（市）、县级体育管理部门及各单项运动协会则根据上一级主管部门的竞赛计划，并结合本地区本项目实际需要逐级制定并颁布竞赛计划。

2. 竞赛计划制定的步骤

（1）明确竞赛的目标。一般来说，我国竞赛的目标主要有为迎接上一级比赛组织运动队，促进运动技术水平的提高，检查训练效果，活跃群众文化生活，推动基层群众体育活动开展等。制定竞赛的目标时，要对竞赛系统面临的外部环境及内部条件进行全面地调整分析，以确保目标的客观性。

（2）制定竞赛方案。竞赛目标确立后，应拟定多个具体竞赛方案以供选择，确保竞赛目标落实。竞赛方案的具体内容主要包括：①确定比赛形式，即组织竞赛的任务、范围、参赛者的年龄和项目的数量等。②确定比赛时间，即上一级竞赛活动的日程、比赛的常规时间、比赛地点的气候状况、竞赛持续时间及节假日等。此外，随着竞赛职业化、商业运营的发展，在安排社会影响较大的竞赛活动时应考虑到电视、新闻媒体的需要以吸引更多的潜在赞助商进行商业宣传，充分利用和挖掘社会资金办竞赛，提高竞赛的经济效益。③确定比赛地点和承办单位，即各类比赛的举办地点应具备必需的场地设施与交通、接待条件，当地的经济、文化和竞赛欣赏水平应符合赛事要求。综合性运动会通常采取组织申办的方式确定承办单位和比赛地点。

（3）优选竞赛方案。对竞赛方案进行优选是提高竞赛计划科学性的必要程序，优选竞赛方案要采取系统综合分析的方法，对各种实际因素进行系统考虑，最后选择最佳方案。

二、竞赛的组织与管理

竞赛的组织与管理必须依托具体的组织机构。根据竞赛的规模分别设立不同的竞赛组织机构，这些机构主要负责竞赛记录的管理，竞赛纪律、竞赛仲裁和违禁药物的管理。

（一）竞赛管理的组织机构设置

建立竞赛组织机构是竞赛组织管理工作的关键环节。虽然不同规模的竞赛其组织机构的设置不尽相同，但多数竞赛的组织机构都会采用委员会的形式。竞赛的组织委员会是全面领导整个竞赛工作的最高权力机构，其机构编制、人数没有具体限额，视比赛的性质和规模而定。竞赛组织委员会直属职能部门根据组织竞赛需要完成的各项任务来设置，并与竞赛规模相适应。一般包括办公室、竞赛、宣传（新闻）、保卫、行政、后勤等主要工作机构。另可根据竞赛需要，设外事接待、大型活动、工程、科研、集资等部门。组织机构成立后，根据精简、高效的原则，视实际需要分批借调工作人员，以节约人力、财力。大型赛事的组委会一般由政府行政领导担任组委会主任，主办单位的领导为组委会副主任，吸收包括体育部门各职能机构的领导、各单项竞赛委员会主任，与该运动会有关的新闻服务、公安等单位负责人，以及部分有代表性的参赛单位负责人为委员。组委会一般设主任一名，副主任及委员若干名。不同规模层次的竞赛组织机构分别如图10-1和图10-2所示。

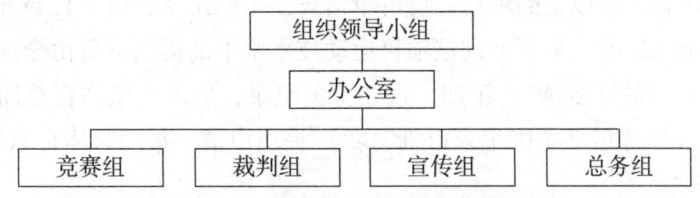

图10-1 小型体育赛事的竞赛组织机构

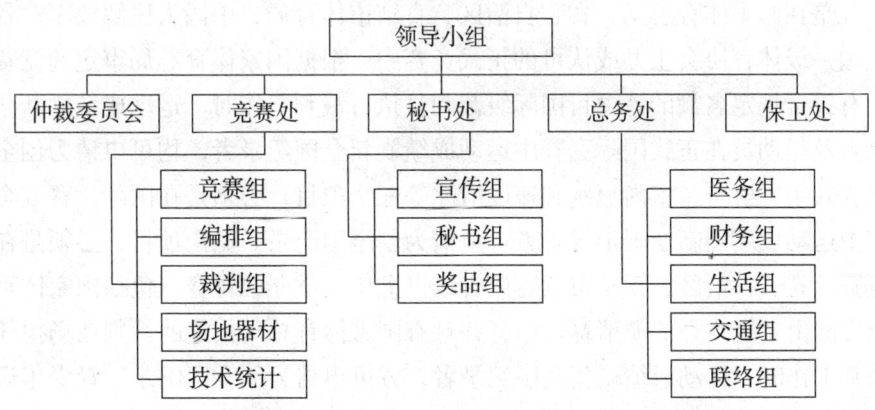

图10-2 大型体育赛事的竞赛组织机构

（资料来源：肖林鹏，叶庆晖.体育赛事项目管理［M］.北京：北京体育大学出版社，2005：231.）

（二）竞赛纪录管理

竞赛的全国纪录是运动员在竞赛中创造的，经有关机构按法定条件和程序审查确认的某一体育项目的全国最好成绩。为鼓励运动员在体育竞赛中顽强拼搏、争创佳绩，早在1989年，国家就制定了《体育运动全国纪录审批制度》，竞赛纪录管理的主要内容包括如下两项。

1. 设立竞赛全国纪录的体育项目

《体育运动全国纪录审批制度》规定：田径（包括室内田径）、游泳（包括短池）、举重、射箭（包括室内双轮）、赛车场自行车、速度滑冰、室内短道滑冰、飞机跳伞、滑翔、航空模型、蹼泳、滑冰、航海模型等15个运动项目设立全国纪录。设立或撤销全国纪录的项目和年龄组，须经国家体育总局批准。随后，国家体育总局对该制度中有关"设立或撤销全国纪录的项目和年龄组，须经国家体育总局批准"中有关设立全国纪录问题的实施细则做了四条规定。第一，国际上已设立世界纪录，在我国正式开展并进行全国正式比赛三年以上的项目，可以申请设立全国纪录；第二，国际上未设立世界纪录，但在我国正式开展并进行全国正式比赛五年以上的项目，可以申请设立全国纪录；第三，新开展的项目在未建立全国纪录前，为了促进该项目运动技术水平的提高，可由全国单项体育协会自行公布"最好成绩"；第四，设立全国纪录，应由国家体育总局竞技体育司严格按照《体育运动全国纪录审批制度》提出申请，报国家体育总局批准后，方可设立。

2. 申请竞赛全国纪录的条件和程序

凡是在国家体育总局，省、自治区、直辖市体育局，中国人民解放军、各系统全国一级体育协会主办或认可的正式竞赛中，根据国家体育总局审定的竞赛规则，有符合规定名额的该项目国际级裁判员执行裁判工作时，运动成绩刷新全国纪录者及运动员在正式国际竞赛中运动成绩刷新全国纪录者，均可申请为创全国纪录。其中，射击、室内短跑和速度滑冰等三个项目，必须是在国际比赛或全国竞赛中运动成绩刷新全国纪录者方可申请为创全国纪录。竞走项目，必须是在国际竞赛，省、自治区、直辖市竞赛或省级以上单位举办的竞赛（包括国家体育总局批准的由省级主办的邀请赛）中，并且有国家体育总局指定的裁判在场担任主要裁判工作时，运动成绩刷新全国纪录者，方可申请为创全国纪录。青少年运动员刷新全国青少年纪录，同时刷新全国纪录者，可以申请为创全国纪录。创造新的全国纪录的申请，必须在该项竞赛结束后10天内上报国家体育总局。出访的运动队，必须在回国后10天内办完申请手续，并报国家体育总局。

（三）竞赛纪律

运动员（队）、裁判员在比赛中端正赛风，严守纪律，赛出风格及水平，是建设精神文明的一个十分重要的方面。《关于争取赛风好转的决定》和《关于违反<全国体育竞赛赛区工作条例>的决定》中有明确的规定。

1. 运动员违反竞赛纪律的，应根据情节轻重，给予警告、严重警告、取消该次比赛资格、取消若干场比赛资格、停止半年或一年参赛资格直至撤销运动员技术等级称号的处分。

2. 运动队在赛区发生严重违反纪律的事件，都要追究教练员的责任。属于教练员、领队参与、怂恿或不予制止而发生的，应视情节轻重，给予教练员警告、停止半年或一年不得带队参加全国比赛的处分，对领队应按照《国务院关于国家行政机关工作人员的暂行规定》给予行政处分。

3. 裁判员违反竞赛纪律，应根据情节轻重，给予警告、严重警告、取消该次比赛或若干场比赛、停止半年或一年比赛裁判工作、降撤销裁判技术等级的处分。

4. 在比赛期间运动员饮酒，教练员、裁判员酗酒的，应给予批评和教育，甚至处分，裁判员不得安排执行裁判任务。

5. 运动员、教练员、裁判员衣着、仪表不整，不遵守社会公共规范，不遵守赛区规定，经教育不改的不得参加比赛，不得安排执行裁判任务。

6. 凡损坏公物和场馆设备的需照价赔偿，有意损坏的应严肃处理。

7. 凡将淫秽的画报、书刊、录音、录像带到赛区的，一律没收送交相关部门处理。

8. 凡调戏妇女的，应给予处分。参与观众寻衅闹事、起哄、扰乱秩序的，应给予纪律处分，严重的应按照《治安管理处罚条例》处理。

9. 凡受到赛区纪律处罚的，年终应降低评定奖励等级；受到取消该次比赛资格或行政记过以上处罚的，年终不得参加评奖。

（四）竞赛仲裁

仲裁也称之为"公断"，指双方当事人在争议发生前或争议发生后达成协议，自愿将争议交由第三方裁决，双方负有义务自动履行的一种解决争议的方式。

1. 体育仲裁的范围

体育纠纷是指因禁用药物、运动员流动、参赛资格等引起的体育专业纠纷，只适用于竞技体育活动中发生的纠纷。体育纠纷不包括赛场上的具体技术争议和其他一般性纠纷。《中华人民共和国体育法》中的仲裁机构不同于体育赛事中临时设立的仲裁委员会。

2. **体育仲裁机构**

由于仲裁的民间性，体育仲裁机构是由法律、体育和技术等方面的专家组成的民间机构。体育仲裁机构的仲裁活动根据国家法律及仲裁规则进行，不受任何机关、团体和个人的干预。

另外，由于体育仲裁所涉及的体育纠纷的专业性、竞技体育管理体制的特殊性，根据《中华人民共和国体育法》规定，体育仲裁机构设立办法和仲裁范围，将由国务院根据仲裁理论、仲裁制度和我国体育实践的具体要求另行规定。

（五）违禁药物和方法的管理

违禁药物和方法是指国际奥委会和其他有关国际体育组织确定的违禁药物和方法，俗称"兴奋剂"。使用违禁的药物和方法是指运动员应用药物，或者以非正常量通过不正常途径摄入生理物质的方法，企图以人为的和不正当的手段提高竞赛能力。我国体育界一贯采取明确的态度反对这一国际体育公害。为此，国家体育总局作出了一系列详细规定。

(1) 在体育运动中严令禁止、严格检查、严肃处理使用兴奋剂的行为，维护体育运动的纯洁性。

(2) 国家体育总局对全国反兴奋剂工作实行统一的领导，由中国奥委会反兴奋剂委员会组织实施，各级体育行政部门、各有关体育组织和体育事业单位应有相应的机构或指定专人负责管理本地区、本系统、本单位的反兴奋剂工作。

(3) 禁止运动员以任何形式或理由使用兴奋剂，禁止强迫、指使、诱导、欺骗、指导、配制、试用、销售、购买、有偿或无偿提供兴奋剂的行为，或者为上述目的筹集、提供经费。

(4) 运动员应按照规定接受体育竞赛内和竞赛外的兴奋剂检查。检查由禁用药物检测机构按照有关规定进行。目前，我国的禁用药物检测机构是国家体育总局兴奋剂检测中心。

第三节 竞赛的过程管理

体育赛事的过程管理包括赛前、赛中和赛后工作的组织与管理。赛前工作的组织与管理主要包括研究确定组织方案、制定竞赛规程、建立竞赛组织机构、拟定工作计划、建立规章制度和编制竞赛秩序册；赛中工作的组织与管理包括开幕式的组织、赛事活动的管理、人员管理、后勤管理和闭幕式的组织；赛后工作的组织与管理包括赛后人员、财务和其他后续事务。

一、赛前工作的组织与管理

赛前管理工作主要包括讨论确定组织方案、制定竞赛规程、组建组织机构、拟定具体工作计划和行为准则、编制秩序册等。赛前管理工作在竞赛组委会（或领导小组）正式建立前，由竞赛筹备委员会（或筹备小组）负责。组委会正式建立后，则由组委会负责。

（一）研究确定组织方案

在竞赛计划的统一部署安排下，一项竞赛活动要有步骤地展开，必须首先进行总体设计构思并提出组织方案。竞赛组织方案主要包括以下内容：

1. 比赛名称和目的任务。根据比赛的内容、性质、赛制、时间和规模等因素确定比赛名称；根据比赛性质、项目特点和本地区、本部门的具体要求等，确定比赛的目的和任务。

2. 比赛的主办与承办单位。

3. 比赛时间与地点。

4. 比赛规模，包括规定参赛者范围、比赛等级、比赛场馆器材设备的档次要求与数量等。

5. 比赛的组织机构，包括竞赛组织管理各职能机构设置和工作岗位安排以及人员配置的数量等。

6. 经费预算，包括竞赛经费来源与筹资计划、经费使用原则与使用范围、收支计划与增收节支措施等。

7. 工作步骤。确定竞赛整体工作的阶段划分和各阶段的工作重点与具体步骤。

（二）制定竞赛规程

竞赛规程是组织实施某一项竞赛的主要政策与规定，对该项竞赛活动的组织管理具有高度的权威性和指导性，是竞赛组织者和参加者都必须遵循的法规。竞赛规程由主管竞赛的部门制定。单项竞赛活动需制定单项竞赛规程，综合性运动会则需同时制定竞赛规程总则（即总规程）和单项竞赛规程。

1. 竞赛规程的主要内容

它包括竞赛名称、竞赛时间和地点、竞赛项目及组别、参加单位、运动员资格、参加办法、竞赛办法（采用的竞赛规则和所采取的赛制、团体总分的设置办法、决定名次和计分的办法等）、仲裁委员会的组成以及有关经费的规定。

2. 制定并下发竞赛规程的注意事项

制定并下发竞赛规程是一项非常严肃、细致和慎重的工作，应考虑到以下几个方面的内容： (1) 竞赛规程的制定要以竞赛的目的任务和竞赛计划为依据。(2) 竞赛规程要与国家颁布的有关方针、政策、法规相适应，并与体育竞赛制度、计划和国际组织的有关规定及国内竞赛的有关规定相配套。(3) 竞赛规程的制定要符合客观实际。既要符合国家、地区的情况和体育项目的实际，又要反映国际、国内体育运动发展的水平和趋势，以及运动员对竞赛的需求状况等。(4) 竞赛规程应充分体现公平竞争精神。(5) 竞赛规程应提前下发。竞赛规程下发的时间应视情况而定，一般应提前半年到一年。(6) 比赛的规模越大，层次级别越高，其执法时间提前量应越大，以便参赛单位和运动员有充分准备。(7) 单项规程要与总规程吻合。综合性大型运动会各单项竞赛规程的制定要以总规程为依据，口径一致，不允许出现相互矛盾现象。(8) 应具有稳定性。竞赛规程一经审定颁发必须严格执行，不能朝令夕改，变化无常，并尽可能少发补充通知或修改规定。

（三）拟定工作计划和建立规章制度

组织委员会成立后，应根据竞赛规程、组织方案和责任分工，拟定各职能部门的具体工作计划和有关行为规范。如竞赛工作计划、宣传工作计划、大型活动计划、安全保卫工作计划和财务计划，工作人员守则、作息制度等，经组委会讨论、审定后执行。目前，在竞赛的组织管理过程中，除常规制定计划的方法外，较多采用编制计划网络图、工作流程图及编制各类图表的方法来制定竞赛总体规划和各职能部门计划。

（四）编制竞赛秩序册

竞赛秩序册是竞赛组织和具体秩序的文字依据，它由运动会的竞赛部门负责编制，报组委会审定并颁发。综合性大型运动会需要在各单项竞赛秩序册编制的基础上及时汇编并编制总秩序册。各种竞赛的秩序册都必须提前下发。

竞赛秩序册一般包括比赛名称、时间、地点、主办与承办单位、竞赛组织机构图、竞赛规程和补充规定、大会各部（处、室）人员名单、各项目竞赛委员会及仲裁委员会成员和裁判员名单、各代表团名单、竞赛总日程表和各项目竞赛日程、分组名单、竞赛场地示意图、最高纪录表等内容。此外，基层竞赛根据需要，也可将运动员、教练员、裁判员守则及各种评优条例等内容附在竞赛秩序册后。

二、赛中工作的组织与管理

（一）开幕式的组织

开幕式的程序一般应包括：宣布开幕式开始，裁判员、运动员入场，奏乐（国歌、会歌）升旗，领导人致开幕词，运动员代表讲话（或宣誓），裁判员、运动员退场，开幕式表演开始，宣布开幕式结束。

为了保障开幕式顺利进行，一般应成立开幕式临时指挥机构，负责控制、指挥开幕式各项活动准确进行。全国性大型综合性运动会的开幕式现场临时指挥机构一般由大型活动部牵头，组委会及其他部门临时选派有关人员配合组成。根据需要，可以在总指挥部下设置负责开幕式各项具体工作的分指挥部，如入场式分指挥部负责开幕式仪仗队、各代表团队伍、裁判员队伍的组织以及与入场式相配合的奏乐、献花和升旗仪式等活动的组织工作；背景台表演分指挥部负责背景台表演人员的组织及现场指挥等工作；大会宣传分指挥部负责开幕式大会现场宣传、新闻发布、记者组织、观众教育及会场环境布置等工作；嘉宾区分指挥部负责主席台及嘉宾区的各项组织接待工作；大会服务分指挥部负责会场所需水电、音响设备、电讯、医疗急救以及各类服务保障工作；安全警卫分指挥部负责开幕式场内外安全保卫、警卫人员配备及交通管理等组织指挥工作。小型运动会由于规模小、人数少，开幕式的组织工作相对简单，可由组委会任命3~5人组成临时指挥小组具体负责，负责的具体内容可以参照大型运动会的分工和办法进行。

（二）竞赛活动的管理

比赛正式开始后，运动会的主要指挥管理人员要深入赛场第一线，对赛事活动实行全面、具体地组织。要以果断、及时、准确为原则，严格掌握比赛进程，加强各职能部门之间的相互协调、配合，防止比赛出现脱节、漏洞和误差。遇到困难或问题应及时召集现场办公会、仲裁委员会或组委会会议，应特别注意研究和及时解决比赛中出现的弃权、争议、罢赛、弄虚作假、赛风等方面的问题和各种突发事件，确保赛事活动顺利进行。

(三) 人员管理

竞赛期间的人员管理，主要包括对裁判员、运动队（员）及现场观众的教育和管理工作。

1. 裁判员的管理

竞赛能否顺利进行，与裁判员队伍的水平高低密切相关。竞赛中要抓好裁判员的职业道德教育，将"公正、准确、严肃、认真"八字方针贯彻于裁判员工作的始终，杜绝"私下交易""本位主义"等不良裁判作风；应在赛前组织裁判员认真学习竞赛规程、规则和裁判法，统一认识，统一尺度，周密研究可能出现的问题和处理办法；重要岗位的裁判员要反复培训，并组织必要的考核；要开好赛前裁判员准备会，合理分工，重要场次比赛要提前认真研究，慎重安排水平较高的裁判员担任临场工作，对抗性强的项目和评分项目，尽量安排与参赛队无关的裁判员，确保万无一失，公正准确；要及时认真地组织每一场比赛的赛后裁判总结与讲评，不断提高裁判工作质量。

2. 参赛运动队（员）的管理

较正规的竞赛应事先拟定运动队（员）的管理教育计划，采取分级管理的办法。应首先召开全体人员大会，提出统一要求和具体规定，并做好各队之间的协调工作，定期召开联席会议，听取意见，处理问题，改进工作。领队、教练员应负责全队运动员的管理。通过严格、切实有效的管理，使各队自觉做到公正竞赛、团结拼搏、文明礼貌、互相尊重。以便保持良好的竞技状态，创造优异成绩，不断提高竞赛的综合效益。

3. 现场观众的管理

现场观众是体育比赛的重要参与者，特别是当比赛处于紧张激烈的比赛时，若对现场观众的组织管理不当，很可能影响比赛的顺利进行，甚至破坏社会的安定。加强对观众的组织管理，既是保证比赛顺利进行的必要措施，又是充分发挥竞赛积极功能的客观要求。竞赛组织者应该从人们的社会心理承受能力和赛场的特殊氛围出发，建立防患于未然的观众预警系统。

(四) 后勤管理

竞赛期间的后勤管理工作包括认真检查比赛场地、设备和器材的布置与使用管理情况，落实运动员、裁判员的住宿、用餐、沐浴、交通和安全保卫工作，监督竞赛各项预算的执行情况，以及医务方面的伤病防治和临场应急准备等具体工作。

（五）闭幕式的组织

在各项竞赛活动结束后，根据事先确定的闭幕式组织方案，闭幕式的各项组织工作必须提前准备完毕。闭幕式的基本程序是：宣布竞赛闭幕式开始，裁判员、运动员入场（也可不搞入场仪式），宣布比赛成绩和获奖者名单，发奖，致闭幕词，宣布大会闭幕，闭幕式表演开始，宣布闭幕式结束。闭幕式的组织工作和指挥系统由开幕式指挥机构负责，大型综合性运动会一般由大型活动部牵头。

三、赛后工作的组织与管理

一项竞赛的结束并不代表整个竞赛管理过程的结束。通常情况下，竞赛活动结束后，赛事管理者还要进行一系列的赛后工作，其具体内容包括：（1）办理各队离赛的各种手续，确保及时离去。（2）借调的有关人员返回原单位。（3）用于比赛的场地、器材、服装、用具等物资设备的及时归还、转让、出售和处理工作。（4）竞赛财务决算。（5）汇编、寄发比赛成绩册和其他技术资料。比赛成绩册的编制，应符合各项竞赛规程中有关录取名次和计分方法的规定。成绩册的主要内容依次为：破纪录情况，各单项名次情况，获其他奖励名单及各项目比赛成绩表。（6）填报等级运动员和破纪录成绩。（7）移交、整理有关文档资料。（8）向新闻单位发布竞赛的有关情况。（9）完成竞赛工作总结，上报当地党政机关和上级体育部门，属于承办全国竞赛的赛区，还需填报赛区情况统计表。（10）评比表彰工作。对参与大会工作的单位和个人、支持与协助大会的单位和个人，以及竞赛的各级组织者、指挥者和工作人员进行表彰。

第十一章　体育赛事财务管理

本章从财务管理的角度，首先对体育赛事的成本与收入的主要构成进行了阐述；然后重点介绍了我国体育赛事的筹资形式及财务控制的原则、内容和方法；最后对体育赛事财务风险的识别与控制进行了分析和论证。

第一节　体育赛事的成本与收入

一、体育赛事的成本

对于成本的概念，学术界存在许多不同的表述方法。一般而言，成本就是指为了达到一定的目标（生产产品或者提供劳务等）所耗费资源的货币表现。据此，体育赛事成本的概念可以界定为体育赛事运营者为获得赛事运营所产生的特定资产或者劳务而耗费资源的货币表现。

（一）从赛事的生命周期看赛事成本的构成

赛事的生命周期即以时间为纬度来划分赛事的范围，也就是一个赛事的开始与结束。依据本书第六章中关于体育赛事生命周期六个阶段的划分，赛事的生命周期分为启动阶段（体育赛事的选择阶段）、规划及准备阶段（体育赛事项目举办权的取得阶段、体育赛事项目的方案制定阶段、体育赛事项目的组织筹备阶段）、执行与控制阶段（体育赛事项目的举办与控制阶段）和收尾阶段（体育赛事项目的收尾阶段），赛事成本应该包括上述各个阶段所发生的所有成本。

1. 赛事启动成本

赛事启动是每个赛事都必须经历的，也是赛事的第一个阶段。该阶段主要考虑哪些需求是需要解决的，而且是在预算范围内可以支付的。赛事启动成本包括市场调查费、可行性研究费等。为了对赛事进行科学决策，在这一阶段要进行详尽的调查研究，搜集和掌握第一手信息资料，进行赛事的可行性研究，最终做出决策。而完成这些工作都需要耗费人力、物力资源，需要花费资金。

2. 赛事规划和准备成本

任何一个赛事都要开展规划和准备工作，这个阶段需要解决赛事举办阶段所需要的人力、物力的安排、落实和组织工作。赛事规划和准备成本是赛事规划和准备阶段所发生的一切合理的、必要的消费。这个阶段所发生的成本通常包括：赛事的申办费、赛事场地设施筹建费、运动员的出场费用及赛事规划阶段的组织和办公费用等。

3. 赛事实施成本

执行阶段是赛事的举办阶段，是赛事计划的实施阶段，很多与赛事相关的组织成本都在这一阶段发生。赛事实施成本是指在项目实施过程中，为完成"赛事产出物"所耗用的各种资源。这既包括在赛事举办过程中所耗费物质资源的成本，也包括赛事实施中所消耗劳动的成本。（表 11-1）

表 11-1 体育赛事实施成本

成本项目	具体内容
赛场费用	场地／馆及器材折旧摊销、租赁及制作；官员、裁判员、参与者食宿、资格审查／注册、制服；计时／计分系统；医护和药检；安保费用（警察／私人保镖）；临时建筑（帐篷／卫生间）；清洁费及其他
赛事组织管理费用	开闭幕式；工资及福利；服装费；交通费；开办费摊销；房租；会计／审计；会议；邮费／快递；印刷／影印；计算机、电话／传真等通信费；其他
赛事营销费用	广告；媒体报道；公共关系；贵宾；互联网站；娱乐；新闻中心；出版工作手册／传单／节目；标志（广告牌）
赞助商服务费	赞助商支持的相关成本
赛事纪念品生产成本	纪念品、相关产品的生产成本
赛事融资相关费用	银行汇率／利息，融资的手续费
赛事风险控制费用	税收、保险、法律、其他

4. 赛事终结成本

收尾阶段是将所有完成的工作"形成文件"的过程，要对赛场进行清理，对赛事进行总结评价。该阶段会发生一些评估费用及场地设施清理费用，这些费用构成了赛事的终结成本。

（二）从赛事成本的要素看赛事成本的构成

1. 赛事举办资格费

赛事举办资格费，是为了能够举办某项体育赛事而预先支付或者耗费的资源，包括货币资金和其他资产。一些赛事的举办费用体现为赛事的申办费用；而对于联赛而言，俱乐部的训练和管理成本则是为了保证取得赛事资格而消耗的，应该也属于这一类；另外，一些邀请赛或友谊赛，需要支付参赛队伍的出场费才能举办，这也是赛事举办资格获得的一种费用形式。无论是何种形式的赛事举办资格费，如果有这一项成本，通常金额都非常高，在整个成本中占据非常大的比例。例如，2002年网球大师杯赛向ATP支付的申办费的合同金额约为760万美金，占赛事全部成本的60%以上。

2. 赛事场地的成本

赛事场地及设备成本是为了保证体育赛事能够举办而兴建体育赛事场地及购买设备等消耗的资源，以及场地的折旧费和维修费等资金。要成功举办体育赛事，需要有专门的场地及相关的设备器材，但是并非所有的体育赛事都需要新建场馆。如果需要兴建场地和设施，这一项成本也会在总成本中占据非常大的比重。

3. 赛事器材设备费

赛事举办过程中所发生的各项有关设备器材的费用，包括购买比赛器材设备和器材设备的折旧费、修理费、运行费、租赁费等。一项综合型体育赛事需要很多种类的体育器材，在总成本中，这一项开支通常也会占据一定的比例。例如，北京奥运会就需要使用体育器材2300余种、14000件。

4. 赛事人工费

人工费是为赛事工作的各类人员，如赛事管理人员和其他工作人员的职工薪酬，包括工资、奖金、津贴、职工福利费、各类社会保险费用、住房公积金、工会经费、职工教育经费等。人是体育赛事成功运营中的关键因素，人工费也是非常重要的成本要素之一。

5. 其他费用

其他费用包括多项内容，如差旅费、办公费、融资成本（利息）、折旧费、租赁费、临时建设费等。

（三）从赛事成本的性质看赛事成本的构成

从财务角度来看，可将体育赛事成本构成按性质划分为直接成本和间接成本。

1. **直接成本**

某项赛事的直接成本是可以直接归属于体育赛事组织或者与体育赛事实施的有关成本，包括赛事直接的人工费、直接的场地设备费、赛事申办费用及其他的直接费用。人工费主要是指赛场成本中的人工费用，包括裁判员的工资奖金、参赛者的奖金食宿和保险费、医药/药检的人工费、赛场保安工资等费用；直接的场地设备费是指比赛场地设备的租赁、折旧和维修费用。

2. **间接成本**

某项赛事的间接成本是指不能或不便直接计入任何部门内因组织、实施体育赛事而发生的费用。它包括管理成本、保险费和融资费用等。管理成本指赛事管理人员、推广营销人员的人工费用和办公费用、行政场地和设备的租赁、折旧和维修费用。

（四）从成本发生与业务量的关系看赛事成本的构成

1. **变动成本**

变动成本，是指在相关业务量范围内，其发生总额会随着业务量的变动而成正比例关系变动的成本。体育赛事的变动成本指会随着赞助商的数量、观众人数、运动员人数、赛事活动次数、纪念品的销售数量变化而成正比例关系变化的成本。当分析不同的业务量的时候，相应的变动成本的含义不同。如赞助商服务费、赛事营销费用及纪念品的生产成本都属于体育赛事的变动成本。如果不仅仅举办一次体育比赛，这时候业务量就变成了赛事举办次数的多少，此时的单位变动成本就是每增加一次赛事所增加的全部成本。除了赛事场地设施和比赛器材这些固定资产的支出外，其余的只要是增加一次赛事就要增加的成本全部为变动成本。

2. **固定成本**

固定成本是指在相关业务量范围内，其发生额不会随着业务量的变动而变动，而是保持不变的成本。对于某一确定的体育赛事而言，一些与赞助商的多少、纪念品的多少、观众人数的多少没有直接关系的沉没成本都应算为固定成本。如赛事的申办费用、场地设施的兴建成本、俱乐部训练和管理的成本、竞技者的出场费用、赛场费用、赛事组织管理费用及风险控制的费用都属于固定成本。

二、体育赛事的收入

体育赛事的收入是与成本相对应的一个概念。通常情况下由 5 大部分组成，即体育赛事赞助收入、体育赛事电视转播收入、体育赛事票务收入、体育赛事特许产品经营收入以及其他。

(一) 体育赛事的收入结构

所谓体育赛事的收入结构是指收入来源的构成、比例及其相互关系。它反映体育赛事资金的来源、规模、形式以及各类收入占总收入的比重。将体育赛事的收入作为整体结构来分析，有利于从整体上把握赛事收入来源之间的有机联系，使它们保持恰当的比例关系，也便于加强赛事收入的宏观调节，实现利益的公平分配。

表 11-2 反映的是 2002 年上海网球大师杯赛的收入结构。其中，赞助收入在总收入中的比重最大，达到了 62.90%；其次为票务收入，占了 35.5%。由于没有对赛事进行电视转播，故没有电视转播收入。在目前中国商业体育赛事的市场化运营过程中，赞助收入和票务收入占了赛事总收入的绝大部分。

表 11-2　2002 年上海网球大师杯赛收入构成

收入项目		销售额（万）	占总收入比重（%）
赞助		5591	62.9
票务	包厢	1956	22
	门票	1200	13.5
电视转播权		0	0
其他		142	1.6
总计		8889	100

（资料来源：上海新新体育文化发展有限公司）

中外体育赛事产业之间由于市场成熟程度、运营机制、文化背景等因素的差异，其收入结构也存在一定差异。例如，温网的收入结构为：转播收入约占总收入的 40%、赞助收入约占总收入的 35%、门票收入约占总收入的 15%、特许收入约占总收入的 10%。温网是目前世界上收入结构最均衡的网球赛事，在温网的收入结构中每项收入都没有超过总收入的 40%，形成了"多元化"的收入结构，避免了一些由于网球赛事"一元化"的收入结构所引起的赛事运营风险。目前温网每年的赛事总收入大约为 1 亿英镑，在扣除赛事奖金等运营成本之后，仍能获得约占赛事总收入 25% 的盈利。

相较而言，2009年中网赞助收入约为2500万美元，占中网总收入的70%；门票收入约为500万美元，占总收入的15%；电视转播收入约为350万美元，占总收入的10%；特许商品销售收入约为175万美元，占总收入的5%。2009年中网总收入约为3500万美元，扣除赛事运营成本之外略有盈余。

表11-3 温网和中网收入结构对比

赛事	转播收入	赞助收入	门票收入	特许收入
温网	40%	35%	15%	10%
中网	10%	70%	15%	5%

(资料来源：金龙，张皞昕. 中外网球赛事收入模型比较研究——以温网、中网为例[J]. 武汉体育学院学报，2010（11）：43-49.)

对表11-3中的温网和中网收入结构进行比较分析可以看出，温网和中网的收入来源是一样的，即赛事收入由转播收入、赞助收入、门票收入、特许收入四部分构成。其差异在于各种收入所占比重不同。占温网收入最大比重的部分是电视转播收入，最小的是特许收入，两者之间的差距并不悬殊，其赛事收入稳定、风险较小，为赛事的可持续盈利和发展奠定了坚实基础。与之相比，作为一项历史很短的网球赛事，中网的赞助收入占到了其总收入的70%，赞助收入在赛事收入中所占比重过大，导致中网的收入结构不均衡。对于中网来说，应使电视转播收入和票务收入成为未来赛事主要的经济增长点，实现收入结构的最优化。

此外，与国外相比，我国体育赛事的收入结构还有另一项特征，即政府财政补助是体育赛事主办方的重要资金来源之一。如举办2002年上海网球大师杯赛时，赛事组委会的政府财政补助收入高达1180万元。政府对体育赛事进行财政补助有其合理性，原因主要有三个：第一，就体育赛事本质特征而言，它是介于私人产品和公共产品之间的混合产品，具有非排他性和非竞争性；第二，体育赛事具有很强的正外部性，对举办地知名度和城市形象的提升及举办城市相关产业的发展都有积极的促进作用；第三，目前我国体育赛事市场发育还很不完善，主办者盈利空间狭小。

（二）体育赛事收入的市场分析

1. 体育赛事中的门票市场分析

目前，在中国举办体育赛事的观众需求并不旺盛。还是以中网和温网为例作对比。中网的资金来源主要是赞助，赞助费占到经费来源的七成以上。而温网的赞助却极少，正式场地上很少会看到广告牌，因为光靠门票收入主办者就基本可以保证盈利。在门票销售点前，观众需要提前几天搭着帐篷排队等待购票。温网会员俱乐部的成员，要想得到一张会员票，要轮数年之久。中网的票务市场显然还没有达到这种成熟的水平。究其主要原因有二：一是网球运动起源于14世纪的法国宫廷，在欧美国家十分盛行，是人们健身娱乐的主要运动项目和电视转播的重要内容。据统计，美国参加网球运动的人口约为2000万，而新中国成立后首届全国性的比赛开始于1953年，历史的差距和文化的差异使充满传统高贵韵味又时尚前卫的网球活动在我国并不流行。从事该运动的人数不多，热衷于此的球迷也很少，赛事观众需求的不足。二是居民可支付能力欠缺，导致购买力低下。喜力网球公开赛的票价从50元到1280元不等，相对于我国的人均可支配收入已达到了极限，而温网的票价要比这高好几倍。现实的国情决定了我们不能走"富人运动"的路线，不能一味地追求球票的高端市场。

2. 体育赛事中的赞助市场分析

赞助企业与赛事的关系主要包括企业产品与赛事的关联度（体育赛事广告权目标市场主要是和体育有直接和间接关系的企业，因为它们对于赛事比较关注，最有可能成为赛事广告的消费者）、企业的赞助史（企业曾经赞助过的赛事项目、规模和级别，如果与当前赛事相似，则企业有可能成为赛事的广告客户）两部分。目前，我国赞助企业与赛事的关系并不紧密，对于某项赛事的忠诚度也并不是很高。由于赛事本体的经营还不完善，要长期维持与赞助企业的良好合作具有一定的难度。

赛事广告需求量的预测，即了解企业对赛事广告的态度、需求量和可支付的资金。目前对于中国的体育赛事来说，国内外企业的热情很高，但需求量毕竟有限，如果无限制地扩张赛事的规模和数量，将会使几乎所有的赛事都经营困难。

3. 体育赛事中的电视转播市场分析

我国体育赛事的电视转播市场十分不景气，能为主办方带来的收益也屈指可数。主要有以下两方面的原因：一是部门垄断。国家广播电影电视总局有关条文规定电视机构必须购买转播权才能转播竞赛表演，但是中央电视台对某些赛事具有独家购买权，形成了买方垄断的市场结构，限制了电视转播权市场的竞争。二是行业垄断。我国的绝大部分电视台都是国有企业，其他行业无权经营广播电视业务，加之电视接收网络遍及全国，为数不多的国家级和地方性电视台就能覆盖全国各地，不需要大量的电视台，电视台的垄断程度很高。这也是电视转播权销售困难的主要原因。此外，在计划经济时期，转播竞赛表演相当于一种公益活动，转播国内赛事不需要支付转播费，许多人在意识上还保留着过去的观点。

（三）体育赛事的税收政策

作为经济政策主要组成部分的税收政策是政府部门为促进经济和社会发展所制定的税收法令制度，是开展税收工作的基本方针、原则。举办体育赛事对社会和经济发展具有促进作用，我国政府为支持相关体育赛事的举办，于2009年8月10日由财政部、国家海关总署、国家税务总局联合颁发《关于第16届亚洲运动会等三项国际综合运动会税收政策的通知》（财税［2009］94号）。通知中规定了2010年广州第16届亚洲运动会、2011年深圳第26届世界大学生夏季运动会和2009年哈尔滨第24届世界大学生冬季运动会三项国际体育赛事的税收政策。此通知是继《关于第29届奥运会税收政策问题的通知》（财税［2003］10号）、《关于第6届亚洲冬季运动会税收政策的通知》（财税［2005］24号）、《关于第29届奥运会税收政策的补充通知》（财税［2006］128号）之后三部委针对我国举办大型国际体育赛事而联合制定的又一税收文件。

"税收优惠"作为税法中的规定，是指给予某些活动、资产或企业以及某些融资方式以税收优惠待遇，其主要目的是减轻纳税主体税务负担，主要包括减免税、全额扣除和暂准进口等主要措施。近年来，我国举办的大型国际体育赛事享受的主要税收政策见表11-4。

表11-4 近年来我国举办大型国际体育赛事主要税收政策一览表

赛事名称	文件名称	涉税主体	所涉税种	主要政策
2007年长春亚洲冬季运动会	《关于第6届亚洲冬季运动会税收政策的通知》（财税［2005］24号）	外国政府和国际组织（捐赠者），亚冬会组委会，亚奥理事会，各国际单项联合会，各亚洲单项联合会，各参赛国（地区）代表团，新闻界，赞助商与供应商，参赛运动员	关税，进口环节增值税，消费税，个人所得税	免征、全额扣除、暂准进口

(续表)

赛事名称	文件名称	涉税主体	所涉税种	主要政策
2008年北京奥运会	《关于第29届奥运会税收政策问题的通知》（财税[2003]10号），《关于第29届奥运会税收政策的补充通知》（财税[2006]128号）	第29届奥运会组委会，中国奥委会，国际奥委会，国际单项体育组织，参赛运动员，企业、社会组织和团体，财产（物品）捐赠者	营业税，关税，进口环节增值税，消费税，土地增值税，印花税，车船使用税，车辆购置税，企业所得税，个人所得税	免征或（在计算企业应纳税所得额中）补扣、暂准进口
2009年哈尔滨世界大学生冬季运动会 2010年广州亚运会 2011年深圳世界大学生运动会	《关于第16届亚洲运动会等三项国际综合运动会税收政策的通知》（财税[2009]94号）	亚运会组委会，大运会执行局，大冬会组委会，参赛运动员，企事业单位、社会团体和其他组织及个人（捐助者）	营业税，进口环节增值税，关税，印花税，消费税，车船税，土地增值税，企业所得税，个人所得税	免征或（企业和个人应纳税所得额中）扣除、暂准进口

（资料来源：倪腊贵，田恩庆. 我国举办大型国际体育赛事的税收政策研究［J］. 体育科学，2010（3）：43-49.）

第二节　体育赛事的筹资管理与财务控制

一、体育赛事的筹资管理

体育赛事的筹资管理是指遵照国家相关法律和政策，从不同渠道，用不同方式，按照经济核算方法的原则筹集资金，以满足体育赛事经营的需要，以实现体育赛事财务管理的目标。其内容包括预测体育赛事资金的需要，估计筹资额度；规划体育赛事的筹资渠道和资本结构，合理筹集和节约使用资金、规划体育赛事的筹资方式，使筹集的资金符合实际要求等。

（一）国外体育赛事的筹资情况

1. 国外体育赛事筹资的主要方式

国外体育赛事筹资主要通过出售电视转播权、获得赞助、出售门票、发行彩票和债券以及单项赛事协会拨款等方式进行。其中,赞助和电视转播权的收入占筹资额的绝大部分。表 11-5 和表 11-6 分别是 1999 年美国网球公开赛、1999 年法国网球公开赛、1996 年亚特兰大奥运会和 2000 年悉尼奥运会 4 项赛事筹资的主要方式以及各种方式所占的比重。

表 11-5 1999 年美国和法国网球公开赛主要筹资方式及所占比重

方式	1999 年美国网球公开赛		1999 年法国网球公开赛	
	金额(美元)	比重(%)	金额(美元)	比重(%)
电视转播权	5700 万	43.8	3,210 万	41.2
门票/包厢	3300 万	25.4	1,640 万	21
赞助金	3100 万	23.8	2,460 万	31.5
授权产品/餐饮服务	900 万	7	490 万	6.3
总计	13000 万	100	7,800 万	100

(资料来源:黄伟,张林,李南筑,刘兵,陈书睿. 国外体育赛事融资状况——企业与政府的角色 [J]. 体育科研 (3):18-20.)

表 11-6 亚特兰大、悉尼奥运会主要筹资方式及所占比重

方式	1996 年亚特兰大奥运会		2000 年悉尼奥运会	
	金额(美元)	比重(%)	金额(美元)	比重(%)
电视转播权	5.6 亿	32.8	13.18 亿	50.6
门票/包厢	5.4 亿	31.7	5.5 亿	21.1
赞助金	4.22 亿	24.8	3.56 亿	13.7
授权产品/餐饮服务	1.83 亿	10.7	3.81 亿	14.6
总计	17.05 亿	100	26.15 亿	100

从表 11-5 和表 11-6 中可以看出,出售电视转播权和赞助的收入,在体育赛事的筹资额中占绝大部分,比例都在 70% 左右。以上赛事都是国际知名度较高的大型赛事,企业赞助和政府拨款的积极性都很高,筹资较容易。但对于普及程度不广、知名度不高的中小型单项体育赛事而言,其筹资的难度就要大得多。在一般情况下,普及程度越窄、知名度越低的体育赛事,政府提供资金资助的可能性及比例越大。

2. 国外体育筹资的渠道

国外体育赛事运营的市场化程度高,拥有成熟、完善的体育投融资机制和信息灵通、活跃的体育投融资中介机构。在此环境下,企业对体育赛事的运营比较

了解，赞助的热情也较高，而且企业能通过赞助体育赛事获得良好的投资回报，从而更加坚定了继续从事赛事赞助的决心和勇气。各级政府、企业和私人投资者是体育赛事的主要资金提供者，其中企业又是最主要的资金提供者，他们提供的资金在全部筹资渠道中所占的比例高达65%~80%。由此，体育赛事的各利益相关者之间就形成了默契的合作关系，共同推动着体育赛事的发展。

(二) 我国体育赛事的筹资情况

我国体育赛事筹资的发展受政治、经济的影响。建国初期，经济极不发达，体育的发展很慢，体育赛事的各项投入都依靠政府支出，政府成了唯一的投资者，这是与计划经济体制相适应的投资方式。随着计划经济体制向社会主义市场经济体制的转变，我国体育赛事运营也开始向市场化的方向发展。体育赛事的筹资渠道也逐渐拓宽，出现了不同的资金提供主体。

1. 政府财政补助

改革开放前，中国的体育赛事是政府主导的运行模式。政府投资、主管部门经营、财政补贴亏损，以前的全国性大型赛事和北京亚运会运营采取的都是这种模式。这种模式在我国体育发展过程中起了不可替代的作用。目前国内体育赛事市场发育不健全，运营机制不完善，政府财政补助仍是体育赛事的重要资金来源。

2. 社会捐赠

捐赠是指向国家、集体或个人进行的无偿帮助和赠送。对于向赛事组委会捐赠的团体或个人，根据金额多少，组委会会给予包括举行捐赠仪式、颁发感谢信和捐赠荣誉证书、赠送赛事纪念品、新闻媒体专访、邀请出席组委会重大活动、发布鸣谢公告等在内的荣誉回报。在我国，广泛发动并接受社会力量向大型综合性体育赛事捐赠是社会制度优越性的一种体现。如第三届全国城市运动会捐赠收入达5158.17万元，占总收入的30.8%。随着市场经济的发展，大笔资金完全依靠无偿性赠予并不实际，社会捐赠在筹资中所占的比例也越来越小，捐赠已逐渐成为一项辅助性收入。如第五届全国城市运动会中捐赠收入为216万元，仅占市场开发收入的1.48%。

当前，税收问题影响体育产业经营活动的一个突出表现是对体育捐赠的税收优惠问题。很多国家对体育组织的捐赠都在税收方面给予特殊支持政策，捐赠企业可在税前将款项扣除，接受捐赠的体育组织则减免所得税。我国目前虽然也为一些体育赛事和活动出台了特殊政策，但基本都是针对临时性活动的一次性规定，如奥运会，尚未形成稳定的政策。针对上述问题，国务院办公厅发布的《关于加快发展体育产业的指导意见》中提出："符合条件的体育类非营利组织的收入，可按税法有关规定，享受企业所得税相关优惠政策。企业发生的符合条件的广告费支出，可以按照税法规定扣除。鼓励社会捐赠体育事业，对企业、个人和其他社会力量向公益性体育事业的捐赠，符合税法有关规定的部分，可在计算企业所得税应纳税所得额时扣除。"这一政策的提出，为今后体育赛事捐赠的税收优惠问题提供了进一步的保障。

3. 市场开发

市场开发工作是体育赛事运营的一个重要组成部分，也是体育赛事中最具挑战性的工作之一，同时也是评价体育赛事是否成功举办的重要标志。现阶段，体育赛事市场开发收入是办赛经费的主要来源，市场开发的成果直接影响到组委会的运营经费。体育赛事的市场开发工作在赛会的整个组织和筹备过程中发挥着重要的资金保障作用。

(1) 赞助资源开发

赛事市场开发机构依据赞助金额将企业划分为合作伙伴、赞助商、独家供应商和一般供应商等不同级别，以合作伙伴为重点，把握"抓大放小"的原则，根据先合作伙伴、后赞助商、再供应商的思路，进行赛事赞助招商。

(2) 特许经营

赛事特许经营是企业向赛事组委会缴纳一定费用，获取组委会授权生产或销售带有赛事特殊标志（名称、会徽、会标、吉祥物）的各类产品，或由组委会指定，为组委会提供专项服务的一种经营方式。特许经营范围主要包括指定服务、指定产品（含专用产品、礼品、纪念品）和贴标使用标志产品。九运会特许纪念品经营权拍卖会成交总额达715.5万元，十运会特许纪念品经营权收入达300万元。

(3) 门票销售

门票销售可以看作是体育竞赛中最为传统的一项收入来源，也是赛事市场开发的重要组成部分。与国外体育赛事主办方将门票收入作为赛事主要收入来源不同，国内体育赛事的门票经营管理状况还不能令人满意，占总收入的比重相对较低。

4. 融资

(1) 体育彩票

体育彩票是一种高效率的融资手段。它筹资成本低，无须还本付息，回报率高。发行体育彩票可有效吸收大量社会闲散资金。一些国家通过发行彩票来筹集救济金，更多国家利用体育作为媒介发行彩票，把彩票资金用于发展体育事业。

把体育彩票发行收益的15%～20%作为成本和管理运行的费用，客观上带动了相关产业的发展，也增加了就业岗位和税收。

(2) 体育赛事租赁

租赁是承租人以支付租金为代价，获得在一定时期内对一项物件的使用和收益权利的行为。租赁融资具有以"融物"代替"融资"的独特功能，其手续简单，租约灵活，为体育赛事融资提供了一个新的融资渠道。

(3) 体育赛事基金

有别于其他的融资手段，体育基金是伴随体育产业的发展而发展起来的带有行业色彩的准金融机构。它通过向社会公众和企事业单位发行基金受益凭证，募集资金。它是一种开放性基金，受益凭证不能上市，也无须上市。它不仅不会加剧股市资金供给不足的压力，而且可以避免投资基金的受益凭证在二级市场上被投机炒作的风险，充分发挥其为体育产业融资、促进体育存量资产盘活和广泛开展资本营运的应有功能。

二、体育赛事的财务控制

合理有效的控制是保证管理系统各项工作正常运转，改进提高组织与管理效率的重要手段。体育赛事的财务控制是指在体育赛事活动的过程中，以计划任务和各项定额为依据，对资金的收入、支出、占用、耗费进行核算，以便实现计划规定的财务目标的过程。

(一) 体育赛事财务控制的原则

体育赛事财务控制的原则是财务控制工作中必须遵守的准则，是从赛事财务控制实践中抽象出来并在实践中得到证明的行为规范。

1. 平衡原则

在体育赛事财务控制上，力求使资金的收支在数量和时间上达到动态的平衡。从会计学角度来看，资金的收支是资金周转的纽带。从静态来讲，要求资金达到静态平衡，即资金占用等于资金来源，或资产等于负债加所有者权益；从动态来讲，资金的现有余额和预计收入与支出差额之和要等于预计现金余额。

2. 弹性原则

在资金的动态平衡中，财务控制应努力实现收支平衡，略有结余，即在追求准确和节约的同时，留有合理的收缩余地。在财务控制的实践中，对现金、存贷留有一定的"保险储备"，在编制财务计划时留有余地，都是弹性原则的具体体现。体育赛事运营是一个充满变数的过程，会出现许多新的情况。在体育赛事的财务控制上，把握弹性原则具有较大的现实意义。

3. 比例原则

在体育赛事的财务控制中，除了对绝对量进行规划和控制外，还必须通过各因素之间的比例关系来发现控制过程中存在的问题，采取相应的措施，使有关比例趋于合理化。在财务控制实践中，进行财务分析的比率分析、体育赛事的筹资结构决策、体育赛事的投资组合决策时，都要体现这个原则。

4. 优化原则

体育赛事财务控制过程是一个不断进行分析、比较和选择，以实现最优的过程。它包括多方案的最优选择、最优总量、最优比例关系的确定等内容。这些工作应该在体育赛事的计划书中列算，并且在实施过程中严格贯彻。

（二）体育赛事财务控制的基本内容

1. 成本控制

财务控制中最重要的是成本控制。赛事的成本控制就是对体育赛事的成本进行真实合理的核算，对赛事的资金进行管控。成本核算是从费用的角度对体育赛事进行规划，对完成赛事所需费用的估计和计划。在体育赛事的成本核算出后，应进行成本指标分解，落实到每个部门、每个员工，以便检查、考核。通过计划指标的分解，可以把计划任务变成各部门和个人可以控制的数量要求。

2. 流动现金控制

现金是生产过程中暂时停留在货币形态的资金，包括库存资金、银行存款、银行本票、银行汇票等。现金是变现能力最强的资产，拥有足够的现金可以降低体育赛事的风险。对体育赛事而言，同样有持有现金的机会成本、转换成本和短缺成本的问题。因此需要考虑最佳现金持有量。其计算方法常采用成本分析和随机模式法。对现金收支的控制，是个综合的过程，其中包括现金收支项目、收支数量、收支比例等相关的内容。

3. 利润分配控制

利润是企业在一定期间进行生产经营活动所取得的成果，是收入和支出相抵后的结果。利润的分配直接关系到所有者的合法权益是否能得到保护，关系到企业是否能长期稳定的发展，关系到国家能否及时、足额的征收所得税。在现阶段体育赛事盈利还是一件较为困难的事，然而一旦实现盈利，对体育赛事利润分配的控制同样涉及多方面的利益关系。首先必须规范利润分配渠道，统一利润分配办法，实现合理的利润分配制度。体育赛事利润总额的构成内容取决于收入与成本、费用的比例关系。在收益利润分配中应依照"依法分配、兼顾各方面、投资与收益（谁投资谁受益）"的分配原则。

（三）体育赛事财务控制的方法

1. 财务报告

体育赛事运营机构每年年底应制作财务报表来说明赛事经营状况。通过财务报告，相关的各方能够获得会计信息。根据法律，体育赛事运营机构必须要公开财务内容广泛的详细年度报告。这里针对的是体育赛事运营企业等，如上海久事国际赛事有限公司，一次性的赛事组委会除外。

（1）赢利和亏损报告

赢利和亏损报告显示了一段时间内收入、支出和利润之间的关系，内容应包括体育赛事运营机构名称、报告类型及报告所跨的时间范围。该报告还包括特定时间内的现金交易和贷款交易，并被看作是判断和推测收入、成本、费用及利润的经营状况凭证。它还清楚地勾画出了体育赛事运营机构在一段时间内的利润水平。此外，管理财务信息也是经营决策活动很重要的一部分内容，它还能反映出某一活动的组织水平。

（2）资产负债报告

资产负债报告显示了体育赛事运营机构在某个特定日期的财务状况，如资产、债务和物主产权。其内容包括体育赛事运营机构名称、报告类型和报告的确切日期。资产负债报告能防止现金消耗殆尽这一类问题的发生。体育赛事运营机构的快速发展有赖于必要的财务资源，因此，资产负债报告可以确保现金流入赛事运营中，而不被体育赛事运营机构随便利用。现金通过资助债务人或允许客户有一定额度的透支等方式避免短期投资的出现或债务偿还能力降低。此外，其主要目标是争取到充足的年度资金同对手进行竞争。有效地处理好资产负债状况对于经营的扩大是非常有利的。

2. 财务比例分析

监督赛事的运营情况和财务状况对于体育赛事运营机构是非常有意义的。财务比例分析通常采用百分比的方式来比较各方面的重要关系，易于理解。它能清楚地指出需要进行长期和短期改进的地方。艾伦等人认为："通过一系列相应的比例分析，活动管理公司能清楚地了解组织的生命力并发现需要更加严厉控制的地方。"

（1）流动性比率 = 流动资产 / 流动债务，它表明商业中的流动资金和流动状况。

(2) 速动比率=（流动资产-存货）/流动负债，它表明只利用能够迅速兑现而不利用存货的流动资金。

(3) 边际利润率=净利润/净销售，它表明销售所产生的利润百分比。

(4) 资产周转率=净销售/总资产，它表明资产用于销售的情况。

(5) 资产回报率=纯净利润/总资产，它表明利润占资产的百分比。

(6) 资产权回报率=净利润/总产权，它表明投资方获利的情况。

（四）体育赛事财务控制的过程

体育赛事的财务控制始终贯穿赛事始末，在赛前、赛中、赛后都要严格执行财务控制。例如，赛前要制定财务计划实行的标准和制度，赛事运营过程中要有财务报告、财务比例分析等，赛事结束要有财务结算及评价。

1. 赛前控制

赛前控制是指在赛事的财务活动发生之前所进行的控制活动。例如，对财务指标进行分解，将各项指标分解后落实到各个部门，使各项指标的实现有切实可靠的保证；规定计划执行的标准和制度，如现金使用范围、费用开支标准等，以便加强赛前财务内部控制能力。

2. 赛中控制

赛中控制是对赛事运营过程中实际发生的各项活动按照计划和制度的要求进行审查，并采取措施加以控制的行为。例如，为了控制短期偿债能力，随时分析流动比率，在发现不合理情况出现时，采取措施加以调整。

3. 赛后控制

赛后控制即在计划执行之后，认真分析检查实际与计划之间的差异，采取切实的措施，消除偏差或调整计划，使差异不致扩大。

第三节 赛事运营的财务风险

对一个城市来说，运营赛事同样存在着财务风险，1976年蒙特利尔奥运会的负债就高达69200万英镑。对于国内举办的体育赛事来说，通常情况下，赛事运营主体是难以盈利的，甚至会出现较大亏损。对体育赛事的组织者来说，由于运营体育赛事存在各种风险，要实现利润最大化，就要尽可能地采取各种措施来规避或者减少可能导致损失的各项风险。

一、体育赛事财务风险识别与评估

体育赛事的财务风险识别是周密分析体育赛事组织所处的外部自然环境、经济和社会环境，剖析赛事组织财务管理体制和资金运动各环节中客观存在的种种不利因素，找出各种风险要素与风险事件之间的内在联系，以及其他对赛事财务可能造成的威胁的过程。

体育赛事财务风险评估是在风险识别的基础上对赛事可能遇到的财务风险进行定性或定量的分析。定量分析往往是建立在定性分析基础之上的，没有定性分析，指标定量是不可能实现的。然而，并非财务风险的所有方面都可以量化，在不能量化时定性分析就显示出无法替代的优越性。

二、体育赛事的财务风险控制

对赛事财务风险进行识别、评估之后，赛事组织者必须根据赛事风险的特性及其潜在影响和以盈利为目标的原则，规划并选择合理的财务风险管理对策，尽可能地规避、减少赛事风险的潜在损失，提高对赛事风险的控制能力。在财务风险控制过程中，除了采用风险控制基本方法，如风险防范法、风险回避法、风险转移法、风险分散法外，最重要的是采取具体的财务风险管理措施来规避或减少财务风险的发生。

（一）赛事运营人员要树立风险观念，强化风险意识

财务活动本身具有连续性和复杂性的特点。体育赛事组织者在运营体育赛事过程中，不可避免地要遇到一定的财务风险。勇于承担并善于分散风险，是体育赛事成功的关键。赛事组织者应遵循风险收益均衡的原则，对每一项具体的财务活动全面分析其收益和安全性，按照风险和收益适当均衡的原则来决定采取何种行动方案，同时在实践中趋利避害，争取获得更多的收益。在防范财务风险的全过程中应始终贯彻"以人为本"的思想，培养体育赛事经营者和财务人员的风险意识。

（二）建立健全财务风险管理机制

赛事组织者是各种风险的承担者，要把各种风险和损失尽量降到最低，就需要赛事组织者建立健全财务风险管理机制。有效的财务风险管理机制可以保护企

业财产的安全、保证会计信息的可靠性和财务活动的合法性。

(三) 正确处理赛事所有者、经营者和员工之间的责、权、利关系

在体育赛事运营过程中应通过制度环环相扣、监督制约，明确承担风险的各部门及其负责人的责、权、利，争取实现风险与报酬相统一。要建立合理的行为激励与监督约束机制，解决好赛事所有者、经营者和员工等内部利益主体之间及企业与政府等外部利益主体之间的收益分享和风险分担关系，这是充分改善体育赛事财务风险防范机制的关键所在。

(四) 提高财务决策水平

现阶段，我国大部分体育赛事由体育经纪公司组织运营。由于公司规模的限制，许多财务事项都是公司所有者说了算，经验决策和主观决策导致决策失误的可能性大大增加。为防范财务风险，企业必须采用科学的决策方法。在决策过程中，应充分考虑影响决策的各种因素，尽量采用定量计算的分析方法并运用科学的决策模型进行分析评价，从中选择最优决策方案。为防止管理者的主观臆断，决策要科学地确定财务工作的组织结构，按相互牵制的原则将财务业务划分为若干具体的工作岗位，赋予每个岗位以相应的权限和责任，提高财务部门处理风险的能力，使财物风险的预计、防范、控制和处理趋于合理、有效。

(五) 建立短期财务预警系统，编制现金流量预算

体育赛事的运营周期比较短，从短期来看，赛事组织者能否维持下去，并不完全取决于是否盈利，还取决于是否有足够的现金用于各种支出。准确的现金流量预算，可以为赛事组织者提供预警信号，使其能够及早采取措施。赛事组织者应该将赛事各期的具体目标用财务的方法加以描述，并将预期未来收益、现金流量、财务状况等财务指标，以现金流量的方式加以表达，编制准确的现金流量预算，补充和建立赛事运营的全面预算，以便预测未来赛事运营过程中现金流的状况，形成滚动式现金流量预算，更好地为赛事的管理服务。

(六) 加强资金日常管理，提高使用效率

赛事资金的日常管理工作应当有一定的程序。其审批程序应遵循便捷、高效、控制的原则，事先设定好相应的审批程序和权限。一般来说，体育赛事可以采用分级设定权限，明确规定每级的审批额度，在该级权限之内即可批准使用，如超过权限范围则报上一级审批的程序。同时，赛事管理者应定期或不定期地对

资金使用情况进行监督和检查,对部分往来款项实行逐笔跟踪管理,尽量降低赛事主办方的坏账损失。

(七) 强化财务审计监督

对体育赛事的审计监督可以分为内部审计和外部审计两种。外部审计对规避赛事财务风险有两方面作用:一方面,通过外部审计可以减少赛事组织内部可能发生的会计差错和舞弊行为,使赛事财务信息更准确地反映赛事组织的实际财务状况,降低赛事组织者的财务风险;另一方面,外部审计可以对赛事组织的财务状况做到公正监督,赛事的真实财务状况会因此得到社会利益关系人的承认,从而使赛事组织者的财务活动得到利益相关者支持。比如第29届奥运会组织委员会从成立之日起就开始接受外部专业审计机构的审计,各项活动经费都经过独立审计机构的审计。内部审计是赛事组织者在组织内部成立独立的财务审计部门对财务控制的再控制。它通过评价财务控制来督促财务部门不断地改进和完善财务控制,将对赛事组织财务状况的反映误差减少到最低限度。

第十二章 体育赛事营销管理

本章先从总体上分析了体育赛事营销管理的定义、内容，又对体育赛事的营销管理过程进行了深入探讨，最后对体育赛事营销的信息管理问题进行了详细阐述。

第一节 体育赛事营销管理概述

一、体育赛事营销管理的定义

（一）体育赛事营销

科特勒等人将市场营销定义为：个体与组织通过创造以及与他人交换产品和价值来实现他们自身需求的一种社会管理过程。识别消费者的需求是市场销售人员的重要工作之一，所有的营销战略都必须基于对消费者需求的认识。

体育市场营销是指体育组织通过为广大观众提供高质量的竞赛表演服务，为媒体、企业、学校和其他组织提供满意的竞赛产品，使赞助商获得良好的宣传沟通效果及经济利益。简而言之，就是指为满足体育消费者的需求而进行的各种活动的交换过程。体育市场营销主要包括两个方面：一是向消费者直接提供体育产品和服务；二是以体育为媒介间接地向消费者宣传其他产品的质量和功效。目前我国对体育赛事营销暂时还没有统一的定义，综合各种体育营销的概念与内容，可以将体育赛事营销定义为：个体与组织通过创造和与他人交换体育赛事产品以及赛事无形资产和价值，满足企业和消费者需求的一种交换过程。

（二）体育赛事营销管理

营销管理是在市场行为中，以营利为目标，把组织、人员、培训、绩效、考评、薪资等众多要素综合起来制定销售方案，并促使其优化实施的行为。营销管理的实质是需求管理，其目标是对需求的水平、时机和性质进行有效的调解。

体育赛事营销管理是指为了实现体育赛事组织的任务与目标，建立和保持与目标市场之间的互利交换关系，而对相关营销项目进行分析、规划、实施和控制的行为。在体育赛事营销管理实践中，赛事运营方通常需要预先设定一个预期的市场需求水平。然而，实际的市场需求水平可能与预期的市场需求水平并不一致。这就需要体育赛事营销管理者针对不同的需求情况，采取不同的营销管理对策，有效地满足消费者与赞助商的需求，确保体育赛事运营目标的实现。

二、体育赛事营销的内容

从体育赛事的特点和市场营销的基本理论来看，体育赛事营销是一种服务营销，主要包括三大要素。

一是赛事组织者提供赛事产品，即赛事产品的供给或来源。赛事产品的供给主要分为两类：第一类是有形产品的供给，如赛事纪念品提供等；第二类是无形产品的提供，如竞赛表演服务的提供等。

二是消费者对体育赛事的需求，主要是观众、赞助商和媒体的需求。消费者对赛事的需求是实现体育赛事成功营销的重要因素，市场的需求越大，赛事营销的成功率越高。

三是供给和需求之间的协调。这方面主要是指赛事营销的实施过程，包括吸引观众、寻找赞助商、吸引媒体等。

三、体育赛事营销管理的需求

体育赛事营销管理的实质是需求管理，其任务是通过调节各种需求的水平、时机和性质，更好地促进体育赛事组织目标的实现。在体育赛事营销管理中，赛事运营方应考虑到的需求是多方面的，一般来说包括观众的需求、政府的需求、赞助商的需求、中介和经纪公司的需求。

体育赛事的观众包括直接前往现场观看比赛的观众，以及通过电视、互联网等方式间接观看比赛的观众。体育赛事观众的需求是体育赛事营销管理过程中必须予以关注和考虑的，无论是现场观众还是间接观众都是该体育赛事的顾客。

体育赛事的主办方接受政府的资金支持及监督，意味着主办方必须重视政府对赛事的需求。各级政府部门对体育赛事的监控通常是不以体育赛事的意志为转移的，对体育赛事予以资金支持的各级政府部门通常也是相对固定的。在体育赛事营销管理中，政府的支持也是体育赛事主办方最强有力的支持之一，其需求是不容忽视的。

赞助商是指可能对体育赛事进行资金赞助、实物赞助或以其他方式进行赞助的机构。它们为体育赛事的运营提供资金与物资。赞助商的需求是复杂多样的，对体育赛事赞助金额的差异也很大。体育赛事主办方应该针对体育赛事运营的需求，做出选择满足那些赞助商需求的战略决定。

赛事中介、经纪公司常见于商业性赛事中。它们是商业性赛事成功举办的重要媒介，会在赛事主办方、场馆所有方、赞助商甚至是举办地政府等多方之间起到沟通与联络的纽带作用，是赛事商业性运营中不可忽视的力量。

第二节　体育赛事的营销管理过程

体育赛事的市场营销管理过程是指为了实现体育赛事运营的目的和满足消费者需求所进行的市场营销的选择、计划、组织、控制的过程。它不仅需要体育赛事市场营销人员努力工作，也离不开体育赛事运营各部门的共同努力。

一、体育赛事市场营销管理的步骤

体育赛事市场营销管理分为四个主要的步骤：分析市场机会、选择目标市场、设计市场营销组合和管理市场营销活动。

（一）分析体育赛事市场机会

寻找和分析、评价体育赛事的市场机会是市场营销管理人员的主要任务，也是市场营销管理过程的首要步骤。随着市场的不断变化，每一项体育赛事都会有其特殊的生命周期，体育赛事营销人员必须经常寻找、发现新的市场机会。

发现市场机会的方法是多样的，最基本的方法是通过阅读报纸、参加展销会、研究竞争者的产品、召开献计献策会、调查研究消费者的需要等途径来寻找、发现或识别未满足的消费者需要的信息，并从相关信息中发掘新的体育赛事市场机会。其次，还可以通过分析产品/市场发展矩阵来寻找、发现市场机会，如图12-1所示。例如，某体育赛事的营销人员可以考虑是否采取一些措施，在现有市场上增强该体育赛事的赞助力度（市场渗透）；或者考虑采取一些措施，扩大该体育赛事赞助的涉及范围（市场开发）；还可以考虑是否有其他与体育赛事相关的资源，吸引更多的赞助支持（产品开发）；甚至可以考虑是否将赛事投入其他相关行业，进行多元化的经营。这是企业寻找、发现市场机会的一个有效的方法。

	现有产品	新产品
现有市场	1 市场渗透	3 产品开发
新市场	2 市场开发	4 多元化经营

图 12-1　产品/市场发展矩阵

(资料来源：金永生. 市场营销管理 [M]. 北京：机械工业出版社，2006：192.)

进行市场细分，也是发掘体育赛事市场机会的有效方法之一。例如，山东举办第十一届全运会时，充分发挥其农业大省的特色，利用全运会参赛人员众多、大量媒体关注、涉及区域广泛的特点，将整个全运会市场需求进行细分，组织有针对性的推广。笙光蔬菜、得益牛奶、好当家海洋食品等产品，分别成了全运会的赞助企业或供应商，不仅满足了全运会的举办需求，同时也贴近了不同类型企业的营销策略。

市场机会评价是分析体育赛事市场机会的最后步骤。不是每个市场机会都适合体育赛事的运营与组织，营销人员要善于对所发现的市场机会加以评价。评价市场机会，不仅要看这种市场机会是否与该赛事举办的任务与目标相一致，还要看该赛事是否具备利用这一市场机会的条件，或者该赛事组织方是否在利用这种市场机会上比其潜在的竞争者有更大的优势，能享有更大的"差别优势"。此外，还要进一步评估对体育赛事运营有吸引力的市场机会，进一步研究该市场机会的消费者、消费者的购买力、分析竞争对手。

(二) 确定目标市场

在分析体育赛事市场机会之后，体育赛事运营方需要根据一定的变量或依据对市场进行细分。此后，还要决定选择哪些子市场作为体育赛事赞助的目标市场。这是市场营销管理的第二个主要步骤。

在选择体育赛事目标市场之前，需要依表 12-1 中的内容对细分市场进行评估，判断其市场潜力、市场结构的吸引力及商业优势是否符合要求。首先，赛事组织方应收集分析有关数据，研究目前市场的销售额、年增长率和期望利润。一般来说，体育赛事的组织方会对有较大规模及具有发展潜力的子市场较为有兴趣，特别是一些大型体育赛事的组织方，更注重销售量大、增长率高、利润率高的子市场。一些小型体育赛事可能会根据自己的特色发掘某些专业化的市场，选择一些小的，不特别有吸引力，但对公司来讲更有利可图的子市场。

在满足了体育赛事成功营销所需的外部条件后，还应结合体育赛事运营方的内部条件，对市场机会进行分析。若子市场与体育赛事的组织目标相偏离就要坚决抛弃。这样的子市场本身可能具有很强的吸引力，但是它会分散体育赛事组织的注意力与资源，使体育赛事的组织偏离目标。

表 12-1　评估细分市场的主要项目及内容

项目	内容
市场潜力	当前销售价值
	预计销售增长率
	预期的利润
结构吸引力	竞争者
	替代产品
	购买者讨价还价的能力
	供应商讨价还价的能力
商业优势	长远发展目标：环境、政治及社会责任
	市场能力：市场占有率、市场增长率、产品独特性、良好的声誉
	生产能力：低成本优势、技术优势
	赛事资源优势：营销技术、管理优势、向前或向后一体化、人力资源优势、资金实力

（资料来源：彭杰. 市场营销管理与实务 [M]. 上海：立信会计出版社，2005：112.）

（三）设计市场营销组合

市场营销组合是企业市场营销战略的一个重要组成部分。它包括两个不同而又互相关联的部分：一是目标市场；二是市场营销组合。所谓市场营销战略是指企业根据可能的机会，选择一个目标市场，并试图为目标市场提供一个有吸引力的市场营销组合。市场营销组合中所包含的可控制的变量很多，可以概括成为四个基本变量，即产品(Product)、价格（Price）、地点（Place）和促销（Promotion）。

市场营销组合中的产品是为了目标市场而开发的有形物质产品与各种相关服务的统一体，产品的关键是要符合顾客的需要。体育赛事运营方必须设计和生产适应目标市场需要有形或无形产品，供消费者购买。

市场营销组合中的价格代表顾客购买商品时的价格。产品的定价必须考虑到目标市场的竞争状况、法律或政策、顾客的承受能力，同时也要考虑折扣、让价、支付的期限、信用条件等相关因素。价格应对目标市场有吸引力，如果价格得不到顾客的认可，市场营销组合的所有努力都必然是徒劳的。

市场营销组合中的地点是指产品从进入目标市场到到达消费者手中所经过的途径。大量的市场销售只能在市场销售渠道中完成。在销售渠道领域中，需要考虑产品在什么地点、什么时候，由谁提供销售。有些产品的销售渠道相当复杂，也有些产品的销售渠道十分简单。体育赛事运营方应善于拓展赛事产品的销售渠道，扩大销售范围。

市场营销组合中的促销是体育赛事运营方在市场和社会上广泛宣传产品的优点，促进其销售的活动，包括广告、人员推销、营业推广和公共关系等。体育赛事运营方应把合适的产品在适当的地点按照适当的价格出售的信息通过促销活动传递给消费者，说服目标顾客来购买。

（四）管理市场营销活动

体育赛事市场营销管理过程的第四个主要步骤是管理市场营销活动，即市场营销的计划、组织、执行和控制。这是整个市场营销管理过程中的一个带有关键性的、极其重要的步骤。如果体育赛事没有周密的市场营销计划，营销工作就失去了方向和目标。市场营销计划制定后还要靠有效的组织系统去执行和实施，否则就成了"纸上谈兵"。正如彼得·杜拉克所说的那样：计划等于零，除非将它转化成工作。因此，制定市场营销计划仅仅是市场营销管理工作的开始。企业制定市场营销计划之后还要花很大力气去执行和控制市场营销计划，对体育赛事的市场营销活动进行管理。

案例：第六届全国城市运动会资源开发的市场细分与市场定位

与以往历届综合性体育赛事相比，第六届全国城市运动会所面临的社会环境和时代特征已经发生了深刻变化。随着市场经济体制的日臻完善和人们对体育产业认识的加深，充分开发和利用六城会的无形资产，调动社会各方力量，吸引企业赞助城市运动会，需要对资源开发所面对的市场进行准确的细分，在此基础上确定出目标市场。这样才能有的放矢地开展各项工作，准确地确定资源开发的目标，推进资源开发各项工作的进行。

一、全面分析评估六城会资源开发所处的环境、存在的机遇与挑战

（一）六城会面临的机遇

（1）这是2008年北京奥运会前的全国大型综合性运动会，本届城运会不仅

是对我国体育队伍的一次大练兵、大检阅，同时也是为备战2008年北京奥运会的适龄选手提供展示和锻炼的舞台。许多被人们所熟知的体育巨星，都是通过城运赛场这个平台，一步步迈向奥运冠军领奖台的。

（2）这是武汉市乃至湖北省有史以来承办的规模最大、规格最高、影响最广的一次体育盛会。各级政府部门将给予高度的关注和大力的支持，举全市之力办好六城会。区别于以往各届城运会由省政府承办的惯例，这是第一次由省会城市独立承办的城运会。因此本届城运会在政府支持的力度上、在赛事的筹备组织上拥有了更多的自主选择权。

（3）武汉是我国唯一一个连续培养出六届奥运会冠军的城市，是名副其实的冠军摇篮。以办好六城会为契机，培养一批能在国际大赛上斩获桂冠的武汉籍选手也是我们的目标之一，这必将吸引更多本土企业参与进来，挖掘出青少年体育中的潜在的财富。

（4）借助国家中部崛起战略的机遇和武汉城市圈的发展战略，武汉正成为我国中部地区发展的一个战略支点，成为我国经济快速增长的地区之一，吸引着越来越多的企业进入武汉。届时，武汉市将借六城会之良机，依托独特的区位优势，辐射和带动周边地区实现跨越式发展，将六城会的综合效益发挥至最佳。

（二）六城会面临的挑战

（1）与奥运会和全运会相比，城运会的品牌价值不高，受到的关注度有限，市场认知度有限，能给赞助企业的回报有限，赞助效益的可持续性较低。由于举办地不断变化及知识产权的不断变更，缺乏持续增值的功能，价值得不到应有体现。这种相对短期的赞助行为，不利于城运会市场开发的长远发展。而且，目前城运会的推介主要在举办地，还没有形成报纸、电视、广播、网络等立体推介的态势，品牌认知度较低。

（2）六城会的举办时间距离2008年北京奥运会仅有不到一年的时间，当前国内外奥运经济持续升温，北京奥运会能给予企业的赞助回报十分优厚，赞助行为的延伸效益更广，企业更愿意投资赞助奥运会。

（3）2007年是武汉的节事活动年，"四城同创"活动、第三届世界植物园大会、华创会、女足世界杯、六城会、八艺节等活动陆续在武汉举办，招商引资和宣传推广活动层出不穷，在一定程度上也对六城会的市场开发造成了冲击。

（4）六城会首次由省会城市独立承办。相对于以往历届城运会举全省之力举办，六城会的筹备、组织工作主要依靠武汉市委、市政府开展，影响力和辐射力有所减弱，所能提供给企业的回报也有一定程度的削减。由于城运会品牌价值多体现在举办地，因此，城市独立承办在一定程度上也对市场开发造成影响。

因此，在对六城会进行资源开发时，对六城会赞助市场应有一个准确的定位，那就是立足于武汉市乃至湖北省市场，深入挖掘武汉体育产业资源优势，同时注意突显城市体育盛会的独特意义与资源平台，全方位开展营销活动。

二、准确把握近年来我国综合性赛事企业赞助动态

通过对九运会、十运会和五城会主要赞助企业进行调研分析，我们认为，在我国大型综合性运动会市场开发过程中，企业的赞助意向、赞助行为受到行业、规模、所有制形式、地域特色等因素的影响。

（一）赞助企业的行业特征分析

赞助企业的行业特征是指企业所处的行业、市场状况和产品特性等。企业的市场行为必然会受到行业特征的影响和制约。

表12-2 三届运动会赞助企业行业分布

行业类别	九运会	十运会	五城会	总计
电力生产	0	0	1	1
电子信息产品	2	0	1	3
房地产	1	0	1	2
服装、鞋帽制造业	2	3	2	7
化学原料及化学制品制造业	1	2	1	4
工艺品	0	4	0	4
家用电器	2	1	0	3
建筑及工程机械制造	0	0	4	4
交通运输设备制造	3	4	4	11
金融业	2	1	5	8
饮料制造业	4	5	1	10
信息传输、计算机服务和软件业	5	5	4	14
石油化工	0	1	1	2
体育用品	3	3	3	9
文化、体育和娱乐	0	1	4	5
烟草制造业	0	1	2	3
冶金业	0	0	6	6
造纸及印刷业	0	1	1	2
仪器仪表及文化办公用机械制造	4	1	0	5
住宿餐饮业	0	1	1	2
租赁和商业服务	0	1	2	3
总计	29	35	44	108

由表 12-2 可见，我国大型综合性运动会赞助企业在行业上分布比较广泛，涵盖了 21 个不同行业，而从行业的集中度来看，在信息传输、计算机服务和软件业、交通运输设备制造业、饮料制造业、体育用品业、金融业和服装、鞋帽制造业相对集中，占到了总数的 54.7%。

（二）赞助企业的规模分析

按照从业人员数、销售额和资产总额三项指标，企业的规模被划分为大型、中型和小型三种类型。企业的规模是企业经济实力的一种显现，企业规模的大小决定了企业在体育赞助中可能的投入有多少。企业在决定进行体育赛事赞助时，难免会考虑自身的赞助需求、经济实力跟体育赛事的匹配度，匹配度越高，赞助的积极性就会越高。在表 12-2 中列出的三届运动会赞助企业统计中，大型企业占 77%，中型企业占 16%，小型企业仅占 7%。

（三）赞助企业的所有制形式分析

我国现阶段的企业按所有制形式不同，分为国有企业、集体企业、私营企业和三资企业。通过对表 12-3 中列出的三届运动会赞助企业所有制形式的分析，我们认为，赞助我国大型综合性运动会的企业以国有及国有控股企业为主，其雄厚的经济实力、强烈的社会责任感以及政府行政干预的程度决定了国有企业在我国大型综合性运动会市场开发中成为赛会营销的重点对象。

表 12-3　三届运动会赞助企业所有制形式分布

届别	九运会	十运会	五城会	合计	占比（%）
国有企业	7	12	24	43	44.3
集体企业	1	0	0	1	1.0
私营企业	5	8	3	16	16.5
三资企业	12	19	6	27	38.2

（四）赞助企业的地域特色分析

按照赞助企业注册地是否为运动会举办地，我们将赞助企业分为本土企业（注册地为举办地）和外地企业（注册地为非举办地）两大类。从表 12-4 中我们可以看到，本土企业在数量上是大型综合性运动会赞助企业的绝对主力军。

表 12-4　三届运动会赞助企业地域分布

届别	九运会	十运会	五城会	总计
本土企业	16（55.2%）	20（57.1%）	37（84.1%）	73（67.6%）
外地企业	13（44.8%）	15（42.9%）	7（15.9%）	35（32.4%）

由此，我们可以看出，在我国大型综合性运动会市场开发过程中，资源开发的重点应以本地企业为主，尤其是大型国有企业为主。应根据企业自身的特点寻找与赛事的结合点，从而成功达成赞助意向。

三、六城会市场细分与目标市场确定过程

通过对三届全国性运动会赞助企业的特征进行分析，结合六城会自身的特点、武汉市体育赞助市场的状况及企业特点，在六城会市场开发过程中，组委会根据赞助额度的不同将赞助企业分为合作伙伴、赞助商、供应商等层级，对于赞助企业的回报制定了一系列相对固定又可供选择的"套餐"，同时还可以"点菜吃饭"，即依据企业要求选择不同的回报内容，按照赞助企业行业特点组成若干项目小组与省内外1000多家企业进行广泛接洽。

（一）从市场细分的地理标准进行细分

根据六城会所面临的机遇与挑战，我们认为六城会虽然是综合性体育赛事，但有赞助意向的企业大都是本地企业或有意进军武汉市场的外地企业。因此，应当立足本地企业，尽量吸引外地企业。

（二）从企业的规模和性质进行细分

根据近年来我国综合性体育赛事企业的规模分析，由于城市运动会赞助有等级标准要求，合作伙伴、赞助商的标准分别为1000万、600万元，一般的中小企业难以达到此要求，应以大企业为主。为此，我们重点锁定2004、2005年武汉市利税前100家企业进行开发，主要包括钢铁、烟草、石化、汽车、金融、保险、地产、通信、交通等行业的企业。从企业性质来看以国有或国有控股企业为主。

（三）从企业赞助的行为动机进行细分

（1）市场需求动机，如提高产品知名度、提高企业形象、促进产品销售；

（2）社会参与动机，带有一定的社会责任意识，同时兼顾一定的市场需求，考虑到竞争对手所采取的策略，为了维护在武汉地区市场的形象，参与六城会的赞助。

根据以上三个细分标准，我们将目标市场（合作伙伴和赞助商）主要确定在武汉本地国有或国有控股企业上；以社会赞助为主，兼顾市场需求，体现赞助企业的社会责任感；重点考虑烟草、钢铁、汽车、通讯、地产、金融与保险、食品等行业。

（资料来源：陈林祥. 体育市场营销 [M]. 第二版. 北京：人民体育出版社，2010：109.）

二、体育赛事营销的计划

为达到体育赛事组织的总体目标，确保各项市场营销战略的有效实施，就必须科学合理地制定一整套体育赛事市场营销计划。体育赛事市场营销的内容包括计划实施概要、目前体育赛事营销状况、机会与威胁分析、赛事营销目标、赛事营销战略、营销行动方案、赛事营销预算、赛事营销控制八个方面如图12-2所示。

计划实施概要是指在体育赛事市场营销计划的开始部分对该赛事的主要目标进行简短的概述，使赛事组织管理层能快速阅览整个计划的内容。

目前体育赛事营销状况应包括目前的宏观环境、目前市场的基本情况、产品目前趋势、分销渠道和竞争者等。

机会与威胁分析是要尽可能地列出体育赛事运营过程中面临的机会和威胁，按照时间与程度进行分类，使重要及紧迫的信息得到应有的关注。

赛事营销目标是指赛事组织与运营的任务及完成时间的要求。如扩大体育赛事资源的市场开发率，增加体育赛事现金赞助收入等。体育赛事的营销目标不能只是概念化，应转化为便于衡量的指标，便于赛后的评估。

赛事营销战略包括目标市场战略、定位战略、营销组合战略三个方面。目标市场战略是对体育赛事运营的市场进行细分，并根据不同的消费者的偏好、对营销行为的反应及盈利潜力的差别，识别该赛事的首要目标市场、次要目标市场，并在精心选择的目标市场上，分配资源与力量。定位战略是体育赛事运营方通过提供给消费者区别于竞争者的利益和价值，来向目标市场显示其更值得信任及购买。定位的实质是产品的差异化，是吸引现有或潜在顾客购买的基础。营销组合策略是对选定的细分市场，根据定位的要求，分别制定产品、价格、分销和促销等营销策略并加以整合。

营销行动方案是将体育赛事组织的活动安排变成日程表上的内容，是营销行动方案应考虑营销战略实施中所涉及的所有因素。可以运用图表的形式将具体的战略表现出来，使战术行动方案一目了然，便于执行和控制。

赛事营销预算是指执行赛事营销战略所需的费用计划，包括赛事营销所需的资金概算、资金用途、使用理由等内容。营销预算应有所侧重，以确保重点战略目标的实现。

赛事营销控制应包括检查赛事营销是否达到赛事组织目标的要求，主要说明如何对计划的执行和进度进行管理。营销计划的控制还包括赛事营销的应急方案。对可能发生的各种不利情况及每种情况发生的概率、危害程度进行预测并准备好预防措施和善后措施。

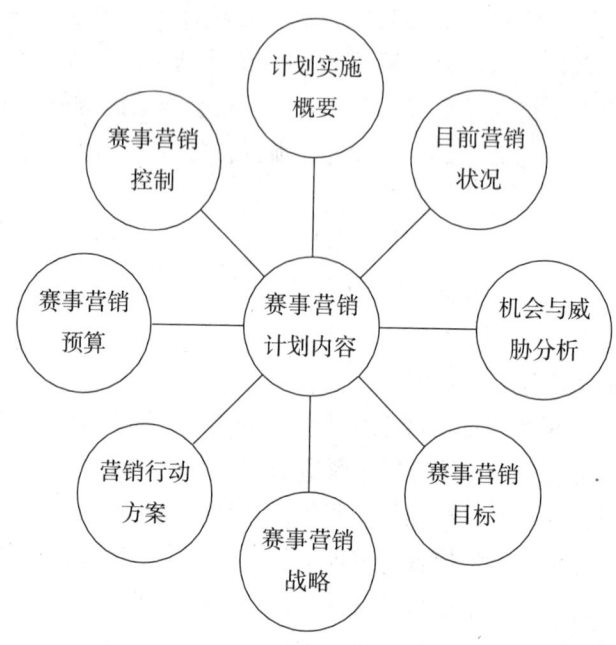

图 12-2　体育赛事市场营销计划的内容

三、体育赛事市场营销组织

市场营销的职能最初只是销售商品，如今已逐步发展成为多种复杂职能的集合。市场营销部门是执行和调节市场营销工作的组织机构，在公司中具有十分重要的地位。

体育赛事市场营销的组织机构及人员设置是随着赛事的规模、性质、历史传统、主办方等因素的差别而有所变化的。若是公司性质的体育赛事运营方，一般会在公司内部设立市场开发部；若是由政府行政部门组成的组委会，则可能另设接受组委会领导的市场开发公司。设置体育赛事市场营销组织有利于通过专门的机构负责体育赛事资源的市场开发，提高体育赛事市场营销的力度。（图 12-3）

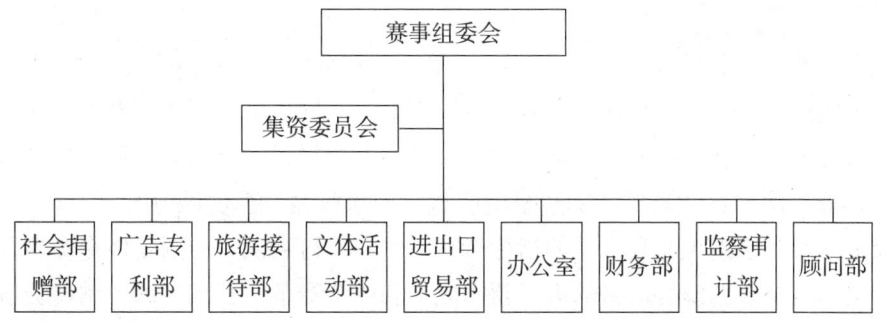

图 12-3 某赛事市场开发公司组织结构

(资料来源：肖林鹏，叶庆晖. 体育赛事项目管理 [M]. 北京：北京体育大学出版社，2005：202.)

四、体育赛事营销控制

体育赛事市场营销控制是指赛事管理者经常检查市场营销计划的执行情况，通过采取适当的措施和正确的行为，保证市场营销计划完成的过程。在执行市场营销计划的过程中可能会出现许多意外情况，赛事运营方必须行使控制职能以确保营销目标的实现。即使没有意外情况，为了防患于未然，或为了改进现有的营销计划，赛事运营方也要在计划执行过程中加强控制。体育赛事市场营销控制包括项目计划控制、盈利能力控制、效率控制、战略控制四种类型。

（一）项目计划控制

项目计划控制旨在发现并及时予以纠正体育赛事营销计划执行中出现的偏差，保证体育赛事营销计划顺利执行。

一般来说，体育赛事营销计划控制的内容包括销售分析、市场营销费用对销售额的比率分析、财务分析和消费者态度追踪等内容。销售分析是要衡量并评估在体育赛事运营过程中实际销售额与计划销售额之间的差别。营销费用率分析是指体育赛事的营销费用与销售额之间的比率，还可以进一步细分为人力推销费用率、广告费用率、销售促进费用率、市场营销调研费用率、销售管理费用率等。财务分析主要是指通过一段时间内的销售利润率、资产收益率、资本报酬率和资产周转率等指标，了解体育赛事运营的财务状况。消费者态度追踪是指体育赛事运营方通过设置服务亭或问卷的形式，了解消费者对赛事运营及组织的要求及态度。

（二）盈利能力控制

盈利能力控制旨在测定体育赛事不同产品、不同地区、不同消费者群体、不同销售渠道的盈利情况的控制活动。它包括各营销渠道的营销成本控制、各营销渠道的营销净损益和营销活动贡献毛收益（销售收益-变动性费用）的分析，以及反映体育赛事组织盈利水平的指标考察等内容。盈利能力控制是体育赛事营销管理的基本要求。没有严格的市场营销成本和体育赛事运营成本的控制，赛事运营要取得盈利和经济效益是很困难的。

（三）效率控制

体育赛事的效率控制包括营销人员效率控制、广告效率控制、销售促进效率控制。营销人员效率控制是对体育赛事市场营销人员平均每天的销售访问次数、营销访问的平均成本和收益、营销访问的执行成本、每百次营销的成功率等指标的了解与控制。体育赛事运营管理者通过对体育赛事营销人员工作情况的控制，了解赛事营销的最新成果及成本，并根据实际情况进行相应的调整，提高营销人员工作及资金的效率。

广告效率控制是针对每一类型媒体的资金投入、消费者对每一类型媒体的关注度、广告前后消费者态度的转变、广告前后赛事询问的次数等情况的了解与控制。通过广告效率控制，可以更为有效地进行产品定位、确定广告的目标、广告媒体的确定及广告后效果的测定，有利于提高广告资金投放的效益。

销售促进效率控制是对由优惠政策引起的销售增长率、由促销产生的成本等信息进行统计，并对促销的措施进行及时调整。对销售促进效率的控制，有利于促销活动效益的最大化。

（四）战略控制

战略控制是体育赛事市场营销管理控制中最重要的一部分，是总体性与全局性的控制活动。它是保证体育赛事市场营销的实际工作与原战略计划的规划尽可能保持一致的控制行动。在进行战略控制时，应不断地通过评估与信息的反馈，连续地对战略进行修正。战略控制更关注未来，要不断地根据最新的情况修改计划并重新评估计划的进展。

第三节 体育赛事营销信息管理

当今的时代是"信息爆炸"的时代，体育赛事的组织者要面对各种各样的组织内外部营销信息。怎样才能使这些信息得到恰当的管理并及时、准确地提供给体育赛事的各级管理运营人员及其他相关人员，实现更有效的体育赛事营销管理是一个非常重要的问题。

一、体育赛事营销信息管理的概述

体育赛事营销信息管理是指体育赛事营销人员通过收集、分析、评估和分配、及时和准确的信息，为体育赛事市场营销管理人员改进市场营销计划、执行和控制工作提供依据的行为。体育赛事营销信息管理是赛事营销所有信息与资源的集合，直接关系到赛事营销信息的存储、维护与管理，对于体育赛事的营销具有重要的作用。

赛事营销信息管理是赛事营销管理决策者进行正确营销决策的基础。决策与计划的正确与否，是体育赛事营销活动成败的关键。而在赛事营销管理中，要做出正确的决策与计划，就要把握最佳决策时机并找出解决问题的最佳方案。所谓把握最佳决策时机，就是要求赛事营销管理决策者能分辨在什么时候和什么情况下需要做出决策。就赛事营销活动而言，现实的市场情况往往非常复杂，且时常发生变化，所以赛事营销管理决策者很难每次都能把握最佳决策时机。因为个人的思维能力是有限的，谁也无法随时、全面地了解各种可能出现的情况，并迅速地做出正确判断。科学的营销信息管理能使赛事营销管理决策者得到大量的且能反映赛事市场状态和发展过程的信息，并帮助决策者分析问题、判断机会，从而找出解决赛事实际营销问题的最佳方案。

赛事营销信息管理是监督调控赛事营销活动的依据。赛事的营销决策和计划方案在确定以后就要进入实施阶段。营销计划的实施是一个系统工程，制定营销计划并不代表营销目标的实现，还需要有必要的监督和调控手段。赛事的营销活动受到包括目标市场、营销渠道、竞争赛事、观众以及经济、政治法律和社会文化等诸多因素的影响。科学的赛事营销信息管理能在原有赛事营销计划的基础上，及时、准确地向赛事组织者反馈计划执行过程中产生的新情况，或者指出原计划中需要进行的必要调整，并监督、控制整个赛事营销活动按调整后的新计划运行，以保证赛事营销决策切实可行。

赛事营销信息管理是赛事营销活动效益提高的源泉。赛事营销信息是赛事组织者和社会的无形财富。赛事组织者若能善于捕捉有利信息并迅速付诸实践，就会容易在赛事市场中占得市场先机。整个体育市场营销活动是一个多结构、多层次的庞大系统。如果各个部门之间缺乏有效的沟通与协调，体育市场的有效营销显然会受到严重的影响，当然也会由此而波及具体赛事营销目标的实现。

科学的营销信息管理不仅能高效地为体育赛事的组织提供营销信息，提高赛事的营销管理水平，还可以通过科学管理形成体育赛事营销信息的网络，成为协调整个赛事运营的四通八达的"营销活动神经系统"，充分提高体育赛事组织和社会的营销效益。

二、体育赛事营销信息分类

市场营销信息，就是组织对所处的宏观营销环境和微观营销环境的各种要素特征和发展变化的反映，是对各种营销环境的实际情况、基本特征、相关关系进行认识，而形成的消息、资料、数据、图片等的总称。

体育赛事营销信息，从广义上讲就是一切与体育赛事营销工作相关的信息，主要可以从以下几个角度来进行分类。

（1）按营销信息的范围划分，可以分为内部营销信息和外部营销信息。内部营销信息是体育赛事内部所产生和流通的营销信息的总和，它是体育赛事内部门票、赞助、调研、决策等多部门信息的集成；外部营销信息是指反映体育赛事外部环境变化的信息，包括体育赛事市场需求信息、其他竞争性赛事的信息、体育法规信息、社会经济状况信息等。

（2）按营销信息的特征划分。可以分为常规性营销信息和偶然性营销信息。前者是按照一定的程序持续不断地收集和处理并按有关制度和规定的渠道传递的营销信息，如该项赛事的历届上座率、历年的广告赞助金额、观众对赛事的满意度回馈等。后者是指体育赛事营销管理中特殊的突发的偶然事件的信息，如新增的分赛区的调研信息、体育竞赛方面新的法规的修订信息等。

（3）按营销信息的性质划分。可以分为原始营销信息和文献营销信息。原始营销信息是指体育赛事组织者对赛事营销活动最初的数字、文字等信息的直接记载，这种信息在总信息量中所占比例较大，是最广泛、最基本、也最常见的信息资料，是信息工作的必要基础。但是，要使数量庞大的原始信息成为可用于体育赛事营销管理的信息，还必须对信息进行进一步的处理与加工。文献营销信息是各种报纸杂志和书籍、报告书等公开发表的资料信息及赛事组织者内部对原始营销信息经过汇总处理的资料信息。

除了上述几个分类方法以外，还有其他一些分类准则也可以运用于体育赛事营销信息工作实践中，主要包括赛事营销信息的来源、信息的时间特征、信息的载体形式、信息价值层次等。

三、体育赛事营销信息的调研管理

（一）赛事营销信息调研的内容

尽管赛事营销信息调研的内容十分繁杂，但其主要任务是侧重于特定问题的解决，即对某一特定问题收集和挑选适当、及时和准确的原始信息，并加以深入分析和研究，再提供结论报告，以支持赛事营销管理者制定正确的决策。比如，某赛事通过对潜在赞助市场偏好调查发现，各个行业的企业对该赛事赞助的关注点有显著的差异。体育用品行业的领军企业关注的是通过赞助该赛事在观众心目中更持久地树立良好的健康形象；一些在行业中新兴的企业则更关注能否通过赞助赛事打响品牌知名度，进而打开消费市场；而另一些企业则注重是否能通过赞助与举办地的其他组织机构建立沟通与联系。赛事组织者应根据调查结果，调整宣传重点，针对不同目的的企业制定相应的赛事赞助产品与计划。

赛事内部报告和环境情报管理的赛事营销信息通常是客观存在的，可满足赛事营销决策和赛事营销管理的常规需要。但对于赛事营销决策所需要的某些特殊信息，则需要通过组织专门的市场营销调研项目，比如赛事产品偏好试验、地区广告效果研究等来收集。

（二）赛事营销信息调研管理的程序

赛事营销信息的调研管理在整个赛事营销活动中具有非常重要的地位和作用，具体项目的调研可由赛事组委会自己组织力量进行，也可以委托赛事外部的专业组织进行。有效的营销调研有9个步骤：（1）确定调研目标，拟订调研项目；（2）确定收集资料的范围和方式；（3）调查表和抽样设计；（4）制定调查计划；（5）对调查人员进行培训；（6）实地调查；（7）资料的整理与分析；（8）编写调研报告；（9）追踪与反馈。调研的各阶段可以采取层次渐进的方式往复进行，即在一轮调研完成后修正问题，然后再进行第二次调查，如此反复，以达到最佳效果。

四、体育赛事营销信息管理的主要方法

1. 形成赛事特定的营销信息体系

对具体的赛事营销活动而言，必须形成有自身特色的赛事营销信息体系，否则很难提高整体营销效率。一般的赛事营销信息体系主要包括以下三个部分。

（1）计划信息

这类信息主要来自赛事的外部环境，与体育赛事一定时期的目标确定、战略和规划制定、资源分配等情况有关，主要包括政府部门的方针政策、法令、计划与相关文件、市场竞争情况、市场需求状况等内容。一般可以通过赛事营销信息系统中的赛事营销情报系统、赛事营销调研系统获得相关信息。

（2）常规信息

这类信息通常具有相对稳定性，在一段时间内可以供赛事相关部门重复使用而不发生质的变化，是赛事计划与营销实务工作的重要依据。包括定额标准（赛事产品的种类结构比例、赞助招商流程、赞助定额、门票定额、各类台账等）、计划合同（计划指标体系、合同文件等）、查询信息（国际标准、国家标准、专业标准、人事档案、固定资产档案等）三方面的内容。

（3）实务信息

这类信息主要来自内部环境，反映赛事日常营销活动的实际状况，是控制和评价赛事营销业绩，及时调整薄弱环节的重要信息。它主要包括会计报表、赞助营销进度、门票销售进度等内容。一般可以通过营销信息系统中的内部报告系统获得实务信息。

2. 保证营销信息的有效性和适用性

对赛事营销信息系统进行科学管理，主要是要使该系统能向赛事相关部门提供高质量的信息服务，即确定信息需要、搜集信息、处理信息、使用信息。科学的营销信息系统必须保证所提供的营销信息的有效性和适用性。

（1）对营销信息有效性的保证

科学的赛事营销信息系统要求对信息进行又快又精确的搜集、加工、检索、传递。如赛事目标客户的需求信息，尤其是对赛事赞助价格、数量、赛期改动等特殊要求，必须尽快将准确的内容传递给赛事营销相关部门，以便他们及时决策。一个有效运转的赛事营销信息系统还必须能及时记录那些事后无法再现的重要信息，如赛事营销环节的检验、重要会议的发言和最后的决议等。

(2) 对营销信息适用性的保证

不同的赛事、赛事的不同部门对信息的种类、范围、内容、详细程度、精确性和需要频率等方面的要求是各不相同的。如果不分对象而向所有需求方提供同样的信息，不仅会造成大量的重复信息，增加信息处理工作的负担和费用，还会影响查找真正有用的营销信息的速度，造成不必要的浪费和损失。科学的赛事营销信息系统应该具备对赛事信息进行有效加工的能力，能在系统的基础上通过数理统计法等方法对基本数据、原始消息进行处理，形成真正有用的营销信息，对赛事的营销活动做出实质性的贡献。

五、体育赛事营销信息管理的主要工具

体育赛事营销信息管理系统是赛事营销信息管理的主要工具，它是指在整个赛事营销管理中，利用现代信息技术构建的营销信息平台、设备及程序，为赛事营销决策者收集、挑选、分析、评估和分配需要提供及时的和准确的信息。其运行管理主要包括日常运行的管理、运行情况的记录以及对系统运行情况的检查和评价。

1. 体育赛事营销信息系统的日常运行管理

体育赛事营销信息系统的日常运行管理主要包括三方面的内容：数据的收集、校验、录入；在保证基本数据的完整、及时和准确的前提下，完成理性的信息处理和信息服务工作；系统硬件的运行、维护以及系统的安全管理。

(1) 数据的收集、校验、录入。赛事相关机构要尽可能搜集内部资料、外部市场情报以及经过市场调查和信息分析与加工而形成高层次信息。因为详尽的信息收集是赛事营销信息系统的核心部分，它直接决定着赛事营销信息系统的质量和效果。

(2) 在保证基本数据完整、及时和准确的前提下，体育赛事营销机构应对所收集的信息进行理性的分析和处理，提供优质的信息服务工作。如例行的数据更新与完善、各类数据的统计分析、各种与赛事相关报表的生成、数据的复制及保存以及与外界的数据交流等。做好这一部分的工作可以帮助赛事运营机构发现营销工作中存在的问题并进行纠正，有利于及时抓住宝贵的市场机会，实现赛事营销优化。

(3) 系统硬件的运行与维护。硬件的维护也是不容忽视的问题。为了能够顺利地完成上述所列的数据录入、信息处理和服务等工作，必须要求各种信息设备始终处于正常的运行状态。一般情况下需要配备专人负责对信息硬件设备的运

行、维护，以确保整个系统能正常稳定地运行。

(4) 系统的安全管理。系统的安全威胁不仅来自系统外部众多不同客户，还有可能存在内部用户对信息系统的恶意破坏、对敏感和关键数据的非法篡改以及非法越权操作等情况。因此，营销信息系统往往需要对使用用户进行身份识别和授权，或在系统内部设计从文件检查到修改字段的安全机制等各层安全机制来保证系统的安全运行。

2. 对赛事信息系统运行情况的记录

在实际的赛事营销工作中，仅仅完成营销信息系统日常管理工作是不够的，还应该对信息系统的工作运行情况进行详细的记录。这项工作主要内容可以分为以下五项：一是有关系统运行工作方面的数据信息，如每月或每个赛事周期提供的报表、量表的数量，数据使用、更新及交流的频率等项目的统计数据；二是工作效率的评价，主要是对为完成既定的工作任务所耗费的人力、物力和时间等项目进行评价；三是对系统所提供的信息服务的质量进行记录和评估；四是对系统的维护情况和数据修改情况进行记录；五是对系统的故障情况进行登记。

3. 对系统运行情况的检查与评价

赛事营销信息系统在其运行过程中，除了进行大量的管理和维护工作外，还要定期对该系统的运行状况进行审核和评价，以确保其良好运行。

案例：NBA 的产品开发策略之球星效应

NBA 的几代经营者都深知球星效应对于联盟在市场开发中的价值有多重要。大卫·斯特恩成为 NBA 主席时正值湖人和凯尔特人双雄争霸天下之时，正好两支球队各有一位巨星——"魔术师"约翰逊和"大鸟"伯德。于是，斯特恩将这一黑一白两大巨星作为整个 NBA 联赛的形象进行市场宣传和推广，使球迷在喜欢上这些球星的同时喜欢上 NBA。在"魔术师"和"大鸟"两人相继在 90 年代退役之后，斯特恩又将乔丹作为主推球星和联盟形象，向全世界推广 NBA。这一次的战略极其成功，收到了奇效，乔丹用迷人的笑容、经典的吐舌头动作和神话般的高超球技征服了全世界的球迷，甚至还包括其他国家的篮球运动员。这一战略发展使 NBA 成为国际性的联赛。乔丹退役后，联盟又开始寻找新的联赛代言人，诸如艾弗森、加内特、科比、基德、麦迪、诺维茨基、姚明等人，都是 NBA 新一轮球星战略中的人选。

休斯敦火箭队自从引进中国明星球员姚明以后，逐渐打开了中国市场，让全中国的篮球迷趋之若鹜。但 NBA 并没有就此止步，随后选择国际球员最多的球队之一国王队来推动中国市场的进一步扩大。NBA 将中国球员刘炜引进国王队，使得因迪瓦茨转会而减弱了号召力的国王队成为 NBA 又一张吸引中国球迷的招牌。

多年以来，NBA 的造星运动引来了越来越多的优秀篮球人才，而众多巨星的出现反过来又对无数球迷形成更大的市场号召力。然而从市场开发的角度来说，市场扩大和球市火爆的直接受益者就是 NBA 品牌和各俱乐部，以及旗下的众多球星。NBA 的雪球正是在这样一种积极的、良性的发展趋势中越滚越大的。

第十三章　体育赛事的志愿者管理

本章先对体育赛事志愿者的概念、类别、特点以及体育赛事志愿者管理的重要性、原则以及赛事志愿者管理的艺术等问题进行了深入探讨，又从体育赛事志愿者管理过程的角度，对体育赛事志愿者的规划、招募与甄选、培训、配置与协调、激励、监督与评估等环节进行了详细阐述。

第一节　体育赛事志愿者管理概述

志愿者是体育赛事的重要支撑，对其进行有效的组织和充分激励是十分必要的。但由于志愿者的特征和体育赛事的特殊性，体育赛事志愿者管理具有很大的挑战性。因此，赛事志愿者管理人员应该从正确认识自己的角度，帮助志愿者和其他人正确认识志愿者的价值。

一、体育赛事志愿者的概念

（一）志愿者

志愿者（volunteer）一词来源于拉丁文中的"voluntas"，意义为"意愿"，但无论在英语和法语中，志愿者的意义都要比"voluntas"广泛。志愿服务起源于西方，在西方已有了一百多年的历史，但由于各国的历史背景、政治、经济、文化等差异，至今还没有一个一致公认的定义。各国研究者关于志愿者的定义主要有以下三类：

一是侧重提供自愿性的服务。志愿者是指不受法律及其他任何形式的强制，自愿提供服务的人；

二是以不要报酬为特征来界定。志愿者是将其余暇时间或知识贡献给服务于他人的有益活动，而不期待任何回报的人；

三是既强调自愿性又强调无偿性。志愿者是不期待任何金钱或物质回报，自愿选择将其时间、精力、技能、经验、服务和支持奉献给一个机构的人。

国内学者对志愿者概念的界定主要是从精神文明建设的角度出发，把志愿活动作为人们精神活动的内容，以助人为乐、无偿服务为基本特征。有的学者认为志愿者是指在不为报酬的情况下，基于道义、信念、良知、同情心和责任感，为改进社会而提供服务、贡献个人时间和精力的人和人群。而另一部分人则认为志愿者是一个没有国界的名称，指的是在不为任何物质报酬的情况下，不受私人利益的驱使、不受法律的强制，而是基于道义、信念、良知、同情心和责任感而从事公益事业，为改进社会而提供服务、贡献个人时间及精神的人或人群。我国在法律层面对于志愿者并没有严谨而权威的界定，2004年3月5日杭州市颁布的《杭州市志愿服务条例》第三条第三款对于志愿者概念的表述是较为明确和全面的："本条例所称志愿者是指在非营利组织登记或注册，为社会和他人提供志愿服务的个人。"这一概念可以从三个方面理解：第一，志愿者是自然人；第二，志愿者主观上须自愿；第三，客观上，志愿者需在非营利组织登记或注册。而《中国青年志愿者注册管理办法》（试行）对志愿者的定义则是：不为物质报酬，基于良知、信念和责任，自愿为社会和他人提供服务和帮助的人。

从上述对志愿者的定义中可以看出，各种表述的视角有所不同，有侧重于自愿的，有侧重于不讲物质或金钱报酬的，也有两者兼而有之的。本书认为志愿者的涵义应包括如下4方面的内容。

1. 志愿者的行动是自愿的个人行为

志愿者是指不受任何法律及其他任何形式的强制，自愿提供服务的人，其行为是完全自愿的，包括在社会力量号召下的参与行为，但参加志愿者活动的决定是由本人主宰的。虽然在现实志愿者活动中有一部分志愿者由于社会压力、报酬或学校统一组织的压力被动地参与了志愿者活动，形成了志愿者活动的灰色区域，但从严格意义上来说，忽略志愿者参与动机的复杂性，志愿者提供的服务应当是出自内心的自愿，而不是迫于外界的强制。

2. 志愿者是无偿参与活动的

志愿者在志愿服务活动中虽然能创造相当大的经济价值，但作为参与者，志愿者是不期待任何金钱或物质回报的，志愿者提供服务的动机是非趋利性的，是不以接受物质报酬为目的的。虽然志愿者在服务过程中会消耗一定的培训、交通、住宿、工作餐饮、安保等费用，但志愿者的付出是远远高于组织对志愿者的经济投入的。

3. 志愿者是在组织中进行协作的

现代志愿者活动的一个最显著的特征就是组织性。志愿者已经不是一种个体化的行为方式,而是组织化的行为模式,有别于邻居、同学之间自发的互助行为。它通过组织的力量,招募和选拔志愿者、培训志愿者、配置志愿者、管理志愿者,把志愿者组合成一个整体,使志愿者的力量形成集合性的状态,显示较高的效率。虽然志愿者个体报名参加志愿者活动是个人行为,但一旦被录用,就被纳入志愿者组织中来,成为组织中的一份子。通过组织化的志愿者活动方式,有助于广泛传播志愿者精神和行动理念,呼吁更多的人参与到志愿者活动中来。

4. 志愿者活动必须是利他的

志愿者活动所提供的服务必须是利他的,是使他人受益的,不同于对亲戚、朋友的互帮互助行为。虽然志愿者在服务过程中也会使自己受益,但其参与的主要动机是让他人受益。

(二) 体育赛事志愿者

随着经济全球化的不断深入,国际间的体育交流越来越多,举办的国际体育赛事也日益频繁。体育赛事已呈现出规模大、规格高、影响深、内容多、赛事系统复杂等特点。这些特点不仅导致赛事成本大幅增加,而且对赛事组织方提供的人力资源的数量和质量也是很大的挑战。为了达到开源节流的目的,志愿者已开始成为举办体育赛事不可或缺的人力资源。在1984年洛杉矶奥运会上,当尤伯罗斯开创前所未有的商业化运作模式时,一直默默工作在幕后的志愿者走到了奥运会的前台,成立了隶属于组委会的奥运会志愿者部,并第一次出现在奥运会组委会的正式报告书中。

目前,国内外大多数学者均从奥运会志愿者的角度对体育赛事志愿者的概念进行研究。张瑾在《奥运会和人力资源管理》中提出,所谓奥运会志愿服务的人力资源(Olympic volunteer as Human Resource)是指在奥林匹克运动会期间,具有健康体魄、正常智力和奉献精神,不以获取报酬或任何形式的奖励为目的,自愿贡献个人的时间和精力,与他人通力合作,保障奥运会顺利进行的人。宋玉芳在《奥运会志愿者管理》中对奥运会志愿者的定义为:在奥运会的筹办和举办过程中,不期待任何物质性回报,自愿奉献自己的时间、技能、精力,全力完成组委会所分配的各项任务的人。

从上文中我们可以看出,目前的研究者大多从志愿者本身来对体育赛事志愿者进行定义。事实上,体育赛事志愿者与一般领域的志愿者还是有着较大差异的。因为体育赛事具有稀缺性,一些规模大、规格高、影响面广的赛事,如亚运会、奥运会对一个城市来说,是多年难得的机会。因此,作为赛事重要组成部分的志愿者就成了展现城市精神风貌,提升城市品牌的窗口。这就要求体育赛事组委会招募一批具有奉献精神，且具有足够能力的志愿者为其提供服务。相对于其他领域的志愿者来说，体育赛事不仅注重志愿者的数量，更要注重志愿者的质量。

本书将体育赛事志愿者定义为：在体育赛事的组织、筹备和举办的过程中，不期待任何金钱或物质回报，自愿将其时间、精力、技能、经验、服务和支持奉献给赛事组委会或相关组织，并能完成组委会或相关组织分配的各项任务的人。

根据上述定义，我们可以从以下三个角度对体育赛事志愿者进行分类。

一是根据岗位需求情况的差异可以把体育赛事志愿者分为普通志愿者和专业志愿者。普通志愿者是指那些从事普通的服务性工作任务的人，普通志愿者主要负责不需要专业技能的一般性事务，如引导观众、安检、协调联络、鉴定、服装、观众服务等方面的工作。相对来说，赛事对普通志愿者的要求较低，从社区、学校都可招募。专业志愿者是指那些从事专业任务的志愿者。专业志愿者必须具备体育赛事工作所需要的特殊专业技能。专业志愿者主要分布在技术、语言翻译、体育项目、医疗服务、媒体运行等领域。赛事对专业志愿者的要求相对严格，必须通过一些专业协会、赞助商、社会团体以及高等院校来招募。

二是根据服务时间的不同可以把体育赛事志愿者分为先遣志愿者和赛期志愿者。随着国际体育交流的深入，体育赛事正朝着规模大、规格高、影响深、内容多、赛事系统复杂的趋势发展，这就给赛事筹备工作带来了一定的难度。因此，越来越多的赛事组织开始在赛事前期阶段招募一批志愿者安排到组委会各个部门中，通力合作来完成赛事前期的准备工作，同时组织这批志愿者为本部门的赛期志愿者做培训工作。例如，2000年悉尼奥运会组委会在1996年11月率先招募了500名先遣志愿者来推动奥运会筹办工作。志愿者分阶段的介入组委会各个领域，使部门正式员工通过与志愿者先遣团的亲密接触逐渐适应与志愿者协同合作，为促进志愿者与正式员工的交流与合作奠定良好的基础。

三是根据来源的不同将体育赛事志愿者分为学生志愿者和社会志愿者。学生志愿者是指在校就读的志愿者群体，包括小学生、中学生、大学生。社会志愿者是指除学生之外的志愿者群体，包括在职人员、待业人员以及退休人员。目前我国的志愿者以青少年为主，这一点与国外发达国家存在着显著差别。学生志愿者文化素质高，有良好的教育背景，还因为所学专业而具备相应的专业技能，而且学生一贯遵守纪律，便于组织与管理。但学生在学校就读，与社会一直处于"半隔离"状态，缺乏社会经验和与人沟通技巧，不善于处理突发事件。因此，体育赛事志愿者群体应该是学生志愿者和社会志愿者的合理搭配，学生志愿者和社会志愿者各有优劣势，在志愿者服务过程中可以各取所长。

二、体育赛事志愿者的特点

体育赛事作为一项综合的特殊事件,具有社会关注度高、运营庞大复杂、参与人员多样化、涉及领域多样化等特点,对举办地区来说是全民动员的一项大型活动。中国志愿者协会对志愿者的定义是不为物质报酬,基于良知、信念和责任,志愿为社会和他人提供服务和帮助的人。基于体育赛事的特殊性,赛事志愿者除具有一般志愿者"自愿性""无偿性""公益性""组织性"等基本特点外,还应具备以下四种特点。

(一)志愿者服务时间具有相对集中性

由于体育赛事的举办时间是固定、集中和短期的,因此志愿者的服务时间也具有相对集中的特点。尤其是直接服务于赛事的志愿者,他们的服务时间很明确,就是围绕举行的比赛而提供各种服务,赛事结束,他们的志愿服务也就结束了。相对集中的志愿服务时间一方面有利于志愿者开展工作,另一方面也带来了高强度的工作量和快速的工作节奏。这对志愿者管理,尤其是志愿者培训提出了更高的要求。

(二)参与的人员具有同质性

由于体育赛事志愿者招募的主要群体是举办地的高校在校学生和社会上的年轻人,志愿者的同质性较强。大学生志愿者文化素质相对较高,有更多的共同语言,相互之间的交流更容易、更便捷。但要注意的是,在赛事服务中,多数志愿者从事的是一些琐碎平凡的"小事",而年轻人个性张扬、表现欲强的特点决定了他们渴望被关注、被宣传。尚未进入社会的他们应对"挫折""失败""人际关系"等方面的经验不足,心理承受能力也还处在一个较低的水平。这些特性决定了在对这些志愿者的管理上,不但要注重志愿者服务技能、质量的管理,还要加强对志愿者人性化的管理,注意志愿者的心理感受。

(三)志愿者的参与具有随意性

志愿者的基本特征是自愿性,他们可以自愿加入,也可以自愿退出。因此,一些志愿者的半路"逃逸"在所难免。然而赛事一旦开始,一切活动都是不可逆的。志愿者的中途退出将为体育赛事的志愿服务带来一定的负面影响。如多哈亚运会时,就有大约4%的志愿者由于各种各样的原因,没有坚持完成赛事分配给他们的工作。志愿者的随意性也决定了志愿者组织的动态性与管理上一定程度的不可控制性。不管事先制定的计划多么周密,在赛事的举办过程中仍会发生一些突发事件,包括志愿者在内的所有工作人员对突发事件的反应也是不确定的。这些情况都对管理系统中人员、技术、信息方面的协调工作提出了更高的要求。

(四) 参与动机具有复杂性

联合国负责编写的《志愿精神在中国》一书中提出:"志愿者参与志愿服务的动机非常复杂,其中有一些带有一定的强制性,研究者通常把它称作志愿精神领域的灰色地带。"苏安迪则将志愿者的参与动机分为三大类:(1) 利己,利己行为指为增进个人利益的动机,此处的利益可分有形的或是无形的两种;(2) 利他,利他行为指在无回报的情形下,志愿帮助他人的动机;(3) 社会责任,社会责任指因感受到"取之于社会,用之于社会",进而以实际行动回馈社会的志愿者参与动机。这些动机中,志愿者不只是单单满足其中一种动机,而是多种动机的综合交织。因此,志愿者们就参与动机来说,具有一定的复杂性。满足这些需求对志愿者能否始终保持高度热情、高效率工作至关重要。这一点对管理者如何激励志愿者提出了更高要求。

三、体育赛事志愿者管理的重要性

(一) 志愿者是重要的社会财富

志愿者是一群热爱社会、关爱他人、无私奉献的人,是社会中的优秀群体和重要的人力资源,而他们的高尚品德更是人类重要的精神财富。例如,美国一年中的志愿者行动的工作时间相当于 900 万个全职工作日,创造价值达 2250 亿美元;加拿大志愿者一年内无偿贡献 11.1 亿小时的劳动,创造的价值约 110 亿美元,创造的社会价值则更无法衡量。当然,体育志愿者的贡献也是巨大的。澳大利亚体育志愿者的人数约占其总人口的 1/5;早在 1990 年,德国注册的体育志愿者就达 270 多万人,每年这些志愿者无偿付出的劳动时间有 2 亿小时以上;法国有约 100 万体育志愿者,每年约完成 1 亿小时的工作时间;意大利约有 6000 万体育志愿者,每年约完成 1.51 亿小时的工作时间;瑞士的体育志愿者虽然总量不多,但其每年所做的工作如果折换成工资,价值约 7 亿瑞士法郎。因此,我们不仅要理解、认可和尊重志愿者,支持、关心志愿者,更要管理好、激励好志愿者,充分发挥其积极性,为社会作出贡献。

（二）志愿者是体育赛事的重要支撑

据统计，2000年悉尼奥运会拥有志愿者4.7万人，他们为奥运会付出了5.45万小时的劳动，将其折合成货币相当于1.1亿澳元。如果将志愿者提供的服务交由雇用职员或合同人员承担，悉尼奥运会的全部预算将提高4.5%。据不完全统计，2008年北京奥运会期间共有赛场志愿者约10万人、城市志愿者约50万人。因此，专家认为，奥运会志愿者的贡献可以与奥运会资金的主要来源方相提并论。

四、体育赛事志愿者管理的主要原则

（一）动机管理为主，道德宣讲为辅

体育赛事志愿服务是一种高尚的行为，从道德层面来鼓励赛事志愿者是重要的，但不是唯一的，也不是最重要的方面。中国传统的道德宣讲式激励应该注重程度与方式是否适当的问题。在一项体育赛事的志愿服务中，整个志愿活动只有一个下午，但活动的组织者在活动之前的动员大会上用了将近一个小时大肆宣传志愿活动的重要性，反复赞扬志愿者的高尚品质。一位志愿者在讲述他的这次亲身经历时说："作为志愿者，我们都有较高的思想道德水平，再进行如此说教式的动员没有任何意义，只会使人感觉到形式主义、空洞，甚至虚假。"

总体来说，赛事志愿者参加志愿服务的直接动机是多种多样的。根据悉尼奥组委的官方报道，2000年悉尼奥运会志愿者参与志愿服务的主要动机包括"感到被需要""分享运动员的高超技能""展示对一项事业或一种信念的承诺""获得领导技巧""学习新的东西""结交新朋友""为了新的经历"等。因此，赛事志愿者管理人员对志愿者进行动机管理是十分重要的。在了解志愿者动机的同时，应该尊重、帮助他们实现合理的动机，使他们在实现自己合理动机的过程中，积极工作，尽力奉献。例如，对于出于"结识朋友"动机参与赛事的志愿者，可以安排其完成一些能与更多人接触、交往的工作任务；对于希望"获得工作经历"的志愿者，可以安排他完成一些与其将来就业意向相符的工作。

（二）自我管理为主，被动控制为辅

所谓"自我管理"是指让赛事志愿者参与团队管理，自己管理自己，自己调整自己的行为，自己激发自己的潜能。体育赛事志愿者作为一群品质高尚、专业能力较强的人，这样一群具有较强烈的社交需要、尊重需要和自我实现需要等

高层次需要的人，较适合运用"Y 理论"指导的管理。"Y 理论"主张人性本善，认为要求工作是人的本能，人们追求承担责任、能够自我控制，人的潜能都没有得到充分发挥。因此，赛事志愿者管理人员应该鼓励志愿者参与团队管理，赋予他们更多的责任，引导他们开展工作。志愿者管理人员应该将管理的重点放在创造适宜的工作环境和发挥志愿者的潜能上。

当然任何事物都不是绝对的，"自主管理"并不意味着"无为而治""放手不管"。在志愿者自我管理能力较差或者出现不遵守规章制度的情况下对志愿者的行为进行严格的控制也是相当重要的。

（三）柔性管理为主，刚性约束为辅

由于体育赛事志愿服务属于自愿行为，以严格的规章制度约束志愿者是不可行的。作为具有高层次需要的人，志愿者适用于柔性管理。柔性管理意味着管理的人性化、人情化和灵活化。

在 2001 年北京举办的世界大学生运动会上，有一名海淀走读大学国际语言文化学院的志愿者，她曾去挪威、丹麦、瑞典等国家生活过，对这些国家的人文情况很了解，而且其男友为丹麦人。这名志愿者积极报名参加志愿服务，并主动向组委会群众工作部要求接待挪威、丹麦和瑞典的代表团。但得到的答复是：要服从统一分配，不能因为特殊情况就打乱整体计划。组委会这一做法，就显得缺乏人性化、人情化和灵活化。作为志愿者管理人员，不应该仅仅为了自己管理工作的方便，而置其他志愿者的专长而不用，置其他志愿者的特殊要求而不顾。只有充分理解、满足志愿者的要求，才能极大地激发他们的工作热情。

（四）内部激励为主，外部激励为辅

"工作报酬的本身就是工作"，这句话反映了内在激励的重要性。赛事志愿者管理人员应该以志愿活动本身为导向，使志愿者更多地体会到参与志愿活动的乐趣与意义，以及活动本身带给自己的满足与收获。例如，美国学者保罗·杰·伊尔斯利指出：在美国这种个人主义至上的国家，却有那么多的人热心志愿服务事业，其中一个重要原因是"志愿者从这些活动中获得了更多的东西"，如获得锻炼机会、增加工作经历、提高就业能力等。通过这些内部激励，可以使赛事志愿者体会到"自己不仅是奉献者，同时也是受益者"，从而产生内在的、持久的激励效果。

（五）精神激励为主，物质激励为辅

体育赛事志愿服务是一项行为高尚、意义重大的活动，而且志愿服务是无偿

的，因而对于赛事志愿者应该以精神激励为主。例如，2000年悉尼奥运会组委会对志愿者非常尊重，把他们视为奥运会组织工作中不可缺少的一分子，对他们的工作给予充分认可，这就是在精神上对志愿者的一种鼓励。悉尼奥运会结束后，志愿者们举行了盛大的游行，众多的市民向志愿者致意，以感谢他们在奥运会期间所作的贡献；悉尼奥运会组委会还在奥运村为4.7万名奥运会志愿者竖立了290根柱子，把他们的名字一一刻在上面。2001年澳大利亚出版了两部有关志愿者的书，一本是《志愿者——平凡的澳大利亚人带来了2000年悉尼奥运会的非凡成功》，该书在附录中以令人惊叹的方式列举了所有悉尼奥运会志愿者的姓名，体现了独特的人文关怀；另一本是《志愿者的经历——生活被赋予意义》，通过大量的图片生动而鲜活地展示了悉尼奥运会志愿者"微笑的和专业的"风采。这些都比丰厚的物质酬劳更让志愿者感到激动和难忘。当然在精神激励的同时，悉尼奥组委也给予了志愿者从事志愿服务所必需的物质保证。例如，悉尼组委会为每名志愿者在培训、服装、休息场所、食品饮料、交通等方面平均支付了大约700美元。组委会还向志愿者提供了一些物质性奖励，包括开幕式排演的门票及奥运会商品的折扣等。

（六）正向激励为主，负向激励为辅

正向激励可以给人一种满意和愉快的刺激，能给人带来更多的激励信息；相反，负向激励给予人们的是不愉快的刺激，而人们对不愉快的刺激往往天生就具有一种抵制情绪。负向激励虽有其不足，但这并不表明在激励过程中就不能使用负向激励，只要注重运用方式，负向激励仍然是一种很有效的激励措施。例如，有的领导在批评下属之前，往往先是对他的优点表扬一番，使对方消除心里不快，然后再委婉地指出下属的缺点，并帮助他分析原因，鼓励他改进，收到了很好的激励效果。

五、体育赛事志愿者管理的艺术

管理不仅是一门科学，更是一门艺术。体育赛事志愿者管理人员不仅应遵循管理工作的基本原理、主要原则，更应该提高管理工作的创造性和艺术性。

（一）正确认识自己的角色

体育赛事志愿者管理人员首先应该将自己定位为一个普通的志愿者，而不是管理者；是其他志愿者的朋友，而不是领导。只有这样，赛事志愿者管理人员

才可能更多地理解普通志愿者的需要，体会普通志愿者的感受，从而采取更为适当的管理与激励措施。

（二）帮助志愿者正确认识自己的价值

某人路过一个建筑工地时问一位工人："你在做什么呢？"这位工人无精打采地说："在搬钢材。"又问另一位工人："你在做什么呢？"这位工人十分愉快地说："在建造教室，明年小朋友们就可以在新教室里上课了！"这个小故事启示我们，人们如何看待自己工作的性质与价值，会极大地影响工作的自豪感与成就感，进而极大地影响工作的积极性和热情。

同样，体育赛事志愿者认为"我仅仅是一名志愿者。"与认为"我是一名志愿者！"的感受与效果是截然不同的。前者将自己定位为一个普通的服务者，后者将自己定位为一位重要的贡献者。前者难以使志愿者充分调动自己的积极性，后者可以使志愿者极大地激发自己的热情。优秀的赛事志愿者管理人员应该帮助志愿者正确认识志愿活动的意义，正确认识自己的价值，树立"我是一名志愿者！"的观念。

（三）帮助他人正确认识志愿者的价值

历届奥运会和其他体育赛事的志愿活动经验表明，运动员、正式工作人员（带薪工作人员）以及社会公众对于志愿者的轻视与不尊重，会极大地挫伤志愿者的积极性。尤其是某些正式工作人员将志愿者视为免费劳动力、廉价服务人员看待，随意给志愿者摊派职责范围之外的杂活，会极大地伤害志愿者的自尊。遇到此类情况，志愿者管理人员应该出面与对方进行沟通与交流，帮助他们改变错误观点，正确认识志愿者的身份与价值，为志愿者创造一个良好的工作环境。

（四）防止过度激励

凡事过犹不及，在体育赛事志愿者管理过程中，也要防止出现过度激励的现象。对于绝大多数志愿者来说，参与赛事志愿服务，尤其是一些重大赛事的志愿服务是他们人生中第一次，也极有可能是他们人生中唯一一次参与赛事志愿服务。如果过分强调其中的意义与责任，可能使得部分志愿者工作热情过高和责任感过强，极度兴奋，导致在赛事前夕和工作期间出现过度的紧张和焦虑，精力和热情消耗过多，出现一些不应有的失误，甚至无法胜任或坚持完成自己的工作。

第二节 体育赛事志愿者的管理过程

根据人力资源管理的流程，体育赛事志愿者的管理过程应当包括以下基本环节：规划、招募与甄选、培训、配置与协调、激励、监督与评估和遣散。各个环节之间的关系是相互联系、相互影响、相互制约的（图13-1）。

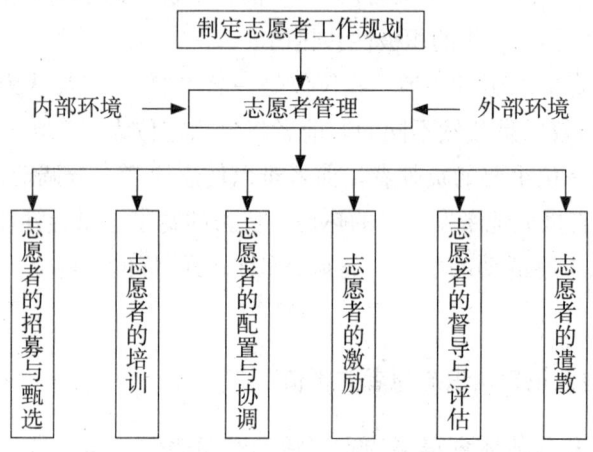

图 13-1　体育赛事志愿者的管理过程

根据项目管理的流程，可将赛事志愿者管理分为三个阶段：项目准备阶段、项目实施阶段和项目结束阶段。志愿者管理的工作流程如图 13-2 所示。

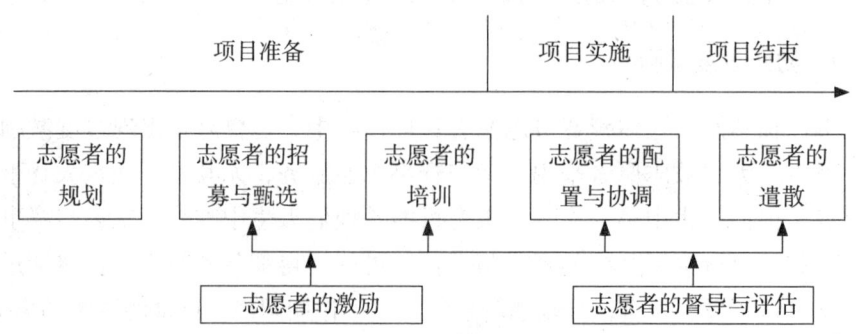

图 13-2　体育赛事志愿者的管理流程

（资料来源：宋玉芳. 奥运会志愿者管理研究 [J]. 体育科学，2005（2）：86-94.）

人力资源管理部门对赛事志愿者的管理工作大部分集中在项目准备阶段。在这个阶段，管理者要将大量的赛事志愿者召集在一起，使之成为一个合作的整体，从而实现赛事的最终目标。按照先后顺序要完成的环节分别是：体育赛事志愿者规划、招募与甄选、培训、配置与协调，而激励、监督与评估等管理职能则要贯穿这一阶段的始终。

赛事志愿服务项目开始之后，就进入了项目的实施阶段。这个阶段，对赛事志愿者工作的分配以及岗位的实习已经准备完毕。对志愿者的管理从具体的管理职能转为协调与控制，主要的工作在于如何处理突发事件的发生、志愿者的退出以及不同岗位志愿者之间的协调等。

赛事项目结束后，赛事人力资源管理部门应对志愿者的管理工作进行总结，对志愿者的工作表现进行评估与奖励，然后根据赛事组委会工作的需要，撤销各个部门，志愿者陆续回到自己原来的工作和学习中。

一、体育赛事志愿者的规划

"规划"即全面而长远的发展计划。规划是人力资源管理的一项重要职能。所谓体育赛事志愿者规划是指根据体育赛事组委会的整体规划，分析和预测赛事对志愿者的需求和志愿者的供给情况，采取招募与甄选、培训与开发、认可与激励等手段，使志愿者资源与赛事筹办需求相适应的综合性发展计划。其主要目的是使组委会在适当的时间、岗位获得适当的志愿者，从而实现志愿者资源的有效配置。

由于志愿者不拿工资，且没有正式员工的身份，因此，通过有效的管理使志愿者从志愿服务中获得有意义的经验和充分的认可是非常重要的。作好志愿者的规划是成功管理志愿者的第一步。仓促的招募会破坏志愿者介入的可能性，也会破坏组织志愿服务项目的实现。如果志愿服务在计划、组织和执行上缺乏充分的准备，就会使志愿者不愿意参加活动或对活动失望，会使员工抱怨。同时，规划还必须考虑到不能为了让志愿者满意而忽略了正式员工。一个成功的志愿服务项目必须同时考虑志愿者的动力和正式员工的积极性，以及志愿者和员工的合作质量。

体育赛事志愿者的规划指的是根据赛事项目服务宗旨，科学预测未来内外环境变化中志愿者的供给与需求状况，制定必要的志愿者获取、使用、保持和开发策略，使志愿者与赛事项目的需求相适应。具体来说，一个完整的体育赛事志愿者规划过程包括了调查分析、预测供需、制定规划、实施评估等阶段。其具体规划流程如图 13-3 所示。

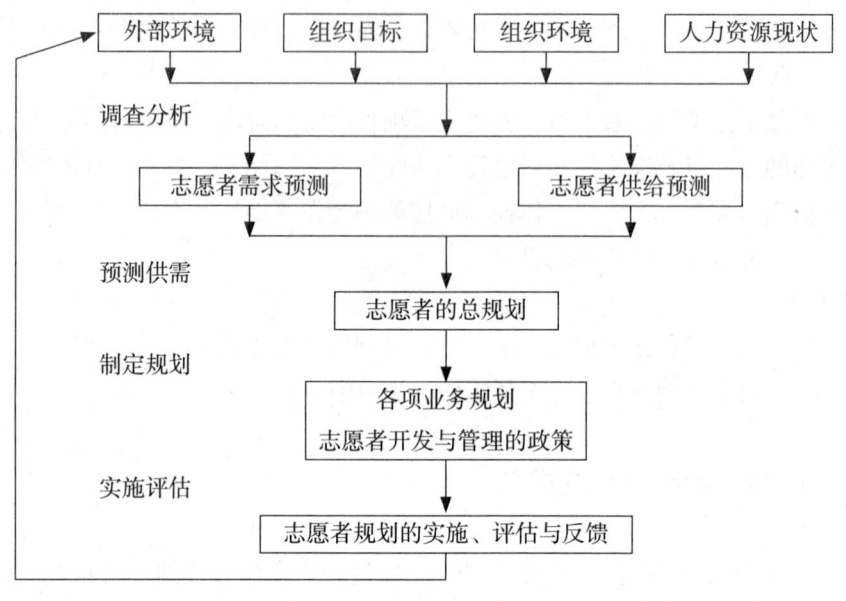

图 13-3　体育赛事志愿者管理规划流程图

(资料来源：黄克宇. 北京奥运会志愿者管理体系的研究 [D]. 天津大学，2005：21.)

体育赛事志愿者规划是赛事志愿者管理的重要行动方案，包括了目标体系的确立、组织结构的建立以及工作分析这三个方面的内容。

(一) 目标体系的确立

目标是一个组织各项管理活动所指向的终点，是根据其宗旨而提出的，在一定时期内要达到的预期成果。按照不同的标准，目标有不同的分类。按层次可以分为上层目标、中层目标和基层目标；按内容可分为总目标、中间目标和具体目标；按时期可分为长期目标、中期目标和短期目标；按数量可分为单元目标和多元目标；按稳定性可分为静态目标和动态目标等。

体育赛事志愿者的管理目标不是单一的，而是多元统一、相辅相成的。体育赛事志愿者管理的目标体系确立应从以下三个方面来考虑。

第一，从体育赛事项目方面来说，赛事志愿者是为体育赛事项目服务的，体育赛事项目的顺利举行是志愿者管理的主要目标。志愿者是赛事项目中不可或缺的人力资源。对赛事志愿者进行有效的管理，有利于保证赛事项目的顺利举行。

第二，从赛事志愿者本身来说，志愿者参与赛事志愿服务具有一定的动机和需求，为了保证使志愿者的需求和赛事组委会的需求一致，使赛事志愿者能够更好地为赛事组委会服务，赛事项目的人力资源管理部门应该为志愿者提供实现自身目标的机会。

第三，从社会效益方面来说，对赛事志愿者进行管理，不仅为体育赛事项目提供了人力资源，而且有利于志愿者的自我发展、自我完善和自我提高，同时宣传了志愿服务精神，促进了社会的和谐发展，实现了"多赢"的目标。

（二）组织结构的建立

组织结构是指组织内关于职务及权力关系的一套形式化系统，它阐明各项工作如何分配，谁向谁负责及内部协调机制。适当的组织结构，清楚界定每个组织成员的权责角色，再加上适当的协调与控制，组织的工作效率将会提高，而组织的整体表现亦会较出色。相反，当组织结构与其管理需要之间出现脱节时，将导致决策延误、应变失误、成本高涨及士气低落等问题。

在赛事项目中，体育赛事志愿者的组织机构隶属于体育赛事项目组委会，包括外部组织结构和内部组织结构。

1. 外部组织结构

举办一项体育赛事，需要招募大量的志愿者，由于志愿者是不同性别、不同年龄，来自不同的行业的人，仅靠赛事组委会的管理是远远不够的，因此需要政府、高校及其他的非营利组织共同来合作协调，如图13-4所示。

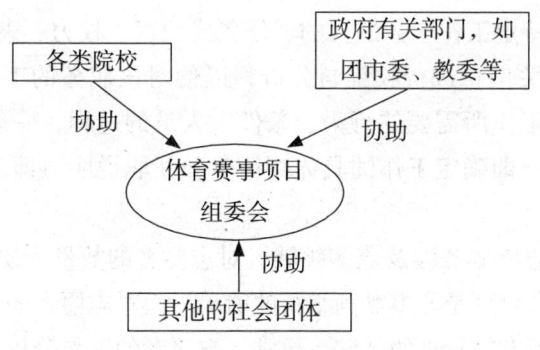

图13-4　体育赛事志愿者外部组织结构图

2. 内部组织结构

在体育赛事项目中，赛事志愿者的管理机构下属于赛事项目组委会，一般将其划入到人力资源部，然后根据志愿者的工作性质和任务进行分类，下设各个职能部门，如图13-5所示。

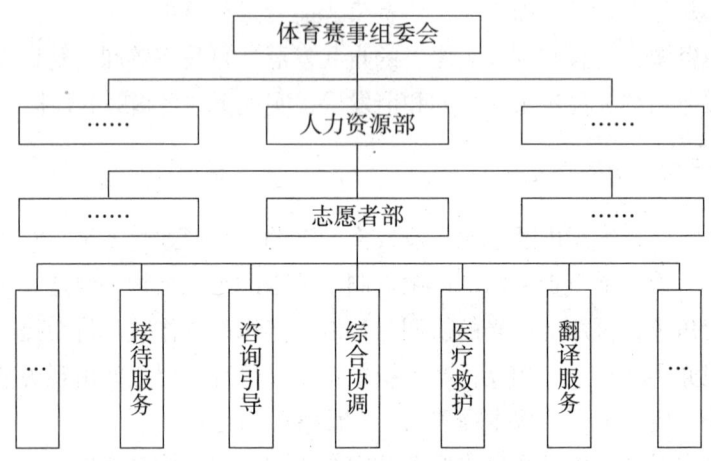

图13-5 体育赛事志愿者内部组织结构图

(资料来源：宋玉芳. 奥运会志愿者管理研究 [J]. 体育科学，2005（2）：86-94.)

（三）工作分析

工作分析是人力资源管理最基本的内容，是人力资源管理的基础。它是指对组织中某个特定工作职务的目的、任务或职责、权力、隶属关系、工作条件、任职资格等相关信息进行收集与分析，以便对该职务的工作作出明确的规定，并确定完成该工作所需要的行为、条件、人员的过程，一般包括两个方面的内容：工作描述（即确定工作的具体特征）和任职说明（即工作对任职人员的各种要求）。

体育赛事志愿服务涉及众多领域，对志愿者的数量和质量要求很高。因此，对志愿者的有效管理是赛事顺利举行的前提。而对志愿者的工作分析是赛事组委会对志愿者进行有效管理的基础。通常，志愿者的工作分析包括志愿者的工作描述，即该岗位要求志愿者完成的任务、责任和职责及志愿者的任职说明即志愿者为适应该岗位所要具备的知识、技能和能力，如图13-6所示。

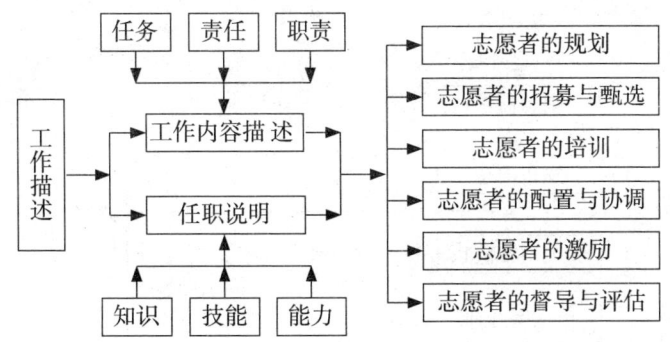

图 13-6 体育赛事志愿者工作分析的内容

(资料来源：黄克宇. 北京奥运会志愿者管理体系的研究 [D]. 天津大学, 2005: 27.)

二、体育赛事志愿者的招募与甄选

员工招聘是人力资源管理中非常重要的一个环节，是组织为了发展的需要，根据人力资源规划和工作分析的数量与质量要求，从组织外部吸收人力资源的过程，是人力资源规划的具体实施。而人员招募与甄选是招聘的一个重要环节，其主要目的在于吸引更多的人来应聘，使组织有更大的人员选择余地，避免出现因应聘人数过少而降低录用标准的现象。

(一) 体育赛事志愿者招募与甄选的工作流程

体育赛事志愿者的招募与甄选是否成功取决于赛事志愿者规划与工作分析的合理性，同时也取决于招募与甄选方式的有效性。这是一个双向互动的过程，赛事组委会要选择符合赛事需求的志愿者，申请者也可以声明自己所感兴趣的岗位。志愿者招募与甄选的基本流程如图 13-7 所示。

(二) 体育赛事志愿者招募的重要环节

1. 招募信息的发布

在初步预测了赛事对志愿者数量与质量的需求后就应向全社会公布招募信息。需要发布的内容包括三部分。第一，宣布赛事所需的志愿者数量及专业领域，并提供具体的活动程序（如申请、面试、培训等）、具体的时间序列以及其他特殊事项，如认证、服装、交通等信息；第二，向社会公布招募与甄选志愿者的标准；第三，通过各种宣传活动激发人们做赛事志愿者的意愿，促使更多、更优秀的人参与到赛事志愿者中来。

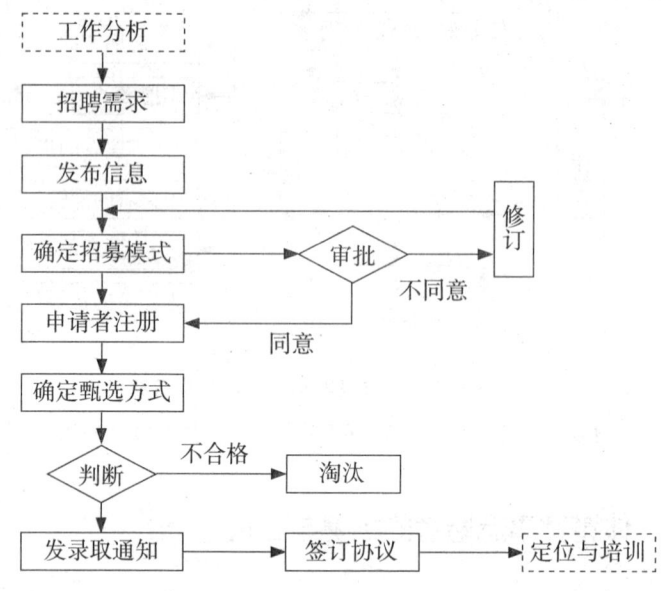

图 13-7 体育赛事志愿者招募与甄选流程图

(资料来源：宋玉芳. 奥运会志愿者管理研究 [J]. 体育科学，2005（2）：86-94.)

2. 招募方式的选择

体育赛事志愿者的招募方式通常可分为以下三种：一是政府组织动员；二是通过社团招募；三是社会招募。但不管采用何种招募方式，组委会总是要在与各种团体机构密切合作的基础上完成招募工作，如各类社会团体、社区服务组织、职业介绍中心、各级院校等。

3. 甄选方式的确定

体育赛事，尤其是奥运会等大型体育赛事的志愿者的申请人数众多，如何在众多申请者中挑选出最符合现有岗位要求的志愿者对于管理者来说是一种挑战。管理者应当采用合理的方式与程序进行系统的筛选，以避免由于选择不当而导致的各种损失，如志愿者的高流失率、旷工、消极怠工等。甄选程序中至少应包括：筛选标准的确定、甄选的流程（预审与复审）以及考核方法（如笔试、口试、专家推荐）。

按照程序的不同，体育赛事志愿者的甄选可以分为"金字塔式"与"倒金字塔式"两种模式。所谓"金字塔式"就是在招募之前建立一个职能分级程序，然后按照级别由高到低的顺序，先选拔关键岗位的志愿者（如各个部门的志愿者管理者），然后挑选中层较为重要岗位的志愿者，最后选录职权最小的普通志愿者，如阿尔贝维尔、利勒哈默尔冬奥会志愿者的招募过程。而"倒金字塔式"就是先接受所有的申请者，然后经过甄选，逐渐淘汰不符合要求的志愿者，如巴塞罗那奥运会与亚特兰大奥运会的志愿者甄选过程。

选择何种甄选程序取决于组委会启动体育赛事志愿者规划的早晚。在时间充裕的情况下应选择"倒金字塔"甄选模式，组委会有足够的时间在庞大的志愿者资源库中挑选出合适的志愿者，并对其进行全面培训，使之符合赛事组委会不同部门的用人需求。如若招募计划启动较晚，则可以选择"金字塔"甄选模式，先招募少量高素质的志愿者，经短期集训后，再依托他们分别完成其他志愿者的招募与甄选工作，使之发挥示范性作用，以一带十、以十带百，在短期内甄选到足够的、符合标准的志愿者。

三、体育赛事志愿者的培训

培训是人力资源管理的内在组成部分。体育赛事志愿者的培训是指赛事组委会为志愿者传授其完成工作所需的知识、技能、能力和态度的过程。然而，在有些情况下，志愿者缺乏志愿服务所需的相关专业知识和工作经验，他们对举办赛事的宗旨和目标没有足够的认识，难以顺利完成赛事志愿者的工作。为此，必须对赛事志愿者进行培训，通过培训来提高志愿者的知识、技能和态度，并培养他们适应工作环境的能力。

（一）体育赛事志愿者培训规划

志愿者的培训应在赛事组委会工作人员培训总体规划的框架内组织实施，志愿者培训由赛事组委会人事部负责协调并分类组织实施。其主要工作包括：研究需求、编制计划、编写教材、培训教师和组织安排等（表13-1）。

表13-1 体育赛事志愿者培训规划

内容	要求
培训需求	调研提出志愿者数量、资格要求，设计志愿者完成工作任务所需要的培训
编制计划	明确培训的实施办法和责任单位，动员社会机构力量，合理配置培训资源
编写教材	制作包括文字、图表、图片、动画、音视频文件等在内的，以书本、磁带、光盘、网络、电子文件等多种形式演示的培训教材
组织安排	包括教师、地点、后勤，应发挥各级各类专门学校、图书馆和社区会所等多方面的力量。同专门学校进行洽谈，要求他们提供师资和地点，按照大组委的统一要求，对志愿者进行各种培训

（资料来源：黄克宇. 北京奥运会志愿者管理体系的研究 [D]. 天津大学，2005：36.）

(二) 体育赛事志愿者培训任务

开展体育赛事志愿者培训是为了使志愿者更好地服务于体育赛事的礼宾接待、语言翻译、交通运输、安全保卫、医疗卫生、观众指引、物品分发、沟通联络、竞赛组织支持、场馆运营支持、新闻支持、文化活动组织支持等领域,还包括为运动员、观众和官员所提供的迎宾和辅助服务,以及为比赛顺利进行所做的准备和维修保养等工作。

(三) 体育赛事志愿者培训形式和内容

1. 培训形式

按照不同的分类标准,可以划分出许多种培训形式。结合体育赛事志愿者管理的特点,可以按等级水平将培训活动划分为离散阶段培训模式——对志愿者的基本要求、整合阶段培训模式——与赛事具体岗位需求结合、聚集阶段培训模式——与个人发展结合三种。然后根据不同的培训目标选择多样化的培训方式,如集中授课、网上教学、自学、讨论、场景模拟等。

2. 培训内容

(1) 体育赛事通用培训。其主要内容是介绍体育运动知识、志愿工作的意义、国情市情、传统文化和礼仪规范,以及组委会的运行模式、志愿者的职责义务、应对紧急情况等方面的知识,结合赛事实际为志愿者讲解组委会团队情况、赛事志愿者管理政策、场馆设施、证件知识、交通流线、急救自救等六方面的知识,培养志愿者的政治意识、大局意识、形象意识和责任意识,增强志愿者对志愿工作的了解和认识。

(2) 赛事专业培训。其主要内容是培训志愿者应对专业技能的特殊性要求,主要在竞赛规则、语言等几个方面进行专项强化训练,包括专业词汇、专业设备的使用方法、部门工作概况、部门指挥等内容。同时对志愿者进行专业英语、俄语、日语、韩语等多语种培训,并从阅读、写作、口语、听力、文化和思维技巧等方面进行专业的培养,保证培训质量。

(3) 赛事场馆培训。其主要内容是岗位的基本情况、工作地点、工作任务、业务流程、与其他部门衔接的方式和工作场地的相关情况、紧急情况的处理措施等方面的内容。

(四) 体育赛事志愿者培训的绩效管理

建立起一套完整的志愿者培训绩效管理体系对赛事志愿者培训非常重要。它能够提高志愿者的绩效水平和绩效考核的能力。在这种体系下,还应建立起一套表彰制度，使志愿者中的杰出者享有国际性的荣誉，并以各种形式对那些默默无闻的志愿者进行鼓励。

> **案例：悉尼奥运会志愿者的培训**
>
> 悉尼奥运会的成功在很大程度上归结于有一个训练有素的志愿者队伍，这与组委会的志愿者培训工作密不可分。
>
> 1. 培训机构
>
> 悉尼奥运会的志愿者接近5万人，承担的工作多种多样。岗前培训工作是一项十分复杂而艰巨的任务。如果没有较大的培训或教育机构支持，如此大型的培训是难以进行的。悉尼奥组委的成功经验是将这项任务交给了南半球最大的一家培训机构——悉尼新南威尔士州的科技继续教育学院（TA FE NW S）。这是奥林匹克运动史上，第一次由一个培训机构独立承担为奥运会与残奥会培训所有的雇员、签约者与志愿者，为11万名的奥运会大军（包括正式员工）提供了一百多万小时的培训。
>
> 2. 培训时间
>
> 悉尼奥运会志愿者培训工作计划开始于1999年9月，组委会将志愿者分配到具体的场馆或场所。培训工作于2000年6月结束，共进行了27个项目的试运行。
>
> 3. 培训内容
>
> 志愿者的培训内容包括：定向培训、特殊工作培训和场（馆）专业培训，以及对所有职员包括许多志愿者的赛事领导的培训和对工作人员的监督培训。整个培训计划凝练出了简单、响亮而且能充分体现主办城市文化特点的志愿者信念（volunteer creed）——ABC，即态度（attitude）、行为（behavior）和奉献（commitment）的缩写。志愿者一遍又一遍地高喊这些口号，并将其铭记在心，进而内化为自己的信仰、理念及道德标准。在这种信念的激励下，志愿者将接受培训作为自己必须履行的职责。公共关系与礼仪部的Fiona Henderson说："接受培训意味着要坐火车或者驾车去悉尼，住在朋友家一到两个晚上，参加培训，然后回家。对于本国的志愿者来说，培训常常意味着为了2~5个小时的课程要放弃整个周末，并且每次的路程要花费约100美元。但我们都能理解，这是为做奥运会志愿者的特权所必须付出的代价。"此外，在志愿者的培训过程中，公众人物良好的社会形象对志愿精神的传播也起到了模范作用。悉尼奥运会能够取得成功，近5万名志愿者功不可没。
>
> （资料来源：李颖川. 北京2008年奥运会志愿者组织模式与评价体系研究［D］. 苏州大学，2006：56-58.）

四、体育赛事志愿者的配置与协调

体育赛事志愿者的配置就是要根据体育赛事筹办工作的需求以及志愿者的储备状况，将志愿者分配到各个岗位上。赛事期间，管理者还要根据实际需要对不同岗位的志愿者进行调配，以达到"人适其事、岗得其人、人尽其才"的目标，实现志愿者资源配置的最优化。

五、体育赛事志愿者的激励

激励是指组织通过设计适当的外部奖酬形式和工作环境，以一定的行为规范和惩罚性措施，借助信息沟通，来激发、引导、保持和规范组织成员的行为，有效地实现组织及其成员个人目标的系统活动。需要是激励的起点，如果没有需要，激励便成了无本之木、无源之水。需要引起动机，动机的主要来源有两个：一是内在原因；二是外在原因。动机导致了行为，行为有其方向性，是有目标的。当目标达到之后，又会产生新的需要；当目标没有实现时，有可能产生积极行为或消极行为。这就是激励的一个简单过程。（图13-8）

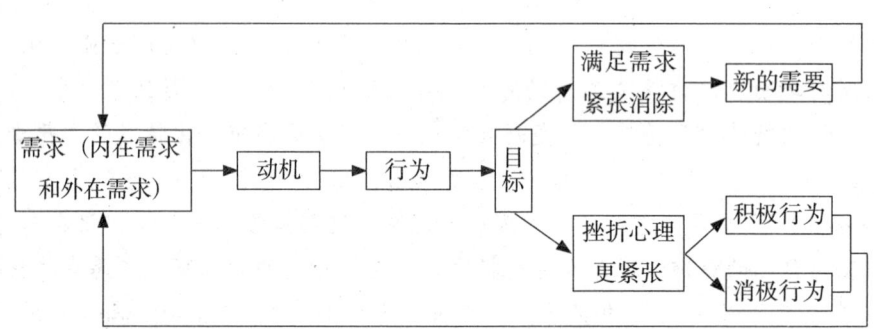

图 13-8　激励的简单过程图

（资料来源：黄克宇. 北京奥运会志愿者管理体系的研究 [D]. 天津大学，2005：57.）

激励的实质就是关于其动力来源的问题。激励体育赛事志愿者就是要设法让志愿者将个人需要与体育赛事需要紧密联系在一起，使其处于一种驱动状态，在这种状态下所付出的努力不仅可以满足志愿者的个人需要，同时也可以满足体育赛事的需要并实现总体目标。激励志愿者是贯穿体育赛事志愿者管理过程始终的一个重要环节，赛事的不可重复性与志愿者的随意性更需要管理者采取高效的激励方式来吸引和保留志愿者，以降低因人员流失带来的损失。体育赛事志愿者所具有的不同于普通组织的形态与特征，决定了其激励机制的特殊性。体育赛事志愿者激励的方式包括以下两种。

1. 内在激励

内在激励源于志愿者因参与赛事而产生的内在满足感，如奥林匹克理想中蕴含的团结与和平的精神、公民的责任感、团队归属感、个人的种种需求，包括以志愿者身份为骄傲，为能够展示自我而高兴，对活动的意义的自觉认识等。

2. 外在激励

组织者可使用表彰、评奖、实物等方式，对志愿者进行外在激励。赛事的筹备阶段是一个比较漫长而又烦琐的过程，组织者可以利用阶段性表彰、在合作媒体及网站上宣传典型事迹及个人、给予相应的物质奖励或是工作提升机会等方式，使志愿者长期保持工作热情；在赛事举办阶段，可利用专用衣物、标志、门票、观赛机会，以及与优秀运动员近距离接触等方式，对志愿者进行激励；赛事结束后，还应有专门的表彰大会或是评奖活动，使志愿者的辛勤工作得到社会的认可。

六、体育赛事志愿者的督导与评估

虽然志愿者为体育赛事提供服务是一种无偿奉献行为，但是良好的愿望并非总能转化为积极的行为。赛事期间，志愿者要完成的任务繁重，投入的精力大、时间长，有的甚至要付出一些经济上的代价，加上志愿者内在动机的复杂性以及外在约束的非强制性，其在服务过程中难免会出现中途退出、对工作敷衍了事、修养不佳等消极现象。因此有必要采取适当的措施对赛事志愿者进行必要的督导。

建立督导机制的主旨在于对各类赛事志愿者执行计划、任务的情况进行监察和督导，以确保志愿者服务活动的正常开展。赛事期间各种竞赛项目日程安排紧密，涉及的服务种类繁杂，许多工作的难度与强度是志愿者事先感受不到的，一旦产生与参与前对奥运会预期的反差，就有可能产生倦怠与敷衍了事的心态。督导的效用就在于规范志愿者的行为，并时刻把握志愿者的流动信息，以对不同岗位上的志愿者进行合理的调配。

督导的方法有以下几种。1. 个人面谈，即了解志愿者的个人需求，对志愿者出现的个人状况进行辅导，提出中肯的建议及批评；2. 小组督导，即可由各个部门的负责人对该部门的志愿者进行督导，制定小组的工作计划，并适时检查计划的完成情况；3. 集体讨论，即与志愿者客观地分析工作中出现的问题并寻求改进的办法，通过相互讨论和交流增进志愿者之间的情感相互支持和凝聚力；4. 现场督导，即除了对志愿者进行观察外，还可以通过和志愿服务的对象接触，掌握志愿者的工作情况，有助于给予志愿者更有效的回馈。

评估是赛事志愿者管理的关键环节。赛事志愿者管理绩效评估是指收集、分析、评价和传递有关志愿者在其工作岗位上的表现和工作结果方面的信息情况的过程。在赛事前、赛事期间以及赛事后，都需要对志愿者的工作表现作出客观评价。但这种评估不同于普通人力资源的绩效评估，不能通过简单的成本效益分析的指标来评定。

1. 非正式评估与正式评估

非正式评估是指经常性的不间断地对志愿者的行为提供反馈，包括赞扬志愿者的行为并鼓励其保持、对志愿者行为的偏差提出建议、询问"进展如何"、访问志愿服务对象把意见反馈给志愿者、与志愿者一起研讨解决问题的方法等。非正式评估基本上是一个激励过程，具有私人特征，需要花费时间，但给志愿者的影响很大。

正式评估是指在赛事项目结束后，对志愿者的工作进行正式鉴定，对志愿者的优缺点进行记录和评价。

2. 定量评估与定性评估

定量评估是指运用数量指标来进行评估。赛事组委会可以设计一些意见表或问卷让服务对象和志愿者填写，根据收集的数据进行分析。涉及的指标有志愿者的工作服务时间、迟到的次数、技能的多少、服务态度、言行是否礼貌、形象是否端正等。这种方法用直观的数据来表述评估的结果，看起来一目了然，但也常会为了量化结果，使本来比较复杂的事物简单化、模糊化，有的意见被量化以后可能被误解和曲解。

定性评估是从另外一个角度来进行评估。它主要是以与志愿者的深入访谈作出个案记录为基本资料，然后通过理论推导演绎的分析框架，对资料进行编码整理，要求一条条地原汁原味地反映志愿者的思想和意见，然后在此基础上作出调查结论。访谈的内容包括你认为自己有何改善；你和其他志愿者和正式员工是否相处融洽；你在志愿服务时遇到了什么难题，是怎么解决的等。定性方法可以避免定量方法的缺点，可以挖掘出一些蕴藏很深的思想，使评估的结论更全面、更深刻。但它的主观性很强，需时较长，资料也难于归纳，再加上参与赛事的志愿者人数较多，不可能对每个人都进行访谈。

尽管体育赛事志愿者是在不期望任何经济回报的前提下贡献了他们的服务，

但是也应根据志愿者的表现为其提供必要的认证，使他们获得公众的认可。赛事期间，根据对志愿者的评估可以对他们进行各种奖励，例如，免费获得各种纪念品（纪念徽章、赞助商提供的物品、赛事海报等）；与著名人士、体育明星等见面的机会；调到更有吸引力的志愿者岗位上；通过媒体获得公众知名度；获得免费的门票等。赛事结束后，志愿者管理者应根据志愿者评估的结果对其进行必要的认证，如可以为将来的职业发展提供证明的证书、各种表彰等。

评估的另一个结果——惩处也同样重要。管理者要根据评估结果对于那些不能胜任本职工作的志愿者或者违反相应规定的志愿者进行再次分配，或者将其调到其他岗位上，或者提出警告，严重的则要取消其志愿者的身份。

第十四章 体育赛事风险管理

本章首先论述了体育赛事风险的定义、分类、特征以及体育赛事风险管理的概念和主要措施，又从体育赛事风险管理规划、风险识别、风险估计、风险评价、风险应对以及风险监控六个部分对体育赛事风险管理的过程进行了深入探讨。

第一节 体育赛事风险管理概述

体育赛事运营过程中面临着各种各样的风险，而一项体育赛事的成功举办，是在克服各种各样风险的影响并有效控制各种风险的条件下取得的。

一、体育赛事风险的定义

关于风险的含义，国内外学术界有多种界定，当前通用的定义为：在一定条件下和一定时期内可能发生的各种结果变动程度的不确定性，这种不确定性是主观对客观事物运行规律认识的不完全确定，一时尚无法操纵和控制其运行过程；另外也包括了事物结果的不确定性，人们不能完全得到所设计和希望的结局，而且常常会出现不必要的或预想不到的损失。

从体育赛事组织者的角度来说，体育赛事风险是指在申办、筹备以及举办体育赛事等一系列的过程中，由于受各种难以预测与控制的不确定因素的影响，导致赛事组织者主观期望目标与客观实际结果之间存在差异，最终导致赛事受到损失的种种风险。例如，由于天气变化、运动员受伤、球迷骚乱事件、体育器械损坏、火灾或其他自然灾害等因素，使得赛事组织者在申办、筹备以及举办赛事的过程中面临许多不确定的因素，而这些无法预料的事件使得实际情况和赛事组织者的期望目标产生了一定的差异，给赛事举办方带来种种损失。

二、体育赛事风险的分类

由于研究角度的不同，对体育赛事风险分类的标准也各不相同。比如按照体育赛事风险的阶段性可将体育赛事风险分为赛事申办、筹备、实施以及结束阶段的风险。本章将着重介绍两种分类标准下的体育赛事风险的类型。

（一）按赛事风险的表现形式分类

按照体育赛事风险的表现形式可将体育赛事风险分为自然风险、政治风险、市场风险以及基建、环保风险等。

1. **自然风险**

体育赛事自然风险包括两类，一类是由于自然条件和气候条件的突然改变而影响体育赛事的正常举办并给体育赛事造成损失的风险，即由于地震、恶劣天气、传染疾病等不可抗拒的自然因素，导致体育赛事被中断、延误甚至取消而产生的风险。例如，2003年由于非典的原因，使原定在中国举行的国际足联女子世界杯移地举办；2004年中国网球公开赛的开幕式因下雨而取消、比赛延期；1991年U17世青赛原定在厄瓜多尔举行，但因霍乱移址意大利；1995年U20世青赛原定比赛地为尼日利亚，又因为流行性脑炎改在卡塔尔举行。

另一类的自然风险是由于体育赛事竞赛项目本身具有较高的风险而导致的人身伤害、赛事中断、延误及取消，如攀岩、搏击、极限运动、赛车等。

2. **政治风险**

由于举办国的社会体制与政治条件发生变化而影响体育赛事正常运营等方面的风险，被称为政治风险。赛事的政治风险在国际层面上是指代表不同政治、宗教观点的利益集团或国际恐怖组织对体育赛事采取抵制和破坏等恶劣行为阻碍赛事的正常运行。在国内层面上表现为国内民众在赛事期间对外国参赛队的抵制以及邪教组织等制造的各种反对事件对赛事的冲击等情况。例如，1972年的慕尼黑奥运会上，巴勒斯坦军事分子袭击了以色列代表队，造成多位运动员丧生；1996年亚特兰大奥运会上发生了一起爆炸事件，造成1人死亡。

3. **市场风险**

在市场经济体制下，市场各主体由于信息的不对称性和竞争的残酷性往往令投资主体面对众多的不确定性因素。如果所选的体育赛事和市场需求不匹配，或者该赛事市场前景良好但操作性差就会产生市场风险。能否准确地把握市场风险是体育赛事投资成功与否的核心指标之一。体育赛事投资的市场风险主要考虑两个方面：一是所选赛事的市场需求量，市场需求量越大那么该赛事的投资前景就越好；二是市场的接受度，消费者的消费水平、认知和接受程度与所选的体育赛事越匹配越好。若所选赛事具有众多明星，有很强的观赏性和对抗性且有市场前景，但是市场的接受度却差强人意，则投资主体无疑会面临很强的市场风险。

4. 基建、环保风险

基建风险是指在赛事筹备阶段场馆建设延期，成本超支，场馆达不到"设计"规定的技术指标，由于技术和其他方面的问题场馆完全停工和在实施阶段存在的技术、经营管理、劳动力状况等风险因素的总称，是体育赛事的核心风险之一。体育赛事的基建风险直接关系到体育赛事是否能按照预定计划正常举办。环境保护风险是指由于举办体育赛事，对环境所造成的污染与破坏，以及资源消耗等方面带来的风险，包括赛事期间产生的固废垃圾污染、大气污染、噪声污染、交通阻塞以及水资源消耗和能源消耗等环境影响方面的风险，还包括对于赛事举办方有可能因为严格的环境保护立法而增加的成本，甚至有可能导致赛事无法举办的风险。因此，在体育赛事的举办过程中，环境保护方面的风险应当同其他风险一样得到重视。环境保护问题所造成的风险的主要表现形式为：首先是因对所造成的环境污染而受到的罚款以及改正错误所需要的资本投入；其次还要考虑到为了满足严格的环境保护需求而增加的环境评价费用、保护费及其他费用。

（二）按照体育赛事的管理要素分类

根据管理学的基本原理，管理要素包括人、财、物、时间、信息。所谓管理风险，就是在对上述五个管理要素进行管理的过程中产生的风险，以及上述五个要素给赛事承办者带来的风险。按照体育赛事的管理要素划分可将赛事风险划分为人员风险、财务风险、场地器材风险、时间风险以及信息风险。

1. 人员风险

在多个管理要素中，"人"是任何组织中最积极、最活跃的，也是最重要的因素。一项体育赛事的参与人员主要包括运动员、教练员、裁判员、官员、观众、志愿者、赛事管理人员和中介人员等。由于体育赛事所需的工作人员是由不同工作领域的人员临时组建而成的，涉及的人员较多，身份比较复杂，在对人员风险进行分析时可以围绕赛事产品的实现者和赛事产品的消费者这两类人员所面临的风险进行分析。

2. 财务风险

财务风险是指赛事中从事与货币有关的或者能以货币计量的各种活动存在的风险。体育赛事财务活动包括筹资活动和资金回收活动。例如，赛事资金的投入与支出、赛事产品销售价格及变化、通货膨胀因素、汇率变化、保险、人工成本、税收成本及可利用的税务优惠、土地价值等都是体育赛事财务风险应当考虑的范畴。

3. 场地器材风险

场地器材主要指体育赛事进行时所凭借的客观物质条件，是举办体育赛事不可缺少的硬件条件。它所面临的风险主要表现为两个方面：一是场地器材自身安全风险，即一切与体育赛事有关的建筑物、仪器设备、体育器械等各种财产在建筑、安装、维修和使用期间由于意外事故、自然灾害或人为损坏，发生损毁、丢失等情况产生的风险；二是场地器材导致他人危险的风险，即场地器材由于设计、使用等的不合理而给他人造成的危险。如体育场通道设计过于狭窄，致使观众在入、出场时因拥挤而发生伤亡；场地内未配备足量的安全保障设施（灭火器、安全通道提示灯等），而在危险发生时，观众由于缺乏足够的救援设施，而导致伤亡进一步扩大；由于体育场馆质量问题，发生看台坍塌，导致观众伤亡；看台座席设计不合理，提供过多站席，为球迷骚乱提供便利；因场地设计不符合技术要求，防护网过低，导致飞球伤人；体育赛事器材由于质量低下或设计不合理而导致运动员受伤等。

4. 时间风险

时间风险指体育赛事运营过程中，一切受到时间因素影响而产生的不确定因素的集合。通常赛事的时间管理包括两个方面的内容，一是赛事的时机选择；二是赛事的时间安排。如果赛事时机选择不当，可能因忽视天气因素对比赛的影响而导致比赛不能如期举行，或者即使如期进行比赛，但因天气因素的影响而降低观众亲自观看的热情，导致门票销售量减少等情况。如果赛事时机选择不当，对赛事市场的宣传、考察不充分，赛事利益相关者就容易对赛事认知程度不高，从而导致其对赛事的支持将十分有限，使赛事承办者面临巨大的市场风险，在一定程度上影响赛事预期效益目标的实现。赛事时间安排，即对赛事各个具体活动环节的时间编排与规划。如果赛事时间安排不当，各个活动部分的时间安排不明确，可能导致该活动环节出现混乱，从而致使赛事整体计划的紊乱。因此合理的时机选择和时间安排对赛事顺利举行和赛事预期效益目标的实现具有重要作用。

5. 信息风险

信息风险主要指信息在传递和交流过程中，由于信息的不准确、不能及时到达接收方等原因，导致管理人员的决策失误的可能性。

在科技发达的今天，大量的计算机、传真机等新型信息传输辅助设备已介入到日常工作之中，它们在大大提高信息传输效率的同时，也带来了新的信息安全问题。例如，由于机器设备发生故障，或者被人为破坏，导致信息数据的大量丢失，或者信息的完整性、准确性遭到破坏。因此，在进行信息传递和交流的过程中，针对这些因素，赛事承办者要通过采取相应的措施确保信息传递和交流的及时性、准确性和安全性，以避免赛事进行中各种信息风险的发生。

三、体育赛事风险的特征

（一）客观性

体育赛事从申办、举办到比赛结束后的一系列工作都存在着不确定性，这是客观事物固有的特征。人们可能在一定的时间和空间内改变这种风险存在的条件和发生的条件，降低风险发生的频率和损失的幅度，但无法彻底消除这种风险。

（二）相对性或相关性

人们面临的赛事风险是与其从事的活动，在活动中的行为方式和决策密切相关的。即使是同一赛事风险事件，也会由于组织者对待风险的不同态度以及行为方式、决策或措施不同而会产生不同的风险后果。

（三）偶然性与潜在性

就某一具体的体育赛事风险而言，其发生是偶然的、潜在的，只有具备风险发生的条件才会发生相应的风险事故并造成巨大的损失。这是体育赛事风险随机性的典型特征。

（四）可变性

在一定条件下，体育赛事的风险通过有效的风险识别、风险评估和风险转化是能够防范和规避的。举办体育赛事时出现巨大的损失，有时与举办主体的风险意识和风险转化措施不力密切相关。

（五）复杂性和多诱因性

影响赛事成功运营的因素众多，如赛事的工作人员、观众、运动员等赛事参与主体因素，赛事举办时面临的政治、经济、文化、环境等外部因素，赛事的场馆设施、器材设备等物质因素，赛事组织者的运营管理经验等因素都可能诱发赛事风险，使得赛事风险更具复杂性。

(六) 损害性和影响性

随着体育运动的广度和深度不断加大，赛事组织者面临的各种风险也越来越多，且其相关的风险事故造成的损失也越来越严重。据统计，全球已有50个球迷死于2006年世界杯足球赛，其中中国处于首位，有11人死亡。非典期间女足世界杯的移地，使中国体育的损失惨重。在当今举办的多种多样的体育赛事中，也同样面临着体育资源受当地社会、经济、政治、文化、科学技术及恐怖主义影响等风险。一旦这些风险发生，都会给体育组织以及体育运动参与者带来巨大的人身及经济利益的损害。

四、体育赛事的风险管理

(一) 体育赛事风险管理的概念

风险管理是指对组织运营中要面临的内部的、外部的可能危害组织利益的不确定性，采用各种方法进行预测、分析与衡量，制定并执行相应的控制措施，以获得组织利润最大化的过程。

体育赛事风险管理是指赛事组织者对筹办、举办体育赛事过程中以及赛后一系列运营活动中存在的可能危害赛事组织者利益的不确定性因素，通过对风险的识别、估计和评价，采用合理的经济和技术手段对风险进行处理，以降低事故发生，减小伤害程度，并以最低的成本获得最大安全保障的一种管理活动。

体育赛事的风险管理有着特殊的内涵和方法。它将传统企业管理中降低经济风险的目标和体育行业为消费者提供安全的体育产品和服务的目标有机地结合起来。因此，风险管理应该上升为赛事经营管理者的一种管理策略，要根据体育赛事的风险特点制定全面、完善的风险管理计划和方案，并严格执行，去控制、防范、干预竞赛过程中的风险发生，最终避免各种事故和问题出现，从而减少经济、人身、社会恶劣影响等各种损失。

(二) 体育赛事风险管理的主要措施

(1) 建立完善的风险管理机制和体系。在赛事举办前成立专门的赛事风险管理机构，其成员由风险管理方面的专家组成，为体育赛事可能面临的各种风险进行专业、系统的识别和评估,并在此基础上就风险管理提出一个科学具体的方案。

(2) 制定赛事风险管理具体方案。设立专门的风险管理部门,制定《赛事风险管理具体方案与行动纲要》,由"风险管理经理"统一负责和组织实施"行动纲要"。

(3) 充分利用各种风险转移技术降低风险。比如,增加对各种保险产品的合理利用,给运动员购买保险。特别是对于像赛事取消等特殊情况下造成巨额损失的风险,应考虑通过保险的方式进行转移。

(4) 规范各种招标、采购、特许经营、电视转播、票务、赞助以及协作活动中的风险管理工作,加强对合同中有关风险处理条款的规范和审核。

(5) 制定应急预案和安全手册。应急预案在赛事经费可承受范围之内,应尽可能制定得详细完备,也可把制定的安全规定印制成安全手册向有关人员发放。

(6) 培训和演习。对赛事的组织管理人员、各个部门的工作人员、裁判员、运动员等进行培训,并对极有可能发生的事故进行救急培训和逃生演习。

(7) 聘请和联合专业部门协助管理。对大型的体育赛事,特别是有明星运动员或公众人物参加的赛事,需要和公安、交通、消防、医疗部门取得联系,并获得这些专业部门的支持,共同保证体育赛事的安全举行。

(8) 证件管理。为赛事的工作人员、记者、运动员、教练员、裁判员、贵宾、赞助商、车辆等发放大会印制的证件,是体育赛事安全管理的有效方法。

第二节　体育赛事风险管理过程

风险管理过程就是风险管理所采用的程序,一般由若干主要阶段组成。对于风险管理主要阶段的划分,不同的组织或个人有不同的划分方法。SEI(美国系统工程研究所)把风险管理的过程分成若干个环节:风险识别、风险分析、风险计划、风险跟踪、风险控制和风险管理沟通。而在PMI(美国项目管理协会)制定的PMBOK(2000版)中的风险管理过程为风险管理规划、风险识别、风险定性分析、风险量化分析、风险应对设计、风险监控和控制六个部分。本书采纳了学者孙星的观点,将赛事风险管理的基本程序概括为风险管理规划、风险识别、风险估计、风险评价、风险应对以及风险监控。

一、体育赛事风险管理规划

体育赛事风险规划是规划和设计体育赛事申办、筹备、举办过程中风险管理活动的策略以及具体措施和手段。把风险事故所造成的损失尽量控制在可接受的范围之内，是赛事风险管理规划和实施阶段的基本任务。在制定风险规划之前，首先应该明确赛事风险管理部门的组织结构、人员职责和风险管理范围；其次要考虑风险管理策略本身是否合理、可行；最后要考虑实施管理策略的措施和手段是否符合总目标。

赛事风险管理规划文件应该包括赛事风险形式估计、赛事风险管理计划和赛事风险规避计划。赛事风险形式估计要说明赛事在申办、筹备、举办过程中的可能遇到的风险类型。赛事风险管理计划在三个风险管理规划文件中起控制作用。风险管理计划要说明如何把风险分析和管理的步骤应用于赛事之中，详细地说明风险识别、风险估计、风险评价和风险控制过程的所有方面，还要说明整个赛事的风险评价基准是什么，应当使用什么样的方法以及如何参照这些风险评价基准对赛事整体风险进行评价。风险规避计划是在风险形式估计和风险管理计划工作完成之后制定的详细计划，应包括风险规避方案及其代价；建议的风险规避策略，包括解决每一风险的实施计划；各单独规避计划的总体综合以及其他风险规避计划等。比如，第十一届全运会风险评估工作在筹备阶段将风险评估项目分为1个总项目和8个分项目，其分项目为开闭幕式风险评估及应急预案、新闻媒体宣传风险评估及应急预案、比赛场馆运行和赛事保障风险评估及应急预案、社会治安和突发公共事件风险评估及应急预案、医疗卫生和食品安全风险评估及应急预案、城市（赛区）运行保障风险评估及应急预案、气象（自然灾害）风险评估及应急预案、火炬传递风险评估及应急预案。十一运组委会根据《第十一届全运会风险评估工作方案》，拟定了《第十一届全运会风险评估工作实施方案》，这些都属于风险管理规划的范畴。

风险管理规划的工作还包括风险管理用表的准备与设计工作，如风险识别表、潜在损失一览表、风险分析调查表。风险识别表的准备是赛事风险识别的第一个环节，也是最重要的环节，它应该列出赛事可能发生的所有潜在风险，可以利用现成分析用表，也可以根据需要自行编制有关识别用表，比如十一组委会制定了《第十一届全运会××风险识别表》。潜在损失一览表，也称风险损失清单，是将各种潜在损失分类，并按其可能成因进行排列形成的表式。风险分析调查表是在赛事风险管理人员就赛事运营过程中可能遭遇的风险进行调查与分析的基础上编制而成的,其特点是分门别类地提出一系列与风险因素及潜在损失有关的项目,以报告书的形式供赛事风险者参考。

二、体育赛事风险识别

(一) 体育赛事风险识别的概念

体育赛事风险识别就是体育赛事管理人员就赛事申办、筹备、举办过程中可能发生的风险进行感知、预测的过程。风险识别就是根据风险分类,将影响体育赛事预期目标实现的风险因子要素归类、分层查找出来。风险识别可以分为三个步骤:确定赛事中客观存在的不确定性因素、建立风险清单和进行风险分析。发现赛事整个过程中面临的全部风险是一项十分艰巨而又复杂的任务,组织者首先要对各种可能的致险因素仔细分析,反复比较,既要寻找与体育赛事运营有关的风险,又要明确赛事所处的社会、政治、经济等方面的环境,以找出可能造成赛事延期、取消或赛事利益受损、成本增加等风险。其次需要将识别出的所有风险一一列举并建立风险清单,建立风险清单必须全面客观,特别是不能遗漏主要风险。然后,将风险清单中的风险因素再分类,使风险管理者更好地了解存在的风险,在风险管理中更有目的性,为下一步工作做好准备。

(二) 体育赛事风险识别的方法

目前在体育赛事中运用的风险识别方法主要有:流程图法、制作风险清单、风险档案、德尔菲法、头脑风暴法、分解分析法、检查表法和情景分析法等。有时采用唯一的识别方法是不可取的,必须把几种方法结合起来,相互补充。

1. 流程图法

首先构造赛事运营中的所有流程图,风险管理人员根据流程图,对赛事期间每一阶段和每一环节可能存在的风险源和安全隐患逐一进行系统全面的排查和分析,预先发现各种可能出现的危险因素,如分析赛事开幕式中可能遇到的天气、社会治安、新闻媒体等方面的潜在风险在何时何地最有可能暴露,以便找出可能发生"事故"而造成损失的风险。

2. 风险清单法

风险清单是指一些由专业人员设计好的标准的表格或问卷,清单上面比较全面地列出了一个体育赛事可能面临的风险。这些清单一般篇幅比较长,因为设计者希望将所有面临的风险全部包括在内,清单中的项目包括可能出现的风险及相应要采取的措施、负责人等。例如，第十一届全运会开闭幕式期间风险源识别表非常详细地列出了开闭幕式期间可能遇到的风险，以及风险影响形式、发生部位、原因描述以及主要影响对象。现就风险清单法中比较常见的风险分析调查表法作简单介绍，见表14-1所示。

表14-1 体育赛事风险分析调查表

赛前风险
1. 研究确定组织方案 (风险管理方案)
2. 比赛主办与承办单位 (这些单位相互之间的协调、各自工作的分工等)
3. 比赛的规模、场馆器材设备、当时的天气环境
4. 与赞助商、广告商等招标工作
5. 组织机构
6. 票务工作
7. 市场开发

赛时风险
1. 开幕式的组织是重中之重，包括组织进场、安检音响设备、电讯、医疗急救、安全警卫、交通管理等
2. 赛事活动过程
3. 人员管理 (裁判员、参赛运动员、观众)
4. 后勤管理
5. 闭幕式的组织同样重中之重

赛后风险
1. 归还比赛的场地、器材、服装用具等
2. 竞赛财务决算
3. 各个参赛单位的评估
4. 移交整理有关文档资料
5. 风险管理的评估

(资料来源：史志明. 关于我国体育赛事风险管理的分析与探讨 [D]. 河南大学，2007：85.)

3. 风险档案法

考虑到体育赛事风险管理的连续性，风险管理者有必要建立风险档案，将以前举办过的赛事所积累的资料、数据、经验、教训以及工作团队成员的个人常识、经验和判断作为档案保存起来，并随时将赛事举办过程中遇到的新风险加入以更新原有的风险档案。通过查询和了解类似赛事历史风险档案资料来识别赛事运营管理中可能存在的风险是一种常用的风险识别方法。

4. 德尔菲法

它又称专家咨询法，是一种反馈匿名函询法。它以匿名方式通过几轮函询，征求专家意见，预测领导小组对每一轮意见都进行汇总整理，作为参考资料再发给参与函询的每位专家，供他们分析判断，提出新的论证。如此反复多次，专家意见趋于一致，结论的可靠性越来越大。德尔菲法有如下三个特点：一是为克服专家会议易受心理因素影响的缺点，德尔菲法采用匿名形式；二是德尔菲法不同于民意测验，一般要经过3~4轮；三是为了定量评价预测结果，德尔菲法需采用统计方法对结果进行处理。

5. 头脑风暴法

用头脑风暴法进行风险预测就是让参加专家会议的与会者或智囊团，通过互相启发、互相影响、互相刺激，产生共振，引发相关的连锁反应，诱发出更多的创造性设想，达到作出集体的预测性设想的目的。这种方法在使用过程中，为了使大家都能充分发表意见，一般专家小组只有五六个人，最多十来人。这种方法用于体育赛事风险识别时，主要是请赛事的各个项目部门负责人、外聘的风险管理专家、赛事活动相关人员（赞助商、媒体等）、员工代表等人组成讨论小组，针对体育赛事运营过程中会遇到的风险，及其危害程度如何等问题展开思考，提出各自的看法。采用头脑风暴法时，最重要的法则是不要在会议上对参与者的意见提出怀疑，更不能指责或阻止别人的设想，要鼓励所有参与者提出尽可能多的潜在风险。

6. 分解分析法

分解分析法指的是将大系统分解为小系统，将复杂的事物分解成简单的易于认识的事物，从而识别风险及潜在损失的方法。根据整个赛事运营的预期目标，确定赛事大致的工作范围，将整个赛事运营这个大系统分解成较简单的易于掌握的小系统，从而明确各个小系统从筹办到结束这一全过程中需要落实哪些相对具体的工作，可能面临哪些具体风险。因此，将庞大而复杂的体育赛事分解为一个个比较清晰的单元结构十分关键。比如，在第十一届运动会的风险管理工作中，将整个赛事风险分为开闭幕式风险、气象灾害风险、社会治安和突发公共安全事件风险、新闻媒体宣传风险等风险，对于其中的每一种风险又可进一步分解。

对于体育赛事活动的风险识别来说，仅仅采用一种风险识别方法是远远不够的，要综合采用两种或多种风险识别方法，才能取得较为满意的结果。

三、体育赛事风险估计

体育赛事风险估计是在对体育赛事进行风险管理规划和识别之后,通过对赛事运营过程中所有不确定性和风险要素的充分、系统而又有条理的考虑,确定各种风险发生的可能性以及发生之后的损失程度。赛事风险估计主要是针对以下几项内容的估计:

(1) 风险事件发生的可能性大小。
(2) 可能的结果范围和危害程度。
(3) 预期发生的时间。
(4) 风险因素所产生的风险事件的发生概率。

第十一届运动会风险评估组织委员会将风险发生的可能性分为五个等级:A 基本不可能发生;B 较不可能发生;C 可能发生;D 很可能发生;E 肯定发生。十一运组委会将风险结果严重程度也分为五个等级:水平 1—影响很小;水平 2——一般;水平 3—较大;水平 4—重大;水平 5—特别重大。根据风险发生的可能性与后果可作出风险等级表(表 14-2)。

表 14-2 体育赛事风险等级表

		后果				
		1 影响很小	2 一般	3 较大	4 重大	5 特别重大
可能性	A 基本不可能发生	低	低	低	中	高
	B 较不可能发生	低	低	中	高	极高
	C 可能发生	低	中	高	极高	极高
	D 很可能发生	中	高	高	极高	极高
	E 肯定发生	高	高	极高	极高	极高

(资料来源:Risk Management, AS/NZS 4360.)

从表 14-2 中可以看出,风险发生的可能性和风险产生的后果均较低的为低风险;风险虽然可能发生,但结果影响很小也可以看作是低风险;风险发生可能性高、风险损失程度较大的则无疑是高风险;对于风险发生可能性低,而风险损失程度比较大的风险,一般也视为高风险,如赛事取消,虽然发生概率很低,但因后果严重仍被视为高风险。

风险因素发生的概率,分为主观概率与客观概率,二者分别对应着主观估计与客观估计。前者是赛事风险管理者或专家对风险事件发生的概率作出主观估计的方法，通常用 0~1 之间的数字来描述风险发生的可能性；后者的概率计算有两种方法，一是根据大量实验并经过统计得出，二是根据概率的古典定义将事件分成若干基本事件，用分析法计算得出，两种方法得出的概率都是客观概率。

风险事件的后果估计也分为主观估计与客观估计。前者是由风险管理者或专家的价值观和个人情况决定的后果价值；后者是通过直接观测并进行描述的后果价值。

四、体育赛事风险评价

（一）体育赛事风险评价的概念

风险评价就是对赛事风险进行综合评价，是应用各种风险评价技术来判定风险影响大小、危害程度高低的过程。它在对赛事风险进行识别的基础上，通过建立风险的系统模型，找到该体育赛事活动中的关键风险，确定赛事的整体风险水平，为如何处置这些风险提供科学依据，以保障赛事的顺利运行。

风险评价过程中的一项重要工作就是风险预警。在对赛事运营过程进行风险识别、分析和评估之后，就可得出赛事风险发生的概率、风险损失大小、风险的影响范围以及主要的风险因素。针对赛事风险评价的结果与赛事组织者所能承受的或公认的安全指标阈值进行比较，如超过了最高承受限度，则发出报警，提醒赛事风险管理者尽快采取适当的风险控制措施，达到规避或降低风险的目的。

（二）体育赛事风险评价方法

体育赛事风险评价方法包括风险表格分析法、专家调查法、德尔菲法、层次分析法、蒙托卡罗模拟法、概率分析法、外推法、故障树分析法等方法。在风险评价的过程中，我们可以通过各种方法得出不同的备选方案。风险评价是协助赛事风险管理者管理风险的工具，并不能代替风险管理者的判断。所以风险管理者还要辩证地看待风险评价的结果。下面介绍体育赛事风险评价中几种常用的方法。

1. *风险表格分析法*

体育赛事的风险大小取决于两个因素：一是风险事件发生的可能性大小，即为风险发生概率；二是风险事件一旦发生，将造成的损失程度或影响的严重性，称为风险损失程度。通用的风险分析表如表 14-3 所示，包括以下几项内容。

(1) 风险标识 (ID)——表示风险事件的唯一标识。
(2) 风险问题——问题发生现象的简要描述。
(3) 发生的可能性——可能性值从 1（低）~10（高）。
(4) 影响的严重性——严重性值从 1（低）~10（高）。
(5) 风险预测值——发生可能性与影响严重性的乘积。
(6) 风险优先级——风险预测值从高到低的排序。

表 14-3　体育赛事风险分析表

标识	风险问题	可能性	严重性	预测值	优先级
A	参赛人员受伤	3	7	21	3
B	赞助商爽约	6	7	42	1
C	比赛器材损坏	3	8	24	2
D	天气原因推迟	1	9	9	5
E	恐怖袭击	2	8	16	4

（资料来源：黄海峰. 大型体育赛事风险管理研究 [D]. 武汉体育学院，2009：37.)

可能性与严重性的乘积产生的风险预测值，决定了风险优先级别的排序。预测值越高，优先级别越高，此风险问题就越重要。根据表 14-3 的计算结果，风险问题的排列为 B、C、A、E、D。因此在对赛事进行风险管理时，针对某一风险的资源投入将更加合理，而非同等对待、一视同仁。风险计算过程中，若出现相同预测值的情况，可以将可能性和严重性赋予一定权重，再进行下一步分析。

风险的可能性值和严重性值的范围可以使用 1~100 或 0~1 之间的值，也可使用高、中、低三个等级来表示。只要这些值在分析过程中的使用是一致的，就不影响分析效果。

2. *层次分析法*

层次分析法 (Analytic Hierarchy Process，AHP) 是由美国匹兹堡大学教授萨蒂 (T.L.Saaty) 于 20 世纪 70 年代提出的。它是一种定性分析与定量分析相结合的多目标决策方法。此方法把决策问题按总目标、各层子目标、评分准则直至具体的备选方案的顺序分解为不同的层次结构，然后求出判断矩阵特征向量的办法，求得每一层次的各元素对上一层某元素的优先权重，最后再利用加权的方法，递阶求出对总目标的最终权重。层次分析法特别适用于具有分层交错的目标系统，而且目标值又难于定量描述的决策问题。它是一种对复杂问题作出决策的简明有效的新方法。

层次分析法是一种在经济学、管理学中广泛应用的定性和定量相结合的研究方法。其解决问题的思路是：首先，把要解决的问题分层系列化；然后，对模型中每一层次因素的相对重要性，依据人们对客观现实的判断赋予定量表示，再利用数学方法确定每一层次全部因素相对重要性次序的权值；最后，通过综合计算各层因素相对重要性的权值，得到最低层（方案层）相对于最高层（总目标）的相对重要性次序的组合权值，以此作为评价和选择方案的依据。层次分析法从数学方法上使复杂的多因素比较过渡到两两因素之间的比较，并最后得出各个因素对总目标的影响程度大小。它将繁杂的、不易量化的风险因素按大小排列顺序，使风险管理人员有的放矢的从容应对风险，获得满意的决策。

大型赛事具有多种不同的风险，来源复杂，单个子系统风险可以通过两两比较的方法方便准确地加以确定，而总体赛事风险往往难以准确定量。但赛事的总体风险有可以分解的特点，所以可以应用层次分析法对赛事进行风险评价。

3. 外推法

外推法可以分为前推、后推与旁推三种不同的类型。

(1) 前推法。它是在已获取的历史经验与数据的基础上，对未来事件发生的概率及后果的推断，这种方法在体育赛事中使用较广。比如，对体育赛事举办期间风险进行评价，要考虑气象灾害类风险。对这种风险的评估，常用的方法是根据该赛事举办期间的各种天气的历史记录进行前推，从而明确该赛事在举办期间内遇到大风、大雾、暴雨、大雨、连阴雨、雷电、高温等灾害性天气的概率，以及可抵御的灾害程度。当历史数据呈现较强的周期性特征时，前推法还可以估计风险出现的类型及大致时间。有时也不能准确估计风险发生的时间，只能根据历史数据估计其出现的概率。有时限于历史数据不够充分，或者客观现象本身不具有明显的周期性，则可认为获得的这一历史数据是更长的历史数据序列中的一部分，根据相关的定性分析可以假定它服从某种分布函数，再根据此函数进行外推。这是赛事风险评估中常用的一种方法。

(2) 后推法。在没有直接的历史经验数据可供使用的情况下，可把想象的未知事件及后果与某一已知的事件及后果联系起来。也就是说，后推法是一种在时间序列上由前向后推算的方法，把对未来风险事件出现的估计，通过依靠有据可查的、已造成风险事件的原因来推断的方法。例如，2003年由于非典的原因，使得原定在中国举行的国际足联女子世界杯移地举办对将要在中国举办的其他体育赛事来说，应将传染性病毒或疾病定为很有可能发生的后果严重性较大的医疗卫生风险。

(3) 旁推法。它是指利用情况相类似的其他地区或事件的数据对本地区或本事件进行外推。旁推法的工作原理是"由点到面"，其本质是把从某一地区或某一单位取得的数据,作为分析其他地区或单位事件的重要依据。在风险分析中,则是用从其他地区或单位获得的数据(横向数据)去对本地区或本单位的风险事件发生的概率进行推算的风险评估方法。比如,分析长三角地区某一城市8月到10月举办体育赛事遭遇灾害性气候的概率,可以通过收集自然条件类似的上海市相同时间段的数据作为分析和评估该城市出现灾害性天气的重要参考依据。

(三)撰写体育赛事风险评价报告

撰写体育赛事风险评价报告的流程如图14-1所示。

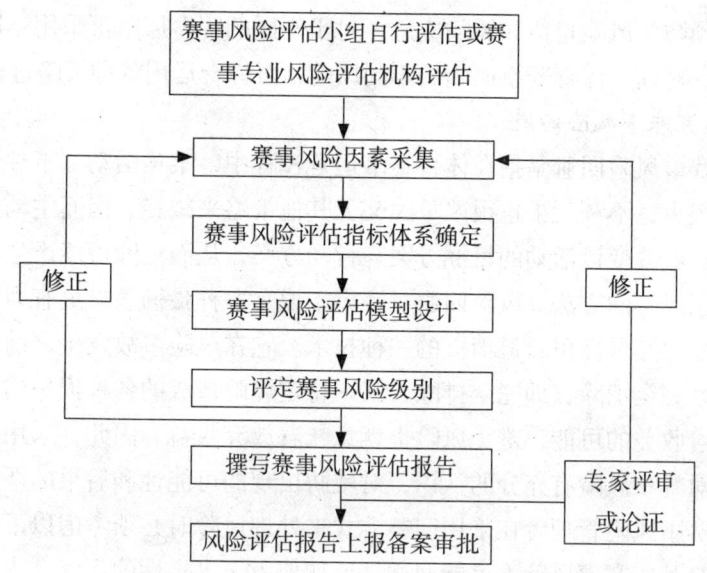

图14-1 体育赛事风险评估报告流程图

撰写体育赛事活动风险评估报告主要包括三个步骤:第一步,采集体育赛事风险因素信息;第二步,确定赛事风险评估指标体系、设计赛事风险评估模型;第三步,赛事风险级别评定。

五、体育赛事风险应对

(一)体育赛事风险应对的概念

体育赛事风险应对就是对风险事件提出处置意见和方法。通过对赛事风险事件的识别、评估和分析，把赛事风险发生的概率、损失严重程度以及其他因素综合考虑，就可得出赛事发生风险的可能性及其危害程度，再与公认的安全指标相比较，就可确定赛事风险事件的危险等级，从而决定应采取什么样的措施以及控制措施应采取到什么程度。有效地控制赛事风险是赛事组织者最关心的问题，也是体育赛事风险研究的根本目的。

(二) 体育赛事风险应对措施

赛事风险应对可以从改变风险后果的性质、风险发生的概率和风险后果的大小三个方面提出多种风险规避与控制的策略。它主要包括：风险回避、风险转移、风险预防、风险自留和风险应急。对于不同的赛事风险可采用不同的处置方法和策略，对同一体育赛事面临的不同风险，可综合运用各种策略进行处理。

1. 体育赛事风险回避

体育赛事风险回避是指在体育赛事运营过程中，某项活动（事件）潜在的风险可能性很大，不利后果也很严重，又无其他策略来减轻，因而主动放弃此项活动（事件）或改变该活动的目标方案与行动方案，从而免除可能产生的风险损失的一种控制风险的方法。风险回避对赛事来说是一种最彻底、最有力的控制风险技术，当然也是最简单、最消极的一种技术。它在风险事故发生之前，将体育赛事风险因素完全消除，即完全排除了某一特定风险造成的各种损失的可能。风险往往伴随着收益的可能，避免风险也就意味着放弃收益。因此，采用风险回避措施时必须对赛事风险有充分的认识，对威胁出现的可能性和后果的严重性有足够的把握。赛事风险管理者在采用回避方式来处理风险时必须考虑以下三个方面的因素：一是某些赛事风险不可能回避，比如地震、灾害性的天气、水灾、流行性传染病等；二是某些风险即使可以避免，但也会因此失去较高的经济效益；三是避免了某一种风险后有可能产生新的风险。基于以上因素的考虑，最适合采用风险回避办法的情况有以下两种：一是某种特定风险所致的损失概率和损失程度相当大；二是采用其他风险处理技术的成本超过赛事预期的收益，而采用风险回避方法可使赛事组织者受损失的可能性降为零。

2. 体育赛事风险转移

体育赛事风险转移是指赛事组织者为了避免承担风险损失，有意识地将赛事的某种特定风险通过购买保险、签署合同等方式转嫁给其他组织或个人的一种风险处理方法，又称合伙分担风险。其目的不是降低赛事风险发生的概率和不利后果的大小，而是借用合同或协议等方式，在风险事故发生后将损失的一部分转移给第三方。这类风险控制措施主要用于处理那些发生概率比较小，但损失大，或者组织者很难控制的风险情况。

风险转移主要有两种方式，保险风险转移和非保险风险转移。保险风险转移是指通过购买保险的办法将风险转移给保险公司或保险机构。例如，体育赛事运营管理机构为所有参赛人员购买人身意外险，就是通过支付一定费用，将风险转移给保险公司。非保险风险转移是指通过保险以外的其他手段将风险转移出去。非保险风险转移通常采用免责协议和套期保值来转移风险。例如，向赛事提供交通服务的汽车公司与体育赛事运营管理机构就赛事用车服务签订了固定价格合同，那么汽车公司将承担由燃油价格上涨而引起成本上升的风险。再如，赛事组织者同有关责任人员，如教练员、医护人员等签署合同，由他们对自己的过失行为所造成的损失负责。还有的赛事组织者使用让参与某项赛事的人员签署免责协议，使伤害事故的可能受害者放弃追究赛事组织者法律责任的办法。但在签署合同或者协议时双方均必须遵守相关法律法规。

3. 体育赛事风险预防

体育赛事风险预防是指在赛事风险发生之前，采取消除或减少风险因素的措施，达到降低风险发生的概率、减轻损失程度的目的。

根据帕累托二八定律，预防好 20% 的主要风险就能有 80% 的安全把握，因此在所有风险中只有一小部分是威胁最大的。高风险一般是由于风险耦合作用引起的，一个风险减轻了，其他一系列风险也会随之减轻。在风险预防时，最好将每个具体风险因素都列出来，分析并找到其风险源，通过加强工作人员素质、进一步强化安全管理或其他行之有效的措施将风险扼杀在摇篮中。例如，针对赛事期间可能发生的火灾事故，应先分析事故可能发生原因（由于对社会不满而造成的人为纵火、电路短路、场馆总体监控系统故障或者消防系统故障等），根据可能发生火灾的原因，采取加大警力投入、预防恶意纵火、对各系统线路进行细致严密的检查、加强安全管理等具体措施预防火灾事故的发生。

4. 体育赛事风险抑制

体育赛事风险抑制是指赛事管理者对不愿放弃也不愿转移的风险，通过降低其损失发生的可能性，缩小其后果的不利影响等方面来达到预期目标的方法。

赛事风险抑制措施大体上分为两类。一类是事前措施，即在损失发生前为减少损失程度采取的一系列措施。例如，大型体育赛事开幕式都会举行彩排和预演，就是试图通过测试，发现开幕式中存在的问题，并找到解决办法。那么即使在开幕式正式举行时仍存在风险事件，其数量和程度都会大大减少。又如，为赛事运营而新建的体育场馆在投入使用前都会通过举行小型比赛或者文艺表演以检测场馆功能，发现各种潜在的问题以便及时消除。第二类是事后措施，即在损失发生后为减少损失程度采取的一系列措施。例如，为了降低开幕式点燃火炬不成功的负面影响，赛事组委会通常会准备1~2个备用方案；广播电视中心、新闻中心的通讯、供电也会准备后备系统以减少通讯、供电故障所带来的负面影响。

5. 体育赛事风险自留

体育赛事风险自留又叫风险承担，是指赛事管理者自己承担由风险事故造成的损失。风险自留是最方便的风险规避方法。风险自留可以分为主动的和被动的两种类型。主动的风险自留一般是指赛事风险管理者在识别和权衡风险的基础上，对各种可能出现的风险的处理方式进行比较、权衡利弊，认为由风险造成的损失相对较低、损失金额在可承受范围之内、其他的风险控制方法的费用超过风险本身造成的损失以及其他风险控制方法不可行时所采用的方法。被动的风险自留是指赛事管理者由于主观或客观的原因，对于风险的存在和严重性认识不足，没有预先对风险进行处理，而最终由赛事管理者自己承担风险损失的情况。某些情况下，如损失数额较小或损失程度不严重、不影响赛事正常运行时，赛事管理者会将损失作为运营费用纳入成本；还有些情形，如赛事组织者虽然已经意识到某种风险的损失程度很大，但由于发生概率极小（比如不可抗拒事件地震、洪灾等情况），赛事运营机构一般会采取无计划的风险自留的方式处理此类风险。

6. 体育赛事风险应急

体育赛事风险应急是针对可能出现的风险来源以及事故发生过程而采取的一系列应急措施。它是对付无预警信息风险事件的主要的措施。例如，因为赛事期间场馆内可能发生火灾，在场馆内配备有场馆水喷淋消防系统以对付可能出现的火灾，就属于这种风险应急措施。在实际应用中，任何风险管理程序都应该尽可能制定应急计划，以备情况发生突变，或由于从未经历过的风险而造成赛场的混乱，影响赛事的正常运行。

赛事应急计划主要包括在各种重大风险事故发生时和发生后，系统应做出正确的反应、补救方案、实施步骤和相关人员的职责等内容。具体可以分为两部分，一是风险事件发生时的补救方案；二是如何克服风险事件发生后对赛事活动造成的影响。当风险事件发生后，补救工作的成败很大程度上取决于是否有一批训练有素、能应付各种紧急事件的工作人员。

六、体育赛事风险监控

体育赛事风险监控就是通过对赛事风险识别、评价、应对全过程的监视与控制，保证赛事风险管理达到预期目标。它是赛事风险管理实施过程中的一项重要工作。风险监控就是要跟踪可能变化的赛事风险、识别剩余风险和新出现的风险，在必要时修改赛事风险管理计划，保证风险管理计划的实施，并评估赛事风险管理的效果。风险监控的主要目的是监测赛事风险管理策略的实际效果；获取反馈信息，及时完善和细化风险应对计划，使将来的风险管理计划更完善；对随时可能出现的新风险或随时间推移而发生性质变化的风险进行监控、及时反馈，并根据风险事件的影响程度，重新进行风险规划、识别、估计、评价和应对。

在赛事运营过程中，不管风险是否发生，不管预先计划好的策略和措施是否付诸实施，风险监控都是必不可少的。目前，针对体育赛事的监控风险国内外还没有一套公认的、单独的评价系统可供使用，但我们可以借鉴其他领域中管理以及风险估计和风险评价的方法。

第三节 大型体育赛事风险评估实证分析

大型体育赛事的举办，对一个城市甚至一个国家的发展都会产生巨大的推动作用。大型体育赛事在带来各种机遇的同时，也隐含着巨大的风险，某些突如其来的政治、经济、社会和自然事件等，都可能严重地干扰甚至阻碍赛事的正常运行，使得赛事组织者的所有努力付诸东流。因此，在体育赛事运作过程中采取风险管理措施是非常必要的，而风险评估是风险管理中相当重要的一环，风险评估的主要任务之一是在众多风险因素中筛选对赛事风险影响较大的主要风险因素并分析其对赛事的影响程度。本节将以第十一届全运会作为研究对象，进行大型体育赛事风险评估的实证分析。

一、基于模糊层次分析法的体育赛事风险评估

模糊层次分析法（Fazzy Analytic Hierarchy Process，简称FAHP）是一种定性与定量相结合的分析方法，是将模糊数学思想和方法引入层次分析法而得到的一种优于层次分析法的决策工具。其主要优点是能更好地反映人的判断的模糊性。模糊层次分析法的基本分析过程是：把复杂的过程分解成各个组成元素，按支配关系将这些元素分组，使之形成有序的递阶层次结构，在此基础上通过两两比较来判断各层次中诸元素的相对重要性，进而得到诸元素在综合评价中的权重，最后根据各元素的隶属度和权重进行综合评价。

模糊层次分析法通过明确问题、建立递阶层次分析结构模型、构造模糊判断

矩阵、层次单排序和层次总排序五个步骤，计算各层次构成要素对于总目标的组合权值，从而得出不同方案的综合评价值。相应地，我们把基于模糊层次分析法的体育赛事风险评估问题分解为体育赛事风险因素的识别、体育赛事风险因素递阶层次分析结构模型的建立、模糊互补判断矩阵的构造和风险因素的排序。

（一）体育赛事风险识别

体育赛事风险识别主要是根据风险分类，将影响体育赛事预期目标实现的风险因子要素归类和分层地查找出来。中华人民共和国第十一届全运会风险评估报告中详细地列出了此次全运会可能遇到的风险，并取得了丰硕的成果。本节运用模糊层次分析法对第十一届全运会赛事风险进行事后评估，以验证此方法在大型体育赛事风险评估中的可行性。本节选取六个一级风险因子以及十八个二级风险因子进行分析，即安全保卫类风险（恐怖袭击、重大案件、群体性事件、个体极端行为）、交通保障类风险（场馆内交通拥堵、通往场馆的交通拥堵）、技术与通讯保障类风险（指挥系统故障、通信故障、无线电干扰）、气象保障类风险（自然灾害事件、突发性天气变化）、医疗卫生类风险（空调系统污染、食物中毒、运动员受伤、传染性病毒或疾病）以及新闻媒体类风险（突发事件报道、直播中断、新闻服务工作失误）等六个方面。

（二）体育赛事风险因素递阶层次分析结构模型的建立

体育赛事风险因素递阶层次分析结构的建模是指在以上赛事风险因素识别的基础上，把赛事风险因素按属性不同分成若干组，以形成不同层次。同一层次的元素作为准则，对下一层次的元素起支配作用，同时，它又受上一层元素的支配。一般来说，最高层为目标层，表示风险因素识别的目标；中间层为准则层，确定风险因素排序的准则；最底层为风险因素层，包含要进行排序的风险因素。

在大型体育赛事风险评价体系中，需要解决的问题是各个风险因素的风险重要度的排序，明确各个风险因素对整个赛事的影响程度，找出整个赛事的关键风险因素。因此，在建立赛事风险递阶层次分析结构模型时，将风险因素重要度作为目标层。在准则层的选取方面，首先考虑到风险的概率和损失的函数，因此准则层应包括风险发生的概率和风险发生的损失；其次考虑到有些风险能通过预防、转移、补偿及分担等手段规避，而有些风险是不能有效控制的，当风险发生时，这两种风险对整个赛事的影响程度也不同。基于以上考虑，准则层中包括风险概率、风险损失以及风险的不可控性三个方面。

第十一届全运会风险因素递阶层次分析结构模型中，子准则层是影响大型体育赛事的一级风险因子，主要包括安全保卫类、交通保障类、技术与通讯保障类、气象保障类、医疗卫生类以及新闻媒体类风险六个主要指标。最后一层是影响大型体育赛事的二级风险因子，即各风险因素，从左到右依次为 D1—D18。本节建立的十一运会的风险因素递阶层次分析结构模型如图14-2所示。

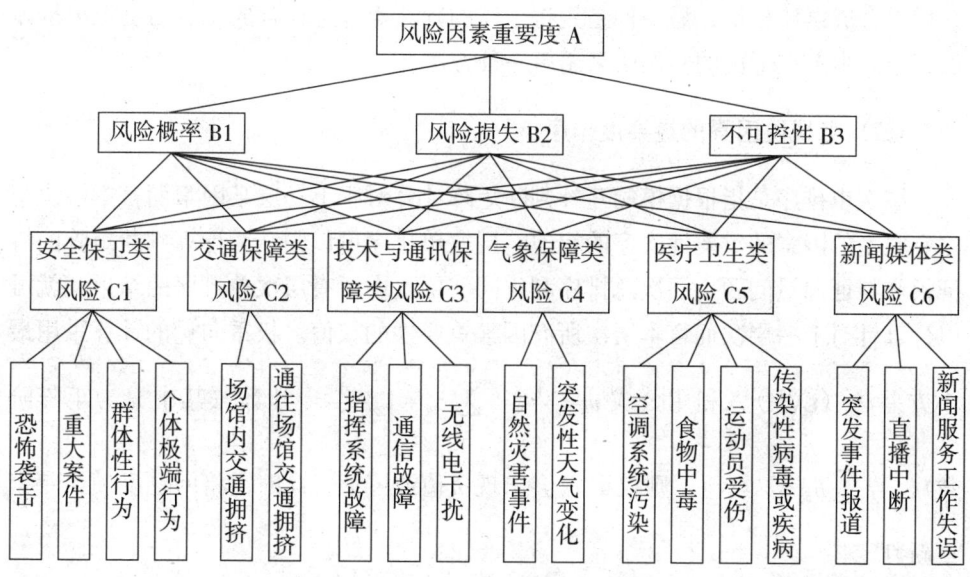

图14-2　第十一届全运会风险因素递阶层次分析结构模型

（三）模糊互补判断矩阵的构造

在建立有序的递阶层次分析结构模型后，上下层之间元素的隶属关系就被确定了，根据层次分析结构模型和专家判断信息，构造各层次元素的模糊互补判断矩阵。假定以上一层元素 B_i（$i=1,2,3$）为准则，所支配的下一层元素为 C_i（$i=1,\cdots 6$），目的是要找出对于准则 B_i（$i=1,2,3$）的相对重要性而赋予下一层元素 C_i（$i=1,\cdots 6$）的权重。在这一步中，主要是对专家进行问卷调查，针对准则 B_i（$i=1,2,3$），比较 C_i 和 C_j 的相对重要性，模糊互补判断矩阵的取值参照模糊标度及其含义表，根据模糊标度构成的矩阵 C_{ij} 应满足以下条件：

(1) $b_{ij} + b_{ji} = 1$；

(2) $b_{ii} = 0.5$；

(3) $0 < b_{ij} < 1$，$i,j = 1,2,\cdots,n$。

由此产生一个模糊互补判断矩阵。

值得注意的是，由于模糊层次分析本身是一种多目标决策方法，故对所需专家数量并没有明确规定，有时只需少量专家就可构造具有较强代表性和较高精确性的判断矩阵，所以在甄选专家时一定要注意专家组的代表性，尽可能选择体育赛事风险管理领域中较为专业的专家和学者。另外，在群体决策的应用方面，对群体两两判断矩阵有两种处理方法。一种是先根据个体判断矩阵确定个体权重，然后再合成群体权重；另一种是先将个体的判断矩阵进行合成，然后确定出群体的权重。本节在下面的实例中采用后一种方法。

（四）各风险因素的重要度排序

层次单排序是指根据模糊互补判断矩阵计算对于上一层某因素而言本层次与之有联系的因素的重要性次序的权值。层次单排序可以归结为计算判断矩阵的特征根和特征向量问题。层次总排序利用同一层次中所有层次单排序的结果，就可以计算针对上一层次而言本层次所有因素重要性的权值。权重向量的计算采用最小方差法（LVM），利用公式 $w_i = \dfrac{1}{n}(\sum\limits_{j=1}^{n} b_{ij} + 1 - \dfrac{n}{2})$ 计算（其中 n 为矩阵阶数），若 $\sum\limits_{j=1}^{n} b_{ij} \leq \dfrac{n}{2} - 1$，则权重 w_i 会出现负值或零值，此时需将问题反馈给专家重新判定。

建立大型体育赛事风险因素递阶层次分析结构模型的最终目标是得到最底层各风险因素对于总目标层的相对权重的排序，即各风险因素重要度的排序，从而针对不同风险因素的重要程度，有重点的采取风险控制措施。计算各风险因素的重要度排序的原理是利用同一层次中所有层次单排序的结果，计算针对上一层次而言本层次所有因素重要度的权值，要从上到下逐层顺序进行权值合成，以至得到最后一层对于最高层的总排序。

二、实例分析

下面以第十一届全运会为例，利用模糊层次分析法对大型体育赛事风险进行评估。

（一）关键风险因素评估

根据图 14-2 所示的风险因素层次分析结构，对专家学者进行问卷调查得到各层次的模糊互补判断矩阵，使用软件 Matlab 对数据进行处理，计算出的模糊判断矩阵以及相应权重如表 14-4 所示。

表 14-4　A-B 模糊判断矩阵及权重

A	B1	B2	B3	w
B1	0.5	0.4	0.3	0.2333
B2	0.6	0.5	0.7	0.4333
B3	0.7	0.3	0.5	0.3333

在表 14-4 中，B_i 对 B_i（$i=1,2,3$）的值为自身与自身的比较，取值为 0.5，表示二者同等重要；B2 对 B3 的取值为 0.7，那么，B3 对 B2 的取值为 1-0.7=0.3，表示 B2 相对于 B3 明显重要，最后一列为本层元素的单排序，也即相应权重。同理可得其他模糊互补判断矩阵及相应权重，仅取值及相应权重不同，见表 14-5、表 14-6。

表 14-5　风险概率 B1 与一级风险因子 C 之间的矩阵及权重表

B1-C	C1	C2	C3	C4	C5	C6	w
C1	0.5	0.5	0.6	0.7	0.6	0.7	0.2667
C2	0.5	0.5	0.6	0.7	0.6	0.7	0.2667
C3	0.4	0.4	0.5	0.6	0.4	0.3	0.1000
C4	0.3	0.3	0.4	0.5	0.3	0.4	0.0333
C5	0.4	0.4	0.6	0.7	0.5	0.6	0.2000
C6	0.3	0.3	0.7	0.6	0.4	0.5	0.1333

表 14-6　安全保卫类 C1 与二级风险 D 的矩阵及权重表

C1-D	D1	D2	D3	D4	w
D1	0.5	0.7	0.6	0.9	0.4250
D2	0.3	0.5	0.4	0.7	0.2250
D3	0.4	0.6	0.5	0.8	0.3250
D4	0.1	0.3	0.2	0.5	0.0250

类似地，可分别得到风险损失 B2、不可控性 B3 与一级风险因子 C 之间的矩阵及权重表；交通保障类风险 C2、技术与通讯保障类风险 C3、气象保障类风险 C4、医疗卫生类风险 C5、新闻媒体类风险 C6 与二级风险因子 D 之间的模糊判断矩阵及权重表，限于篇幅，在文中将其省略。

（二）风险因素重要度排序

在表 14-6 中，准则层 B 对目标层 A 的单排序就是总排序的结果，一级风险因素层 C 对准则层 B 的重要度排序见表 14-7，二级风险因素 D 层的重要度总排序见表。

表 14-7 一级风险因素 C 层的重要度排序

	B1 0.2333	B2 0.4333	B3 0.3333	C 层重要度排序	名次
C1	0.2667	0.3833	0.3333	0.3394	1
C2	0.2667	0.1000	0.0333	0.1167	5
C3	0.1000	0.0667	0.0500	0.0689	6
C4	0.0333	0.1667	0.3000	0.1800	2
C5	0.2000	0.1000	0.1167	0.1289	4
C6	0.1333	0.1833	0.1667	0.1661	3

表 14-7 根据准则层风险概率、风险损失以及风险不可控性三者的不同权重合成一级风险因素 C 层的重要度排序。从表 14-7 可以看出，第十一届全运会的主要风险类型首先是安全保卫类风险，约占总风险的 34%，鉴于此，赛事举办方应在安全保卫方面加大力度以确保赛事的顺利运行；其次为气象保障类风险和新闻媒体类风险，二者共占总风险的 34.61%，最后为技术与通讯保障类风险，占总风险的 6.89%。

表 14-8 根据六类一级风险因素的不同权重合成二级风险因素 D 层的重要度排序。从表 14-8 可以看出，影响此届运动会总风险的十八个因素里，重要性超过 10% 的有三种，包括恐怖袭击、突发性天气变化以及群体性事件，其中影响最大的是恐怖袭击，占赛事总风险的 14.43%，这三种风险因素占总风险的 36.71%。这三种风险发生对整个赛事的正常运行影响较大，赛事组织者应该集中精力在这三种风险上。排在后八位的风险因素，包括空调系统污染、个体极端行为等，这八类风险因素重要度低于 5%，可以认为其对整个赛事的举办构不成很大的威胁。

表 14-8　二级风险因素 D 层的重要度排序

	C1 0.3394	C2 0.1167	C3 0.0689	C4 0.1800	C5 0.1289	C6 0.1661	D 层重要度排序	名次
D1	0.4250						0.1443	1
D2	0.2250						0.0764	4
D3	0.3250						0.1103	3
D4	0.0250						0.0085	17
D5		0.4500					0.0525	10
D6		0.5500					0.0642	7
D7			0.4333				0.0299	13
D8			0.3333				0.0230	14
D9			0.2333				0.0161	16
D10				0.3750			0.0675	6
D11				0.6250			0.1125	2
D12				0.0250			0.0032	18
D13					0.3250		0.0419	11
D14					0.1750		0.0226	15
D15					0.4750		0.0612	8
D16						0.3333	0.0554	9
D17						0.4333	0.0720	5
D18						0.2333	0.0388	12

（三）风险等级分类

从表 14-8 中二级风险因素层的重要度排序可以看出，十八类风险因素的重要度有差异。表 14-9 中根据风险重要度，将第十一届全运会风险分为四个等级。

表 14-9　第十一届全运会风险等级分类

重要度 r	等级	风险因素
$r \geq 10\%$	极高风险	恐怖袭击、突发性天气变化、群体性事件
$5\% \leq r < 10\%$	高风险	重大案件、直播中断、自然灾害事件、通往场馆交通拥堵、传染性病毒或疾病、突发性事件报道、场馆内交通拥挤
$3\% \leq r < 5\%$	中风险	食物中毒、新闻服务工作失误
$r < 3\%$	低风险	指挥系统故障、通信故障、运动员受伤、无线电干扰、个体极端行为、空调系统污染

(四) 结果分析

运用 FAHP 方法对第十一届全运会进行风险评估，所得结果与全运会风险评估报告中给出的风险评定等级进行对比，发现本研究与风险报告中的风险等级既有较强的统一性，同时又表现出个别的差异性，具体分析结果如下：

第一，恐怖袭击、突发性天气变化、群体性事件、重大案件、自然灾害事件、通往场馆交通拥堵、传染性病毒或疾病、突发性事件报道以及场馆内交通拥挤在两种风险等级评定中表现出较高的一致性，被归于极高风险或高风险等级，都对赛事顺利进行非常重要，这些因素应该成为安全预警和防范方面的重点。另外，指挥系统故障、通信故障、无线电干扰，以及空调系统污染均被归为低等级风险，可以认为这四类风险对赛事顺利进行构不成重大威胁。

第二，食物中毒、运动员受伤及个体极端行为这三类风险都比全运会风险评估报告中给出的风险等级低一级。分析差异性存在的原因，首先模糊层次分析法能很好地反映人的判断的模糊性，遵循数学逻辑推理过程，但在一定程度上会忽略人心理情感的微妙变化；其次专家组的选取直接影响最终的评定结果，专家组不同得出的结果也会有略微差别。

总体而言，模糊层次分析法可以准确地评估第十一届全运会中存在的风险，给出的风险的重要性排序，该评估方法的应用是成功的。同时，该方法具有建模简便，对因素变化适应性强的特点，因此可以将模糊层次分析法推广应用到其他大型体育赛事中去进行风险评估。

第十五章 体育赛事的事后评估

本章先阐述了体育赛事综合影响的事后评估问题,对体育赛事综合影响评估的内涵、评估框架以及体育赛事项目特点对赛事综合影响评估的影响进行了深入探讨。再分别从经济、社会、环境三个角度对体育赛事综合影响的事后评估进行了论述。此外,本章还从体育赛事赞助效益评估的概念、原则、程序、指标体系、方法以及难点等方面对体育赛事赞助效益评估问题进行了阐述。

第一节 体育赛事综合影响评估

一、体育赛事综合影响评估的内涵

(一) 评估概念的内涵

在英文的 Merriam-Webster 大学字典里,评估 (Evaluation) 有两个意思,确定或者修订价值 (to determine or fix the value of) 以及通过仔细的研究和评价,确定对象的意义、价值或者状态 (to determine the significance, worth, or condition by careful appraisal and study)。通过以上字典中的解释我们可以看出,评估包括两个方面的含义。第一,评估的过程是对评估对象判断的过程;第二,评估的过程是一个综合计算、观察和咨询等方法的复合分析的过程。由此可见,评估是非常复杂的,从本质上来说是一个判断的处理过程。Davidson 将评估作为人类思考和认知过程的等级结构模型中最基本的因素。根据他的模型,在人类的认知过程中,评估和思考是最为复杂的两项认知活动。他认为:"评估就是对一定的想法、方法和材料等作出价值判断的过程。它是一个运用标准对事物的准确性、实效性、经济性以及满意度等方面进行评判的过程。"Scriven 认为,评估是对某一事物或事件的价值、质量及重要性等方面全面、系统地衡量。这里所指的事物或事件外延广泛,它可以是一个项目或活动,也可以是一个组织或个人,还可以是一个计划或战略。本书作者认为,评估是指评估者根据评估标准,通过对评估对象的各个方面进行量化和非量化的测量，最终得出一个可靠的并且具有逻辑性的结论的过程。

那么，人们为什么会对某一事物进行评估呢？从人类活动的本质规律——合规律性与合目的性出发，评估的首要出发点就是评估被评估对象从大局、宏观角度是否合乎人类社会的发展规律、经济规律、自然界生存规律，以及从微观和局部利益的角度是否合乎经济活动、政治活动、精神活动三大人类活动领域的具体需求。以上是从宏观层面对评估目的的描述，国外很多学者还从微观层面对评估的目的做了具体阐述。Davidson 认为，对某一事物进行评估的目的主要有两个，一是对评估对象的价值或质量进行总体评价，以便对其进行总结或为决策提供参考；二是找出评估对象所存在的问题，并给出改进的方案。Christiansen 认为，对项目进行评估的目的之一是对其进行可行性分析，论证其是否有投资的必要。Robson 认为对某一事物进行评估的目的很多，他针对评估的 6 个不同目的列举了一些可能的问题（表 15-1）。

表 15-1　评估的目的及可能的问题一览表

评估的目的	可能的问题
项目开展的条件是否满足	开展项目的条件具备了吗
	项目开展的核心要素是什么
改进某个项目的方案	我们怎样才能使项目更加完善
对某一项目所产生的结果进行评判	这一项目达到预期目标了吗
	项目执行后会产生怎样的结果
	这一项目值得进一步执行吗
了解某一项目的运作过程	在项目运行过程中发生了什么事情
	这一项目按照预定计划执行了吗
评判一个项目的有效性	这一项目的成本和收益状况怎样
	这一项目比其他项目更加有效吗
分析一个项目成功或失败的原因	项目成功的关键是什么
	是什么因素导致了项目的失败

（资料来源：Robson, C. Small-scale evaluation: principles and practice.Sage, London, 2000:38.）

就目前国内外的研究情况来看，评估的目的主要是对某一项目所产生的结果进行评判。在对体育赛事综合影响进行评估时，人们可能会问诸如体育赛事的社会影响怎样、体育赛事对举办地的经济会带来怎样的影响等问题。

关于评估的步骤，Davidson 认为，对某一项目进行评估至少应包括两大步骤：一是了解评估的目的以及要解决的问题；二是建立评估的指标体系，并搜集相关数据。Robson 也认为，一个高质量的项目评估活动应该包括几个必需的步骤，即周密的策划以及搜集、分析和阐释数据。

（二）体育赛事综合影响评估的内涵

综上所述，体育赛事综合影响评估是对体育赛事给举办城市带来的各种影响进行评价，属于结果评估的范畴，具有结果评估的共同特征，与具有其他特殊目的的评估项目比较，其体系更加开放，思维更加发散。在结果评估中，最主要的任务并不是要运用一种特殊的研究方法解决某一问题，而是要对项目所产生的具体结果选择一个合适的评估方法或途径。当然，这一方法或途径可能是专门针对某一评估结果而设计的。从国内外现有的关于结果评估的文献来看，大多数文章都是关于某一组织（如商业组织等）所产生效益的评估。近些年，结果评估的方法不断发展，其目的主要是为了使评估结果更加真实、可信、有效。随着社会的发展，人们对评估结果的可信度要求越来越高，而且评估的范围也越来越广，既包括从私人部门视角的监测、回顾和评价某一组织各个方面的价值，还包括从公共部门的角度评估某一组织对社会的影响。

总之，体育赛事综合影响评估是对体育赛事给举办地所带来的经济、社会、环境等方面影响的评估，是一种结果评估。其目的是在体育赛事综合影响框架体系下，发展一套评估指标体系，并在此基础上通过一定的方法和途径搜集相关数据，最后作出综合评价。

二、体育赛事综合影响评估的框架——三重底线评估框架

本章中介绍的体育赛事综合影响评估主要基于可持续发展理论指导下的企业多重价值的理念和企业效绩的三重底线评估框架。

（一）企业的多重价值理念

传统的企业理论将企业看成是一个经济主体，无论是"利润最大化"，还是"效用最大化"，以及有限理性的"最满意化"，都是从个体利益角度出发，基于经济利益范畴的价值判断。因而，它是短期的、局部的、个体的价值观，学者们将这种价值观称作"经济价值观"。以"利润最大化"为目标的经济价值观容易产生短期行为，不利于企业的长远发展，更不利于可持续发展战略的实施；"经济价值观"往往认为股东是企业的所有者，以股东利益为中心，忽视了企业的其

他利益相关者的重要性；"经济价值观"过于强调企业的利润目标和市场价值，忽视了企业作为社会成员所应承担的社会责任，置企业的外部不经济于不顾，严重影响了企业可持续发展战略的实施。正如一位著名的企业道德咨询专家迈克尔·里奥所说："企业太强调生产目标、市场影响和利润率，就会引起像危险产品、环境污染、经济困难，以及厂区面临倒闭时所带来的不确定性等诸如此类的问题。"随着企业的外部性问题日益严重以及民众的环保呼声日益高涨，生态伦理已经开始成为企业伦理的重要组成部分，不管企业愿意与否，生态价值观已经冲破传统的企业价值观并开始渗透到其中。

根据绿色行动的一项资料显示，许多环境主义者把四种观念作为基本的价值观：（1）地球上的生命应该延续；（2）地球上的人类生命应该延续；（3）应该做到自然公平；（4）生命的非物质方面的质量值得去追求。

上升到可持续发展的高度，可持续发展经济学的价值理论强调企业的社会性和生态性，主张经济利益、社会利益、生态利益的协调性与持续性，主要是从社会利益和生态利益的角度去看待价值的本质及其产生和分配。从社会关系上讲，传统价值理论反映的主要是个别人或集团之间的利益关系，可持续发展经济学的价值理论反映的则是全人类及其内部之间的利益关系；从生态关系上讲，传统的价值理论基本不反映自然资源和环境的价值，也就不考虑人类与自然之间的利益关系，可持续发展经济学的价值理论不仅反映全人类及其内部之间的利益关系，还反映全人类与自然之间的利益关系；从利益内容上讲，传统的价值理论只反映经济利益关系，可持续发展的利益理论不仅反映经济利益关系，还反映人类的社会利益关系，以及人类与自然之间的生态利益关系。所以，可持续发展理论拓宽了价值的范畴，它将价值的视野从经济价值扩展成为经济价值、社会价值和生态价值。按照这一理论，企业的价值观应发生根本转变，从以"利润最大化""利润满意化"为目标的"经济价值观"向以"经济价值、社会价值、生态价值"的持续性和协调性为目标的"多重价值观"转变，体现为多重价值的和谐。

（二）三重底线评估框架

英国著名的管理顾问公司 Sustain Ability 的总裁 Elkington 于 1998 年首次提出"三重底线"（triple bottom line）的概念。他认为企业在追求自身发展的过程中，需要同时满足经济繁荣、环境保护和社会福祉三方面的平衡发展，为社会创造持续发展的价值。Elkington 进一步指出，未来的经济将会从缺乏永续性的 20 世纪资本主义经济，转化为具有永续性的 21 世纪经济形态。其主要特点有：高度透明、新的责任形式与三重底线的议程相互交错、特别强调社会公平与企业责任、企业兴趣从财务绩效转移至三重底线绩效和长期价值的创造。三重底线体现了"经济价值、社会价值、生态价值"相结合的多重价值观，强调多重公平与社会责任。这对于当代一些企业来说或许还存在着较大的认识障碍，却一定会因为攸关全人类福祉，而成为经济转化中非常重要的一环。所以，在可持续发展条件下，虽然追求经济利益仍然是企业的基本要求，但这一要求必须在保证经济利益、社会利益和生态利益相统一、代内公平与代际公平相统一的过程中实现。企业目标应该从基于"单一底线"（经济盈余）的经济利益，转向基于"三重底线"（经济盈余、生态盈余、社会盈余）的综合利益。这种综合利益是各种形式的利益之间通过冲突与协调、对立与统一的矛盾运动，相互影响、相互作用的结果。从更广泛的角度来看，综合利益是多层次、多形式的利益的"耦合"。从利益所体现的内容看，综合经济利益是经济利益、社会利益、生态利益的"耦合"；从利益主体看，综合利益是投资者利益、债权者利益、经营者利益、员工利益、国家利益、社会公众利益的"耦合"，也是当代人利益与后代人利益的"耦合"，还是人类与非人类生命物种的利益"耦合"。

（三）基于三重底线评估框架的体育赛事综合影响评估

从国内外现有文献来看，大多数学者都是运用三重底线评估框架从经济、社会和环境三个角度对企业效绩进行研究的。然而，体育赛事与企业还是有本质区别的。例如，体育赛事只会持续很短的一段时间，而且在多数情况下，它对于某一个举办地来说只是一次性事件；相反，企业运作的基本假设是，它将一直经营，而且会被社会持续的关注。这一区别带来了一个问题，即短期性的或一次性的事件，如体育赛事，到底需不需要运用可持续发展的视角进行评估。Bramwell就认为，短期性的或一次性的特殊事件没有必要从可持续发展的视角进行评估。

当然，很多学者对于企业可持续发展的内涵也提出了质疑。例如，Milne等人认为，由于可持续发展的内涵很难界定，因此用三重底线评估框架难以准确衡量可持续发展的水平。此外，Taplin等人认为，"在当前这样一个对某一行为的外部成本的范围和规模认识还不全面的状态下，要确定怎样的行为才算可持续发展难度非常之大"。Grafé-Buckens和Beloe也指出，由于可持续发展是一个总体的概念，对于某一个具体的企业或行为而言很难界定它是不是可持续发展，只能评判它是不是对可持续发展做出了贡献，或与可持续发展的理念吻合。Atkinson认为，可持续发展的概念还是要通过指标来反映。

此外，还有人认为，其实企业的经营是要得到社会的许可的，这就需要企业在运营过程中承担更多的社会责任。因此，对于一个企业来说，认识到自身与社会的内在联系是尤为重要的。当企业的行为与社会价值相违背的时候，企业的价值也将随之遭受影响。正因为此，企业为了能够持续经营，其商业行为就必须要对社会和环境负责。同样，我们也可以认为，在一个城市或地区运营体育赛事也要得到社会的认可。此外，由于体育赛事的特殊性质，它所承担的责任远远超出了经济领域。因此，体育赛事的运营过程也要承担社会责任，也要对举办地的社会和环境负责。

本书之所以以三重底线评估框架为体育赛事的事后评估研究的基础，是因为在此基础上，我们可以发展一套包含体育赛事经济、社会和环境方面影响的、较为全面的指标体系。为了实现这一目标，我们需要获取一些具体的、能够被集成到一个整体框架内的指标，用以全面衡量体育赛事所可能带来的各种影响。这将有利于形成一套体育赛事综合影响评估体系标准。此外，该指标体系的建立还将有助于各种不同体育赛事之间的相关指标的对比，促进政府在体育赛事选择上的科学决策。同时，它还能够鼓励和指导赛事组织者运用可持续发展的理念运作和管理体育赛事。

图15-1说明了体育赛事综合影响评估一级指标的产生过程。

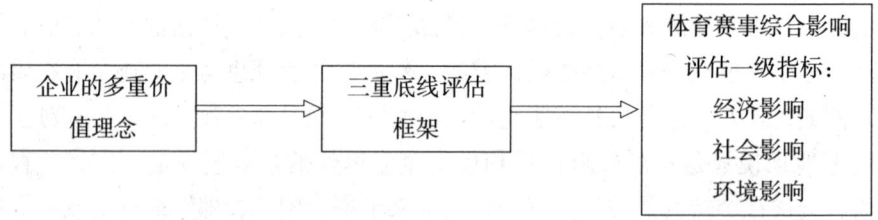

图15-1 体育赛事综合影响评估一级指标产生流程图

三、体育赛事项目特点对体育赛事综合影响评估的影响

体育赛事项目与一般的工程项目相比具有很多不同的地方，由于体育赛事项目具有特殊性，使体育赛事综合影响评估与一般的工程项目评估相比有明显的不同。这也给体育赛事综合影响评估带来了一定的影响。

（一）体育赛事项目的复杂性对综合影响评估的影响

体育赛事项目与一般的工程项目相比具有典型的复杂性特征，主要表现在三个方面。

第一,体育赛事项目的关联主体多。一项体育赛事通常包括政府部门、国际体育组织、社会团体、企业(包括赞助商和中介机构等)、媒体、境内外观众(包括现场和电视观众)、举办地居民等多个关联主体。第二,组织体育赛事涉及的部门多。通常一项体育赛事的举办都要涉及交通、安保、公安、海关、媒体、市容环卫、旅游、体育等多个部门,正因为组织一个体育赛事项目涉及的部门如此之多,上海市人民政府于2005年9月建立了"上海市重大体育赛事联席会议",其成员涵盖了上海市22个政府职能机关的领导。第三,影响体育赛事项目举办效果的因素多,随机性强,赛事本身边界开放性的特征明显等。

体育赛事项目复杂性的表现还很多,这里就不再一一枚举。体育赛事项目所表现出的复杂性使得赛事项目综合影响评估过程变得较为复杂,给赛事项目综合影响评估带来了一定的挑战。

(二) 体育赛事项目的不确定性对综合影响评估的影响

与一般工程项目相比,不确定性是体育赛事项目的重要特征之一。在对体育赛事项目进行评估时所遇到的不确定性因素包括三个方面。一是体育赛事项目举办所需条件的不确定。如体育赛事项目举办的天气状况往往是很难预料的,这对于室外举行的项目尤其明显。此外,运动员在比赛期间的情况也难以确定,很多赛事项目出现运动员受伤退赛的情况是很正常的。网球、斯诺克等一些个人项目中明星运动员的受伤退赛对体育赛事项目的影响很大。如2006年上海网球大师杯赛诸多明星球员的退赛就令赛事组织者始料不及。二是体育赛事项目收入的不确定。一般来说,体育赛事项目的收入主要来自四个方面,即门票、赞助、电视转播权和纪念品等相关销售。从我国目前的实际情况来看,赛事项目收入主要由赞助、门票和政府补贴收入构成,赞助收入占其中的绝大部分。赛事项目的赞助收入与新闻媒体关注程度、中介机构的谈判能力、赛事资源的开发能力等因素密切相关,一些大型赛事项目的赞助收入还与政府所给予的资源多少有关。因此,在赛事申办前,由于赛事赞助收入具有很大的不确定性,直接导致了赛事项目收入的不确定。三是体育赛事项目效果的不确定。体育赛事项目所产生的效果一方面与举办城市的外部环境相关(赛事项目与外部环境吻合度越高,产生的效果越好),另一方面与赛事组委会的实际运营直接相关。由于赛事运营过程中各个环节都存在着诸多不确定因素,这就直接导致赛事项目效果具有较为明显的不确定性。

由于体育赛事项目的不确定性特征,而且各个赛事项目都各不相同,给体育赛事综合影响评估带来了一定的困难。

(三) 体育赛事影响自身特点对评估的影响

体育赛事项目的另一个重要特征就是它所产生的影响与其他一般项目具有显著的差别。第一，体育赛事综合影响的非实物性特征。体育赛事项目的综合影响涉及经济、社会、环境等诸多方面，但总体而言，这些效益都表现为非实物形态。第二，体育赛事综合影响的长期性特征。体育赛事项目持续的时间较短，最多20天左右，且是一种一次性的活动，但其产生的影响却不会因为赛事项目的结束而突然中止；相反，体育赛事项目的很多影响是需要通过较长一段时间才能够反映出来的，具有明显的长期性特征。第三，体育赛事项目影响的难以量化性。由于体育赛事项目影响表现为上述的非实物性和长期性特征，自然就会带来难以量化的结果。从当前体育赛事综合影响评估研究的情况看，体育赛事经济影响量化的研究资料较多，而体育赛事社会、环境等方面影响的量化较为困难。

体育赛事项目的诸多特征给赛事项目综合影响评估工作带来了很大困难，使得体育赛事项目综合影响的事后评估变得复杂。在实际的评估中，我们将力图寻找最优的途径，使体育赛事本身的这些特征对评估的影响降到最小。

四、体育赛事经济影响评估

(一) 体育赛事经济影响评估方法

从国内外现有的文献资料来看，对体育赛事的经济影响进行评估主要有以下几种方法：

1. 投入—产出分析

投入—产出分析法，又称投入产出经济学，主要是从宏观上研究经济的均衡问题。它可以用来研究体育赛事举办对某一区域所产生的直接和间接经济影响。投入—产出分析法运用投入产出表来计算体育赛事的经济影响。该表以矩阵的形式，记录和反映了一个经济系统内由于赛事的举办而在各个产业部门之间产生的产品以及服务流量和交换关系。运用投入—产出法分析体育赛事经济影响的最大优点就在于它能将经济影响全部量化，能够提供一个相对准确并且可比较的结果。但是对赛事进行投入—产出分析时必须具有大量的数据，这些数据相对来说是比较难以获得的，且研究的区域越小获取数据越难。因此，这一方法很难运用到对一个小区域经济影响的研究上。此外，投入—产出分析法对数据具有很强的依赖性，对原始数据的准确性要求非常高，并且只限于对赛事所产生的宏观经济影响的估算。因此，用这一方法去评估赛事产生的经济影响，是有其局限性的。

2. 成本—收益分析

成本—收益分析是通过对一个项目长期的及所有可能的经济价值和影响进行研究，并针对不同的群体确定其全部预期成本和收益。与投入—产出分析一样，这一分析方法也是用来研究宏观问题的。成本—收益分析最主要的目的是确定所有可以量化的影响因素，尽可能全面地建立一个项目成本与收益的总的框架。目前，成本—收益分析法被世界上很多国家接受，并应用于诸多领域。其评估标准只包括可以定量分析的因素，不能定量分析的因素不包括在内。因此，虽然这一分析方法操作起来比较方便，但不能保证这些数据具有可比性，在项目评估过程中的实用性受到了限制。此外，这种分析方法也不可能确定所有相关的成本和收益。从理论上来讲，这一方法提供了一个全面评估的工具，但在实践过程中，由于假定和限制条件等因素，这一方法的实际效果往往不佳。

3. 金融数学方法

金融数学的方法主要是对现金流进行估算。这一方法对项目投资评估、决策或者对其可行性进行分析时非常实用。金融数学的分析方法主要用来研究一些微观问题。与成本—收益分析法不同的是，金融数学分析方法能够用来比较不同时期内不同项目的现金流。与上述两种方法一样，金融数学的方法存在着一个共同的不足，即它只能对纯粹的现金流和直接的可以定量的因素进行评估。运用金融数学的分析方法时，要得出正确的结论，拥有明确的计算指示性规划数字是很必要的。

4. 社会福利影响分析

社会福利影响分析是政府以前用来测定社会分配是否公平的一种方法。这种分析方法用来衡量公共基础设施或体育场馆建设对地区的经济影响非常有效。这种分析方法能够确定所有由某一项目产生的现金流。在这里，社会福利影响指的是所有的影响，不仅包括用前面的分析工具就可以得出的可货币化的影响，还包括由这一经济行为产生的其他外部影响及对整个地区的影响。社会福利影响分析方法主要是系统的分析外部影响的类型。这种分析方法通常操作起来比较简单、灵活，而且能够运用于不同的时期。社会福利分析方法能够提供一个透明的结果，而且赛前和赛后的评估中都适用。因此，这一分析方法对体育赛事的评估非常适合。这一分析方法的不足是缺乏理论基础，严格地说，这其实就是一个分类系统，其结果对分类的方法及潜在的假设非常依赖，而且关于分类方法和潜在假设设定的资料非常难找。社会福利影响分析法可以成为其他分析方法的补充，用来评估体育赛事对举办城市的外部影响。然而，运用这一分析方法时，只能包括对人们收入产生影响的现金流，即货币因素。因此，还要对间接经济影响进行评估。

5. 网络图分析法

赫尔布林的网络分析方法意在估算活动举行的长期影响。它可以测算并确定重大活动产生影响的途径，如通过分析，可测算出冬季运动会所产生的长期影响。进行评估时，要使用一系列的关键数据资料，这些数据不仅仅是经济方面的数据，还有环境与社会方面的数据。与众不同的是，这种方法特别注重实效。网络分析法也很容易实施，但即使一个活动能够用它来很好地进行阐述，它也不会涉及影响的强度与可测算的相互关系。所以，大面积地区很难使用这种方法进行测算。由于表现形式复杂，它只适用于特殊地区。总体来说，对于测算重大活动影响来说，网络分析法是一种合适的分类体系。

（二）体育赛事经济影响评估的步骤

关于体育赛事经济影响的评估方法各有特点，研究者可以根据体育赛事经济影响概念界定的不同，选择最合理的评估方法。本文中的赛事经济影响是指由于举办体育赛事而给举办地带来的除了非市场价值以外的净经济变化。因此，选用"投入—产出"分析法最为合适。运用"投入—产出"分析法评估体育赛事经济影响主要包括两个步骤：第一，搜集由于体育赛事而带来的新的资金流入的相关信息，确定其具体数值。第二，在以上搜集的数据的基础上，建立体育赛事经济影响的评估模型。

1. 搜集有关赛事给举办地带来的新的资金流入信息

由于与体育赛事相关的经济主体很多，对体育赛事新的资金流入的确定非常复杂。从现有的研究来看，学者们主要从赛事运营费用和赛事相关群体的消费两个角度来确定体育赛事给举办地经济带来的新的资金流入。考虑到赛事运营费用给举办地带来的新的资金流入信息的搜集相对简单，目前的研究重点主要关注于对赛事相关群体额外消费信息的搜集方面。其研究领域包括赛事相关群体的界定、赛事相关群体的识别、赛事相关群体消费的类别等。

由于赛事给举办地经济系统带来的新的资金流入信息是体育赛事经济影响评估的基础，在对体育赛事经济影响进行评估时，其数据获取方法的选择尤为重要，直接关系着评估的质量与效果。选择何种数据获取方法取决于方法对数据精确性的要求，以及投入研究的人力、物力等因素。通常有两种数据获取法：调查统计法和非调查统计法。

(1) 调查统计法。

用调查统计法收集数据，就应先确定样本范围，开展抽样调查。调查的方法有许多种，包括面对面访谈、电话访谈、邮寄问卷表、放置问卷收集箱、请旅行者记录旅行日记等。每种调查方法都有其优缺点（表15-2）。

表15-2 各种调查方法的优缺点一览

调查方法		优点	缺点
访谈	现场访谈	能收集到更多的反馈意见 高参与度 空答率低	费用高 耗费人力 存在估计误差
	电话访谈	能收集到更多的反馈意见 可省去面对面接触	费用高 存在样本选择偏差 存在记忆偏差和反应偏差
自答型调查	现场摆放问卷由观众自填	节省人力 不会由于调查员主观引导而产生偏差	低回收率 抽样偏差
	邮寄调查表	节省人力 不会由于调查员主观引导而产生偏差 抽样具有代表性	低回收率 抽样偏差 存在记忆偏差和反应偏差
	旅行日记	能最准确地反映旅游者的花费状况	能坚持完成旅行日记的人不多 低回收率

［资料来源：张林，黄海燕. 体育赛事经济影响评估研究［J］. 体育科研 2011（2）.］

(2) 非调查法。

非调查法是用于评估体育赛事经济影响的最方便、高效的方法，也是最常用的方法。旅游局或政府经济部门常常从过去的统计资料中查出旅游者在该市的平均每日花费水平，再乘以赛事吸引的游客人数及平均逗留天数，就能得到游客总消费额，也就是赛事吸引的游客所带来的直接经济效应。采用这种方式进行测算，其结果的可靠性受文献数据采集方法的影响。不同的体育赛事，其参与者和观众的消费习惯也不同。为提高这一方法的精确度，建立一个有关该地区体育赛事相关群体消费情况的数据库非常有必要。

2. 确定体育赛事经济影响评估模型

由于不同国家和地区经济结构不同，体育赛事带来的新的资金流到赛事举办地后产生的经济影响也不尽相同。在搜集了有关体育赛事给举办地带来的新的资金流入信息的基础上，使用怎样的评估模型对赛事经济影响评估的结果影响很大。目前，体育赛事经济影响评估中较为常用的模型有两种：一种是"投入—产出"模型（I-O），另一种是由"投入—产出"模型改进而成的可计算一般均衡模型（CGE）。

（1）投入—产出模型（I-O）。

投入产出法是美国经济学家列昂捷夫于19世纪40年代首先提出的。自那以后，该方法被广泛地应用于经济领域。它是研究和分析国民经济各部门间产品生产与消耗之间的数量依存关系的方法，又称投入产出分析或部门间平衡经济数学模型，是系统工程的一种重要建模方法。投入产出法有两个基本假定：其一是同质性假定，即要求各个产业部门用单一的投入结构来生产单一的产品，并要求不同部门的产品之间没有自动代用的现象；其二是比例性假定，它要求每一个产业部门的投入是该部门产出水平的唯一线性函数，即任何部门所消耗的各种投入的数量跟该部门的总产出成正比例关系变动。这两个假定对于投入产出法的运用是极为重要的，如评估不满足这两个假定的要求，就会导致不正确的结果。投入产出模型是建立在投入产出表和其基本平衡关系式的基础之上的，是由系数、变量、函数关系所组成的数学表达式。传统的投入产出模型常应用于分析一个国家的国民经济部门、产业间的关系。发展到现在，其应用领域已得到了扩展，在对区域经济的分析中也经常应用，即把国家的某一区域作为研究对象编制区域投入产出表，用于区域性的现状分析、预测和规划，特别是对于预测某一大型建设项目的区域性经济效果时往往具有特殊的功用。

在现有体育赛事经济影响评估的研究中，投入产出法是一种很常用的方法。需要说明的是，在对体育赛事经济影响评估时，不同国家和地区的模型是不一样的，甚至同一个国家内都会有几个不同的模型。研究者要对评估模型进行选择，如果没有合适的模型，还需要为其单独建立相关模型。如加拿大在对体育赛事经济影响评估中通常使用的是"体育旅游经济影响评估模型（STEAM）"，美国使用的是IMPLAN或RIMSⅡ模型；近两年，我国也有部分学者为了评估2008年北京奥运会的经济影响利用投入产出法建立了专门针对奥运经济影响的评估模型。

（2）CGE（可计算一般均衡模型）。

近年来，脱胎于瓦尔拉斯一般均衡理论的CGE在世界范围内得到了广泛而迅速地开发和应用。其原因之一为CGE是投入产出模型和线性规划模型的结合和完善。这主要表现为CGE通过引入经济主体的优化行为，明确了生产之间的替代关系和需求之间的转换关系，用非线性函数取代了传统的投入产出模型中的许多线性函数。原因之二则在于 CGE 在传统的投入产出一般均衡理论的基础上，引入了通过价格激励机制发挥作用的市场机制和政策工具，从而将生产、需求、国际贸易和价格有机地结合在一起，以说明在混合经济条件下，不同产业、不同消费者对由一定政策冲击所引起的相对价格变动的反应。

正因为 CGE 较投入产出模型有上述优点，在近几年的体育赛事经济影响评估研究中，研究者们开始利用 CGE 对赛事经济影响进行评估。澳大利亚很多学者在分析赛事经济影响时就使用了基于 CGE 的 MMRF 模型。当然，也有为研究某一赛事经济影响而专门建立模型的情况，如英国在对 2012 年伦敦奥运会经济影响进行研究时，就针对奥运会专门建立了一个 CGE 的评估模型。

（三）体育赛事经济影响评估存在的问题

国外有很多学者对体育赛事经济影响评估研究的客观性存在疑虑。他们认为，赛事组织者为了说服政府未来继续资助赛事，会夸大赛事产生的经济影响。而现实情况是，国外现有的很多关于体育赛事经济影响评估的研究的目的并非为了去全面评估赛事真实的经济影响，而是用一些赛事经济影响的数据去证明政府资助该赛事的合理性。

通常，体育赛事经济影响评估研究是由相对中立的第三方完成的。因为如果由赛事组织方组织这一研究，在评估过程中很有可能带有偏见，其结果势必会引起外界的怀疑。但是，由于赛事的评估费用一般是由赛事组织方支付的，故实施评估的第三方也很难做到完全中立。它们也会通过各种办法尽量取得赛事组织者所期望的结果，毫无疑问，赛事组织者期望的结果就是赛事能够给举办地带来巨大的经济影响。

Dunnavant 认为，体育赛事经济影响评估目前还是一个非常不精确的系统。他认为，如果 5 个不同的机构对同一赛事的经济影响进行评估，那么肯定会得出五种不同的结果。造成这种状况的原因很多。第一，体育赛事经济影响评估研究可以建立在不同的假设前提下，假设前提不同结果肯定不同；第二，对体育赛事经济影响概念的理解存在的差异，会直接导致评估工作的程序不同，致使最终结果不同；第三，一些研究故意利用不合理的评估手段和方法，从而获得比真实数值"好"的结果。Crompton 也认为，目前体育赛事经济影响评估中存在着许多常见的问题和不足，如在体育赛事经济影响的评估过程中夸大乘数效应、用销售乘数代替收入乘数、将本地居民消费包括在内、不能有效识别赛事相关旅游者等。总之，目前体育赛事经济影响评估还不成熟，许多领域和问题还值得进一步深入探讨。

五、体育赛事其他影响的评估

除了体育赛事经济影响的评估外,体育赛事综合影响的评估还包括赛事社会影响的评估、赛事环境影响的评估等。一般而言,体育赛事社会影响评估的主要内容包括赛事带来的个人收益、社区收益和成本感知方面的评价,即在赛后分析赛事举办对举办地居民有什么影响(包括个人、组织和社区)。其目的是分析、评价赛事对举办地的各种社会影响,包括对人口、健康、安全、教育、文化娱乐、风俗习惯和社区凝聚力等方面的影响。对体育赛事社会影响的评估通常是以定性评估为主,但随着近年来"非市场价值"评估方法的不断完善和发展,很多学者也正在使用条件价值评估法对体育赛事的社会影响进行定量研究。所谓体育赛事的环境影响评估是对赛事项目对举办地自然环境方面影响的全面科学的、定量与定性相结合的论证与判断。体育赛事环境影响评估是一项综合性很强的技术工作,需要多领域、多学科的专家参与。目前西方发达国家,尤其是澳大利亚,对赛事环境影响的评估较为重视,而现阶段赛事的环境影响问题还没有成为赛事管理研究和实践领域的热点。总而言之,体育赛事其他影响的评估包括的范围较广,但相对于体育赛事经济影响的评估,对体育赛事其他影响的评估相对滞后,有待赛事管理的理论和实践者做进一步探索。

第二节 体育赛事的赞助效果评估

一、体育赛事赞助效果

赞助效果就是通过赞助活动给赞助者、被赞助者、目标受众与社会所带来的利益和所起的作用。其实质是赞助目标实现的程度与为实现目标而付出的代价的比较。按赞助效果性质和评估方式的不同可以将赞助效果分为经济效果、心理效果和社会效果。赞助的经济效果一般是赞助商最关心的话题,即赞助可以为他们带来什么经济收益。赞助的心理效果是对赞助在消费者心理上引起反应的程度及其对促进购买的影响等方面的效果。在赞助心理效果中,接触赞助的人们心理变化基本上是按照"认知-接受-行动"这种模式发展的,每一个层次都可以再具体进行评估。赞助的社会效果主是指赛事赞助在社会道德、风俗习惯、语言文化、宗教信仰等方面的效果。

体育赛事的赞助效果是指通过对体育赛事的赞助活动给赞助者、被赞助者、目标受众与社会所带来的利益和起到的作用,它贯穿于赞助活动的全过程。赛事赞助的实质是企业(个人)与体育赛事之间的利益交换,这是互惠互利的关系。体育赞助为企业提供了一个展示的平台,是企业重要的促销手段,是对企业形象的战略投资。比起广告,体育赞助可以让企业与目标客户建立更密切、更有感情的关系。一些企业慷慨解囊,赞助国人关心的体育事业,因此深受消费者和企业公众的赞扬,也给企业带来了良好的社会效益和经济效益。同时也为体育赛事提供了资金、实物和媒体方面的利益。

体育赛事赞助目标是指与赞助活动有关的各个主体所要达到的直接目标,主要包括体育赛事主办方,赞助商和社会的目标。对主办方而言,它是获取办赛收入、满足业务需要和品牌构建等需要。体育赛事赞助的社会目标为提高人类社会物质生活水平的目标。例如,1992年,巴塞罗那为奥运会投资的40亿元,仅对房地产一个产业的经济促进效益就高达260.48亿元。企业的目标是企业希望从赞助体育赛事中得到的回报,即企业赞助体育赛事的需求。企业赞助体育赛事的主要需求是经济需求,包括硬性资产收益和软性资产收益。硬性资产收益主要是和财务相关的收益,包括销售量的提高、市场占有率的提高、资本市场的收益等。软性资产收益的产生是由于目标顾客群会把公司名字或品牌与赞助活动联系起来所带来的收益,主要包括企业形象的提升、企业品牌的提升、构建形象、知名度的提高、和目标客户构建了关系、接触了新的目标市场、避免了竞争等。一般来说,企业赞助体育赛事的目的主要在于通过赞助体育,树立企业和品牌产品的良好社会形象,增加企业和产品的公共认识度,进而达到扩大市场,提高市场占有率,最终获得巨大的商业利润的目的。

体育赛事取得较好的赞助效果,就是体育赛事赞助目标的实现程度达到了最优化。因此,对企业而言,做出赞助决定后,还应在考虑赞助的长期性和连续性的基础上制定赞助营销规划,同时必须配以公关、广告、促销等沟通宣传手段和中介机构、传媒机构的大力支持和配合,才能取得预期的赞助效果。而针对赛事运营方来说,应提高服务意识、共赢意识,以及长远合作意识、重合同、讲信用、创新服务内容、提高体育赞助的管理和运营水平、培育良好的体育赞助市场、保护好赞助方的权益、打击"埋伏营销"、改善赛事环境、维护良好的赛事秩序、提高赛事的观赏质量、打造赛事品牌并提高赛事形象,让消费者满意,让赞助商满意,使赞助商利益最大化。特别要指出的是,传媒机构也是体育赛事赞助系统中的重要一环,直接关系到信息能否到达目标受众那里,传媒的报道要客观、公正、准确。不仅要对赛事进行充分报道,而且对赞助商也要充分报道。传媒要与赞助商、体育组织等建立良好的合作伙伴关系。

二、体育赛事赞助效果评估的概念

体育赛事赞助效果评估也叫作体育赛事赞助效益评价，是指在体育赛事发生的过程中或体育赛事结束后，运用一定的方法和手段进行调查和分析，以赞助效果评估报告的形式，对赞助商的投资效果做出综合评价。它可以总结赞助活动中的经验与教训；可以检验原定各项赞助目标是否正确，实现的程度如何；检验各项赞助措施是否得当，实际效果如何，为以后开展赞助营销活动提供可借鉴的经验。

体育赛事赞助中，赞助者和被赞助者在整个过程中是矛盾的两个方面。当企业花费大量人力、物力、财力在体育赛事赞助上时，是否能够取得预期的赞助效果，对企业今后如何合理利用自身资源以及今后对赛事赞助的可持续性都起到了非常重要的参考作用，而这些效果必须通过对体育赞助活动的评估才能了解。

就赞助方而言，第一，进行体育赞助效果评估可以检测赞助商的投资是否有效，它的近期和远期效果如何；第二，评估报告可以作为赞助商未来投资决策的依据；第三，通过评估报告可以检测赞助合同执行的情况，作为评定合同另一方工作效率的依据；第四，通过赞助效果评估可以有效维护赞助商的权利和利益。

对被赞助方来说，第一，效果评估在寻求赞助商的支持时是很好的卖点所在，所进行的服务对赞助商来说也是个性化和与众不同的，容易得到赞助商的青睐；第二，进行效果评估能给赞助商传递一个重要的信息，那就是他所接受的服务是专业化全方位的，那么进行服务的公司（体育中介组织）也是专业化、高素质的，可以有效提升公司的形象；第三，进行效果评估可以检测工作质量和工作效率，有助于进一步提高专业化服务水平；第四，进行效果评估有助于和赞助商之间形成良好、稳定、长期的合作关系；第五，也是最重要的一点，进行效果评估有助于体育赞助计划的营销和销售。

总之，对参与赞助的双方来讲，赛事赞助评估是一件非常重要而又有意义的事情。

三、体育赛事赞助效果评估的原则

体育赛事赞助效果评估具有一定的复杂性，其评估难度很大。为了更准确、有效地进行评估，在体育赛事赞助评估过程中应遵循四项原则。

（一）公平开放性原则

在进行体育赛事赞助评估的过程中应遵守公平原则，即评估的标准应该是一视同仁的，不能存在任何偏见。评估的目标、程序、方法及结果也应该公开，这样才能使组织及其成员对评估工作产生信任感，并及时了解评估结果，不断改进工作。

（二）明确可靠性原则

首先，必须在目标明确的基础上进行赞助效果的评估；其次，赞助效果评估结果必须真实可靠，这就要求对赞助效果的评估手段、评估的条件、可控性等要素进行多次验证，以便达到评估的目的。

（三）科学性原则

科学性是评估的本质要求，应当综合、客观、有效地对体育赛事赞助效果进行评估。

（1）影响赞助效果的因素是复杂多样的，具体赞助效果评估中不可控因素也是复杂多变的，不管是评估赞助的经济效果、心理效果都要综合考虑各种相关因素的影响。即使评定某一具体的赞助行为的效果，也要考虑赞助表现的复合性能，时间、地域等多种条件的影响。

（2）影响赞助效果测定的各种因素，时时刻刻都在不断地运动和变化。他们相互影响、相互关联又相互制约，形成了一个复杂的有机体。因此，一定要防止主观片面性，不能以以往的经验和偏见来处理所有问题，必须以客观冷静的头脑对复杂的赞助活动进行综合科学的分析。

（3）赞助效果评估是整个赞助活动计划的有机组成部分，是提高、改善赞助效果的有力手段，因此对赞助效果测定本身也要讲求经济效益。赞助效果评估工作要有计划、有步骤地进行，对评估指标、评估方法以及人员和经费都要进行合理性分配。

（四）反馈性原则

反馈是指将评估中发现的情况与先前所制定的目标相比较，看其间是否存在差距，并根据结论进行下一步的工作调整。赛事评估的结果应当按时反馈给被评估者，以便他们及时了解自己的体育赛事赞助效果状况，在此基础上进行改进和提升。

四、体育赛事赞助效果的评估程序

体育赛事赞助效果的评估程序分为准备阶段和实施阶段两部分。

(一)准备阶段

1.设立赞助目标

没有赞助目标,评估方法就是空谈。要想使赞助回报可以测量,关键就是要明确赞助的目标,建立一个赞助前的基准以便于评估测量。赞助商制定的赞助目标必须是具体的、明确的、可测量的,必须以时间性、结果性为导向。这样在定期评估赞助效果时才能有据可循。这就要求赞助商做到以下四点要求。

第一,赞助过程实施之前,通过对消费者、大众、赞助商目标群体的调查,得出他们对赞助商品牌的目前的认知和态度,以便赞助商明确当前的定位;第二,了解赞助商赞助赛事的目标;第三,赞助商应跟踪消费者及大众对赞助商品牌的认知和态度的变化;第四,赞助的比赛结束后,赞助商应进行赞助后效果与赞助初始目标的比较。总之,有明确的赞助目标,赞助才能合理地被评估。赞助的评估应当明确而量化地建立在赞助目标的基础上。

2.建立评估计划,制定评估方案

(1)确定评估目标、评估项目与时间范围。根据赞助目标制定评估的目标及其范围内的赞助活动构成。因为企业在同一时间内开展的营销活动可能有很多,一些项目的执行周期也比较长,所以必须先明确评估的活动和评估的时间段,排列优先评估或重点评估对象的次序。

(2)制定评估方案。根据评估目标,确定各阶段具体的评估内容和评估方案,包括各个阶段时间安排与抽样分布、评估对象和方法、人员安排和经费预算等方面。制定评估方案应包括以下内容:评估目标、评估范围和对象、评估内容、评估步骤、评估方法手段、评估时间和地点、评估人员安排、评估经费安排等方面。其中影响评估效果的最关键环节是依据评估方法手段确定的指标及权重,这也是效果评估中要重点攻克的难点。一项赞助活动是否实现了企业的推广目标,它的目标达成率有多少。这些问题都要根据我们的具体的效果评估指标来衡量。所以,指标的选择关系到效果评估的结论是否科学。

(二)实施阶段

评估的实施阶段的工作主要围绕三个方面进行。一是内外环境变化的评估,

考察环境变化对赞助活动的影响及赞助方案所需要做出的调整;二是考察实施方案过程中与既定方案的偏差,及时做出反馈调整;三是对实施阶段进行效果评估。对实施阶段进行的效果评估包括以下两方面的内容。

(1) 实施评估方案。应当一边收集整理第二手资料,一边展开第一手资料的测定、调查工作。同时要注意方式、方法,展开有针对地测定和调查。对从各方面收集来的资料、数据进行必要的编辑整理,对必要的数据进行计算机控制和统计处理。评估人员面对出现的问题时要善于随机应变,具体问题具体分析,紧紧围绕评估目标,保证评估工作的顺利完成。

(2) 总结评价。评估报告是赞助效果分析、检验、评估过程的书面总结,也是正确评估赞助效果、提高赞助活动管理水平必不可少的步骤。评估报告的内容一般包括前言(包括该次赞助评估的目的,所研究的问题和范围,评估人员组织等)、报告主题(包括评估时间地点、具体内容、方法手段、各种指标的数量分析、经验总结和问题分析、解决问题的措施和今后的展望建议等)和附件(包括具体评估时的样本分析、统计方式、图表、附录等)。

五、体育赛事赞助效果的评估指标体系

一个完整的效果评估指标体系中一般包括多个指标,这些指标在效果评估中的作用是不同的。指标是指从哪些方面对赞助活动进行衡量和评估。它反映了赞助效果的特定概念和具体数值。有效的指标有助于改善组织的内部管理,有助于增强组织的责任性,有助于指引员工的行为朝向组织有利的方向靠拢。指标的确定是效果评估中最关键的一环,具体的效果指标是具有指导性、具体化的衡量标准。体育赛事赞助的评估目标大部分都是定性的指标,想要将其定量化是有一定困难的,必须建立起一套完整的评价体系,其中包括体育赛事赞助的心理效果评定和体育赛事赞助的经济效果评定。

(一)体育赛事赞助的心理效果评定

体育赛事赞助心理效果评定的主要内容有曝光度、到达率、感知度、记忆度和形象评估五个指标,其中最重要的指标是记忆度和态度。

(1) 曝光度。曝光度是指赞助者及其所提供的赞助称号、企业名称或产品名称、标识、商标等信息在现场采访和媒体上曝光的力度和频度。曝光度是一个基础的评估指标,是其他评估指标的前提。如果没有足够的曝光度,信息就无法到达目标受众,也就无法产生后续的效果。

(2) 到达率。它是一个广度的指标，主要体现在媒体受众的数量上，如报刊的发行量、广播电视的收视率、网络媒体的点击率等。到达率指标除了体现在比赛现场的观众人数上外，主要体现在媒体的受众率上。

(3) 感知度。感知度通常也叫注意率，是各种赞助措施和信息被受众接受并经过初步加工形成初步印象的程度。

(4) 记忆度。记忆度是衡量目标受众接受的信息有多少被受众记住的一项指标。当一定的信息经过曝光，并到达目标受众那里时，目标受众对这个信息形成印象。记忆度是衡量知名度的最主要的指标。这是因为人们虽然注意到了赞助者的名称、标识或产品商标，但不一定能记住。只有当人们注意到并记住有关信息时才能产生沟通效果，进而购买他们所注意到的赞助商的产品。

(5) 形象评估。形象评估是了解目标受众对企业或产品形象的总体感受、看法和态度。形象评估的三个重要支持指标是知名度、美誉度和顾客忠诚度。知名度是企业或产品名称在目标受众中的知晓程度；美誉度是目标受众对企业或产品的主观价值判断；忠诚度是目标受众在多大程度上对企业产品有购买的意愿。知名度、美誉度和忠诚度之间并不存在必然的关系，美誉度与忠诚度之间一般成正比例关系。

（二）体育赛事赞助的经济效果评定

体育赛事赞助经济效果评定的主要指标为销售量增加比率，即体育赛事赞助前后赞助企业产品的销售量的变化。由于赞助活动进行的同时，企业也有其他的销售活动，或是企业之前所做的销售活动的效果到此时才显现，以及其他企业环境等不可控因素的影响，要想单独观察赞助活动所造成的销售量变化并不容易。

六、体育赞助效果的评估方法

基于体育赛事赞助心理效果和体育赛事赞助经济效果的评定指标，体育赛事赞助效果的评估就从这两方面入手，对其指标采用不同的评估方式。

（一）体育赛事赞助心理效果的评估方法

(1) 基于曝光率的评估方法。这种方法沿袭了广告效用评估的套路，是一种典型的赞助作用广告化的方法。由于该方法相对来说比较简单，因此经常被赞助企业所采用。此方法先通过统计方法估算电视和广播媒介覆盖受众的人数，再由评估人员在一段时间内对主要的媒体进行监测，统计各家媒体对企业或产品的报道次数以及报道的篇幅和时间的长短。曝光度的评估要注意两个问题，一是要配备足够的人手，二是应注意成本收益问题。

(2) 基于到达率的评估方法。该方法可以从两方面进行衡量。第一，现场观众的数量，这个数据很容易得到，而且比较准确。第二，媒体受众的数量，这一数据不太可能十分精确，往往是用其他数据来代替的一个估计数。媒体达到率评估包括以下内容。①报刊媒体，一般以报刊的销售数量或者发行量作为到达率的替代，但它们并不完全一致；②电视媒体，一般用收视率这个指标来表示到达率；③网络媒体，网络媒体的到达率一般用点击率来代替，是指一定时间里某个信息的浏览人数或点击人数占上网人数的比例；④广播媒体，其到达率体现为收听率，数据的获取也要通过抽样调查来得到；⑤户外媒体所展现的信息到达率，一般是根据该地段的平均人流量来进行估计的。

(3) 基于感知度的评估方法。该方法是指各种赞助措施和信息被受众接受并经过初步加工形成初步印象的程度，评估方法有两种。第一，调查法。它是指将所要调查的内容如赞助商的名称、标识或其产品商标、名称等信息用表格表示出来，在体育赞助活动的受众中进行调查。第二，实验室调查法。它是指在实验室内通过目光记录仪记录受试者在观看有赞助者信息的录像过程中，目光在这些信息的停留时间的轨迹，从中可以看出受试者对这些信息的感知度。

(4) 基于回忆度的评估方法。通过对回忆度的评估，赞助商主要想测试两方面的内容。第一，企业或产品的知晓度。第二，企业或产品与赞助事件的联系程度。回忆度的评估方法主要有再确认法和回想法。再确认法是信息发布后，通过向被访者提示最近的信息发布载体，询问其是否看过该信息的测试方法。回想法是在不展示相应的完全信息的条件下，询问被访者最近是否知晓该信息，凭被访者的记忆让其回答。

(5) 基于受众态度的评估方法。态度测定法分美誉度测定法和形象测定法两种。前者一般采用评分调查法直接就与企业及其产品形象和声誉有关的问题进行调查。后者的测定方法包括评分法和联想法。

(二) 体育赛事赞助经济效果的评估方法

相对于体育赛事赞助心理效果的评估方法，体育赞助经济效果的评估方法居次要地位，赞助活动大都和广告、促销等其他沟通手段同时使用，无法单独测定。赞助活动本身不具备独立的经济效用测定方法，一般多借用广告经济效用的某些测定方法进行评估。体育赞助经济效用的评估方法无法排除其他沟通手段所带来的经济效用，测定结果只能提供参考，不宜用来全盘肯定或否定赞助活动的效用。一般常用两种测定方法来评估体育赛事经济效用。

（1）销售量增加比率，即通过开展赞助活动前后赞助企业产品销售量的变化来评估。销售量增加比率和赞助的经济效用成正比，能够体现出一些赞助活动的经济效用。其计算公式为：销售量增加比率=（赞助后平均销售量－赞助前平均销售量）/赞助费×100%。

（2）赞助费比率，即通过对体育赞助费用投入量和赞助后企业产品销售增量之间的关系，来衡量赞助活动的经济效用，赞助费比率和赞助的经济效用成反比。其计算公式为：赞助费比率=赞助费用/赞助后销售量×100%。

七、体育赛事赞助效果的评估难点

体育赛事赞助的评估是极其困难的，主要由于体育赞助的整合性使评估者难以区隔评估纯粹的体育赛事赞助以及体育赛事赞助评估指标的抽象性使评估难以量化。由于赞助活动与赞助商的整体营销活动很难完全分离，使评价工作变得十分困难。其具体表现有以下五个方面。

第一，体育赛事赞助的风险性使评估难以衡量。毫无疑问，体育赛事赞助是存在许多风险的。在赞助活动结束后，因为赞助活动而导致的风险可能并没有完全消失，它还会持续较长的一段时间。因此在某一时刻上进行的评估很难衡量这种风险的大小及其对企业造成的后果。

第二，体育赛事赞助的整合性使评估者难以评估赞助效果中体育赞助在其中所占的比重。体育赛事赞助是一项整合性十分强的营销活动。为了发挥体育赞助营销的最大作用，除了结合外部资源以外，企业往往还会把内部各个职能部门自己拥有的营销手段进行整合，将两者进行打包，实施整合营销活动。这些手段与资源同时出击进行营销活动，可以形成合力，产生更大的规模效应和轰动效应，从而取得良好的效果。但是，这些整合后的营销手段的实施效果是作为一个整体呈现出来的，其中某一种方式或手段的贡献率难以衡量。因此，很难对体育赛事赞助的效果做出评估。

第三，体育赛事赞助效果评估指标的抽象性使评估难以量化。体育赛事赞助除了单纯的提高企业产品的销售量外，还体现在企业的知名度、美誉度和品牌形象等心理因素方面。企业销售额的增量率数据是比较容易测量的，但受众对于赞助效果的反应是多维度的，不可能做到对每个维度都进行精确的测量。同时现有的企业形象等心理因素测量指标具有很大的主观性，受众从接收到赞助信息到做出反应是一个复杂的心理过程，准确的收集受众对于整个心理过程的描述是十分困难的。因此，带有很大主观性的企业形象评估非常难于量化。

第四，体育赛事赞助效果的时效性会使体育赞助评估的准确性降低。体育赛事赞助的效果一般不是即刻就产生的，往往有一定的滞后性，需要一段相对较长的时间使消费者接收到体育赞助营销所带来的信息并产生相应的心理变化，再将这些心理变化反映到购买行为上。赞助效果的产生往往是多次产品信息循环累计的结果，消费者从第一次接收产品信息，到产生对赞助企业的形象等心理因素方面的变化，再到做出购买行为，当中可能会相隔很长一段时间。在某个时间点上评估体育赞助效果，其结果会出现一定的偏差，不足以作为准确衡量某一赞助活动实际效果的依据。

第五，体育赛事赞助商目标受众的不确定性使评估成为难题。体育赞助的目标受众与被赞助者的目标受众往往并不完全重合。因此，需要我们在评估中将赞助企业想要沟通的对象从所有受到赞助活动影响的人里面分离出来。例如，一切冠名赞助的篮球比赛目标受众是现场观众与媒体受众的总和，他们加在一起可能有数以百万乃至上千万人，这些人都是体育赞助的受众，但是他们当中可能只有一部分人是体育赞助目标受众。只有那些接受了赞助商的真正赞助意图而成为其目标顾客的人，才是体育赞助的目标受众。在广阔的体育赞助受众中寻找目标受众并进行统计，这对评估者来说又是一个难题。

但是赞助商在赞助过程中使用的公关、宣传等配套活动的资金也是企业赞助费用的组成部分，可以将其看成一个整体来考察。至于体育赛事赞助评估指标难以量化的问题，则可以运用层次分析法解决。

参 考 文 献

[1] 黄海燕，张林. 体育赛事的基本理论研究——论体育赛事的历史沿革、定义、分类及特征 [J]. 武汉体育学院学报，2011（2）：22-27.

[2] 刘琴. 体育赛事资源的界定及其构成 [J]. 上海体育学院学报，2008（3）：10-13.

[3] 李燕燕，陈锡尧. 我国体育赛事资源的构成及其类别与特点 [J]. 体育科研，2008（5）：29-32.

[4] 黄海燕，陆前安，方春妮，莫再美，师灿斌. 体育赛事的价值评估研究 [J]. 上海体育学院学报，2008（1）：20-24.

[5] 姚芹，骆晶晶. 国外体育赛事行政管理体制分析 [J]. 上海体育学院学报，2011（1）：10-13.

[6] 蔡伊娜. 上海重大国际单项体育赛事行政管理体制研究 [J]. 上海体育学院学报，2011（1）：14-18.

[7] 黄海燕，马洁，高含颀. 体育赛事政府资助模式研究——国内外其他国家和城市的经验及对上海的启示 [J]. 体育科研，2011（3）：1-8.

[8] 黄海燕. 体育赛事与城市发展 [J]. 体育科研，2010（1）：15-17.

[9] 曹庆荣，雷军蓉. 城市发展与大型体育赛事的举办 [J]. 西安体育学院学报，2010（4）：399-401.

[10] 刘彦. 大型体育赛事对城市经济和社会发展的推动作用 [J]. 南京体育学院学报，2008（3）：49-52.

[11] 杜林颖. 体育赛事与城市发展的互动研究 [J]. 浙江体育科学，2011（3）：35-38.

[12] 黄海燕，张林. 体育赛事综合影响框架体系研究 [J]. 体育科学，2011（1）：75-84.

[13] 朱洪军. 大型体育赛事提升城市品牌的路径研究 [J]. 山东体育学院学报，2010（10）：11-15.

[14] 孙有智. 大型体育赛事对城市品牌提升的路径研究——基于城市空间理论视角的探索 [J]. 南京体育学院学报，2011（2）：80-83.

[15] 王艳芳. 大型体育赛事对城市品牌的打造 [D]. 厦门大学硕士学位论文, 2009.

[16] 刘东锋. 谢菲尔德市利用大型体育赛事塑造城市形象的战略及启示 [J]. 上海体育学院学报, 2011 (1): 30-33.

[17] 刘东锋. 城市营销中体育赛事与城市品牌联合战略研究 [J]. 武汉体育学院学报, 2008 (5): 38-41.

[18] 黄海燕, 张林. 体育赛事经济影响的机理 [J]. 上海体育学院学报, 2009 (4): 5-8.

[19] 黄海燕, 张林. 体育赛事给举办地带来的新资金分析 [J]. 上海体育学院学报, 2009 (4): 16-18.

[20] 王婷婷. 实现我国体育赛事与举办城市共生发展的理论初探 [J]. 哈尔滨体育学院学报, 2010 (1): 53-55.

[21] 姚颂平. 关于大型体育赛事选择的思考 [J]. 上海体育学院学报, 2010 (2): 1-3.

[22] 张颖慧, 徐凤萍. 体育赛事与城市的相容性研究 [J]. 上海体育学院学报, 2011 (1): 19-22.

[23] 叶庆晖. 体育赛事运作研究 [D]. 北京体育大学博士学位论文, 2008.

[24] 黄海燕, 张林. 体育赛事利益相关者分析 [J]. 体育科研, 2008 (5): 25-28.

[25] 黄海燕, 张林, 李南筑. 上海大型单项体育赛事运营中政府作用之研究 [J]. 体育科学, 2008 (2): 17-23.

[26] 陈存志. 大型体育赛事利益相关者管理理论及框架构建 [J]. 武汉体育学院学报, 2011 (4): 14-20.

[27] 胡毅. 体育赛事风险管理研究 [J]. 科技情报开发与经济, 2008 (1): 112-113.

[28] 黄海峰. 大型体育赛事风险管理研究 [D]. 武汉体育学院硕士学位论文, 2009.

[29] 龙苏江. 大型体育赛事风险分析及风险管理体系的构建 [J]. 体育与科学, 2010 (5): 65-68.

[30] 孙庆祝, 刘红建, 周生. 综合集成方法在大型体育赛事风险管理中的应用 [J]. 体育与科学, 2010 (1): 93-96.

[31] 范明志. 提高重大体育赛事风险识别能力的研究 [J]. 体育科技文献通报, 2011 (1): 120-122.

[32] 卞军义. 我国高水平游泳竞赛池馆硬件风险分析与防范 [D]. 北京体育大学硕士学位论文, 2009.

[33] 姜静. 风险管理在08年奥运场馆项目中的应用 [D]. 北京邮电大学硕士学位论文, 2009.

[34] 霍德利. 体育赛事风险评估与应对策略研究 [J]. 天津体育学院学报, 2011 (1): 49-52.

[35] 安俊英, 黄海燕. 基于模糊层次分析法的大型体育赛事风险评估研究 [J]. 上海体育学院学报, 2011 (4): 32-35.

[36] 张勉, 蒲毕文, 白永生. 单项体育赛事志愿者管理模式的研究 [J]. 浙江体育科学, 2008 (4): 5-8.

[37] 乾清华. 大型体育赛事志愿者激励管理初探 [J]. 西安体育学院学报, 2008 (1): 32-34.

[38] 闫成栋. 大型体育赛事志愿者地位及相关法律责任 [J]. 天津体育学院学报, 2008 (6): 497-500.

[39] 种莉莉. 对大型体育赛事志愿者网络培训的探讨 [J]. 山东体育科技, 2009 (4): 49-51.

[40] 李南筑, 姚芹. 体育赛事评价: 社会评价的涵义 [J]. 上海体育学院学报, 2009 (5): 7-11.

[41] 李南筑, 姚芹. 体育赛事评估: 评定价值、创造价值 [J]. 上海体育学院学报, 2009 (4): 1-4.

[42] 蒋家珍, 钟秉枢. 体育赛事品牌传播价值评估系统原理与方法研究 [J]. 北京体育大学学报, 2008 (2): 159-164.

[43] 陈浩. 体育赛事赞助绩效评估的研究 [D]. 北京体育大学硕士论文, 2008.

[44] 黄海燕. 体育赛事经济影响评价的实证研究 [J]. 上海体育学院学报, 2011 (3): 1-6.

[45] 吴殿. 基于投入产出的体育赛事活动的经济影响个案分析 [J]. 上海体育学院学报, 2009 (4): 9-11.

[46] 姚芹, 张颖慧. 网球大师杯·上海赛现场观众直接消费调查与分析 [J]. 上海体育学院学报, 2009 (5): 16-19.

[47] 张林, 黄海燕. 体育赛事事前评估 [M]. 北京: 人民体育出版社, 2011.

[48] 黄海燕. 体育赛事综合影响事前评估研究 [D]. 上海体育学院博士学位论文, 2009.

[49] 刘清早. 体育赛事运作管理手册 [M]. 北京：人民体育出版社，2009.

[50] 刘清早. 体育赛事运作管理流程 [M]. 北京：人民体育出版社，2010.

[51] 王永嘉. 事件管理 [M]. 北京：清华大学出版社，2005.

[52] 阿尔诺·勃兰特，等. 汉诺威世博会对区域经济的影响 [M]. 任树银，等 译. 上海：上海科学技术文献出版社，2003.

[53] 卞显红. 对2002年我国国际会展业经济影响的分析 [J]. 商业研究，2006（2）.

[54] 卞显红. 2008年北京奥运会旅游经济影响评价 [J]. 华东经济管理，2005（3）.

[55] 蔡春光，陈功，乔晓春. 条件价值评估方法应用于环境健康影响经济评估 [J]. 环境与健康杂志，2007（4）.

[56] 陈锡尧. 对当今国际性重大体育赛事的价值认识及其发展趋势的研究 [J]. 体育科研，2003（4）.

[57] 陈琳，欧阳志云，王效科. 条件价值评估法在非市场价值评估中的应用 [J]. 生态学报，2006（2）.

[58] 陈松. 体育赛事旅游研究 [D]. 华东师范大学，2006.

[59] 陈云开. 赛事经营管理概论 [M]. 上海：复旦大学出版社，2003.

[60] 程绍同. 运动赛会管理：理论与实务 [M]. 台北：扬智文化，2004.

[61] 戴光全，等. 节庆、节事及事件旅游：理论·案例·策划 [M]. 北京：科学出版社，2005.

[62] 戴光全. 重大事件对城市发展及城市旅游的影响研究 [M]. 北京：中国旅游出版社，2005.

[63] 戴光全，保继刚. 西方事件及事件旅游研究的概念、内容、方法与启发（上）[J]. 旅游学刊，2003（5）.

[64] 戴光全，保继刚. 西方事件及事件旅游研究的概念、内容、方法与启发（下）[J]. 旅游学刊，2003（6）.

[65] 戴光全. 重大事件对城市发展及城市旅游的影响研究：以99昆明世界园艺博览会为例 [M]. 北京：中国旅游出版社，2005.

[66] 董杰. 奥运会对北京可持续发展的影响 [J]. 体育与科学，2001（5）.

[67] 杜栋，庞庆华，吴炎. 现代综合评价方法与案例精选 [M]. 第2版. 北京：清华大学出版社，2008.

[68] 达文波特·贝克. 注意力经济 [M]. 第2版. 北京：中信出版社，2004.

[69] E·迪尔凯姆. 社会学方法的规则 [M]. 胡伟, 译. 12版. 12版. 上海: 华夏出版社, 1998.

[70] 菲利普·科特勒, 凯文·莱恩·凯勒. 营销管理 [M]. 12版. 上海: 上海人民出版社, 2006.

[71] 付磊. 奥运会影响研究: 经济和旅游 [D]. 北京: 中国社会科学院研究生院, 2002.

[72] 傅鸿鹏, 刘民, 梁万年, 等. 2008年奥运会对主办城市健康环境影响评估指标体系 [J]. 首都公共卫生, 2007 (4).

[73] 方福前. 论研究奥运经济影响的思路与方法 [J]. 北京社会科学, 2004 (2).

[74] 国家体委训练竞赛综合司. 运动竞赛学 [M]. 北京: 北京体育大学, 1994.

[75] 古志超. 德尔菲法的特点及应用 [J]. 中外企业文化, 2005 (8).

[76] 高光贵. 多指标综合评价中指标权重确定及分值转换方法研究 [J]. 经济师, 2003 (3).

[77] 郭英之, 姜静娴, 李雷. 旅游发展对中国旅游成熟目的地居民生活质量影响的感知研究 [J]. 旅游科学, 2007 (2).

[78] 顾颖. 节庆与城市 [J]. 城市问题, 2004 (3).

[79] 何振梁. 北京奥运会对我国发展的影响 [J]. 体育文化导刊, 2004 (3).

[80] 何雪勤. 形式逻辑学 [M]. 沈阳: 辽宁人民出版社, 1985.

[81] 何建民. 奥运与旅游相互促进的功能及方式: 基于常规旅游价值链与全面营销导向的研究 [J]. 旅游科学, 2007 (3).

[82] 黄恒学. 公共经济学 [M]. 北京: 北京大学出版社, 2002.

[83] 金星政, 罗乐宣. 软科学研究方法 [M]. 武汉: 湖北科学技术出版社, 2002.

[84] 金辉. 会展概论 [M]. 上海: 上海人民出版社, 2006.

[85] 纪宁, 巫宁. 体育赛事的经营与管理 [M]. 北京: 电子工业出版社, 2004.

[86] 兰岚. 旅游经济影响评估体系研究 [D]. 吉林大学, 2007.

[87] 刘淇. 北京奥运经济研究 [M]. 北京: 北京出版社, 2003.

[88] 刘建和. 运动竞赛学 [M]. 成都: 四川教育出版社, 1990.

[89] 刘延年. 关于生活质量评价的若干问题 [J]. 统计与信息论坛, 2008 (1).

[90] 刘亚禄, 石玉凤. 地方经济文化节庆活动综合价值评价模型 [J]. 技术

经济，2004（7）.

[91] 刘亚禄，徐铁夫. 节庆活动的综合评价［J］. 中国统计，2004（8）.

[92] 李南筑，袁刚. 体育赛事经济学［M］. 上海：复旦大学出版社，2006.

[93] 李南筑，黄海燕，曲怡，等. 论体育赛事的公共产品性质［J］. 上海体育学院学报，2006（4）.

[94] 李莉. 旅游目的地经济影响评价体系的构建和实证研究［D］. 浙江工商大学，2006.

[95] 李宝仁. 经济预测：理论、方法及应用［M］. 北京：经济管理出版社，2005.

[96] 李开孟，张小利. 投资项目环境影响经济分析［M］. 北京：机械工业出版社，2008.

[97] 李红艳. 标志性事件对城市旅游的影响研究［D］. 东北财经大学，2005.

[98] 罗秋菊. 世界大型事件活动对旅游业的影响及对中国的启示：以历届奥运会和韩国世界杯为例［J］. 商业研究，2003（11）.

[99] 罗秋菊，陶伟. 会展与城市经济社会发展关系研究：以中国出口商品交易会（广交会）为例［J］. 北京第二外国语学院学报，2004（3）.

[100] 罗秋菊. 事件旅游研究初探［J］. 江西社会科学，2002（9）.

[101] 廖明球，等. 中国北京奥运经济投入产出与计量模型研究［M］. 北京：首都经济贸易大学出版社，2007.

[102] 马斯特曼·G. 体育赛事的组织管理与营销［M］. 张小柯，吴立新，金鑫，译. 沈阳：辽宁科学技术出版社，2006.

[103] 马立平，等. 新编实用统计方法［M］. 北京：北京经济学院出版社，1996.

[104] 迈克尔·利兹，彼得·冯·阿尔门. 体育经济学［M］. 杨玉明，蒋建平，王琳予，译. 北京：清华大学出版社，2003（3）.

[105] 庞军. 奥运投资对北京市的环境与经济影响：基于动态区域CGE模型的模拟分析［D］. 中国人民大学，2005.

[106] 戚永翎. 北京奥运会经济遗产及后奥运经济策略研究［M］. 北京：对外经济贸易大学出版社，2007.

[107] 乔·戈德布拉特. 国际性大型活动管理［M］. 陈加丰，王新，译. 北京：机械工业出版社，2003.

[108] 任海. 中国古代体育［M］. 北京：商务出版社，1996.

[109] 芮明杰. 产业经济学 [M]. 上海: 上海财经大学出版社, 2005.

[110] 孙明贵. 会展经济学 [M]. 北京: 机械工业出版社, 2006.

[111] 孙允午. 统计学: 数据的搜集、整理和分析 [M]. 上海: 上海财经大学出版社, 2006.

[112] 孙振球, 徐勇勇. 医学统计学 [M]. 北京: 人民卫生出版社, 2002.

[113] 孙靖帮. 基于经济全球化下的城市营销理论与战略模式研究 [D]. 新疆大学, 2007.

[114] 世界环境与发展委员会. 我们共同的未来 [M]. 北京: 世界知识出版社, 1989.

[115] 苏燕. 可持续发展背景下旅游对旅游目的地环境影响评价研究 [D]. 湖南大学, 2006 (10).

[116] 陶理. "头脑风暴法"在策划中的应用 [J]. 中国出版, 1998 (5).

[117] 《投资项目可行性研究指南》编写组. 投资项目可行性研究指南 (试用版) [M]. 北京: 中国电力出版社, 2002.

[118] 田麦久. 运动训练学词解 [M]. 北京体育大学运动训练学教研室, 1999.

[119] 王春雷. 国外重大事件影响研究述评 [J]. 旅游科学, 2007 (4).

[120] 王嵊海, 刘爱华. 球类竞赛理论与方法 [M]. 北京: 中国农业科学技术出版社, 2005.

[121] 王守恒, 叶庆晖. 体育赛事管理 [M]. 北京: 高等教育出版社, 2007.

[122] 王永嘉. 事件管理 [M]. 北京: 清华大学出版社, 2005.

[123] 温素彬. 基于可持续发展的企业绩效评价理论与方法研究 [D]. 南京理工大学, 2005.

[124] 吴华清. 基于 DEA 的奥运会相关效率评价研究 [D]. 中国科学技术大学, 2007.

[125] 许树渊. 运动赛会管理 [M]. 台北: 师大书苑有限公司, 2003.

[126] 肖林鹏, 叶庆辉. 体育赛事项目管理 [M]. 北京: 北京体育大学出版社, 2005.

[127] 肖锋, 姚颂平, 沈建华. 举办国际大赛对大城市的经济、文化综合效应之研究 [J]. 上海体育学院学报, 2004 (5).

[128] 姚颂平, 等. 国际体育大赛与大城市发展的关系之研究 [C]. 国家社科基金项目, 2003.

[129] 亚运会与广东体育产业发展研讨会论文集 [D]. 广东省体育局，2005.

[130] 杨桦，等. 2008年奥运会提升中国国际地位和声望的研究 [M]. 北京：中国法制出版社，2007.

[131] 杨越，邓汉. 2008年奥运会的税收经济影响分析 [J]. 体育科学，2007（1）.

[132] 杨越. 2008年奥运会对北京经济的影响——基于投入产出的分析 [J]. 体育科学，2005（8）.

[133] 杨铁黎. 关于开发我国职业篮球市场的研究 [D]. 北京体育大学，2001.

[134] 叶庆晖. 体育赛事运作研究 [D]. 北京体育大学，2003.

[135] 余守文. 体育赛事产业与城市竞争力：产业关联·影响机制·实证模型 [M]. 上海：复旦大学出版社，2008（11）.

[136] 约瑟夫·派恩，詹姆斯·吉尔摩. 体验经济 [M]. 北京：机械工业出版社，2002.

[137] 约翰·艾伦，等. 大型活动项目管理 [M]. 王增东，杨磊，译. 北京：机械工业出版社，2002.

[138] 余道明. 体育现代化理论及其指标体系研究——以首都体育现代化研究为例 [D]. 福建师范大学，2002.

[139] 周学云，陈林祥. 我国综合性体育赛事资源开发 [M]. 北京：人民体育出版社，2008.

[140] 周长城. 社会发展与生活质量 [M]. 北京：社会科学文献出版社，2001.

[141] 周建林. 球类运动体育教程 [M]. 南京：南京师范大学出版社，2005.

[142] 曾光. 现代流行病学方法与应用 [M]. 北京：北京医科大学中国协和医科大学联合出版社，1994.

[143] 赵炬民. 竞技体育社会评价理论研究初探 [D]. 北京体育大学，2007.

[144] 张丽. 高速公路经济网社会影响评价研究 [D]. 中北大学，2007.

[145] 张保华. 现代体育经济学 [M]. 广州：中山大学出版社，2004.

[146] 张春萍. 中国都市体育竞争力研究 [D]. 北京体育大学，2006.

[147] 张艳. 2008年北京奥运会与我国非主办城市的互动和影响——以上海、秦皇岛、大连、青岛、桂林为例 [D]. 广西师范大学，2007.

[148] 张滢. 旅游经济效应的理论与实证研究：以乌鲁木齐市为例 [D]. 新

疆大学，2006.

[149] 赵国杰. 投资项目可行性研究 [M]. 第 2 版. 天津：天津大学出版社，2005.

[150] 邹统钎. 奥运旅游效应：2008 年北京奥运会对中国旅游业的拉动 [M]. 北京：社会科学文献出版社，2007.

[151] 朱启贵. 可持续发展评估 [M]. 上海：上海财经大学出版社，1999.

[152] 郑杭生. 社会学概论新修 [M]. 第 3 版. 北京：中国人民大学出版社，2004.